Architekturgeschichte und kulturelles Erbe – Aspekte der Baudenkmalpflege in Ostmitteleuropa

Mitteleuropa–Osteuropa

Oldenburger Beiträge zur Kultur und Geschichte Ostmitteleuropas

Herausgegeben von Michael Garleff, Hans Henning Hahn
und Matthias Weber für das Bundesinstitut für Kultur und Geschichte
der Deutschen im östlichen Europa (Oldenburg)
und das Institut für Geschichte
der Carl von Ossietzky Universität Oldenburg

Band 8

PETER LANG
Frankfurt am Main · Berlin · Bern · Bruxelles · New York · Oxford · Wien

Beate Störtkuhl (Hrsg.)

Architekturgeschichte und kulturelles Erbe – Aspekte der Baudenkmalpflege in Ostmitteleuropa

PETER LANG
Europäischer Verlag der Wissenschaften

Bibliografische Information der Deutschen Nationalbibliothek
Die Deutsche Nationalbibliothek verzeichnet diese Publikation in der Deutschen Nationalbibliografie; detaillierte bibliografische Daten sind im Internet über <http://www.d-nb.de> abrufbar.

Umschlagabbildung:
Nikolaus Kopernikus;
Graphikblatt aus *Der Teutsche Merkur*, 1776.
Abdruck mit freundlicher Genehmigung
von E. Grunewald, Oldenburg.

Satz und Gestaltung:
TypoGrafika / Anke Buschkamp, Oldenburg

Gedruckt auf alterungsbeständigem,
säurefreiem Papier.

ISSN 1436-7017
ISBN 3-631-55019-7

Printed in Germany 1 2 4 5 6 7

www.peterlang.de

Inhaltsverzeichnis

Anhang

Vorwort

Der vorliegende Band versammelt die Vorträge einer Ringvorlesung zu Aspekten der Baudenkmalpflege in Ostmitteleuropa, die im Wintersemester 2002/2003 an der Oldenburger Carl von Ossietzky Universität stattfand – in der Reihe *Forum Mitteleuropa – Osteuropa*, die das Bundesinstitut für Kultur und Geschichte der Deutschen im östlichen Europa und die Universität Oldenburg seit 1994 gemeinsam veranstalten.

Leitidee der Vorlesungsreihe war, ein möglichst breites Spektrum sowohl aktueller als auch historischer Probleme der Denkmalpflege im östlichen Mitteleuropa zu thematisieren. Diese regionale Konzentration ist nicht allein dem Arbeitsauftrag des Bundesinstituts geschuldet, sie gründet vielmehr in den spezifischen Fragestellungen, die sich infolge der besonderen politischen und gesellschaftlichen Situation im 19. und 20. Jahrhundert – parallel zur Entwicklung der Denkmalpflege als wissenschaftliche Disziplin – in diesem Teil Europas ergeben. In den pluriethnisch geprägten Regionen, die bis zum Ersten Weltkrieg von den drei Großmächten Russland, Österreich und Preußen dominiert wurden, gewannen national konnotierte Baudenkmäler eine eminente Bedeutung für die Unabhängigkeitsbestrebungen etwa der Polen und Tschechen. Ihre Erhaltung als Symbole einer glücklicheren politischen Vergangenheit wurde zur patriotischen Aufgabe. In den neu- bzw. wiedergegründeten Staaten der Zwischenkriegszeit spielte das nationale Kulturerbe eine wichtige Rolle für die Selbstdefinition der einzelnen Länder. Die schweren Zerstörungen des Zweiten Weltkriegs ließen in Polen eine eigene Schule des rekonstruierenden Wiederaufbaus entstehen. Gleichzeitig waren in allen Ländern des nunmehr kommunistischen „Ostblocks" die kulturlandschaftlich prägenden Zeugnisse der Feudalkultur von Verfall und Zerstörung bedroht. Besonders davon betroffen waren Baudenkmäler, die nach 1945 im wahrsten Sinne des Wortes „herrenlos" geworden waren. Mit der politischen Wende 1989 ist mittlerweile vielerorts ein Engagement für den Erhalt des „gemeinsamen Kulturerbes" selbstverständlich geworden. Der Zusammenbruch der kommunistischen Herrschaft führte zu einer historischen Rückbesinnung bzw. Neuentdeckung der Geschichte. Ähnlich wie bereits in der Zwischenkriegszeit sind dabei Baudenkmäler konstituierende Elemente der kulturellen Identität. Diese Sehnsucht nach Geschichte geht, wie die „Schloßdebatten" in Berlin und – im Band vorgestellt – Preßburg/Bratislava zeigen, allerdings nicht unbedingt einher mit einem Bewußtsein für die historische Authentizität des Baudenkmals.

Die hier angerissenen Aspekte der Baudenkmalpflege werden im vorliegenden Band anhand von Beispielen aus verschiedenen Ländern Ostmitteleuropas sowie aus Deutschland und Rußland erörtert. Schloß und Kirche werden ebenso in den Blick genommen wie Industriedenkmäler und dörfliche Baukultur, theoretische Überlegungen ebenso wie Berichte aus der denkmalpflegerischen Praxis oder Fragen der Rezeptionsgeschichte. Der vorangestellte kurze Überblick über die Geschichte der Denkmalpflege führt in die Thematik ein.

Danken möchte ich allen Autoren, nicht allein für die fruchtbare Kooperation bei Vorlesungsreihe und Band, sondern auch für die Geduld, die sie bis zum Erscheinen dieses Buches aufbringen mußten. Zu danken ist ferner Kathrin Freese, Timo Hagen, Anna Köhler, Jakob Rühe, Susann Wagenknecht und Patrick Zeller, die als Praktikanten am Bundesinstitut an der redaktionellen Bearbeitung des Bandes beteiligt waren. Mein besonderer Dank geht an meinen Kollegen Kurt Dröge, der nicht nur mit mir gemeinsam die Vorlesungsreihe konzipiert und durchgeführt hat, sondern auch die Entstehung dieses Buches mit Rat und Tat begleitete.

Oldenburg, im März 2006 — Beate Störtkuhl

Beate Störtkuhl

Geschichte der Baudenkmalpflege: zwischen Wissenschaft und Ideologie

Denkmäler sind „Sachen im Sinne des bürgerlichen Rechtes, deren Erhaltung wegen ihres wissenschaftlichen, künstlerischen und ästhetischen oder Altertumswertes im öffentlichen Interesse liegt“[1] – diese Definition im ältesten Denkmalschutzgesetz Deutschlands, dem des Herzogtums Hessen-Darmstadt von 1902, ist nach wie vor aktuell und findet sich in ähnlicher Formulierung in den Gesetzestexten der heutigen Bundesländer.[2]

Ungeachtet dieser Kontinuität war und ist die praktische Umsetzung des Denkmalschutzes den jeweilig herrschenden Zeitströmungen unterworfen, nicht nur in Bezug auf ästhetische Vorlieben, sondern vor allem auch hinsichtlich politisch-ideologischer Vorgaben. Dies gilt insbesondere für Baudenkmäler: Seit die Denkmalpflege zu Beginn des 19. Jahrhunderts zur öffentlichen Aufgabe wurde, wecken Fragen der Erhaltung und Restaurierung, vor allem aber des Wiederaufbaus und der Rekonstruktion von Architekturdenkmälern zum Teil heftige Emotionen – exemplarisch seien hier die Diskussionen um das Berliner Stadtschloß und die Dresdener Frauenkirche genannt. Die Anteilnahme des Publikums an den kontrovers geführten Debatten über Sinn und Möglichkeiten derartiger Rekonstruktionen historischer Bauten erklärt sich nicht allein aus der Rolle der Architektur als „sozialster aller Künste“, deren stete Präsenz im öffentlichen Raum die Erfahrungswelt jedes Einzelnen prägt. Als Zeugnisse der Vergangenheit bieten Baudenkmäler die Möglichkeit, Geschichte zu erfahren – unabhängig davon, ob dies vor einem breiten theoretischen Hintergrund erfolgt oder „nur“ aus Nostalgie geschieht. Offensichtlich ist es die historische Dimension des Denkmals, welche die Menschen – über ästhetische, städtebauliche und funktionale Werte hinaus – fasziniert. Paradoxerweise haben es die Denkmalpfleger gegenwärtig dennoch schwer, ihr Plädoyer für historische Authentizität und gegen Rekonstruktionen, die immer ein verzerrtes Bild der Vergangenheit schaffen, in der Öffentlichkeit und bei der Politik durchzusetzen. Die massiven Mittelkürzungen und Personal-

---

1 Zitiert nach: Denkmalpflege in der Bundesrepublik Deutschland. Geschichte – Organisation – Aufgaben – Beispiele. München 1975, S. 12.

2 Vgl. Felix Hammer: Die geschichtliche Entwicklung des Denkmalrechts in Deutschland. Tübingen 1995, S. 1, 115.

einsparungen, mit denen die Denkmalpflege gerade auch in Deutschland derzeit zu kämpfen hat[3], scheinen symptomatisch für den mangelnden Respekt vor dem authentischen Denkmal.

Die aktuellen Probleme der „Denkmalpflege in den Zeiten der Künstlichkeit“[4] verdeutlichen den unmittelbaren Einfluß des Zeitgeistes auf den Umgang mit dem kulturellen Erbe. Im folgenden wird versucht, die Geschichte der Architekturdenkmalpflege im historischen Kontext zu skizzieren[5] und dabei eine vergleichende Perspektive einzunehmen. Im Zentrum der Ausführungen stehen die Entwicklungen in Deutschland und Polen.

Die Anfänge um 1800

Auch wenn es seit der Antike immer wieder Bemühungen um den Erhalt einzelner historischer Bauwerke gegeben hatte, liegen die Anfänge einer systematischen Sorge um das kulturelle Erbe in der Zeit um 1800. Die Aufklärung hatte dem bürgerlichen Publikum den Zugang zu Wissenschaft und Literatur geöffnet. Die Französische Revolution und die Napoleonischen Kriege beschleunigten die

---

3 Vgl. Ira Mazzoni: Steil abwärts. Süddeutsche Zeitung, 19.03.2004, S. 14; Egon Johannes Greipl: Zur Lage der bayerischen Denkmalpflege. In: Kunstchronik 57 (2004), H. 5, S. 225–229; Dagmar Dietrich: Abschied auch von der Denkmalforschung. In: Ebenda, S. 229f.

4 Hanno Rauterberg: Echt/Unecht – Über die Zukunft der Denkmalpflege in Zeiten der Künstlichkeit. In: Die Denkmalpflege 1/2002, S. 12–14; ders.: Wo bleibt der Mut? In: Die Zeit 25/2004, 09.06.2004.

5 Zum europäischen Kontext Françoise Choay: Das architektonische Erbe, eine Allegorie (Bauwelt-Fundamente 109). Braunschweig 1997; Schweizerischer Verband für Konservierung und Restaurierung (Hg.): Geschichte der Restaurierung in Europa – Histoire de la restauration en Europe. Akten des internationalen Kongresses „Restaurierungsgeschichte“ Interlaken 1989. 2 Bde. Worms 1991. Grundlegend zur Geschichte der Denkmalpflege in Deutschland Norbert Huse (Hg.): Denkmalpflege. Deutsche Texte aus drei Jahrhunderten. 2., durchges. Auflage, München 1996; zur rechtlichen Situation Hammer (wie Anm. 2). Zur Entwicklung in Polen Jerzy Frycz: Restauracja i konserwacja zabytków architektury w Polsce w latach 1795–1918 [Restaurierung und Konservierung von Kunstdenkmälern in Polen 1795–1918]. Warszawa 1975; Bohdan Rymaszewski: Klucze ochrony zabytków w Polsce [Schlüsselbegriffe der Denkmalpflege in Polen]. Warszawa 1992; Marian Arszyński: Wybrane aspekty procesu tworzenia się środowiska konserwatorskiego w Polsce [Bemerkungen zur Entstehung denkmalpflegerischer Strukturen in Polen]. In: Andrzej Tomaszewski (Hg.): Badania i ochrona zabytków w Polsce w XX w. Warszawa 2000.

nationale Bewußtwerdung der Völker Europas. Den Kunstdenkmälern als materiellen Zeugnissen der heroisch verklärten Vergangenheit der eigenen Nation kam dabei ein hoher Stellenwert zu; dementsprechend galt deren Bewahrung als eine Aufgabe der Pietät, die gleichzeitig die Zukunftsvision eines neuen „goldenen Zeitalters" beinhaltete.[6] Andererseits war der Denkmälerverlust um 1800 ernorm, vor allem im Kontext der Säkularisierung wurden Kirchen und Klöster zweckentfremdet und drohten zu verfallen.

Die Bemühungen um die Erhaltung von Kunstdenkmälern gingen zunächst ihrer Erforschung voraus – die Kunstgeschichte etablierte sich erst im Verlauf des 19. Jahrhunderts als eigenständige Wissenschaft und entwickelte ihr methodisches Rüstzeug. Im frühen 19. Jahrhundert gab es weder den Beruf des Denkmalpflegers noch den des Kunsthistorikers, so waren es Historiker, Literaten oder Politiker, die sich für die Kunstdenkmäler einsetzten, vor allem aber Architekten, welche die praktische Ausführung der Erhaltungsmaßnahmen planten und dabei meist eigene schöpferische Ideen einbrachten. Eine Institutionalisierung der Denkmalpflege durch die Einsetzung eines zentral zuständigen Konservators und beratender Gremien erfolgte erstmals 1830 in Frankreich, in Bayern 1835, in Preußen 1843, in den Ländern der Habsburgermonarchie sogar erst 1850. Systematische Inventarisierungen wurden in Frankreich seit den neunziger Jahren des 18. Jahrhunderts[7], in den deutschen Ländern erst seit den vierziger Jahren des 19. Jahrhunderts durchgeführt.

Die mangelnde kunstgeschichtliche Grundlage führte zu zahlreichen Fehlinterpretationen. In erster Linie gilt das für die Überbewertung der Gotik, die in den meisten europäischen Ländern zum Nationalstil verklärt wurde.[8] Gleichzeitig galten die übrigen Kunstepochen als weniger bzw. – im Fall der Barockkunst – gar nicht denkmalwürdig. Diese Prämisse behielt fast das gesamte 19. Jahrhundert ihre Gültigkeit.

---

6 Dazu Wilfried Lipp: Natur, Geschichte, Denkmal. Zur Entstehung des Denkmalbewußtseins der bürgerlichen Gesellschaft. Frankfurt/M./New York 1987.

7 Nach der Französischen Revolution entstanden 1790 und 1792 die ersten Dekrete zum Schutz beweglicher Kunstwerke und damit verbunden auch Denkmälerverzeichnisse; vgl. Denkmalpflege in der Bundesrepublik (wie Anm. 1), S. 9f.

8 Exemplarisch Goethes Artikel „Von deutscher Baukunst" aus dem Jahr 1773, in dem er das Straßburger Münster feierte als „deutsche Baukunst, da der Italiener sich keiner eignen rühmen darf, viel weniger der Franzos". Johann Wolfgang Goethe: Schriften zur Kunst. Erster Teil (dtv-Gesamtausgabe). München 1962, S. 5–13.

Einigen Bauten wurde ein so hoher Symbolgehalt zugeschrieben, daß sie zu Nationaldenkmälern erklärt wurden. Im territorial zersplitterten Deutschland waren dies die Marienburg in Westpreußen und der Kölner Dom; im geteilten Polen kam diese Rolle der Königsburg auf dem Wawel in Krakau/Kraków zu.

Restaurierung: Die Marienburg in der ersten Hälfte des 19. Jahrhunderts[9]

Die Marienburg (heute Malbork), das ehemalige Zentrum des mittelalterlichen Deutschordensstaates und eine der größten Burganlagen Europas, wurde zum Musterfall der deutschen Denkmalpflege im 19. Jahrhundert. Nach der Ersten Teilung Polens 1772 vom preußischen Staat als Magazin- und Kasernenbau genutzt, sollte sie Anfang der neunziger Jahre des 18. Jahrhunderts abgebrochen werden. Daß dies nicht geschah, ist in erster Linie den ausdrucksstarken, das romantische Geschichtsempfinden berührenden Zeichnungen zu verdanken, die Friedrich Gilly von der verfallenden Burg anfertigte. Die Blätter wurden in Berlin ausgestellt, dann von Friedrich Frick gestochen und 1803 publiziert.[10] Ihre Suggestivkraft war so groß, daß sich eine Protestbewegung gegen den Abriß der Burg formierte[11] – mit Erfolg: 1804 befahl der preußische König Friedrich Wilhelm III. die Erhaltung des Schlosses. Während der Napoleonischen Kriege (1807–1813) wurde das Schloß von französischen Truppen besetzt und als Lager und Lazarett benutzt. Hatte der Deutsche Orden bislang im historischen Gedächtnis der Deutschen (wie auch der Polen) eine marginale Rolle gespielt, so erhielt er nun im Zuge der Befreiungskriege eine neue Bedeutung[12]: Friedrich Wilhelm III. stellte mit der Stiftung des Eisernen Kreuzes 1813 – entworfen von Karl Friedrich Schinkel – den modernen preußischen Staat ausdrücklich in die Tradition des Deutschen Ordens[13] und prägte damit ein langlebiges Stereotyp, welches das Schicksal der Marien-

9 Vgl. den Beitrag von Michał Woźniak im vorliegenden Band; dort auch weiterführende Literatur.

10 Friedrich Gilly, Friedrich Frick: Schloss Marienburg in Preußen. Berlin 1803 (neu hrsg. von Wilhelm Salewski, Düsseldorf 1965).

11 Vgl. Ferdinand Max von Schenkendorf: Ein Beispiel von der Zerstörungssucht in Preußen, zit. nach Huse (wie Anm. 5), S. 47.

12 Vgl. Hartmut Bookmann: Die Marienburg im 19. Jahrhundert. Frankfurt/Main 1982; Wolfgang Wippermann: Der Ordensstaat als Ideologie. Das Bild des Deutschen Ordens in der deutschen Geschichtsschreibung und Publizistik. Berlin 1979; Sven Eckdahl: Denkmal und Geschichtsideologie im polnisch-preußischen Spannungsfeld. In: Jahrbuch für die Geschichte Mittel- und Ostdeutschlands 35 (1986), S. 138–155.

burg im 19. und 20. Jahrhundert bestimmen sollte. 1815–1842 führte Theodor von Schön als Oberpräsident der Provinz Westpreußen die Aufsicht über die Restaurierung der Burg. Für ihn, der zum Kreis um Stein und Hardenberg gehörte, war die Marienburg nicht nur Sinnbild der deutschen Vergangenheit und der Tradition Preußens, sondern auch Symbol der preußischen Staatsreform.

Als künstlerischer Berater stand von Schön ein Mann zur Seite, der für die Entwicklung der Denkmalpflege in Deutschland eine wichtige Rolle spielte: Karl Friedrich Schinkel wurde mit den Prestigeaufträgen betraut, die dem erstarkenden Staat und seiner Hauptstadt Berlin ein neues Gesicht geben sollten, etwa die Neue Wache Unter den Linden (1815–1818) oder das Schauspielhaus auf dem Gendarmenmarkt (1818–1821). Neben der Vielzahl seiner eigenen Projekte engagierte sich Schinkel für die Bauten der Vergangenheit, „um dem Volke anzusprechen, nationale Bildung und Interesse an das frühere Schicksal des Vaterlandes zu befördern".[14] 1815 legte er der preußischen Regierung sein „Memorandum zur Denkmalpflege"[15] vor, in dem er eine staatliche Organisation der Denkmalpflege mit einem Konservator an der Spitze forderte. Um eine Arbeitsgrundlage zu schaffen, regte er, vermutlich von den französischen Vorbildern inspiriert, eine Inventarisierung der schützenswerten Objekte an, die Bauten und Ruinen einschließlich ihrer Innendekoration bis zur Mitte des 17. Jahrhundert sowie städtebauliche Ensembles erfassen sollte. Bei Restaurierungen mahnte Schinkel zu Vorsicht und Zurückhaltung. Um historische Authentizität zu gewährleisten, forderte er, die originale Substanz soweit als möglich zu bewahren.[16]

Schinkel selbst war mit mehreren denkmalpflegerischen Projekten in den preußischen Provinzen betraut, u. a. mit dem Kölner Dom, dem Kloster Chorin und,

---

13 Hartmut Bookmann: Geschichte und Politik: Die Vergangenheit des Deutschen Ordens im Dienste der Gegenwart. In: Germanisches Nationalmuseum (Hg.): 800 Jahre Deutscher Orden. Gütersloh/München 1990, S. 438; Johannes Willers: Katalogeintrag „Eisernes Kreuz". In: Ebenda, S. 447f.

14 Karl Friedrich Schinkel: Memorandum zur Denkmalpflege, zit. nach Huse (wie Anm. 5), S. 70–73, hier S. 72.

15 Ebenda.

16 In seinem Reisebericht an den Staatskanzler Karl August von Hardenberg von der Marienburg vom 11. Nov. 1819 postulierte Schinkel „[...] daß jeder Schritt nur den Zweck zeige, die geschichtlich begründeten Formen mit aller Strenge und in ästhetischer Reinheit unserem und dem kommenden Zeitalter wieder vor die Augen zu stellen." In: Alfred von Wolzogen: Aus Schinkels Nachlaß, Reisetagebücher, Briefe und Aphorismen. Bd. 3. Berlin 1862, S. 208.

zwischen 1817 und 1824, mit der Marienburg. Als Schüler und Freund des früh-verstorbenen Friedrich Gilly mag ihm die Marienburg besonders am Herzen gelegen haben.

Schinkel war im Oktober 1819 erstmals vor Ort und zeigte sich tief beeindruckt.[17] Er fertigte zwei Zeichnungen des Hochmeisterpalastes an, die partiell die damaligen Gegebenheiten festhalten, zugleich jedoch bereits eine Rekonstruktion des vermeintlichen mittelalterlichen Zustands mit Zinnen, Wehrgängen und Zeltdächern vornehmen (Abb. 1). Schinkel konnte dabei nur auf erste Bauuntersuchungen zurückgreifen, auch die Auswertung archivalischer Quellen stand noch ganz am Anfang[18]; dadurch kam es zu Fehlinterpretationen. Aufgrund der Hochschätzung der Gotik als Nationalstil und des Mittelalters als Blütezeit des Ordens wurden (vermeintlich) spätere Hinzufügungen nicht geduldet und abgerissen. [19] Die von Schinkel im Memorandum geforderte Ehrfurcht vor dem Original bezog sich also auf einen mittelalterlichen Idealzustand, den es vermutlich nie gegeben hatte. Schinkel und seine Zeitgenossen übertrugen die Berufserfahrungen ihrer Gegenwart auf die Vergangenheit; daß im Mittelalter über längere Zeiträume mit verschiedenen Bauhütten gearbeitet wurde und es dadurch nicht selten zu Planänderungen und Unregelmäßigkeiten kam, entdeckte die Kunstgeschichte erst später.

Vollendung: Köln[20]

Nach 1840 geriet die Restaurierung der Marienburg ins Stocken, weil sich das Interesse der Stifter und vor allem auch des preußischen Königs auf ein anderes Objekt, diesmal an der Westgrenze Deutschlands, richtete. Ungleich mehr als

---

17 Ebenda.

18 Der Königsberger Archivdirektor Joachim Voigt begann 1817 im Auftrag Theodor von Schöns mit Forschungen zur Geschichte der Burg und des Deutschen Ordens; vgl. Joachim Voigt: Das Ordenshaus Marienburg in Preußen. Halle 1820; ders. Geschichte Marienburgs, der Stadt und des Haupthauses des Deutschen Ritterordens in Preußen. Königsberg 1824; ders.: Geschichte Preußens von den ältesten Zeiten bis zum Untergange des Deutschen Ordens. 9 Bd. Königsberg 1827–1839. Vgl. Bookmann, Ekdahl (wie Anm. 12); vgl. auch Nicola Borger-Keweloh: Die mittelalterlichen Dome im 19. Jahrhundert. München 1986, S. 97.

19 Einige Bauelemente wurden abgerissen, weil man annahm, daß sie aus der Zeit der polnischen Starosten stammten, etwa die Treppenanlage der Ostfassade, deren Datierung der Forschung im übrigen bis heute nicht überzeugend gelang; vgl. Tomasz Torbus: Die Konventsburgen im Deutschordensland Preußen (Schriften des Bundesinstituts für ostdeutsche Kultur und Geschichte 11). München 1998, S. 280.

die Marienburg in der preußischen Provinz taugte der Kölner Dom als nationaler Bezugspunkt. Die Lage am Rhein, der von den Romantikern als „Ader" des mittelalterlichen Reiches und als von den Franzosen bedrohter „deutscher Strom" besungen wurde, steigerte seinen Mythos. In Köln ging es allerdings nicht nur um Restaurierungsmaßnahmen, sondern um die Vollendung des 1560 liegengebliebenen Baus.

Was als lokalpatriotische Initiative begann, wurde nach den Befreiungskriegen zur Sache der ganzen Nation: Der Dom sollte als Zeichen der nationalen Einheit und Freiheit vollendet werden.[21] Durch den Rückgriff auf das Kunstschaffen des Mittelalters sollte die Reichsidee über die Konfessionen hinweg wiedererweckt werden.

Diese Ideen fanden breite Akzeptanz bei den Intellektuellen und im Bürgertum; ca. 70 Dombauvereine in den deutschen Ländern und im Ausland, allen voran der 1840 gegründete Kölner Dombauverein, unterstützen das Unternehmen durch ihre Spenden.

Auch der bayerische König Ludwig I. und der spätere preußische König Wilhelm IV. nahmen regen Anteil an den Planungen. Angesichts der fürstlichen Restaurationspolitik ging allerdings das Ideal des Doms als Denkmal eines demokratischen, einigen Deutschland mehr und mehr verloren. Die Rede Wilhelms IV. beim Dombaufest 1842 (der Grundsteinlegung zur Vollendung des Doms) geriet zu einem Dokument der Restauration[22]; der Dombau war zum Manifest der Anbindung der Rheinprovinz an Preußen und des preußischen Führungsanspruchs in Deutschlands geworden. Doch nicht nur die politische Symbolkraft des Bauwerks war damit entzaubert, der Fortschritt der Kunstgeschichte widerlegte auch den Mythos vom Urplan des Meisters Gerhard und damit die Grundlage des Weiter-

---

20 Vgl. u. a. Heinrich Lützeler: Der Kölner Dom in der deutschen Geistesgeschichte. In: Der Kölner Dom. Festschrift zur Sechshundertjahrfeier 1248–1948. Köln 1948, S. 195–250; Hugo Borger (Hg.): Der Kölner Dom im Jahrhundert seiner Vollendung. Ausstellung der Historischen Museen Köln. Köln 1980; Borger-Keweloh (wie Anm. 18); Nikolaus Gussone: Das Kölner Dombaufest von 1842. Ernst Friedrich Zwirner und die Vollendung des Kölner Doms. Ratingen-Hösel 1992.

21 So schieb etwa Joseph Görres in seinem Artikel „Der Dom in Köln" im Rheinischer Merkur vom 14.11.1814: „In seiner trümmerhaften Unvollendung, in seiner Verlassenheit ist er ein Bild gewesen von Teutschland seit der Sprach- und Gedankenverwirrung – so werde er denn auch ein Symbol des neuen Reiches, das wir bauen wollen."; zit. nach Huse (wie Anm. 5), S. 56.

22 Text vgl. Huse (wie Anm. 5), S. 56f.; Gussone (wie Anm. 20).

baus[23] – der Kunsthistoriker Franz Kugler konnte 1843 mehrere Planänderungen nachweisen. In Köln entstand demnach die im 19. Jahrhundert verwurzelte Vision einer mittelalterlichen Kirche.[24]

Dennoch wurde am Kölner Dom ohne Planänderung bis zur Vollendung im Jahr 1880 weitergebaut; weitere Städte wetteiferten mit dem rheinischen Vorbild. Explizit als bayerisches Konkurrenzprojekt gegenüber Preußen ist die Vollendung der Westfassade und des Querhauses des Regensburger Doms (1859–1871) zu sehen, die der bayerische König massiv förderte; ähnliches gilt für die Turmvollendung des Ulmer Münsters (1844–1890), die der württembergische König unterstützte.[25]

Die Manie der Vollendung mittelalterlicher Bauten war nirgendwo in Europa so ausgeprägt wie in jenen deutschsprachigen Ländern, die nach den napoleonischen Kriegen und der Auflösung des „Heiligen Römischen Reiches Deutscher Nation" in dessen mittelalterlicher Größe das Vorbild einer neuen nationalen Einheit suchten. Die Pflege des baulichen Erbes diente dabei als Demonstration der Kulturnation nach außen, gleichzeitig jedoch suchten die deutschen Fürsten sich gegenseitig zu übertrumpfen – letztlich liegen hier die Wurzeln der Kulturhoheit der heutigen Bundesländer, die noch immer vehement verteidigt wird.

Im Gegensatz dazu zielte die Politik des Kanzlers Klemens Wenzel von Metternich in der Habsburgermonarchie darauf hin, angesichts der politischen Suggestivkraft der Denkmäler Restaurierungsinitiativen im Vielvölkerstaat zu unterdrücken, um den erstarkenden Nationalbewegungen keine identitätsstiftenden Symbole an die Hand zu geben.[26] Dennoch gab es in Galizien ebenso wie

---

23 Zur Problematik der Interpretation mittelalterlicher Planrisse vgl. Borger-Keweloh (wie Anm. 18), S. 97f.

24 Noch schockierender war Kuglers Erkenntnis, daß Köln ein Nachfolgebau des französischen Amiens sei, doch versuchte er die „nationale" Gotik mit der Feststellung zu retten: „[erst die Deutschen] kamen, wenn freilich auch erst allmählich, dahin, das, was in französischer Architektur nur als Beginn, als eine verhältnismäßig niedrige Entwicklungsstufe erscheint, zur höchster Vollendung, zur reinsten Harmonie, zur geläuterten Schönheit durchzubilden." Franz Theodor Kugler: Kleine Schriften. Stuttgart 1854, S. 129; zitiert nach Huse (wie Anm. 5), S. 46.

25 Vgl. Borger-Keweloh (wie Anm. 18), S. 31–36. Zu Regensburg Isolde Schmidt: Zur Planungsgeschichte der Domvollendung. In: Peter Morsbach (Hg.): Der Dom zu Regensburg. Ausgrabung – Restaurierung – Forschung. Ausstellung anläßlich der Beendigung der Innenrestaurierung des Regensburger Domes 1984–1988. München/ Zürich 1990, S. 97–106; dies.: Restaurierungen am Regensburger Dom 1859–1939. In: Ebenda, S. 107–119.

in Böhmen, Ungarn oder in der Lombardei national, regional oder lokal definierte Geschichts- und Altertumsvereine, die sich intensiv mit denkmalpflegerischen Fragen befaßten. So entstanden in Krakau bereits in den zehner Jahren des 19. Jahrhunderts Projekte zur Restaurierung bedeutender Kunstdenkmäler der alten polnischen Hauptstadt, seit Ende der zwanziger Jahre konzentrierte sich das Interesse auf die Königsburg auf dem Wawel.[27]

Erst nach der Revolution von 1848 setzten im Habsburgerreich staatliche Bemühungen zur Institutionalisierung der Denkmalpflege ein, 1850 richtete man nach französischem und preußischen Vorbild die „Kaiserlich-Königliche Central-Commission zur Erforschung und Erhaltung der Baudenkmale" (ab 1873: „k. k. Zentralkommission für Erforschung und Erhaltung der Kunst- und historischen Denkmale") als zentrales Gutachter-Organ ein, in den Ländern und Provinzen wurden Länderkonservatoren eingesetzt.[28]

Purifizierung – Stilreinheit – Stilisierung

Überall in Europa bestimmte das zeitgenössische Empfinden von Stilreinheit die Restaurierungsmaßnahmen des 19. Jahrhunderts, obwohl sich spätestens seit der Jahrhundertmitte die Vorbehalte gegen ein solches Vorgehen mehrten. Die frühen Restaurierungen folgten dabei in erster Linie den ästhetischen Vorstellungen des ausführenden Architekten bzw. denen seines Auftraggebers, letzteres etwa im Fall der Gotisierung der Fassade der Kathedrale in Warschau/Warszawa durch Adam Idźkowski (1838)[29] oder bei der Purifizierung des Bamberger Doms (1826–1844) im Auftrag des bayerischen König Ludwig I.[30] Angesichts der Fortschritte der kunsthistorischen Forschung wuchs jedoch der Druck, restaurative Eingriffe an Kunstdenkmälern wissenschaftlich zu untermauern. Eine maßgebliche Rolle kam dabei den Schriften und Arbeiten des französischen Ar-

26 Vgl. Walter Frodl: Idee und Verwirklichung. Das Werden der staatlichen Denkmalpflege in Österreich. Wien/Köln/Graz 1988, S. 49f.

27 Dazu Frycz (wie Anm. 5), S. 35–53; Wawel-Projekte von Franciszek Maria Lanci 1830–33, ebenda, S. 53–59.

28 Frodl (wie Anm. 26), S. 99–107. 1860 wurde der Wiener Dombaumeister Friedrich von Schmidt, der zuvor an der Kölner Dombauhütte tätig gewesen war, zum Mitglied der Zentralkommission ernannt; damit war ein unmittelbarer Einfluß der Kölner Erfahrungen auf die österreichische Denkmalpflege gegeben; vgl. auch Borger-Keweloh (wie Anm. 18), S. 57f., 120.

29 Frycz (wie Anm. 27), S. 70–79.

30 Borger-Keweloh (wie Anm. 18), S. 14–18, 32.

chitekten Eugène-Emmanuel Viollet-le-Duc zu, der im Auftrag der französischen Denkmalbehörden tätig war.[31] Viollet-le-Duc leitete unter anderem die Restaurierungen an Nôtre-Dame und der Sainte-Chapelle in Paris. Dazu studierte er die vorhandenen Quellen und fertigte minuziös gezeichnete Bauaufnahmen, später auch Fotografien, der Objekte an, die eine genaue Analyse des ursprünglichen Zustandes und der Restaurierungsmaßnahmen ermöglichen. In seinem Gutachten zur Restaurierung von Nôtre-Dame aus dem Jahr 1843 forderte Viollet-le-Duc:

„Jede Zufügung, aus welcher Epoche auch immer, muß im Prinzip bewahrt, konsolidiert und in dem Stil restauriert werden, der ihr eigentümlich ist. Dies muß mit religiöser Zurückhaltung geschehen, unter völligem Verzicht auf jede persönliche Meinung. Der Künstler muß sich vollständig auslöschen. Um seinen Gegenstand zu studieren, muß er seinen Geschmack und seine Instinkte vergessen, um so die Denkweise wiederzufinden, [...] die die Ausführung des Werkes, das er restaurieren will, bestimmt hat.“[32]

In der Praxis wich Viollet-le-Duc allerdings bald von seinem Ideal des „Konservierens“ aller historischen Schichten ab und ging über zu einer „Verbesserung“ des Vorhandenen, um zur Stilreinheit zu gelangen, so etwa bei der Planung zum Bischofspalast in Sens (1851; Abb. 2, 3) oder den Arbeiten am Mauerring von Carcassonne (1850–1879). 1857 beschrieb Viollet-le-Duc seine Arbeitsweise dann wie folgt:

„Ein Gebäude restaurieren, das heißt nicht, es zu unterhalten, es zu reparieren oder zu erneuern, es bedeutet vielmehr, es in einen Zustand der Vollständigkeit zu versetzen, der möglicherweise nie zuvor existiert hat.“[33]

Viollet-le-Ducs Restaurierungsvorgaben wurden in ganz Europa rezipiert. Sie bestätigten die bisherige Praxis und schienen Purifizierungen und Hinzufügungen im Sinne einer Komplettierung zu legitimieren. Doch ganz abgesehen von der allgemeinen Problematik der Zerstörung der historisch gewachsenen Substanz

---

31 An deren Spitze stand der Schriftsteller Prosper Merimée als „Inspecteur des Monuments Historiques“, der beratenden Kommission gehörte u. a. Victor Hugo an. Zu Viollet-le-Duc u. a. François Enaud: Les principes de restauration des Monuments en France de Viollet-le-Duc à la Charte de Venise. In: Schweizerischer Verband für Konservierung (wie Anm. 5), S. 49–64; Jean-Paul Midant: Au Moyen Age avec Viollet-le-Duc. Paris 2001.

32 Zit. nach Huse (wie Anm. 5), S. 86.

33 Im Artikel „Restauration“ in Viollet-le-Duc: Dictionnaire raisonné de l´ architecture française du XIe au XVIe siècle. Bd. 8. Paris 1865; zit. nach Huse (wie Anm. 5), S. 88.

eines Baudenkmals zugunsten eines favorisierten Stils blieb in Viollet-le-Ducs System offen, wie der Zustand der Vollständigkeit definiert und wie die Stilsicherheit des ausführenden Architekten gewährleistet werden sollte.

Besonders im Zusammenspiel mit politischen Motiven hatten solche Purifizierungsbestrebungen nicht selten fatale Folgen für die Kunstdenkmäler, etwa im Falle der Regotisierung der Kathedrale von Metz in Lothringen.[34] Die Stadt hatte seit dem Westfälischen Frieden von 1648 zu Frankreich gehört und wurde Mitte des 18. Jahrhunderts unter der Leitung von Jaques François Blondel zu einer Festungsstadt umgestaltet. In diesem Zusammenhang erhielt die bis dahin nur provisorisch fertiggestellte Westfassade der Kathedrale ein monumentales Portal in den strengen Formen des französischen Barocks, versehen mit einer Stifterinschrift von Louis XV. (Abb. 4). Nach dem Deutsch-Französischen Krieg 1871 wurde Elsaß-Lothringen dem Deutschen Reich angeschlossen, worauf Wilhelm I. und Bismarck eine intensive Akkulturationspolitik betrieben. Die Restaurierung der Metzer Kathedrale, die Paul Tornow 1877–1903 durchführte, war Teil dieser Maßnahmen: Blondels Portal wurde abgebrochen und durch eine neogotische Vorhalle ersetzt, die es an dieser Stelle so nie gegeben hatte (Abb. 5). Daß die Metzer Kathedrale ein Bau der französischen Gotik war, störte bei dieser kulturellen Aneignung nicht. Die feierliche Einweihung des Portals fand in Anwesenheit Kaiser Wilhelms II. statt.

Nach der Vollendung des Kölner Doms wandte sich das preußische Königshaus auch wieder der Marienburg an der östlichen Grenze seines Herrschaftsgebietes zu. In der deutschen Historiographie spielte der Deutsche Orden mittlerweile als „Kolonisator des Ostens“ eine bedeutende Rolle; Preußens Besitzansprüche auf die durch die Teilungen Polens erworbenen Regionen Westpreußen und Großpolen wurden aus der Tradition des Ordens abgeleitet.[35] Seit 1882 leitete Konrad Steinbrecht die Restaurierungsarbeiten auf der Marienburg, in deren Mittelpunkt nunmehr der älteste Bauteil, das sogenannte Hochschloß, stand. Ähnlich wie Viollet-le-Duc war Steinbrecht ein akribischer Bauforscher, der die Architektur des Deutschen Ordens intensiv studierte und seine Forschungsergebnisse in zahlreichen Veröffentlichungen darlegte.[36] Ebenso wie Viollet-le-Duc fühlte er

---

34 Vgl. Dazu Marion Wohlleben: Konservieren oder Restaurieren? Zur Diskussion über Aufgaben, Ziele und Probleme der Denkmalpflege um die Jahrhundertwende. Zürich 1989, S. 41–46.

35 Z.B. Heinrich von Treitschke: Das deutsche Ordensland Preußen. In: Preußisches Jahrbuch 10 (1862), S. 95–151; vgl. Anm. 12.

sich daher befähigt, einen „Zustand der Vollständigkeit" herzustellen, auch wenn dieser nicht aus den Baubefunden abgeleitet werden konnte. So sind etwa die Lauben des Innenhofs, die Dachaufbauten und die Ziergiebel am Marienburger Hochschloß Erfindungen von Steinbrecht. Die mit viel Phantasie historisierend ausgestalteten Innenräume wurden mit entsprechender Staffage fotografiert; die publizierten Fotos prägten das populäre Geschichtsbild vom Deutschen Orden (Abb. 6). Von Schinkels „Theatergotik" allerdings distanzierte sich Steinbrecht unter Verweis auf den fehlenden wissenschaftlichen Rückhalt der von seinem Vorgänger geleisteten Arbeit.[37]

Der Festakt der Vollendung des Hochschlosses am 5. Juni 1902 wurde auf Wunsch Wilhelms II. als Kostümfest inszeniert, wobei der Kaiser im Johanniter-Habit auftrat. Das Schloß sollte fortan als Residenz des Kaisers bei Besuchen in Westpreußen dienen. Der machtpolitische Hintergrund der Pflege der Marienburg wird in der Rede des Kaisers deutlich: „Jetzt ist es wieder so weit. Polnischer Übermut will dem Deutschtum zu nahe treten, und ich bin gezwungen, Mein Volk aufzurufen zur Wahrung seiner nationalen Güter."[38]

Offensichtlich fand der Mittelalterschwärmer Wilhelm II. an der historischen Kulisse der Marienburg so großen Gefallen, daß er sich ein ähnliches, gegen Frankreich gerichtetes „Bollwerk" wünschte. In der Hohkönigsburg/Haut-Koenigsbourg im Elsaß, einer mittelalterlichen Festung, die sich im Besitz der Staufer, Habsburger und Hohenzollern befunden hatte, fand er ein ideales Objekt, im Burgenforscher Bodo Ebhardt einen Architekten, der seinen Plan zwischen 1900 und 1908 verwirklichte.[39] Der Bremer Ebhardt hatte mit Gleichgesinnten

36 V. a. Conrad Steinbrecht: Die Baukunst des Deutschen Ritterordens in Preußen. Bd. 1–4. Berlin 1885–1920.

37 Conrad Steinbrecht: Die Wiederherstellung des Marienburger Schlosses (Sonderdruck aus dem Zentralblatt der Bauverwaltung). Berlin 1896, S. 12; zit. nach Torbus (wie Anm. 19), S. 280.

38 Hartmut Bookmann: Katalogeintrag „Ein ‚wilhelminischer' Festakt auf der Marienburg. In: 800 Jahre (wie Anm. 13), S. 469f.

39 Vgl. Ebhardts eigene Zusammenfassung seiner Tätigkeit: Bodo Ebhardt: Deutsche Burgen als Zeugen deutscher Geschichte. Berlin 1925. Außerdem: Angelika Gause (Bearb.): Burgenromantik und Burgenrestaurierung um 1900. Der Architekt und Burgenforscher Bodo Ebhardt in seiner Zeit. Ausstellungskatalog. Braubach 1999; Wilfried Speitkamp: Die Hohkönigsburg und die Denkmalpflege im Kaiserreich. In: Neue Museumskunde 34 (1991), S. 121–130 (dort Quellen und Literatur zum Projekt Hohkönigsburg); ders.: Die Verwaltung der Geschichte. Denkmalpflege und Staat in Deutschland 1871–1933. Göttingen 1996, S.109 f.

die „Vereinigung zur Erhaltung deutscher Burgen" gegründet, er entfaltete eine rege Publikationstätigkeit und restaurierte bzw. rekonstruierte etwa ein Dutzend Burgen in ganz Deutschland. Auch Ebhardt legte seiner Arbeit intensive Quellenstudien zugrunde, dies hielt ihn jedoch nicht von eigenen Inventionen im „mittelalterlichem Geiste" ab.

„Konservieren statt Restaurieren"

Die Arbeiten an der Hohkönigsburg fielen in die Zeit, als die Grundsatzdiskussion über die Aufgaben der Denkmalpflege – „Konservieren oder Restaurieren" – voll entbrannt war. Kritiker nannten die Wiederherstellung der Burg einen „Neubau", der die Spuren der Geschichte getilgt habe, statt sie zu bewahren.[40] Ähnlich vehement – und diesmal mit Erfolg – wurde gegen die Bestrebungen Stellung bezogen, das Heidelberger Schloß wiederherzustellen.[41]

Kritik an der Restaurierungspraxis Viollet-le-Ducs und seiner Epigonen wurde bereits von den Zeitgenossen Mitte der vierziger Jahre geäußert, die vor einem „vandalisme restaurateur" warnten. „Die sogenannte Restaurierung ist die schlimmste Art der Zerstörung"[42], schrieb der englische Kunstschriftsteller John Ruskin in seinem erstmals 1849 erschienenen Buch „Die sieben Leuchter der Baukunst". Ruskin, der den Kontinent bereits in jungen Jahren intensiv bereist hatte, verfaßte seinen Text unter dem Eindruck der raschen Veränderungen und Zerstörungen an der historischen Bausubstanz durch Modernisierung, Industrialisierung – und Restaurierungsmaßnahmen. Wiederherstellungs-, d. h. Restaurierungsversuche, mit dem Ziel, einen früheren Zustand wieder herbeizuführen, lehnte er kategorisch ab, da der „Geist" der Entstehungszeit des Bauwerks niemals nachempfunden werden könne. Nur eine Sicherung, d. h. „Konservierung", sei legitim; bei unaufhaltsamem Substanzverlust müsse in letzter Konsequenz

---

40 Paul Piper: Soll die Hohkönigsburg neu aufgebaut werden? Eine kritische Studie. München 1900; zit nach Speitkamp 1991 (wie Anm. 39), S. 123.

41 Z. B. Georg Dehio: Was wird aus dem Heidelberger Schloß werden? Straßburg 1901; zit. nach Huse (wie Anm. 5), S. 108–115. Die Diskussion in Deutschland um 1900 stellt u. a am Heidelberger Beispiel dar: Jan Friedrich Hanselmann: Die Denkmalpflege in Deutschland um 1900: zum Wandel der Erhaltungspraxis und ihrer methodischen Konzeption. Frankfurt a. Main/Berlin u. a. 1996.

42 John Ruskin: The Seven Lamps of Architecture. London 1849. Zitat des 31. Lehrspruchs der VI. Betrachtung „Der Leuchter der Erinnerung" nach der Faksimile-Ausgabe der deutschen Übersetzung von Wilhelm Schoelermann (Leipzig 1900). Dortmund 1994, S. 363.

auch der Verlust eines Bauwerks akzeptiert werden. Ruskin erweiterte den Denkmalbegriff, indem er allen Stilstufen und auch dem bürgerlichen Wohnbau Geschichtswert zuschrieb. Besonders bemerkenswert ist, daß Ruskin (ebenso wie später sein Schüler William Morris) bereits von einer übernationalen Bedeutung der Kunstdenkmäler ausging.[43] 1854 schlug er eine europäische Organisation zum Schutz der Baudenkmäler vor und prägte in diesem Zusammenhang bereits den Begriff „europäisches Kulturgut", der uns so modern erscheint.

Der italienische Architekt und Kunsthistoriker Camillo Boito versuchte als einer der ersten eine Synthese aus Viollet-le-Ducs und Ruskins Ideen zu entwickeln.[44] 1893 veröffentlichte er den Essay „Conservare o restaurare", in dem Vertreter der beiden Richtungen in Dialogform über die richtige Praxis der Denkmalpflege debattieren. Boito selbst gab dem „Konservieren", dem Bewahren den Vorrang. Die Authentizität des Bauwerks sollte gewahrt bleiben, seine Geschichte ablesbar sein. Anders als Ruskin wollte er sich jedoch nicht mit der Vernichtung des Bauwerks durch die Zeit als Konsequenz einer nicht intervenierenden Pflege abfinden: Wenn alle Sicherungsmaßnahmen scheiterten, sollten auch Restaurierungen erlaubt sein. Hinzufügungen müßten jedoch als solche erkennbar werden – durch anderes Material, andere Farbigkeit, Inschriften oder ähnliches – um nicht die Illusion eines ideal erhaltenen Baudenkmals zu erzeugen.

Auch im deutschsprachigen Raum setzte die Diskussion zur Frage „Konservieren oder Restaurieren" am Ausgang des 19. Jahrhunderts mit Vehemenz ein.[45] 1900 wurde erstmals der „Tag für Denkmalpflege" als Forum von Denkmalpflegern, Architekten, Kunsthistorikern, Regierungsvertretern und anderen Interessierten organisiert und bis 1913 in jährlichem Turnus abgehalten. Hier war die Plattform, auf der die Vertreter des „Konservierens" wie Georg Dehio, Cornelius Gurlitt, später auch Max Dvořak, mit den Anhängern des „Restaurierens" wie Bodo Ebhardt oder Paul Tornow diskutierten – und sich schließlich durchsetzten.[46]

Die gesellschaftlichen Umbrüche des späten 19. Jahrhunderts hatten entscheidende Auswirkungen auch auf die Künste und die Wissenschaften. Neue, immer

43 Choay (wie Anm. 5), S. 107.

44 Francesco Bocchino: Camillo Boito e la dialettica tra conservare e restaurare. In: Stella Casiello (Hg.): La cultura del restauro: teorie e fondatori. Venezia 1996, S. 145–164.; Choay (wie Anm. 5), S. 122 ff.

45 Vgl. Hanselmann (wie Anm. 41), S. 16–22; zur Kritik des „Restaurierens" in Deutschland vor 1900 vgl. S. 20–22.

46 Speitkamp 1996 (wie Anm. 39), S. 128ff.

differenziertere kunsthistorische Forschungen weckten das Verständnis für die nachmittelalterlichen Stile und ließen deren Wertschätzung steigen – als Beispiele seien hier die Arbeiten von Cornelius Gurlitt über den Barock oder die Schriften Heinrich Wölfflins zu Renaissance und Barock genannt.[47] Mit einiger Verspätung – da die negativen Folgen der Industrialisierung: Landflucht, ungeregeltes Wachstum der Städte, „Verstädterung" der Dörfer, in Mitteleuropa erst jetzt in aller Heftigkeit spürbar wurden – rezipierte man um 1900 die Reformideen von Ruskin und der englischen Arts&Crafts-Bewegung. Die Besorgnis über die kulturelle Verödung und den Verlust der vertrauten Umgebung artikulierte sich in den Heimatschutzbewegungen, die sich ab ca. 1880 in verschiedenen europäischen Ländern formierten und einen Zweig der vielschichtigen Reformbestrebungen der Jahrhundertwende bildeten.[48] In Deutschland gründeten die Protagonisten dieser Ideen 1904 unter Führung von Paul Schultze-Naumburg den „Deutschen Bund für Heimatschutz"[49], der in der Folge eng mit der Denkmalpflege kooperierte; seit 1911 tagte man in zweijährigem Turnus gemeinsam auf dem „Tag für Denkmalpflege und Heimatschutz". Der Bund für Heimatschutz repräsentierte damals ein breites weltanschauliches Spektrum, das für nostalgische oder fortschrittsfeindliche Schwärmer ebenso Platz bot wie für nach neuen künstlerischen Impulsen suchende Architekten wie Theodor Fischer oder Hans Poelzig. Der Historismus

---

47 Cornelius Gurlitt: Geschichte des Barockstils in Italien. Stuttgart 1887; ders.: Geschichte des Barockstils und des Roccoco in Deutschland. Stuttgart 1889; Heinrich Wölfflin: Renaissance und Barock. Eine Untersuchung über Wesen und Entstehung des Barockstils in Italien. München 1888.

48 Nicola Gordon Bowe (Hg.): Art and the National Dream. The Search for Vernacular Expression in Turn-of-the Century Design. Dublin 1993; Catherine Bertho-Lavienir: Naissance et développement de l'idée régionaliste. Essai de comparaison européenne. In: Architektúra i urbanizmus 28 (1994), H. 3–4, S. 32–47; Jacek Purchla (Hg.): Vernacular Art in Central Europe. Kraków 2001.

49 Anders als in den zwanziger Jahren des 20. Jahrhunderts standen zu dieser Zeit Heimatschützer und Architekturavantgarde noch im Einvernehmen. Zur Heimatschutzbewegung und zur Geschichte des Bundes vgl. Christian F. Otto: Modern Environment and Historical Continuity: The Heimatschutz Discourse in Germany. In: Art Journal 43 (1983), S. 148–157; Edeltraud Klueting (Hg.): Antimodernismus und Reform. Beiträge zur Geschichte der deutschen Heimatschutzbewegung. Darmstadt 1991; Hartmut Frank: Heimatschutz und typologisches Entwerfen. Modernisierung und Tradition beim Wiederaufbau von Ostpreußen 1915–1927. In: Vittorio M. Lampugnani, Romana Schneider (Hg.): Reform und Tradition. Moderne Architektur in Deutschland 1900–1950. Stuttgart 1992, S. 115–132.

des 19. Jahrhunderts war passé; seine Rehabilitierung setzte erst in den späten sechziger Jahren des 20. Jahrhunderts ein. Die Architekten suchten nach neuen, zeitgemäßen Ausdrucksformen, die sie zunächst im Jugendstil, dann in lokalen, ländlichen Bautraditionen und in einer monumentalen Sachlichkeit fanden. Das Selbstbewußtsein, nach einem Jahrhundert der „Stilmaskeraden" endlich wieder einen modernen, eigenen Stil ausgeprägt zu haben, hatte unmittelbare Auswirkungen auf die Denkmalpflege: Den in diesem Bereich (bzw. unter anderem in diesem Bereich) tätigen Architekten lag nun nicht mehr an einer imitatio, Ergänzungen bzw. Erweiterungen des Bestehenden wollten sie explizit als eigene Schöpfungen sichtbar machen. Exemplarisch sei hier die Wiederherstellung und Erweiterung des Rathauses der schlesischen Kleinstadt Löwenberg/Lwówek Śląski in den Jahren 1903–1906 durch Hans Poelzig angeführt.[50] Der Planungsverlauf zeigt, wie der Architekt unter dem Eindruck der aktuellen Diskussion den ersten, den Frührenaissance-Formen des ursprünglichen Baus angeglichenen Entwurf zu einer neuen Konzeption weiterentwickelte (Abb. 7, 8). Poelzig griff Motive der regionalen Bautradition auf – die Dachform über dem Treppenhauserker ist inspiriert von den Schrotholzkirchen Oberschlesiens, die Lauben übertragen einen in der Region verbreiteten Typus in schlichte „versachlichte" Formen. Im Ergebnis entstand ein Anbau, der seine Modernität nicht verhehlt, sich aber in Form und Proportion hervorragend in das Marktensemble einfügt.

Die Heimatschutzbewegung öffnete den Blick auf ländliche Bauweisen, die nunmehr ebenfalls als denkmalwürdig galten. Auch der Wert städtebaulicher bzw. dörflicher Ensembles rückte ins Bewußtsein der Architekten und der Denkmalpfleger.[51] Publikationen wie Max Dvořaks „Katechismus der Denkmalpflege" (1916) versuchten, mit eindringlichem Bildmaterial das Problembewußtsein eines breiteren Publikums zu schulen.[52]

Der Theoretiker, der diese vielfältigen Strömungen aufnahm und in seinen Schriften weiterentwickelte, war Alois Riegl. Ihm wird im deutschsprachigen Raum ebenso wie den Ländern der ehemaligen Habsburgermonarchie, bis heute

50 Vgl. Grzegorz Grajewski: Die Kontinuität der Tradition. Denkmalpflege und Heimatschutz im Werk Hans Poelzigs. In: Jerzy Ilkosz, Beate Störtkuhl (Hg.): Hans Poelzig in Breslau. Architektur und Kunst 1900–1916. Delmenhorst 2000, S. 191–220.

51 Camillo Sitte: Der Städtebau nach seinen künstlerischen Grundsätzen. Wien 1889. Reprint der 4. Auflage 1909. Braunschweig/Wiesbaden 1983; vgl. Choay (wie Anm. 5), S. 135ff.

52 Max Dvořak: Katechismus der Denkmalpflege. Wien 1916.

eine Schlüsselrolle in der Geschichte der Kunstgeschichte und der Denkmalpflege zugeschrieben.[53]

Seit 1895 Professor für Kunstgeschichte an der Wiener Universität, wurde Riegl 1902 zum Präsidenten der k. k. Zentralkommission für Erforschung und Erhaltung der Kunst- und historischen Denkmale ernannt und erhielt den Auftrag, eine Gesetzgebung für den Denkmalschutz auszuarbeiten. Seine vielzitierte, 1903 veröffentlichte Schrift „Der moderne Denkmalkultus" entstand als Einführung zu diesem Gesetzeswerk.[54] Riegl unterschied darin verschiedene „Werte", die einen Gegenstand zum Kunstdenkmal machen: Der „historische Wert" definiert das Objekt als Zeugnis der Vergangenheit, wobei die geschichtlichen Epochen und damit auch ihre kulturellen Schöpfungen gleichberechtigt nebeneinander stehen. Der bei Ruskin vorgeprägte „Alterswert" ist von jedem Menschen an jedem Objekt ablesbar, weil beide gleichermaßen der Zeit unterworfen sind. Die Vergänglichkeit der menschlichen Werke, aber auch der Natur, wird erfahrbar. Diesen Alterungsprozeß soll die Denkmalpflege eigentlich nicht aufheben, doch Riegl erlaubt wie Boito ein konservierendes Eingreifen, um die letzte Konsequenz – das Verschwinden des Objekts – aufzuhalten. Der „Gegenwartswert" umfaßt zum einen die praktische, aktuelle Nutzung des Denkmals. Vor allem aber wies Riegl hier auf die sich wandelnde Rezeption eines Denkmals hin, die sowohl dem aktuellen Zeitgeist wie auch dem subjektiven Empfinden des Einzelnen unterliegt. Die Feststellung, daß es kein objektives, zeitlos gültiges Kriterium für die Denkmalwürdigkeit eines Objekts gibt und daß daher die eigene Position im Umgang mit dem kulturellen Erbe sorgfältig reflektiert werden muß, mutet aus heutiger Perspektive selbstverständlich an, doch war es Riegl, der sie als erster formulierte. Riegls Aktualität liegt in dieser undogmatischen, relativistischen Konzeption, die für jedes Bauwerk eine individuelle Lösung, abhängig vom kulturellen und sozialen Kontext, einfordert.

---

53 Vgl. Huse (wie Anm. 5), S. 124–149; Choay (wie Anm. 5), S. 125–130; Amedeo Bellini: Attualità della teoria dei valori di Riegl. In: Francesco Alberti, Sandro Scarrocchia (Hg.): Cultura della conservazione e istanze del progetto. Firenze 1998, S. 131–134; Wolfgang Kemp: Alois Riegl (1858–1905). In: Heinrich Dilly (Hg.): Altmeister moderner Kunstgeschichte. Berlin 1999, S. 36–60.

54 Alois Riegl: Der moderne Denkmalkultus. Sein Wesen und seine Entstehung. Wien/Leipzig 1903.

Ein „Jahrhundert voller denkmalpflegerischer Heuchelei“?

Mit Riegls Theorien und der Prämisse der konservierenden Denkmalpflege waren vor dem Ersten Weltkrieg die theoretischen Grundlagen ausgeprägt, die bis heute gültig sind. Die Theorie und die politischen und gesellschaftlichen Interessen unterworfene Praxis klafften allerdings im 20. Jahrhundert häufig so weit auseinander, daß der polnische Architekturhistoriker und Denkmalpfleger Andrzej Tomaszewski unlängst von einem „Jahrhundert voller denkmalpflegerischer Heuchelei“ sprach.[55]

In einem Punkt nämlich war Riegl, wie vor ihm schon Ruskin, dem Geist seiner Zeit weit voraus: in der „Entnationalisierung“ der Kunstdenkmäler, die er als Erbe der gesamten Menschheit verstanden wissen wollte. Er geriet darüber in eine Kontroverse mit Georg Dehio, der die Pflicht zur Erhaltung eines Kunstdenkmals postulierte „nicht, weil wir es für schön halten, sondern weil es ein Stück unseres nationalen Daseins ist“.[56] Dehios Formulierung charakterisiert den ethnozentrisch orientierten „Gegenwartswert“, den man den Kunstdenkmälern über weite Strekken des 20. Jahrhunderts zuschrieb und der in der denkmalpflegerischen Praxis immer wieder herangezogen wurde, um Abweichungen vom Prinzip des Konservierens zu legitimieren.

Die Königsburg auf dem Wawel in Krakau

So spielten denkmalpflegerische Fragen auch für die Nationalbewegungen innerhalb der Habsburgermonarchie eine wichtige Rolle. In Krakau begannen

---

55 Andrzej Tomaszewski: Der Umgang mit Kulturgütern in Polen und in Deutschland im 20. Jahrhundert (aus polnischer Sicht). In: Andrea Langer (Hg.): Der Umgang mit dem kulturellen Erbe in Deutschland und Polen im 20. Jahrhundert. Beiträge der 9. Tagung des Arbeitskreises deutscher und polnischer Kunsthistoriker und Denkmalpfleger in Leipzig, Sept. 2002 (Das Gemeinsame Kulturerbe – Wspólne Dziedzictwo 1). Warszawa 2004, S. 33–42, hier S. 35. Vgl. dazu auch Gabi Dolff-Bonekämper: Wahr oder falsch. Denkmalpflege als Medium nationaler Identitätskonstruktion. In: Otto Gerhard Oexle, Áron Petneki, Leszek Zygner (Hg.): Bilder gedeuteter Geschichte. Das Mittelalter in der Kunst und Architektur der Moderne. Bd. 2 (Göttinger Gespräche zur Geschichtswissenschaft 23). Göttingen 2004, S. 231–285.

56 Georg Dehio: Denkmalschutz und Denkmalpflege (1905). In: Ders.: Kunsthistorische Aufsätze. München/Berlin 1914, S. 264–276; Replik Alois Riegl: Neue Strömungen in der Denkmalpflege. In: Mitteilungen der k. k. Zentralkommission für Erforschung und Erhaltung der Kunst- und historischen Denkmale, III. Folge, 4. Band (1906), S. 85–103; zit. nach Huse (wie Anm. 5), S. 139–149.

ab 1904 neue Planungen zur Wiederherstellung der Königsburg auf dem Wawel.[57] Eine Spendenaktion in allen drei Teilungsgebieten hatte es ermöglicht, das als Kaserne des österreichischen Militärs zweckentfremdete Areal für die polnische Nation zu erwerben (in der damaligen offiziellen Lesart wurde die Überlassung der Burg als großzügiger Akt des Kaisers Franz Joseph I. dargestellt). Die relative politische Toleranz, die im Vergleich zum preußischen und russischen Teilungsgebiet seit der Autonomie von 1867 in Galizien herrschte, hatte Krakau in den letzten Jahrzehnten des 19. Jahrhunderts zur kulturellen Hauptstadt des geteilten Polen werden lassen, in der das nationale Erbe von Wissenschaftlern und Künstlern gepflegt und Zukunftsvisionen entwickelt wurden. Die in mehrerer Hinsicht bemerkenswerteste Vision ist das Projekt von Stanisław Wyspiański und Władislaw Ekielski, den Wawel zu einer polnischen „Akropolis" umzugestalten (Abb. 9).[58] „Kopf" des Unternehmens war offensichtlich das Multitalent Wyspiański – Maler, Architekt, Kunstgewerbler und Schriftsteller. Die österreichischen Militärbauten aus dem 19. Jahrhundert unterhalb des Schlosses sollten abgerissen werden, um einen Komplex aus Parlamentsgebäude, Sitz der Akademie der Wissenschaften, Nationalmuseum, Amphitheater und Sportarena zu errichten, die sich mit dem Schloß und der Kathedrale zu einem monumental gedachten Ensemble verbinden sollten. Wyspiański erdachte dafür klassizistische Formen, wobei Attika-Aufsätze nach dem Vorbild der Krakauer Tuchhallen den Bezug zur heimischen Bautradition herstellten. Wyspiańskis früher Tod 1907 verhinderte eine Konkretisierung dieser Pläne, die das Denkmal um selbstbewußte moderne Akzente erweitert hätten.

Gleichzeitig wurde unter dem Architekten Zygmunt Hendel die Restaurierung des Königsschlosses vorbereitet, die sich auf intensive Bau- und Quellenstudien stützte.[59] Ziel war die Wiederherstellung des Zustandes der ersten Hälfte des 16. Jahrhunderts, der Blütezeit der polnischen Jagiellonen-Dynastie. Dazu sollten die Veränderungen des 19. Jahrhunderts rückgängig gemacht werden: Die charak-

---

57 Paweł Dettloff, Marcin Fabiański, Andrzej Fischinger: Zamek Królewski na Wawelu. Sto lat odnowy (1905–2005). Kraków 2005.

58 Stanisław Wyspiański, Władisław Ekielski: Akropolis, Projekt zabudowania Wawelu [Entwurf zur Bebauung des Wawels]. In: Architekt 9 (1908), H. 5/6, S. 49–57, Taf. 14–18.

59 Das November- und Dezemberheft 1908 der Zeitschrift „Architekt" war der Vorstellung der Planungen auf dem Wawel gewidmet: [Mehrere Autoren]: Z Wawelu [Vom Wawel]. In: Architekt 9 (1908), H. 11, S. 119–134, Taf. 31–34; [Mehrere Autoren]: Wzgórze Wawelskie [Der Wawel-Hügel]. In: Architekt 9 (1908), H. 12, S. 137–152, Taf. 35f.

teristischen, überproportional langen Säulen des Obergeschosses im Schloßhof, die nach einer Veränderung der Dachkonstruktion aus statischen Gründen ummauert wurden, sollten freigelegt und die ursprüngliche Dachform – wie sie auf alten Ansichten des Schlosses zu sehen war – wiederhergestellt werden. Dabei mußten etwa zwei Drittel der Säulen durch Rekonstruktionen ersetzt werden, weil die Originale brüchig geworden waren. Rekonstruiert werden sollten auch einige der Fenster- und Portalumrahmungen der Früh-Renaissance. Obwohl dieses Programm im März 1908 von der k. k. Zentralkommission für Erforschung und Erhaltung der Kunst- und historischen Denkmale mit dem Argument, alle Wiederherstellungen stützten sich auf historische Befunde, gebilligt worden war, erhob der Präsident der Kommission Max Dvořak Einspruch. Als entschiedenem Verfechter einer substanzerhaltenden Denkmalpflege gingen ihm die Rekonstruktionsmaßnahmen zu weit. Zwar äußerte er Verständnis für die nationalen Motive der polnischen Denkmalpfleger, doch sah er in dem geplanten Vorhaben „die größte Gefahr, die je dem Schlosse drohte".[60] Um die Geschichte des Baus nicht zu verwischen, lehnte er eine Öffnung der Galerien ab und verlangte, Ergänzungen an den Fensterrahmen in „schlichten", als „Lückenausfüllung" erkenntlichen Formen vorzunehmen.[61]

Dvořak setzte sich nicht durch, Hendels Pläne bildeten die Grundlage für die Restaurierungsmaßnahmen auf dem Wawel (Abb. 10). Bis in die dreißiger Jahre hinein stellten die Denkmalpfleger mit breitem Rückhalt im Volk ein Symbol wieder her, das auch heute einen der wichtigsten Bezugspunkte des nationalen Gedächtnisses bildet; die Spuren der Geschichte wurden dabei partiell ausgeblendet.

Wiederaufbau nach dem Ersten Weltkrieg: die Eliminierung des 19. Jahrhunderts

Der Erste Weltkrieg konfrontierte die europäische Denkmalpflege mit Wiederaufbaufragen in bislang nicht gekannten Maßstab. Bereits in den ersten Wochen des Krieges wurden Dörfer und Städte in Ostpreußen durch eine russische Offensive verwüstet. Deutsche Truppen richteten in Belgien und Nordfrankreich gewaltige Zerstörungen an und machten die im russischen Teilungsgebiet Polens gelegene Stadt Kalisz fast dem Erdboden gleich.

---

60 Max Dvořak: Restaurierungsfragen. II. Das Königsschloß am Wawel. In: Kunstgeschichtliches Jahrbuch der k. k. Zentralkommission für Erforschung und Erhaltung der Kunst- und historischen Denkmale 2 (1908), S. 105–112.

61 Ebenda, S. 111f.

In Deutschland wurde der Wiederaufbau Ostpreußens zur nationalen Aufgabe erklärt und seit 1915 staatlich gefördert. Neben der faktischen Notwendigkeit stand dahinter auch das Bestreben, die ungebrochene Macht und den Behauptungswillen Deutschlands zu demonstrieren. Der Deutsche Bund für Heimatschutz und der Deutsche Werkbund engagierten sich hier programmatisch, die Denkmalpflege folgte ihnen.[62] Der Wiederaufbau wurde genutzt, um die ungeliebten Bauten der Gründerzeit „verschwinden" zu lassen, die Uhr gleichsam in die Zeit vor der Industrialisierung zurückzudrehen. Für den Wiederaufbau der Landstädte und Dörfer wurden typenhafte Formen des biedermeierlichen, kleinstädtischen Bürgerhauses „um 1800"[63] verbindlich. Diese hatten wenig mit der regionalen Bautradition Ostpreußens zu tun, vielmehr handelte es sich um einen schlichten und dabei anheimelnd wirkenden Idealtyp „deutscher Bauart". Bezeichnenderweise wurden für den Wiederaufbau in Belgien und für Kalisz, von deren Annexion an das Deutsche Reich man ausging, ebensolche Planungen aufgestellt.[64]

Auch von polnischer Seite entstanden für Kalisz, eine der ältesten Städte Polens, unmittelbar nach den Zerstörungen die ersten Wiederaufbauprojekte; die Aufbauarbeiten selbst konnten erst nach der Wiedererlangung der Unabhängigkeit Polens 1918 beginnen.[65] Das deutsche und das polnische Vorhaben hatten

---

62 Heimatschutz 10 (1915), H. 4: Ostpreußenheft; auch die übrigen Hefte des Jahrgangs 1915 der vom Deutschen Bund für Heimatschutz herausgegebenen Zeitschrift waren dem Wiederaufbau Ostpreußens gewidmet, zahlreiche weitere Publikationen folgten. Vgl. Nils Aschenbeck: Moderne Architektur in Ostpreußen. Heide/Holstein 1991; Frank (wie Anm. 49); Jan Salm: Der Wiederaufbau der Städte im ehemaligen Ostpreußen nach dem Ersten Weltkrieg. Ein Beitrag zur Forschung. In: Michał Woźniak (Hg.): Kunstgeschichte und Denkmalpflege. 4. Tagung des Arbeitskreises deutscher und polnischer Denkmalpfleger, Toruń 2.–6. Oktober 1997. Toruń 2002, S. 189–212; Speitkamp 1996 (wie Anm. 39), S. 137–139.

63 Paul Schultze-Naumburg: Kulturarbeiten. Bd. 1–9. München 1907–1917; weitere Standardwerke waren Paul Mebes: Um 1800. Architektur und Handwerk im letzten Jahrhundert ihrer traditionellen Entwicklung. 2 Bde. München 1908, sowie Friedrich Ostendorf: Sechs Bücher vom Bauen. Berlin 1913/14.

64 Speitkamp 1996 (wie Anm. 39), S. 139; Teresa Zarębska: Problemy prekursorskiej odbudowy Kalisza [Der Wiederaufbau von Kalisz und seine Vorreiterrolle]. In: Maria Lubocka-Hoffmann (Hg.): Odbudowa miast historycznych. Elbląg 1998, S. 12–24, hier S. 16.

65 1914 Gründung des Wiederaufbaukomitées, 1915/16 Ausschreibung des Wettbewerbs zum Wiederaufbau. Vgl. Zarębska (wie Anm. 64); Małgorzata Omilanowska: „Wie

eine gemeinsame ideelle Wurzel: die von den Heimatbewegungen propagierte Suche nach einem „Regional"- bzw. „Nationalstil" in der Architektur.[66] Dadurch unterscheiden sie sich zwangsläufig in der Form: Die Entwürfe für Kalisz sind deutlich von den Bürgerhäusern des 16. Jahrhunderts – der Blütezeit der Adelsrepublik – und der charakteristischen „polnischen Attika" der Krakauer Tuchhallen inspiriert. Ebenso wie in Ostpreußen versuchte man allerdings auch hier die Gründerzeit auszublenden: Für das zerstörte Rathaus im Stil der französischen Neo-Renaissance wurden zunächst Projekte in „polnischen" Renaissance-Formen propagiert. Die Ausführung erfolgte schließlich im Stil des Neoklassizismus, der in der Zweiten Polnischen Republik bevorzugt für öffentliche Bauten verwendet wurde – eine ebenfalls bewußte Anknüpfung an die Epoche vor den Teilungen Polens am Ende des 18. Jahrhunderts.[67]

Tendenzen der Zwischenkriegszeit

Eine der ersten Gesetzesinitiativen des wiederentstandenen polnischen Staates galt der Denkmalpflege und damit dem nationalen Kulturerbe: Bereits am 31. Oktober 1918 wurde das „Dekret zur Pflege der Kunst- und Kulturdenkmäler" unterzeichnet, in dem unter anderem die Organisationsstruktur der Denkmalbehörden festgelegt wurde.[68] Neben Wiederaufbaumaßnahmen standen die königlichen Residenzen in Krakau und Warschau im Zentrum des Interesses.[69]

---

der märchenhafte Phoenix aus der Asche werden sie auferstehen". Haltungen zum Wiederaufbau und zur Restaurierung von Baudenkmälern in Polen in den Jahren 1915–1925. In: Langer (wie Anm. 55), S. 84–86.

66 Vgl. Anm. 48; für Polen: Małgorzata Omilanowska: Searching for a National Style in Polish Architecture at the End of the 19th and Beginning of the 20th Century. In: Bowe (wie Anm. 48), S. 99–116 (etwas umfangreichere polnische Version: Poszukiwania stylu narodowego w polskiej architektury końca XIX i początku XX wieku. In: Zbigniew Moździerza: Stanisław Witkiewicz – człowiek, artysta, myśliciel. Zakopane 1997, S. 275–292).

67 Vgl. Beate Störtkuhl: Von ‚deutscher Bauart' und ‚steingewordenen Symbolen polnischer Kultur'. Architektur der Zwischenkriegszeit in Schlesien als Manifestation nationalen Behauptungswillens. In: Matthias Weber (Hg.): Deutschlands Osten – Polens Westen. Vergleichende Studien zur geschichtlichen Landeskunde. Frankfurt/M./Berlin u. a. 2001, S. 116–118.

68 Rymaszewski (wie Anm. 5), S. 44f.

69 Ein Überblick über die Arbeiten der Jahre 1919–1930 findet sich in der in nur einem Jahrgang erschienenen, vom polnischen Generalkonservator herausgegebenen Zeit-

Während die baulichen Zeugnisse der nationalen Geschichte gepflegt wurden, versuchte man vor allem im ehemals russischen Teilungsgebiet die Spuren fremder Herrschaft zu verwischen: So wurde beispielsweise in Warschau die orthodoxe Kirche am Sächsischen Platz (heute pl. Piłsudzkiego) abgerissen. Auch am Königsschloß entfernte man russische Umbauten; dafür wurde im Innenhof ein Mauerfragment aus dem 14. Jahrhundert, aus der Zeit der masowischen Herzöge, herauspräpariert, um die historische Dimension des Baus zu visualisieren.[70]

Vergleichbare Tendenzen gab es in den 1918 unabhängig gewordenen baltischen Staaten Estland und Lettland, wo nach der Enteignung des überwiegend deutschstämmigen Adels dessen Schlösser und Herrenhäuser verfielen, weil die Denkmalbehörden ihre ohnehin knappen Mittel aus ideologischen Gründen nicht für die Erhaltung der Bauten der „deutschen Unterdrücker" einsetzen konnten.[71]

Im Deutschland der Weimarer Republik blieb die enge ideelle und personelle Verbindung zwischen Heimatschutz und Denkmalpflege bestehen. Doch während von der Heimatschutzbewegung und von der Denkmalpflege um 1900 wesentliche Reformimpulse ausgegangen waren, die unter anderem auch eine Erneuerung der Architektur mittrugen, so führte nun die fortschrittsskeptische oder gar -feindliche Grundhaltung vieler ihrer Vertreter zu einer Konfrontation mit der Architekturavantgarde. Die „internationale" Moderne der zwanziger Jahre wurde vielfach als Bedrohung des „deutschen" Kulturerbes empfunden.[72]

---

schrift Ochrona Zabytków Sztuki [Denkmalpflege] 1 (1930–1931); darin auch ein Überblick über die rechtlichen Grundlagen und die Organisation der Denkmalpflege im Polen der Zwischenkriegszeit: Jarosław Wojciechowski: Historia powstania i rozwoju organizacji opieki państwowej nad zabytkami sztuki w Polsce [Die Entstehung und die Entwicklung der Organisationsstruktur der staatlichen Denkmalpflege in Polen]. In: Ebenda, H. 1–4, S. 3–28.

70 Ebenda, S. 44–50; Arszyński (wie Anm. 5), S. 116–118; Paweł Detloff: „Wiedererwekkung des nationalen Kulturerbes" – Rekonstruktion von Baudenkmälern in Polen in den Jahren 1900–1933. In: Langer (wie Anm. 55), S. 65–78

71 Vgl. den Beitrag von Imants Lancmanis im vorliegenden Band sowie ders.: Das Kulturerbe in Lettland im 20. Jahrhundert: Realitäten und Rezeption. In: Bundesinstitut für Kultur und Geschichte der Deutschen im östlichen Europa (Hg.): Das gemeinsame Kulturerbe im östlichen Europa. Denkmalpflegerisches Engagement der Bundesregierung 1993–2003. Oldenburg 2004, S. 24–33. Bereits während der Oktoberrevolution 1905 wurden im Baltikum über 180 Herrenhäuser zerstört.

72 Exemplarisch für diese Haltung ist der Aufsatz von Otto Kloeppel: Danzig am Scheidewege. In: Ostdeutsche Monatshefte 8 (1928), S. 891–909. Kloeppel war in den zwanziger Jahren Professor der Abteilung Architektur an der TU Danzig und Vor-

Heimatidyll und Heldenverehrung: Denkmalpflege im „Dritten Reich"

Wie viele konservative Kulturschaffende und Wissenschaftler in Deutschland zeigte auch das Gros der Denkmalpfleger sich empfänglich für die Versprechungen der Nationalsozialisten und deren germanozentrische Ideologie[73], wenn auch sicherlich nicht alle so euphorisch reagierten wie der pommersche Konservator Franz Bahlke, der schrieb: „Erst die begeisterte Bejahung aller heimatpflegerischen Bestrebungen durch die nationale Regierung Adolf Hitlers hat dann jüngst auch der Pommerschen Denkmalpflege ihren natürlichen Nährboden wiedergegeben."[74]

Wie sich bald zeigte, war der Umgang der NS-Ideologen mit dem kulturellen Erbe höchst widersprüchlich. Der Spielraum der Denkmalpflege war dabei – wie in allen Bereichen des öffentlichen Lebens in der Diktatur – sehr eng. Zwar wurden die föderalen Organisationsstrukturen beibehalten, so daß die Entscheidungsgewalt eigentlich bei den Ländern lag, doch den Direktiven der Machthaber konnte sich kein Konservator entgegenstellen. So erfolgte die Profanierung und Umgestaltung des Braunschweiger Doms zur NS-Weihestätte 1936–1940 ohne Rücksicht auf historische Befunde.[75] Die Ausmalung des 19. Jahrhunderts wurde – entsprechend der immer noch gültigen Ablehnung dieser Epoche sicherlich mit Zustimmung der Denkmalpflege – entfernt, um eine nüchterne, monumentale Raumwirkung zu erzielen. Die Grablege Heinrichs des Löwen war ausgewählt worden, weil jener Fürst von den Nationalsozialisten als „Kolonisator des Ostens"

---

sitzender des Denkmalrates der Stadt; 1933/1934 wurde er Leiter des neu eingerichteten Amtes für Denkmalpflege und Bauberatung und war als solcher verantwortlich für die „Entschandelungsmaßnahmen" in der Rechtstadt. Diese wurden von seinem Nachfolger Erich Volmar weitergeführt.
Für die biographischen Angaben zu Kloeppel danke ich Frau Birte Pusback (Hamburg) sehr herzlich.

73 Dazu Christoph Hellbrügge: Konservieren, nicht restaurieren. Bedeutungswandel und Anwendungspraxis eines Prinzips der Denkmalpflege im 20. Jahrhundert. Diss. Bonn 1991, S. 193–197; Thomas Scheck: Denkmalpflege und Diktatur im Deutschen Reich zur Zeit des Nationalsozialismus. Berlin 1995, S. 29–35; Susanne Fleischner: „Schöpferische Denkmalpflege". Kulturideologie des Nationalsozialismus und Positionen der Denkmalpflege. Münster 1999, S. 3f.

74 Franz Bahlke: Pommersche Denkmalpflege (1931–1934). In: Baltische Studien N.F. 36 (1934), S. 349; zit. nach: Scheck (wie Anm. 73), S. 59.

75 Scheck (wie Anm. 73), S. 175–180.

und Vorbild für die eigene Expansionspolitik verehrt wurde. Dementsprechend erhielten die Langhauswände eine neue Ausmalung mit Sgraffitti von Wilhelm Dohme, die den „deutschen Drang nach Osten" thematisierten.

Zahlreiche Burgen wurden als Schulungsstätten der Parteiorganisationen adaptiert, wie etwa die Wewelsburg im Kreis Paderborn, die im Auftrag Heinrich Himmlers zur Reichsführerschule der SS umgestaltet wurde; Himmlers Pläne sahen hier neben der Restaurierung der Burg deren Einbettung in eine gigantische Anlage vor, die das Landschaftsbild einschneidend verändert hätte.[76]

In der urbanen Denkmalpflege wurden bevorzugt Maßnahmen ergriffen, die auf eine Vereinheitlichung des Altstadtbildes zielten und deren Charakter in vorindustrieller Zeit wiederherstellen sollten. Unter dem Schlagwort „Entschandelung" wurden Fassaden der Gründerzeit oder des Jugendstils ersetzt durch einen stilisierten Idealtypus des „Bürgerhauses".[77] In besonders umfangreichem Maße geschah dies in Danzig, das vor Kriegsausbruch 1939 nicht zum Deutschen Reich gehörte, sondern als „Freie Stadt" unter der Aufsicht des Völkerbundes stand (Abb. 11, 12).[78] Dieser Inselstatus an der Grenze zum „polnischen Korridor" beförderte nationalistische Tendenzen im Geistesleben der Stadt, die zum „Bollwerk des Deutschtums im Osten" verklärt wurde.[79]

Bevorzugt wurden auch Fachwerkfreilegungen vorgenommen, um den „deutschen" Charakter der Städte zu betonen – etwa in Nürnberg, dem als „Stadt der deutschen Kaiser" und als „Stadt der Reichsparteitage" ein besonderes Augenmerk galt.[80] Andererseits wurden unter dem Stichwort „Altstadtgesundung" historische Stadtviertel wie etwa das Gängeviertel in Hamburg entkernt, d.h. bis auf die Randbebauung niedergerissen. Diese Ideen waren nicht neu; bereits vor dem Ersten Weltkrieg, vor allem aber in den zwanziger Jahren, wurden für die

---

76 Ebenda, S. 101–105.

77 Ebenda, S. 124–126; Birte Pusback: „Heimatpflege in der Stadt". Denkmalpflegerische Konzepte der Altstadterhaltung und -wiederherstellung in den Jahren 1933–1939. In: Langer (wie Anm. 55), S. 107–129.

78 Vgl. Anm. 72; Erich Volmar: Danzigs Bauwerke und ihre Wiederherstellung. Danzig 1940.

79 Vgl. Jens Stüben: Die kulturpolitische Zeitschrift „Ostdeutsche Monatshefte" und ihr ‚Kampf' um den ‚deutschen Osten' (1920–1939). In: Weber (wie Anm. 67), S. 299–346.

80 Scheck (wie Anm. 73), S. 119–124. In der Wanderausstellung „Die schöne Stadt, ihre Entschandelung und Gestaltung", organisiert vom Deutschen Bund für Heimatschutz, propagiert; Scheck (wie Anm. 73), S. 184f.

Großstädte Planungen zur Sanierung übervölkerter, dicht bebauter Altstadtviertel entwickelt, weil die hygienischen Verhältnisse dort unzulänglich waren. Die in der NS-Zeit getroffene Auswahl der Stadtviertel war allerdings offensichtlich vor allem politisch motiviert: Bevorzugt wurden Kommunisten-Hochburgen geschleift.[81]

Historische Bausubstanz sollte auch für die gigantischen Stadtplanungen der Nationalsozialisten geopfert werden. In Berlin erfolgten dafür bereits Abrisse der vorwiegend in jüdischem Besitz befindlichen Quartiere am Spreebogen hinter dem Reichstag und im Bereich des heutigen Kulturforums.[82]

Auch für die „Neue deutsche Stadt Warschau" entstanden während des Zweiten Weltkrieges derartige Planungen.[83] Hier war die Zerstörung polnischer Nationaldenkmäler wie dem Königschloß gewollt, um das kulturelle Gedächtnis der Polen zu tilgen und sie zu einem „Volk von Dienern" zu degradieren. Die Stadt hatte bereits 1939 Zerstörungen hinnehmen müssen; während des Warschauer Aufstands 1944 wurde die Altstadt dem Erdboden gleichgemacht.

Wiederaufbau nach 1945: Polen[84]

Nach Kriegsende waren nicht nur das polnische Kernland, sondern vor allem auch die 1945 an Polen angegliederten ehemaligen Ostprovinzen Deutschlands verwüstet.

Die polnischen Denkmalpfleger standen vor dem Grunddilemma der Denkmalpflege: Wann, bis zu welchem Grade und auf welcher Grundlage sind Rekonstruktionen beschädigter Kunstdenkmäler erlaubt? Gibt es Umstände, die eine Totalrekonstruktion rechtfertigen? Dementsprechend kontrovers wurden die Fra-

---

81 Ebenda, S. 116–118.

82 Wolfgang Schäche: Architektur und Städtebau in Berlin zwischen 1933 und 1945 (Die Bauwerke und Kunstdenkmäler von Berlin, Beiheft 17). Berlin 1992, S. 101–164.

83 Niels Gutschow, Barbara Klain: Vernichtung und Utopie. Stadtplanung Warschau 1939–1945. Hamburg 1994, S. 21–40.

84 Zum Wiederaufbau in Polen nach dem Zweiten Weltkrieg ist vor allem nach 1989 eine Fülle von Publikationen erschienen, in denen Theorien und Praxis reflektiert werden; dort sind auch Quellen und die ältere Literatur zitiert. Eine der ersten kritischen Auseinandersetzungen bietet der Beitrag von Konstanty Kalinowski: Der Wiederaufbau der Altstädte in Polen in den Jahren 1945–1960. In: Österreichische Zeitschrift für Kunst und Denkmalpflege 32 (1978), S. 81–93. Vgl. den Beitrag von Lorenz Frank im vorliegenden Band.

gen des Wiederaufbaus diskutiert – es gab Stimmen, die eine moderne Neugestaltung der zerstörten Städte ohne Reminiszenzen an die historische Bebauung forderten, auch um den Aufbruch in eine neue, kommunistische Zukunft zu demonstrieren.[85] Das Wissen um die integrative Kraft der Denkmäler ließ die Partei in vielen Fällen letztlich für deren Rekonstruktion entscheiden. „Das Volk und seine Denkmäler sind eins", formuliert der 1945–1957 amtierende polnische Generalkonservator Jan Zachwatowicz und betonte zugleich, daß allein dies die „tragische Ausnahme" der Rekonstruktion rechtfertige.[86] Abweichungen vom Prinzip des Konservierens hatte es, wie oben dargestellt, im Verlauf des 20. Jahrhunderts stets gegeben, allerdings nie in dem Ausmaß, das nun gefordert schien.

Der rekonstruierende Wiederaufbau konzentrierte sich auf Städte und Objekte, denen eine besondere Bedeutung für die Nationalkultur zugeschrieben wurde. Ein wichtiges Argument war dabei der „piastische Ursprung" eines Baudenkmals – die Piasten waren das Adelsgeschlecht, das den polnischen Staat Ende des 10. Jahrhunderts geeint hatte und dessen Politik bis ins 14. Jahrhundert bestimmte. Ein großangelegtes staatliches Programm förderte Bauuntersuchungen an mittelalterlichen Kirchen, die in vielen Fällen Spuren von romanischen Vorgängerbauten hervorbrachten. Die Dome in Posen/Poznań, Gnesen/Gniezno und Breslau/Wrocław wurden auf eine gotische Stilstufe hin purifiziert.[87] Vorrang genossen die Hauptstadt Warschau als Symbol des Behauptungswillens der polnischen Nation sowie Danzig als Hafenstadt der „Rzeczypospolita" vom 16. bis zum 18. Jahrhundert.

Der städtische Wiederaufbau folgte ähnlichen Prinzipien wie die Stadterneuerungen im Deutschland der dreißiger Jahre – schließlich hatten beide gemeinsame Wurzeln: Die Bebauungsdichte wurde reduziert, Grünanlagen und begrünte Innenhöfe sorgten für Licht- und Luftzufuhr. Die Häuser an den Hauptstraßen und -plätzen wurden in einem Zustand „um 1800" rekonstruiert, d. h. das späte 19. und das 20. Jahrhundert wurden ausgeblendet. In Danzig griff man dabei zum Teil

---

85 Andrzej Tomaszewski: Zwischen Denkmalpflege und Ideologie – Konzepte in Polen 1945–1989. In: Beate Störtkuhl (Hg): Hansestadt – Residenzort – Industriestandort. Beiträge der 7. Tagung deutscher und polnischer Kunsthistoriker in Oldenburg, 27.–30. September 2000. München 2002, S. 299–311; hier S. 304.

86 Jan Zachwatowicz: Program i zasady konserwacji zabytków [Programm und Grundsätze der Denkmalpflege]. In: Biuletyn Historii Sztuki i Kultury Nr. 1/2 (1946), S. 48–52.

87 Tomaszewski, 2002 (wie Anm. 85), S. 300f.

explizit auf die Realisierungen der deutschen Denkmalpflege zurück.[88] In Warschau rekonstruierte man am Altmarkt nicht nur die Fassaden, sondern auch die historischen Grundrisse der Häuser, während man sich in Danzig meist auf eine Wiederherstellung des Straßenbildes beschränkte und in der Raumgliederung den modernen Bedürfnissen folgte.[89] In den weniger exponierten Straßen baute man typisierte Häuser, die einem abstrakten „Bürgerhaus“-Typ entsprechen. Eine konsequente Eliminierung der Bausubstanz des 19. und 20. Jahrhunderts fand allerdings nicht statt. In Breslau beispielsweise blieben am Ring zahlreiche Geschäfts- und Warenhausbauten des 20. Jahrhunderts, die den Krieg ohne größere Zerstörungen überstanden hatten, erhalten – aus ökonomischen Gründen. An der Südseite des Breslauer Rings hingegen wurde nach historischen Bildvorlagen ein Zustand des 18. Jahrhunderts – vor der Annexion Schlesiens durch Preußen – rekonstruiert. Da man eine einheitliche Gebäudehöhe erzielen wollte, gerieten diese Häuser jedoch um ein Stockwerk höher als ihre historischen Vorbilder (Abb. 13, 14).[90]

Im Nachhinein hat sich die „tragische Ausnahme“ der polnischen Denkmalpflege offensichtlich als richtige Entscheidung erwiesen – entsprechend der Rieglschen Theorie, daß jede Situation eine individuelle Lösung erfordert. Die wiederaufgebaute Altstadt von Warschau wurde mittlerweile sogar als bedeutendes Zeitzeugnis in die Liste des Weltkulturerbes der UNESCO aufgenommen.[91]

Dieser rekonstruierende Wiederaufbau konzentrierte sich allerdings nur auf die großen Städte und auf Prestigeobjekte. In den kleineren Städten und Dörfern der sogenannten „Wiedergewonnenen Gebiete“ führte die nationale Definition des Denkmalwerts zu Vernachlässigung und Zerstörung. Am stärksten litten die zahlreichen Herrenhäuser und Landschlösser, die als Symbol des „preußischen

88 Jerzy Stankiewicz: Odbudowa zabytkowych zespołów Gdańska po 1945 r. [Der Wiederaufbau historischer Ensembles in Danzig nach 1945]. In: Ochrona Zabytków 32 (1979), S. 180–185.

89 Jacek Friedrich: Główne założenia odbudowy historycznego Gdańska [Grundideen des Wiederaufbaus von Danzig nach 1945]. In: Woźniak (wie Anm. 62), S. 213–224.

90 Olgierd Czerner: Odbudowa staromiejskiego zespołu Wrocławia w świetle zmiennych poglądów i doktryn [Der Wiederaufbau der Breslauer Altstadt im Kontext sich wandelnder Konzepte und Doktrinen]. In: Lubocka-Hoffmann 1998 (wie Anm. 64), 55–67, hier S. 57f.

91 Vgl. die Kurzbegründung der Eintragung auf der Homepage der UNESCO (www.unesco.org/whc/sites): „It is an exceptional example of a total reconstruction of a span of history architecture from the 13th to the 20th century.”

Junkertums" galten – allerdings traf auch die Landsitze des polnischen Adels, die Schlösser in der Tschechoslowakei[92] oder die Herrenhäuser in der DDR ein vergleichbares Schicksal. Vor allem für Warschau wurde Baumaterial aus den Trümmern der Ortschaften in Schlesien, Pommern, Ost- und Westpreußen gewonnen. Nicht zuletzt aus ökonomischen Gründen wurden Wiederaufbaumaßnahmen hier verspätet eingeleitet, sehr häufig entstanden monotone Blocks, die sich kaum in die Stadtstruktur einpassen.

Nur vereinzelt gab es zunächst, wie in Jauer/Jawor, Versuche eines Wiederaufbaus in modernen Formen, die Proportionen und charakteristische Motive der historischen Bebauung aufgreifen. Seit den achtziger Jahren des 20. Jahrhunderts hat sich jedoch ausgehend von Elbing/Elbląg eine Tendenz zur sogenannten „Retroversion" nach dem Krieg brachliegender Stadträume entwickelt.[93] Entlang des historischen Straßennetzes und auf den noch erhaltenen Fundamenten entstehen Neubauten, die die alten Proportionen der Bebauung wahren und Motive der lokalen Architekturtradition in spielerischer, postmoderner Art aufnehmen.

Wiederaufbau nach 1945: Deutschland[94]

Während Krieg und Okkupation in Polen die nationale Konzeption des Denkmalbegriffs bestärkten und zu einem rekonstruierenden Wiederaufbau ganzer Stadtquartiere führten, ließen die Erfahrungen des Nationalsozialismus im Nachkriegsdeutschland den Ruf nach einem „Neuaufbau" der Städte laut werden.

---

92 Zur Nachkriegssituation in der ČSR vgl. Jiři Kuthan: Vom Zustand unseres Kulturerbes oder: Die Klage der böhmischen Krone. In: Kunstchronik 43 (1990), H. 7, S. 304–317; Ivo Hlobil: Anmerkungen zur Position der Denkmalpflege unter der totalitären und in den Anfängen der demokratischen Regierung. In: Ebenda, S. 317–329.

93 Maria Lubocka-Hoffmann: Retrowersja Starego Miasta w Elblągu [Die Retroversion der historischen Altstadt von Elbing]. In: Dies. 1998 (wie Anm. 64), S. 148–160; dies.: Die neue Altstadt von Elbing. In: Woźniak (wie Anm. 62), S. 225–240.

94 Hier seien nur einige wichtige Publikationen genannt, in denen sich Hinweise zu weiterführender Literatur finden. Als Überblicksdarstellung: Burkhard Körner: „Zwischen Bewahren und Gestalten". Denkmalpflege nach 1945. Petersberg 2000. Zu Einzelfragen: Denkmalpflege in der Bundesrepublik (wie Anm. 1); Werner Durth, Niels Gutschow (Hg.): Träume in Trümmern. Planungen zum Wiederaufbau historischer Städte im Westen Deutschlands. 2 Bde. Braunschweig/Wiesbaden 1988; Edeltraud Klueting (Hg.): Der Wiederaufbau nach dem Zweiten Weltkrieg und die Probleme des Denkmalschutzes. Münster 1990; Jörn Düwel: Baukunst voran! Architektur und Städtebau in der SBZ/DDR. Berlin 1995; ders., Werner Durth, Niels Gutschow u. a.

Die detailgetreue Rekonstruktion des Goethehauses in Frankfurt 1947 nach Totalverlust blieb während der ersten beiden Nachkriegsjahrzehnte in beiden deutschen Staaten eine Ausnahme. Vorausgegangen war eine leidenschaftliche Debatte: Zahlreiche Stimmen sprachen sich gegen eine „Geschichtslüge" aus und verwiesen auf den direkten Zusammenhang von Nationalsozialismus und Zerstörung, der „nicht weggewischt werden dürfe", denn „wäre das Volk der Dichter und Denker [...] nicht vom Geiste Goethes abgefallen [...] so hätte es diesen Krieg nicht unternommen und die Zerstörung des Hauses nicht provoziert."[95] Im Fall des Goethehauses setzten sich die Befürworter der Rekonstruktion dennoch durch, die das Haus als Symbol eines besseren Deutschlands verstanden wissen wollten.[96]

Wortführer des „Neuaufbaus" waren vor allem die Protagonisten des Neuen Bauens der zwanziger Jahre, die nach ihrer Verfemung während des „Dritten Reichs" nun wieder an die städtebaulichen Ideen der Moderne anknüpften. So erstellte 1945/1946 Hans Scharoun als Stadtrat für Bau- und Wohnungswesen für das zu diesem Zeitpunkt noch als ungeteilter Stadtorganismus begriffene Berlin erste Planungen.[97] Auch in der sowjetischen Besatzungszone (SBZ) gab es unmittelbar nach 1945 Entwürfe im Stil des Neuen Bauens, etwa vom Königsberger Architekten Hans Hopp für Dresden.[98]

Aus unterschiedlichen Gründen blieben die meisten dieser Projekte auf dem Papier stehen: In der SBZ schränkten schon bald politische Vorgaben die Möglichkeiten der Städtebauer und der Denkmalpfleger ein. In den westlichen Besatzungszonen fanden prominente Denkmalpfleger wie der langjährige Konservator der Rheinlande Paul Clemen oder der bayerische Generalkonservator Georg Lill[99]

(Hg.): 1945. Krieg – Zerstörung – Aufbau. Architektur und Stadtplanung 1940–1960 (Schriftenreihe der Akademie der Künste 23). Berlin 1995.

95 Walter Dirks: Mut zum Abschied. Zur Wiederherstellung des Frankfurter Goethehauses. In: Frankfurter Hefte 8/1947, S. 827f.

96 Vgl. Michael Brix: Frankfurt: Goethehaus. In: Denkmalpflege in der Bundesrepublik (wie Anm. 1), S. 24; Durth/Gutschow (wie Anm. 94), Bd. 2, S. 485–488.

97 Dazu Wilfried Nerdinger: Aufbauzeit: Planen und Bauen in München 1945–1950. München 1984, S. 9–13; Jörn Düwel: Berlin. Planen im Kalten Krieg. In: Düwel/Durth/Gutschow (wie Anm. 94), S. 195–204; Werner Durth: Stadt und Landschaft. Kriegszerstörungen und Zukunftsentwürfe. In: Ebenda, S. 153–161.

98 Düwel/Durth/Gutschow (wie Anm. 94), S. 154.

99 Paul Clemen, Provinzialkonservator der Rheinprovinz 1892–1911, 1902–1936 Ordinarius für Kunstgeschichte an der Bonner Universität, Herausgeber der „Kunstdenkmäler der Rheinprovinz"; Georg Lill, Bayerischer Generalkonservator 1929–1950.

Gehör, die vor einem Gesichtsverlust der Städte warnten und dies nicht zuletzt mit ihrer Skepsis gegenüber zeitgenössischer Architektur begründeten.[100] Eine flächendeckende Rekonstruktion der Innenstädte hielten jedoch auch sie aus praktischen und berufsethischen Gründen für unmöglich. Um die kulturelle Identität zu bewahren und den Menschen Heimatgefühl zu vermitteln[101] – in dieser Argumentation zeigt sich die beständige Verbindung von Heimatschutz und Denkmalpflege – forderten sie, prominente Einzeldenkmäler wiederherzustellen und die neue Bebauung dem alten „Raum- und Maßstabsgefühl"[102] unterzuordnen. Dieses Modell wurde dann auch in zahlreichen Fällen angewendet.

Die konträren politischen Systeme führten seit 1948 zu wesentlichen Unterschieden in den Wiederaufbaukonzepten der beiden deutschen Staaten. Getreu der Direktive Stalins, die Architektur der Sowjetunion und ihrer Satellitenstaaten habe „national in der Form und sozialistisch im Inhalt" zu sein, versuchte man in der DDR, etwa in Rostock (Abb. 15), den sogenannten Sozialistischen Realismus und Motive der Backsteingotik zu verbinden, um einen Bezug zur lokalen Bautradition herzustellen.[103] Für Berlin als Hauptstadt wurde der Monumentalstil der Stalin- (heute Karl-Marx-) Allee verbindlich.[104] Breite Straßenachsen sollten Raum für inszenierte Massenkundgebungen schaffen; auch Walter Ulbrichts 1950 ergangener Befehl zur Sprengung des Berliner Stadtschlosses, dessen Wiederherstellung durchaus möglich gewesen wäre, erfolgte in diesem Kontext. Daß bei dieser Entscheidung die ideologische Konnotation des Baus als Symbol des Preußentums und der Aristokratie eine Rolle spielte, scheint auf der Hand zu liegen, auch wenn es dafür offenbar keine Belege in den Quellen gibt.[105] An Stelle

---

100 „Einem völligen Neuaufbau steht neben den wirtschaftlichen Unmöglichkeiten vor allem die unbestreitbare Tatsache entgegen, daß wir keinen selbstsicheren und ausgeglichenen neuzeitlichen Baustil [...] besitzen." – Georg Lill: Die Situation der deutschen Denkmalpflege. In: Kunstchronik 1 (1948), Heft 4/5, S. 1–3, hier S. 2; Paul Clemen: Rheinische Baudenkmäler und ihr Schicksal. Ein Aufruf an die Rheinländer. Düsseldorf 1946; zit. nach Huse (wie Anm. 5), S. 193–197. Vgl. hierzu Fleischner (wie Anm. 73), S. 72–81.

101 Clemen (wie Anm. 100).

102 Lill (wie Anm. 100), S. 23.

103 Jörn Düwel: Rostock. Vom Anger zur Magistrale. In: Düwel/Durth/Gutschow (wie Anm. 94), S. 298–314.

104 Düwel, Berlin (wie Anm. 97), S. 195–231.

105 Vgl. die Diskussion während des deutsch-polnischen Symposiums „Die Schleifung: Zerstörung und Wiederaufbau historischer Bauten" im Deutschen Historischen

des Berliner Schlosses sollte ein „Regierungshochhaus" im Stil der sowjetischen Kulturpaläste entstehen, doch erst 1973–76 wurde das Terrain mit dem „Palast der Republik" bebaut.

Als bewußter Gegenentwurf zum Ostteil der Stadt geriet der Wiederaufbau Westberlins zum Symbol der Westbindung der Stadt.[106] Markanter Ausdruck dieser Bestrebungen war die Ausstellung „Interbau" 1957, in deren Rahmen das Hansaviertel mit Mehrfamilienhäusern berühmter Architekten der Moderne wie Walter Gropius, Le Corbusier und Alvar Aalto bebaut wurde.[107] Der Anspruch, wieder Hauptstadt eines vereinigten Deutschland zu werden, blieb dabei stets im Blick.

In den übrigen Städten der Bundesrepublik bedingten die verschiedenen Grade der Zerstörung, aber auch die jeweiligen lokalen Verhältnisse zum Teil sehr unterschiedliche Wiederaufbaukonzepte, die hier nur exemplarisch skizziert werden können. In einigen Großstädten – etwa in Kassel und Frankfurt – wurden nur herausragende Baudenkmäler wie Kirchen wiederhergestellt, der historische Stadtgrundriß wurde jedoch durch neue Straßenführungen überformt, und auch die Neubauten hielten sich nicht an die historischen Proportionen. Einen Kompromiß zwischen Tradition und Bewußtmachung der Zerstörungsgeschichte schloß der Wiederaufbau unter Bewahrung der historischen Straßenzüge und der Proportionen, eventuell auch der Haussilhouetten, aber in schlichten Formen. Beispiele hierfür sind der Prinzipalmarkt in Münster (Abb. 16), die Nürnberger Altstadt oder Freudenstadt im Schwarzwald.

Museum, Berlin, 11.–12.01.2002, festgehalten im Beitrag von Kai Michel: So schön, wie es nie gewesen ist. Berliner Zeitung, 15.01.2002.
Auch in Westberlin wurde die Abtragung des Charlottenburger Schlosses diskutiert; das vehemente Eintreten der damaligen Direktorin der Schlösserverwaltung Margarethe Kühn für den Wiederaufbau führte jedoch letztendlich zum Erfolg.

106 Dabei hatten mit Karl Bonatz und Hans Stephan zwei ehemalige Mitarbeiter von Albert Speer die Leitungsfunktionen in der Senatsbauverwaltung inne: Bonatz löste Anfang 1947 Hans Scharoun als Stadtbaurat ab, Stephan war seit 1948 in der Bauverwaltung tätig, 1953–1956 als Leiter der Abteilung Landes- und Stadtplanung, 1956–1959 als Senatsbaudirektor. Vgl. Johann Friedrich Geist, Klaus Kürvers: Tatort Berlin, Pariser Platz. Die Zerstörung und „Entjudung" Berlins. In: Düwel/Durth/Gutschow (wie Anm. 94), S. 109–112; Schäche (wie Anm. 82), S. 146–148.

107 Düwel, Berlin (wie Anm. 97), S. 231–234; Klaus von Beyme: Ideen für eine Hauptstadt in Ost und West. In: Thorsten Scheer, Josef Paul Kleinhues, Paul Kahlfeld (Hg.): Architektur der Stadt – Stadt der Architektur. Berlin 1900–2000. Berlin 2000, S. 239–241.

Auch im Umgang mit Einzelbauten gab es unterschiedliche Konzepte. Ein Prinzip war das Sichtbarmachen der Beschädigung durch die Verbindung von Ruine und Neubau wie bei der Berliner Gedächtniskirche (Egon Eiermann, 1957–1963), ein anderes die deutliche Kennzeichnung der ergänzten Teile wie im Falle der Alten Pinakothek in München (Hans Döllgast, 1952–1957). Eine gewisse Sonderrolle kam Bayern zu, wo Rudolf Esterer, der Präsident der Bayerischen Schlösserverwaltung, in Abstimmung mit Georg Lill, bereits 1946 den in vielen Teilen rekonstruierenden Wiederaufbau der Münchner Residenz, des Würzburger Schlosses und der Nürnberger Burg begann.[108] Das Beispiel der Münchner Residenz zeigt, daß die deutschen Denkmalpfleger die Architektur und Kunst des 19. und frühen 20. Jahrhunderts Jahrhundert ebenso wenig schätzten wie ihre polnischen Kollegen: Esterers Wiederaufbaukonzept bezog die Klenze'schen Bauteile nicht mit ein.[109] In zahlreichen zeitgenössischen Äußerungen – etwa von Clemen – findet sich in Bezug auf die jüngeren Kunstepochen die Aufforderung, die „unglücklichen Lösungen der Vergangenheit zu korrigieren“.[110] Die bayerische Denkmalliste etwa schloß mit dem Jahr 1850; erst 1963 nahm man eine Ausweitung bis 1914 vor. Die zeitliche Öffnung bis in zwanziger und dreißiger Jahre erfolgte in den siebziger Jahren, die Erweiterung bis in die jüngste Vergangenheit erst in den späten achtziger Jahren des 20. Jahrhunderts.[111]

Die Sehnsucht nach Geschichte: Denkmalpflege in beiden Teilen Deutschlands seit den siebziger Jahren des 20. Jahrhunderts

Der „Neuaufbau“ der Städte ging häufig einher mit einer autofreundlichen Verkehrsplanung, deren breite Schneisen zu einem Verlust des menschlichen Maßstabs in der Stadtstruktur führten. Diese Modernisierungstendenzen wurden in den sechziger Jahren auch in Städten übernommen, die vom Krieg verschont worden waren. So wurde beispielsweise in Oldenburg eine Reihe klassizistischer

---

108 Michael Brix: München: Residenz und Nationaltheater. In: Denkmalpflege in der Bundesrepublik (wie Anm. 1), S. 40–43; Nerdinger (wie Anm. 97); Fleischner (wie Anm. 73), S. 72–81.

109 Vgl. Fleischner (wie Anm. 73), S. 80f.; Tino Walz, Otto Meitinger, Toni Beil: Die Residenz zu München. Entstehung – Zerstörung – Wiederaufbau. München 1987.

110 Clemen: Aufgaben der Denkmalpflege heute und morgen. In: Zeitschrift für Kunst 1 (1947), S. 41; vgl. Fleischner (wie Anm. 73), S. 74f.

111 Wolfgang Eberl, Dieter Martin, Michael Petzet: Bayerisches Denkmalschutzgesetz. 5., überarbeitete und erweiterte Auflage. Köln 1997, S. 86.

Verwaltungsbauten am Schloßplatz abgerissen, um modernen Gebäuden Platz machen (Farbabb. 2). Doch bereits in den späten sechziger Jahren schlug das Pendel zurück. Selbstkritisch bemerkte die Vereinigung der Landesdenkmalpfleger in der Bundesrepublik 1975:

„Der Wiederaufbau [...] ist abgeschlossen. Neben vielen bedeutenden Leistungen sind allerdings auch schwere Verluste zu verbuchen. [...] Selbst in den wenigen unzerstörten Altstädten vollzog sich unter schweren Verlusten an Altbausubstanz die City-Bildung ohne nennenswerte Proteste seitens der Denkmalpflege.“[112]

Obwohl bereits nach 1900 als denkmalwürdig definiert, rückten erst jetzt Stadtensembles ebenso wie Industriedenkmäler ins Tätigkeitsfeld der Denkmalpflege.[113] Auch Bauten des 19. und des frühen 20. Jahrhundert wurden nun endlich als Teile des kulturellen Erbes anerkannt; die Gründerzeitviertel wurden saniert und avancierten zu bevorzugten Wohngegenden.

Vor allem aber entfachte die zu radikale Modernisierung der Nachkriegszeit eine neue Geschichtsnostalgie, die bis heute andauert. In der DDR wurde die preußische Tradition wieder legalisiert, indem man das Ensemble von Sanssouci restaurierte.[114] In beiden deutschen Staaten wurden seit den achtziger Jahren rekonstruierende Wiederaufbaumaßnahmen unternommen – sehr häufig mit Hilfe der darin erfahrenen polnischen Restauratoren. Mit dem Wiederaufbau des Ost-Berliner Nicolaiviertels 1980–1987 versuchte man zum 750-jährigen Stadtjubiläum, ein heimeliges Stück Alt-Berlin wiederherzustellen. In der Bundesrepu-

---

112 Denkmalpflege in der Bundesrepublik (wie Anm. 1), S. 121. In der deutschen Diskussion spielte in diesem Prozeß der kritischen Revision auch das Buch von Alexander Mitscherlich: Die Unwirtlichkeit unserer Städte, Anstiftung zum Unfrieden. Frankfurt/M. 1965, eine wichtige Rolle.

113 Vgl. die Beiträge in: Denkmalpflege in der Bundesrepublik (wie Anm. 1), S. 64–96, die von ersten Maßnahmen der Industriedenkmalpflege berichten; Rainer Slotta: Technische Denkmäler in der Bundesrepublik Deutschland (Veröffentlichungen aus dem Bergbau-Museum Bochum Nr. 7). Bochum 1975.
Guter historischer Überblick mit Quellentexten bei Alexander Kierdorf, Uta Hassler: Denkmale des Industriezeitalters. Von der Geschichte des Umgangs mit Industriekultur. Berlin 2000.

114 Józef Pilch: Die Tätigkeit des Staatlichen Unternehmens Werkstätten für Denkmalpflege in Deutschland. In: Arbeitskreis deutscher und polnischer Kunsthistoriker (Hg.): Das gemeinsame Kulturerbe – Die deutsch-polnische Zusammenarbeit in der Denkmalpflege 1970–2000. Warszawa 2001, S. 69–84, hier S. 70–72.

115 Dieter Bartetzko: Korrigierte Geschichte: die Rekonstruktion des Römerbergs. In: Architektur kontrovers. Schauplatz Frankfurt. Frankfurt/M./New York 1986, S. 118–140.

blik sorgten etwa gleichzeitig die Rekonstruktionen der Fachwerkzeile auf dem Frankfurter Römer (1983)[115] und des Knochenhaueramtshauses in Hildesheim (1989) für Aufsehen. In Hildesheim wurde sogar ein Nachkriegsbau abgerissen, um die historische Kulisse wiedererstehen zu lassen.

Immerhin scheint die Erfahrung von Zerstörung und Wiederaufbau zu einem geläuterten Geschichtsbild beigetragen zu haben: Der nationale Aspekt spielt bei der Frage nach dem Denkmalwert eines Objektes nunmehr eine eher nachgeordnete Rolle. Bezeichnend ist in diesem Zusammenhang die Adaption des Reichstagsgebäudes für den Bundestag des wiedervereinigten Deutschlands, für die ein internationaler Architekturwettbewerb ausgeschrieben wurde. Man strebte explizit eine Lösung an, die auf Distanz zu der schwierigen Geschichte des Reichstags geht und demokratische Werte symbolisiert. Die transparente, begehbare Kuppel von Norman Foster, von der aus die Bürger in den Plenarsaal hinab blicken können, verkörpert dies in idealer Weise.[116]

Muß man jedoch nicht in der Berliner Schloßdebatte eine „Verherrlichung Preußens und seines Militarismus" oder den Versuch der Etablierung eines neuen Nationaldenkmals argwöhnen? Diese Befürchtungen scheinen nicht angebracht, die vehemente Diskussion von Fachleuten und Publikum zeigt, wie groß die Sensibilität in dieser Hinsicht geworden ist.[117] Beunruhigend ist vielmehr das Mißtrauen gegenüber der zeitgenössischen Architektur, an dieser Stelle einen städtebaulich anspruchsvollen Neubau errichten zu können – obwohl es in Berlin zahlreiche positive Beispiele moderner Baukunst aus dem vergangenen Jahrzehnt gibt. Aus der Sicht der Denkmalpflege erschrecken der Machbarkeitswahn und

---

116 Scheer u. a. (wie Anm. 107), S. 393f.

117 Wilhelm von Boddien: Die Berliner Schloßdebatte. Pro und Contra. Berlin 2000. Hier sind die Argumente prominenter Schloßbefürworter und -gegner zusammengetragen; da der Band von den Initiatoren des „Fördervereins Berliner Stadtschloß" herausgegeben wurde, überwiegen, zumindest quantitativ, die positiven Stimmen.

118 Vgl. die Beiträge von Jörg Haspel: Zwischen Hohenzollernschloß und Palast der Republik – Konservatorische Anmerkungen zur Behandlung eines Denkmalorts. In: Ebenda, S. 55–66; Wolfgang Pehnt: Das Bauwerk im Zeitalter seiner technischen Reproduzierbarkeit. In: Ebenda, S. 85–88.
Inzwischen wollen u. a. auch Braunschweig und Potsdam ihre infolge der Kriegszerstörungen abgetragenen Stadtschlösser wiederaufbauen – bzw. deren Hülle, in denen Einkaufszentren entstehen sollen. Vgl. Volker Breidecker: Die Stadt hinter Schloss und Riegel. In: Süddeutsche Zeitung, 01.09.2003; Rauterberg 2004 (wie Anm. 4).

der Glaube an eine beliebige Reproduzierbarkeit der Geschichte, die offensichtlich einer generellen Tendenz der Gegenwart entsprechen.[118] Denn anders als im Falle des Warschauer Schlosses, das von den Berliner Schloß-Befürwortern gerne als Vorbild in Anspruch genommen wird[119], plant man hier keine akribische, historisch fundierte Rekonstruktion. Der komplizierte Spreeflügel soll gar nicht wiederhergestellt werden, der Schlüter-Bau nach den Idealplänen des Architekten „korrigiert" werden, das Innere den modernen Raumbedürfnissen entsprechend aufgeteilt werden. Es geht um eine städtebauliche Kulisse, die mit Denkmalpflege wenig zu tun hat, eher mit einem Neubau in historisierenden Formen, für den die Denkmalpflege aber geradestehen soll. Dem „Palast der Republik" wird als Relikt der DDR der historische Denkmalwert schlichtweg abgesprochen. Der im Juli 2002 gefaßte Parlamentsbeschluß scheint eine Debatte beendet zu haben, in der die Fachvertreter vor dem Votum der Gesellschaft zurückweichen müssen.

Zum Verlauf der Schloßdebatte paßt die Diskussion, die im Sommer 2000 die deutschen Feuilletons bewegte: Dieter Hoffmann-Axthelm[120] forderte in einem Gutachten für die Politik die „Entstaatlichung der Denkmalpflege". Über die Denkmalwürdigkeit eines Objekts sollten demnach nicht länger Fachgremien, sondern das Plebiszit der Mehrheit nach ästhetischen Kriterien entscheiden.[121] Gemäß seinen eigenen ästhetischen Vorlieben schlug Hoffmann-Axthelm vor,

---

119 Vgl. Anm. 105. Zur Enttäuschung der Schoßbefürworter sprachen sich die polnischen Kollegen bei diesem deutsch-polnischen Podiumsgespräch nicht klar für einen Wiederaufbau aus, sondern verwiesen auf die völlig anderen Voraussetzungen der polnischen Entscheidungen nach 1945.
Die eindrucksvollen Fotos des wiederaufgebauten Warschauer Schlosses sind bemerkenswerterweise dem rekonstruktionskritischen Beitrag von Haspel (wie Anm. 118) zugeordnet, obwohl dessen Text keinen Bezug dazu herstellt.

120 Hoffmann-Axthelm tritt seit den siebziger Jahren gegen die Stadtzerstörung ein und hat sich v. a. mit der Berliner Baugeschichte befaßt. Von der Ausbildung her Theologe hat er seine umfangreichen Kenntnisse der Architekturgeschichte und Denkmalpflege autodidaktisch erworben – daher möglicherweise die oft subjektive Herangehensweise.

121 Die wichtigsten Beiträge der Debatte sind zusammengefaßt in: Vereinigung der Landesdenkmalpfleger (Hg.): Entstaatlichung der Denkmalpflege? Von der Provokation zur Diskussion. Eine Debatte über die Zukunft der Denkmalpflege. Bearb. von Matthias Donath. Berlin 2000; vgl. auch Gabi Dolff-Bonekämper: Frontalangriff. Braucht die staatliche Denkmalpflege eine Reform, oder brauchte Antje Vollmer nur ein neues Thema? In: Kunstchronik 8/2000, S. 361–365; Jörg Stabenow: Flucht in die Verein-

wieder eine Altersgrenze für Denkmalwürdigkeit einzuführen, die er in die Mitte des 19. Jahrhunderts zurückverlegt wissen wollte. Dieses Plädoyer für einen als ästhetisches Empfinden verbrämten Subjektivismus in der Denkmalpflege hielt den dezidiert und konzis vorgebrachten Gegenargumenten nicht stand; die Debatte fand dann auch ein rasches Ende.

Dennoch enthüllte die Kritik eine offensichtliche Diskrepanz zwischen den Erwartungen der Öffentlichkeit und der Fähigkeit der Denkmalpflege, ihre Argumente plausibel zu machen. Hat etwa die Ausweitung des Denkmalbegriffs in den vergangenen Jahrzehnten beim Publikum zu Überdruß geführt, so daß Hoffmann-Axthelm mit seiner zeitlichen und ästhetischen Eingrenzung auf offene Ohren stoßen konnte? Hat sich die Denkmalpflege selbst diskreditiert, indem sie ihre um 1900 entwickelten wissenschaftlichen Maßstäbe – „konservieren statt restaurieren“ – im Laufe des vergangenen Jahrhunderts unter ideologischem Druck oder dem Trend des Zeitgeistes oft selbst verraten hat? Hat sie deshalb so große Schwierigkeiten, den Unterschied zwischen der Bewahrung historischer Substanz und dem „wiederaufgebauten“ Artefakt deutlich zu machen?

Das „gemeinsame Kulturerbe“

Neben den aktuellen Problemen der Denkmalpflege lassen sich jedoch auch bedeutende positive Entwicklungen im Umgang mit dem Kulturerbe notieren: In den vergangenen Jahrzehnten erfolgte in später Verwirklichung Ruskins und Riegls eine Internationalisierung des kulturellen Erbes, das zunehmend als „Erbe der Menschheit“ begriffen wird. Eine wichtige Rolle spielten dabei die Verabschiedung der „Charta von Venedig“ im Jahr 1964 durch den „II. internationalen Kongreß der Architekten und Techniker der Denkmalpflege“ und die Gründung des „International Council of Monuments and Sites“ (ICOMOS) als internationales Forum der Denkmalpflege auf dem Folgekongreß 1965 in Warschau.[122] Als Beratergremium der UNESCO ist ICOMOS zuständig für die Liste des Weltkulturerbes, die 1972 eingerichtet wurde.

In (Ost-)Mitteleuropa, wo nationale Antagonismen im 20. Jahrhundert zu herben Verlusten der historischen Bausubstanz geführt haben, hat die politische

---

fachung. Anmerkungen zum Denkmalverständnis Dieter Hoffmann-Axthelms. In: Ebenda, S. 365–367.

122 ICOMOS (Hg.): The Venise Charter 1964 – 2004 – 2044? Papers of the ICOMOS Conference in Budapest and Pécs, 2004, May 22–27. Budapest 2004.

Wende von 1989 ein neues Denken und Handeln möglich gemacht. Eine wichtige Rolle spielt dabei das Aufklärungsbedürfnis der Bürger, die in den polnischen West- und Nordgebieten ebenso wie etwa in den baltischen Ländern begierig sind, etwas über die lange tabuisierte Geschichte ihrer Heimat vor 1945 zu erfahren. Dazu gehört die Sicherung und Pflege der nunmehr als „gemeinsames Kulturerbe" begriffenen Kunstdenkmäler – wobei mit diesem von Andrzej Tomaszewski eingeführten Terminus keineswegs eine Vereinnahmung für die nationale, polnische Geschichte gemeint ist (wie es nach 1945 die Reklamierung eines „piastischen Erbes" gewesen war), sondern vielmehr ein Bekenntnis zu der Verantwortung, das Vorgefundene zu schützen und zu erhalten.[123] In zahlreichen Fällen geschieht dies in Zusammenarbeit von Wissenschaftlern aus Ostmitteleuropa und aus Deutschland, etwa beim Wiederaufbau des Doms in Königsberg/Kaliningrad oder bei der Restaurierung des Herrenhauses in Palms/Palmse, wo estnische Historiker eine Ausstellung zur Geschichte der Deutschbalten in Estland eingerichtet haben (Abb. 17).[124] Paradebeispiele sind die Konservierungsarbeiten an den beiden schlesischen Friedenskirchen in Schweidnitz/Świdnica und Jauer/Jawor[125] sowie die Revalorisierung des durch die Neiße getrennten Fürst-Pücklerschen Landschaftsparks in Bad Muskau/Łęknica. Diese drei Objekte wurden – auch dies eine Frucht der Zusammenarbeit – 2001 bzw. 2004 (Bad Muskau) in die Liste des Weltkulturerbes eingetragen.

Es scheint also, daß sich hinter dem Begriff des „gemeinsamen Kulturerbes" endlich ein ideelles Konzept verbirgt, das für die Kunstdenkmäler nicht nur unschädlich ist, sondern zu deren sachgerechten Erhaltung beiträgt.

---

123 Andrzej Tomaszewski: Europa Środkowa jako obszar kulturowy [Mitteleuropa als Kulturlandschaft]. In: Międzynarodowe Centrum Kultury. Rocznik 3 (1994). Kraków 1994, S. 6–12; ders.: Wspólne dziedzictwo kulturowe Polski i Niemiec w Europie. Gemeinsames Kulturerbe von Polen und Deutschen in Europa. In: Die Denkmalpflege 2/1995, S. 137–141; ders.: Das gemeinsame Kulturerbe von Deutschen und Polen in Europa und seine Erhaltung – eine gemeinsame Aufgabe. In: Arbeitskreis (wie Anm. 115), S. 11–30.

124 Vgl. Bundesinstitut (wie Anm. 71), S. 40f., 46–48.

125 Vgl. den Beitrag von Ulrich Schaaf im vorliegenden Band; außerdem ders.: Die Restaurierung der Friedenskirchen zu Schweidnitz und Jauer – zwei Projekte deutsch-polnischer Zusammenarbeit. In: Arbeitskreis (wie Anm. 114), S. 85–96.

Abbildungen

1. Karl Friedrich Schinkel, Hochmeisterpalast und Hoffront der Marienburg, Zeichnung 1819 (Stiftung Preußischer Kulturbesitz Berlin, Kupferstichkabinett, aus: Germanisches Nationalmuseum [Hg.]: 800 Jahre Deutscher Orden. Ausstellungskatalog. Gütersloh/München 1990, S. 448)

2. E.-E. Viollet-le-Duc, Platzfassade des Bischofspalastes in Sens vor der Restaurierung, 1851

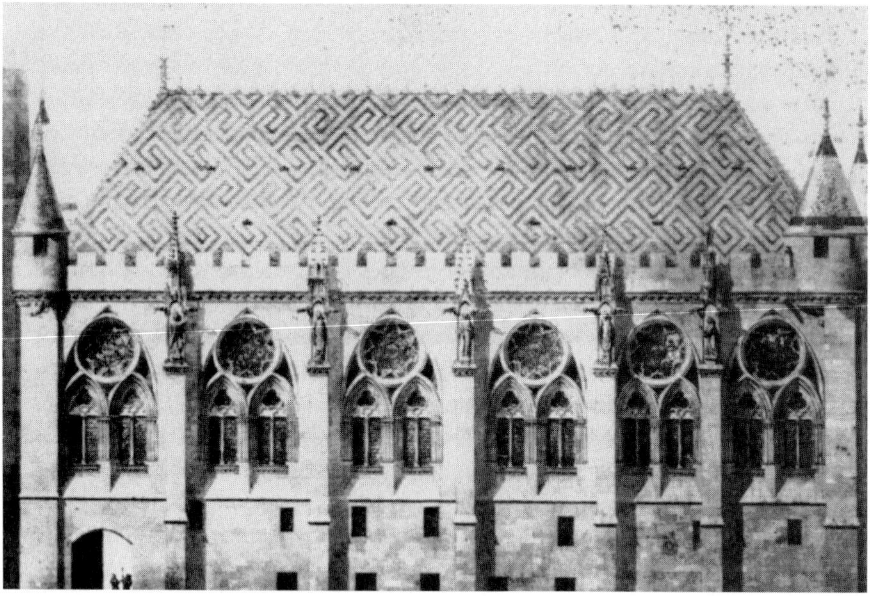

3. E.-E. Viollet-le-Duc, Platzfassade des Bischofspalastes in Sens nach der geplanten Restaurierung, 1851 (Norbert Huse: Denkmalpflege. Deutsche Texte aus drei Jahrhunderten. München 1996², S. 87)

4. (links) Metz, Kathedrale, Westportal von Jean-François Blondel von 1764. Aufnahme vor Beginn der Restaurierung 1874

5. (rechts) Metz, Kathedrale, Westportal von Paul Tornow, 1874–1903 (Marion Wohlleben: Konservieren oder restaurieren? Zur Diskussion über Aufgaben, Ziele und Probleme der Denkmalpflege um die Jahrhundertwende. Zürich 1989, S. 42, 43)

6. Marienburg/Malbork, sogen. Kaplanstube im Pfaffenturm nach der Restaurierung, Aufnahme 1904 (Ryszard Rząd: Zamek w Malborku 1882-1945. Dni powszednie odbudowy. Malbork 1996, S. 110)

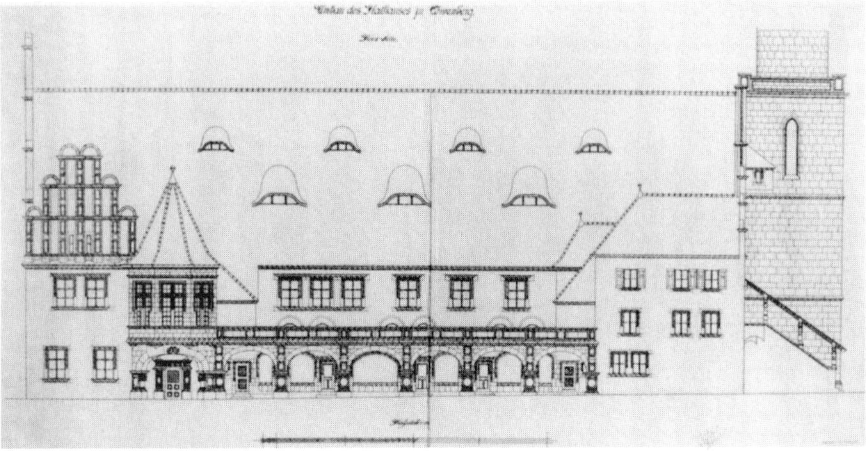

7. Hans Poelzig, Erweiterungsbau des Rathauses in Löwenberg/Lwówek Śląski, erste Fassung, 1903 (TU Berlin Plansammlung, aus: Jerzy Ilkosz, Beate Störtkuhl (Hg.): Hans Poelzig in Breslau. Architektur und Kunst 1900–1916. Delmenhorst 2000, S. 170)

8. Hans Poelzig, Erweiterungsbau des Rathauses in Löwenberg/Lwówek Śląski, ausgeführte Version, 1904–1906 (Die Form 7, 1932, S. 307)

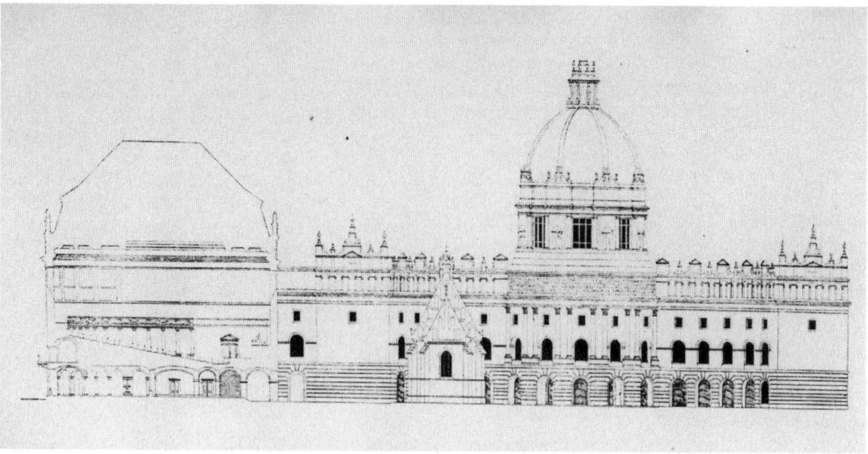

9. Stanisław Wyspiański, Władysław Ekielski, Projekt einer „Akropolis" auf dem Wawel in Krakau, 1904–1905 (Architekt 9, 1908, Tafel 16)

10. Krakau, Wawel während der Restaurierungsarbeiten im Innenhof – die Arkaden des Südflügels sind bereits freigelegt (Paweł Detloff, Marcin Fabiański, Andrzej Fischinger: Zamek królewski na Wawelu. Sto lat odnowy. Kraków 2005, S. 31)

11. (links) Danzig, Langgasse 73–74, vor der „Wiederherstellung"

12. (rechts) Danzig, Langgasse 73–74, nach der „Wiederherstellung" (Andrea Langer [Hg.]: Der Umgang mit dem kulturellen Erbe in Deutschland und Polen im 20. Jahrhundert. Warszawa 2004, Tafel vor S. 131)

13. Die Südseite des Breslauer Rings um 1750, kolorierter Kupferstich nach einer Zeichnung von Friedrich Bernhard Werner (Muzeum Narodowe we Wrocławiu, aus: Jan Harasimowicz [Hg.]: Atlas Architektury Wrocławia. Bd. 2. Wrocław 1998, S. 40)

14. Die Südseite des Breslauer Rings, Zustand Ende der 1990er Jahre (Foto Marek Machay, aus: Jan Harasimowicz [Hg.]: Atlas Architektury Wrocławia. Bd. 2. Wrocław 1998, S. 40)

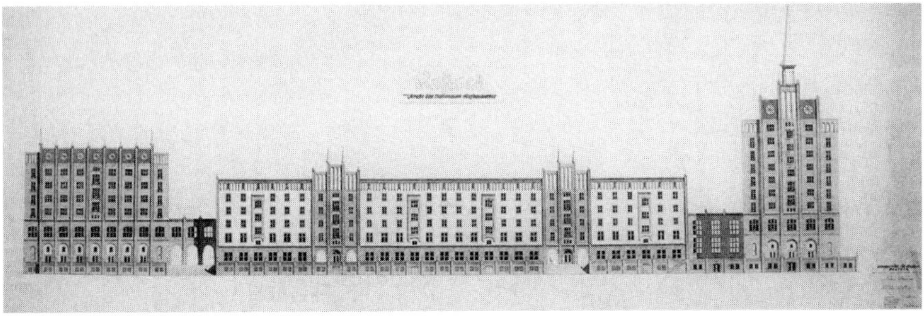

15. Joachim Näther, Ernst Eick, Entwurf für die Gestaltung der „Straße des Nationalen Aufbauwerkes" (heute Lange Straße) in Rostock, 1954 (Jörn Düwel, Werner Durth, Niels Gutschow u. a. [Hg.]: 1945. Krieg – Zerstörung – Aufbau. Architektur und Stadtplanung 1940-1960. Berlin 1995, S. 252)

16. Münster, Wiederaufbau am Prinzipalmarkt, um 1950 (Bernd Haunfelder: Münster. Wiederaufbau und Wandel. Münster 2000, S. 70)

17. Herrenhaus Palms/Palmse, Estland, während der Restaurierung im Jahr 2000 (Foto Beatrix Schunke, aus: Bundesinstitut für Kultur und Geschichte der Deutschen im östlichen Europa [Hg.]: Das gemeinsame Kulturerbe. Denkmalpflegerisches Engagement der Bundesregierung 1993–2003. Oldenburg 2004, S. 41)

Hanna Derer

Inventarisation und Bauforschung. Zur Entwicklung der Denkmalpflege im heutigen Rumänien

Daß die Denkmalpflege im heutigen Rumänien seit ihren Anfängen wissenschaftliche Methoden wie z. B. die Inventarisation anwandte, bedeutet nicht, daß ihr Werdegang einen ständigen Fortschritt kannte. Dem vielversprechenden Beginn folgte zwar eine Phase stetiger Erforschung und Sicherung zahlreicher Kulturgüter, doch wurde die Entwicklung durch den politischen Wandel nach dem Zweiten Weltkrieg verzögert. Dieser Abschnitt in der Geschichte der rumänischen Denkmalpflege dauerte, trotz der Interventionen der Fachleute, fast ein halbes Jahrhundert, so daß nun die Folgen behoben werden müssen. Gleichzeitig besteht eine wichtige Aufgabe der Gegenwart im Aufbau tragfähiger Grundlagen für die zukünftige Entwicklung der Baudenkmalpflege. Die Geschichte der Denkmalpflege in Rumänien wurde bislang nicht umfassend untersucht.[1] Daher können auch die folgenden Seiten nur eine Skizze anhand von Beispielen liefern, die zugleich eine Würdigung sein soll – eine Würdigung der Vorgänger, denen Gegenwart und Zukunft den Erhalt des kulturellen Erbes verdanken.

Die Vergangenheit

Einen wichtigen Markstein in der Geschichte der Denkmalpflege bildet der Beginn staatlicher Maßnahmen zur Erhaltung von Kulturdenkmälern, auch wenn diese Initiativen häufig bereits bestehende wissenschaftliche Aktivitäten aufgriffen, organisierten und förderten. Das heutige Rumänien bietet dafür ein geradezu klassisches Beispiel.

---

1 Ansätze zu einer Geschichte der Denkmalpflege in Rumänien bilden die Veröffentlichungen: Gheorghe Curinschi-Vorona: Arhitectură. Urbanism. Restaurare [Architektur. Städtebau. Denkmalpflege]. Bucureşti 1996; Walter Frodl: Idee und Verwirklichung. Das Werden der staatlichen Denkmalpflege in Österreich. Wien/Köln 1988; Dinu C. Giurescu: Distrugerea trecutului României [Die Zerstörung der Vergangenheit Rumäniens]. Bucureşti 1994; Ioan Opriş: Monumentele istorice din România (1850–1950) [Die Baudenkmäler in Rumänien (1850–1950)]. Bucureşti 2001, oder einige Monographien wie z. B. Volker Wollman: Johann Michael Ackner (1782–1862). Leben und Werk. Cluj 1982.

Als die „Kaiserlich-Königliche Central-Commission zur Erforschung und Erhaltung der Baudenkmale“ (ab 1873: „k. k. Zentralkommission für Erforschung und Erhaltung der Kunst- und historischen Denkmale“) im Jahr 1850 in Wien offiziell gegründet wurde, zählte zu deren Korrespondenten für Siebenbürgen Johann Michael Ackner, der schon seit einem halben Jahrhundert als Mitglied des Vereins für Siebenbürgische Landeskunde hauptsächlich die römischen Altertümer erforscht hatte. Schon 1856 sind in dem betreffenden Jahrbuch der k. k. Central-Kommission[2] insgesamt elf Konservatoren Siebenbürgens erwähnt, darunter bekannte Intellektuelle, Vertreter der drei zahlenmäßig wichtigsten Nationalitäten in Transylvanien: Ludwig Reißenberger, Gymnasialprofessor in Hermannstadt/Sibiu, Martin Samuel Mökesch, evangelischer Pfarrer in Fogarasch/Făgăraş, Friedrich Müller, Professor am evangelischen Gymnasium in Schäßburg/Sighişoara, Andreas Fink, evangelischer Pfarrer in Marienburg/Feldioara, Wilhelm Knöpfer, Kreisarzt in Neumarkt am Mieresch/Tîrgu Mureş, Traugott Müller, Pfarrer in Bistritz/Bistriţa, aber auch Ladislau Kövari, Literat in Klausenburg/Cluj, Moses Keserü von Barot, Domherr in Klausenburg, Paul Pataki, Professor am reformierten Gymnasium in Szeklermarkt/Odorheiul Secuiesc, Joseph Löreny, Magistratsrat in Broos/Oraştie und Timotheus Ciparii – Timotei Cipariu, Domherr in Blasendorf/Blaj. Einige der genannten Konservatoren, allen voran Ludwig Reißenberger, waren schon vor der Gründung der k. k. Central-Commission als Verfasser profunder geschichtlicher oder kunstgeschichtlicher Veröffentlichungen hervorgetreten. Bis heute gehören sie zu den wichtigsten Forschern, die sich um die Geschichte, Kultur und Kunst in Siebenbürgen bemüht haben. Im selben Jahrbuch von 1856 werden auch die Korrespondenten genannt, und zwar, an erster Stelle, der schon erwähnte Johann Michael Ackner, evangelischer Pfarrer in Hammersdorf/Guşterita, dazu Graf von Kemeny, „wirkliches Mitglied der kaiserlichen Akademie der Wissenschaften“, und Emmerich Graf von Miko, „k. k. wirklicher geheimer Rat“ in Klausenburg.

2 Die nachfolgenden Informationen zu den Konservatoren und Korrespondenten Siebenbürgens der k. k. Zentralkommmission aus: [O. A.]: Jahrbuch der kaiserl. königl. Central-Commission zur Erforschung und Erhaltung der Baudenkmale. Wien 1856, 1857, 1859, 1860; [O. A.]: Indexbücher der kaiserl. königl. Central-Commission zur Erforschung und Erhaltung der Baudenkmale. Wien 1860–1908; [O. A.]: Mittheilungen der kaiserl. königl. Central-Commission zur Erforschung und Erhaltung der Baudenkmale. Wien, 1856–1865, sowie aus dem Allgemeinen Verwaltungsarchiv, Wien, Bundesdenkmalamt, Archiv, Kt 8, Konvolut 14.

Viele dieser Konservatoren und Korrespondenten für Siebenbürgen waren, wie die folgenden Jahrbücher und die Indexbücher der k. k. Central-Commission beweisen, lange Zeit aktiv. Ihre rege Tätigkeit wird auch in einer anderen Veröffentlichungsreihe sichtbar, den sogenannten „Mitheilungen", in welchen zahlreiche Artikel aus und über Siebenbürgen zu finden sind. Eine umfassende Würdigung ihrer Tätigkeit steht jedoch noch aus: Die Arbeit der Pioniere der Denkmalpflege ist nur oberflächlich oder wenig bekannt. Ein gutes Beispiel dafür liefert nicht nur das Temesvarer Banat, sondern auch das Buchenland/Bucovina.

Im Buchenland war bereits 1853 der Konservator Andreas Mikulisch, Kameralbezirksbaumeister in Czernowitz/Cerniwzi (rum. Cernăuti), tätig. In der folgenden Zeitspanne kamen andere wie Otto Freiherr von Petrino (ab 1870) oder Victor Schwerdtner, Architekt und Professor (ab 1877), hinzu. Der wichtigste Konservator des Buchenlandes scheint jedoch Carl A. Romstorfer gewesen zu sein, dessen Name in den Veröffentlichungen der Central-Commission schon im Jahr 1884 erscheint, der 1888 zum „Konservator der II. Sektion" ernannt wurde und bis 1904 im Dienst blieb.

Carl Romstorfer entfaltete eine mannigfaltige Tätigkeit. Zu seinen Leistungen gehören technische Aufnahmen der Kirche in Reuseni und der St. Georgs-Kirche in Suceava, Ausführungsskizzen der Kirche in Siret, Detailpläne des Klosters Putna, Entwürfe für die Restaurierung der Burg in Suceava und Bauleitungen an den Kirchen in Mirăuţi und Solca – Bauten, die aus dem kulturellen Erbe Rumäniens nicht wegzudenken sind.

Carl Romstorfer war nicht nur Denkmalpfleger. Seine Studien über einzelne Gebäude und über die Gesamtheit der mittelalterlichen Kirchen im Buchenland beweisen, daß er zu den frühen Entdeckern der spezifisch moldauischen Sakralarchitektur des Mittelalters gehört, die er in verschiedenen Veröffentlichungen[3] genau erfasst, interpretiert und gedeutet hat. Auch wenn Carl Romstorfer sich seinerseits auf die schon im Jahr 1866 erschienene Schrift von Josef Hlavka[4] stützte, leistete er einen entscheidenden Beitrag zur Erforschung der Baugeschichte (Abb. 1).

---

3 Carl A. Romstorfer: Die moldauisch-byzantinische Baukunst von Carl A. Romstorfer. Architekt, Direktor der k. k. Staatsgewerbeschule und des Gewerbemuseums in Czernowitz, k. k. Cons. Hierzu zehn Tafeln. Wien 1896; ders.: Einwölbung und Dachform der moldauischen Kirchen aus dem 14. bis zum 18. Jahrhundert. In: Österreichische Monatsschrift für den öffentlichen Baudienst. Amtliches Fachblatt herausgegeben im k. k. Ministerium des Inneren 1 (1895), S. 268–243.

4 Josef Hlavka: Die griechisch-orientalischen Kirchenbauten in der Bukowina. In: Österreichische Revue, 4 (1866), S. 106–112.

Die wahre Bedeutung seiner Tätigkeit wird wohl erst nach der Analyse zweier seiner Neubauten sichtbar, zu denen Carl Romstorfer selbst folgendes geschrieben hat: „Durch zwei von mir bereits in dieser Stilart ausgeführte kirchliche Bauten in der Bukowina und in Rumänien glaube ich den Beweis erbracht zu haben, daß der moldauisch-byzantinische Stil, mit seinen interessanten Constructionen und ansprechenden, reizvollen Details einerseits eine Neuerstehung verdient, daß er sich aber andererseits auch den durch die Zeitläufe geänderten Verhältnissen sowie den modernen technischen Fortschritten leicht und ungezwungen anpassen läßt."[5]

Ob Carl Romstorfer durch seine Haltung vielleicht eine Art von neumoldauischem Baustil gefördert hat, wird die künftige Baugeschichte klären. Gewiß ist dagegen, daß Romstorfer im Jahr 1895 die Absicht hatte, in der Bauordnung des Buchenlandes bestimmte Regelungen zur Erhaltung der historischen Bauten festzuschreiben[6], und daß er schon 1892 ein Landesmuseum gründete. Vor diesem Hintergrund wird verständlich, daß Romstorfer bei seinen Restaurierungsarbeiten eine fortschrittliche Haltung einnahm. Er zeigte tiefen Respekt vor der bestehenden historischen Bausubstanz und entfernte sich weit von den Vorstellungen Viollet-le-Ducs, die damals in der Denkmalpflege vorherrschten. Viollet-le-Ducs Theorie über die Stileinheit der Baudenkmäler und über die Notwendigkeit, dieselben eben im Sinn der Stileinheit zu vervollständigen, war im südlichen Teil des heutigen Rumäniens, in der Wallachei, seit dem Jahr 1875 durch seinen Schüler und Mitarbeiter Lecomte de Nouy in die Tat umgesetzt worden. De Nouys Eingriffe in schon damals anerkannte Denkmäler gingen soweit, daß Bauten vollständig abgerissen und ganz neu wiederaufgebaut wurden.

Die heftigen Reaktionen auf die Tätigkeit des Lecomte de Nouy trugen zur Erneuerung der seit 1859 bestehenden „Kommission der öffentlichen Denkmäler"[7] bei, die 1871 den wohl ersten Entwurf eines Denkmalschutzgesetzes ausgearbeitet hatte, ohne jedoch manchen schädlichen Eingriff verhindern zu können. Ein bedeutender Wandel der Kommission erfolgte im Jahr 1900, als sie nicht nur einen neuen Namen erhielt – „Kommission der historischen Denkmäler" –, sondern

5 Romstorfer, 1896 (wie Anm. 3), S. 5.

6 Carl A. Romstorfer: Neue Bauvorschrift für die Bukowina. In: Österreichische Monatsschrift für den öffentlichen Baudienst. Amtliches Fachblatt herausgegeben im k. k. Ministerium des Inneren 1 (1895), S. 329–334.

7 Die im Jahr 1859 gegründete Kommission war im gesamten damaligen Rumänien tätig, d. h. in beiden ehemaligen Fürstentümern: der Wallachei (wo eben Lecomte de Nouy verschiedene Eingriffe ausgeführt hat) und der Moldau.

auch zeitgemäß umgestaltet wurde. Eben diese wissenschaftliche Institution hat die Denkmalpflege in Rumänien bis kurz nach dem Zweiten Weltkrieg koordiniert und auch die Fachleute, die noch einige Jahrzehnte danach tätig waren, ausgebildet.

1919 arbeitete die Kommission ein Denkmalgesetz aus, das zur Gründung von regionalen Abteilungen des Denkmalschutzes führte; dadurch konnten die Erforschung und vor allem die Sicherung der Kulturdenkmäler intensiviert werden. Ein Beispiel für diese positive Entwicklung sind die zahlreichen und raschen Bergungsmaßnahmen, die nach dem Erdbeben des Jahres 1940 getroffen werden konnten.

Trotz ihrer Erfolge wurde die Denkmalkommission im Jahr 1948 aufgelöst und 1951 durch die „Wissenschaftliche Kommission der Museen, der historischen Denkmäler und Kunstdenkmäler" ersetzt, einer riesigen und daher starren Institution, deren erste Aufgabe eine neue Bestandsaufnahme wurde. In ihrem Ergebnis entstand die 1952 verabschiedete Denkmalliste, die 4.345 Objekte verzeichnete. Vermutlich im darauffolgenden Jahr wurde der Grundstock des künftigen Denkmalamtes gelegt, das bis 1959 ausgebaut wurde und mit den Abteilungen Inventarisation, Forschung, Entwurf und Ausführung (einschließlich der Ausbildung der jeweiligen Fachleute) alle notwendigen Arbeitsbereiche unter einem Dach vereinte. In nur zwanzig Jahren konnte es über 100 schwierige, komplexe Arbeiten zu einem glücklichen Ende bringen.

Für die positive Entwicklung der Denkmalpflege in der Nachkriegszeit lassen sich weitere Ereignisse anführen, so die Weiterführung der wichtigsten Fachpublikation zur Denkmalpflege und Kunstgeschichte[8], die offizielle Teilnahme Rumäniens am II. Kongress der Architekten und Techniker für historische Denkmäler im Jahr 1964, auf dem die Charta von Venedig entstand, oder die Wiedergründung einer eigenen Kommission für Bau- und Kunstdenkmäler im Jahr 1971.

Das Bild der Denkmalpflege in der Nachkriegszeit zeigt eigentlich nur einen schwerwiegenden Fehler: Die „Abneigung" gegenüber der neueren Architektur des 19. und des 20. Jahrhunderts, die in Rumänien stark, mannigfaltig und in qualitativ hochwertiger Form vertreten ist. Diese ablehnende Haltung führte zu

8 Die Zeitschrift „Buletinul Comisiunii Monumentelor Istorice" (1908–1945) wurde durch „Buletinul Comisiei Monumentelor Istorice" (1970–1975), bzw. „Monumente istorice și de artă" (1976–1989) wieder aufgenommen und fortgeführt.

manchen Verlusten; am stärksten war davon wohl die moldauische Stadt Suceava betroffen. Dort blieben infolge einer 1961 begonnenen Abrißkampagne nur noch die mittelalterlichen Denkmäler erhalten – inmitten relativ großer, neuer Wohnblockviertel. Da jedoch überall in Europa die Architektur des 19. und des 20. Jahrhunderts erst spät die verdiente Anerkennung fand, ist dies nicht in erster Linie der Fehlentscheidung der rumänischen Denkmalpflege zuzuschreiben, sondern dem allgemeinen Stand der Wissenschaft in jener Zeit.

In den folgenden Jahren sind weitere Zeichen des Fortschritts in Rumänien zu vermerken, etwa die Studien, die das Denkmalamt im Jahr 1973 für über fünfundzwanzig historische Stadtkerne in Auftrag gab. Dabei handelt es sich um Forschungen, die die Vorteile der Sanierung der historischen Bausubstanz und der harmonischen Beziehung zwischen Alt und Neu belegen. Zu nennen ist auch die 1977 abgeschlossene Grundlagenstudie zur genauen Ausweisung des historischen Kerns der Hauptstadt Bukarest/București.

Andererseits erfolgten aber schon in den siebziger Jahren wichtige Änderungen in der Gesetzgebung, die innerhalb kurzer Zeit negative Folgen zeigten. So trat 1974 ein neues Denkmalschutzgesetz in Kraft, das die Bedeutung der ursprünglichen, traditionellen Umgebung von Baudenkmälern stark relativierte. Gleichzeitig wurde der Vorschlag einer Erweiterung der Denkmalliste – von 4.345 auf 6.456 Denkmäler – abgelehnt und ein weiteres neues Gesetz verabschiedet, das die „Systematisierung“, d.h. die Umgestaltung aller Städte und Dörfer regeln sollte.

Auf dieser Basis konnte nach dem Erdbeben vom 4. März 1977 der angeblich schlechte Zustand der historischen Bausubstanz als Vorwand für an sich unbegründete Abrisse verwendet werden. Daß im Monat November desselben Jahres das Denkmalamt aufgelöst wurde und durch den „Rat für Sozialistische Kultur und Ausbildung“ ersetzt wurde, stützt die Hypothese, daß das Regime schon früher die Zerstörung des kulturellen Erbes geplant hatte.

Die Hauptstadt Bukarest hatte hierbei selbstverständlich Vorbildcharakter. Anstelle ihres historischen, einzigartigen Stadtgefüges sollte ein „Denkmal des Volkes und des Sozialismus“ entstehen. Das neue „Denkmal“ sollte die Zeugen jeglicher nicht-sozialistischer Geschichte ersetzen, verstecken oder verdrängen – ein Ziel, das teilweise auch erreicht wurde (Abb. 2).

Im selben Kontext sollten von den 13.123 Dörfern Rumäniens bis 2000 nur noch etwa 5.000–6.000 übrigbleiben, womit die endgültige Zerstörung eines weiteren wichtigen Teils der Kulturgeschichte intendiert war (Abb. 3).

Die heftigen Proteste von Fachleuten und Intellektuellen konnten den politischen Absichten nicht Einhalt gebieten: Symposien, Ausstellungen, Artikel, Studien, internationale Arbeitsgruppen, Briefe an die Regierung oder an die kommunistische Partei konnten den historischen Stadtkern von Bukarest nicht retten.

Die Gegenwart

Die geplanten und teilweise verwirklichten politischen Projekte der Ceaușescu-Zeit fanden nach den Ereignissen im Dezember 1989 ein jähes Ende. Dadurch wurde die systematische Zerstörung des kulturellen Erbes in Rumänien gestoppt, aber nicht unbedingt ein reibungsloser Übergang zur Normalität ermöglicht.

Der Aufbau von stabilen Fachinstitutionen, die Entwicklung eines stabilen gesetzlichen Rahmens sowie die Herausbildung einer positiven Haltung der Gesellschaft gegenüber den Baudenkmälern sind wohl drei der wichtigsten Probleme, welche die Denkmalpflege in Rumänien so schnell wie möglich lösen muß.

Einen Anfang bildete die Neuorganisation der Nationalen Kommission für Denkmäler als höchste wissenschaftliche Instanz sowie die Neugründung des Denkmalamtes als deren wichtigstes Arbeitsinstrument und als Vertreter der Zentralverwaltung. Regionale Kommissionen koordinieren die Arbeit in den einzelnen Landesteilen. Dank der Initiative zahlreicher Fachleute entstanden beide Institutionen bereits Anfang 1990. Beide wurden aber in den folgenden Jahren mehrmals und nicht unbedingt zum Besseren umgestaltet.

Dennoch erfüllten diese Instanzen mindestens zum Teil eine ihrer wichtigsten Aufgaben, die Bestandsaufnahme. Bis 1992 wurde eine neue Denkmalliste aufgestellt, die 20.833 Positionen verzeichnet, eine weit größere Anzahl als das Verzeichnis des Jahres 1955. Nach der Fertigstellung einer ersten Fassung der neuen Denkmalliste wurden fast ununterbrochen neue Positionen hinzugefügt oder bestehende gestrichen, wofür aber acht Jahre lang keine feste gesetzliche Grundlage bestand. Außerdem waren in dem erst 2000 verabschiedeten Denkmalschutzgesetz andere Denkmalklassifizierungen vorgesehen, so daß der Status etwa eines Drittels der Objekte unklar blieb. Dieses Problem wurde erst durch die Veröffentlichung der Denkmalliste im Juli 2004 behoben.

Ein erfolgreiches Inventarisationsprojekt konnte in einer fast zehnjährigen deutsch-rumänischen Zusammenarbeit realisiert werden: die Dokumentation der Kulturdenkmäler im Südosten Siebenbürgens. Nach dem Vorbild der Prinzipien des Rheinischen Amts für Denkmalpflege zur flächendeckenden Erfassung wurde das gesamte ehemalige deutsche Siedlungsgebiet in Siebenbürgen kartiert und inventarisiert, einschließlich der notwendigen Photodokumentation und der Bauaufnahme von hervorragenden Bauten wie z. B. den Kirchenburgen. Die Ergebnisse der von Architekten, Kunsthistorikern, Ethnographen, Historikern und Photographen durchgeführten Bestandsaufnahme werden ebenfalls nach dem Muster der rheinischen Denkmaltopographie veröffentlicht (Abb. 4). Vier der über 50 vorgesehenen zweisprachigen Bände liegen bereits vor.[9]

Andere flächendeckende Dokumentationen umfaßten vor allem die Städte, auch wenn ihr vordringliches Ziel nicht die Bestandsaufnahme war, sondern sie als Grundlage für verschiedene planerische Maßnahmen, beispielsweise neue Generalbebauungspläne, dienen sollten. Ein Beispiel dafür bietet die Stadt Bukarest selbst, für die 1996–1997 Forschungen zur Ausweisung der Denkmalschutzzonen (Abb. 5) angestellt wurden.[10] Die Studie gliedert sich in drei Abschnitte, in denen Einzelobjekte, Ensembles und Teile des Stadtgefüges von besonderem künstlerischem oder technischem Wert, von Bedeutung für die kulturelle Identität oder von Seltenheitswert verzeichnet sind. Die Auswahl und Bewertung erfolgte dabei in Hinblick auf die lokale und auf die europäische Entwicklung in Architektur

9 Christoph Machat (Hg.): Denkmaltopographie Siebenbürgen. Topografia monumentelor din Transilvania. Band 3.3: Kreis Kronstadt. Großschenk, Tarteln, Stein, Seiburg, Leblang, Bekokten, Felmern, Rohrbach, Seligstadt, Scharosch / Cincu, Toarcla, Dacia, Jibert, Lovnic, Bărcut, Felmer, Rotbav, Seliştat, Şoarş. Bearbeitet von Gheorghe Andron, Paul Niedermaier, Corina Popa, Iosefina Postăvaru, Martin Rill, Adriana Stroie, Aurelian Stroie. Innsbruck, Sibiu 1995; Band 5.1.1: Stadt Hermannstadt. Die Altstadt / Municipiul Sibiu. Centrul Istoric. Bearbeitet von Alexandru Avram und Ioan Bucur. Köln 1999; Band 4.1: Stadt Schäßburg / Municipiul Sighişoara. Bearbeitet von Corina Popa mit Studenten der Kunstakademie Bukarest (Horea Avram, Adrian Bara, Ruxandra Beldiman, Iulian Bucur, Anca Palanciuc, Raluca Popa, Tékla Szabó, Cecilia Teodoru, Emanuela Toma, Luiza Zamora), Monica Lotreanu, Christoph Machat, Doina Mândru, Paul Niedermaier, Friedrich Schuster. Köln 2002; Band 3.4: Kreis Kronstadt. Stadt Zeiden, Neustadt, Schirkanyen, Wolkendorf. Bearbeitet von Ionel Alexe, Ioan George Andron, Ruxandra Beldiman, Gabriela Chiru, Anca Crăciun, Adrian Crăciunescu, Hanna Derer, Ileana Filipescu, Ligia Fulga, Monica Lotreanu, Doina Mândru, Cireşica Micu, Petru Pericle-Micu, Radu Nicolae, Corina Popa mit Studenten der Kunstakademie Bukarest (Adrian Bara, Mugur Boicescu, Dana Darie, Roxana Deaconu, Emanuela Neacşu, Dan Petra, Raluca Popa, Cristina Stăncioiu, Tékla Szabó, Anca Teodorescu, Cecilia Teodoru), Anca Popica, Andrada Rîglea, Friedrich Schuster. Heidelberg 2002.

10 Angela Filipeanu (Koord.), Hanna Derer, Dan Marin, Florinel Radu: Delimitarea zonelor protejate construite din municipiul Bucureşti [Abgrenzung der Denkmalschutzzonen der Stadt Bukarest]. Bucureşti 1997–1998.

und Städtebau. Ein weiterer Teil der Studie ist den Naturdenkmälern innerhalb des Stadtgefüges wie Parkanlagen und städtischen Gärten, dem Fluß Dîmbovița und den Seen sowie größeren Grünflächen gewidmet.

Im Ergebnis dieser Studie wurde der Stadtraum in vier verschiedene „Klassen" untergliedert, die vier unterschiedlichen Schutzstufen[11] entsprechen – in Bezug auf jene Stadtkomponenten, die kulturellen Wert besitzen wie z. B. Straßennetz, Parzellengefüge, Einzelbauten und deren Bezug zur Umgebung. Auf dieser Grundlage wurde den Projektanten des kurz danach erstellten Generalbebauungsplans eine graphische Übersicht zur Verfügung gestellt, in der nicht nur die Grenzen der unterschiedlichen Schutzzonen eingezeichnet sind, sondern auch die Richtlinien des Denkmalschutzes angegeben werden.

Das Beispiel Bukarest zeigt, wie die Existenz staatlicher Denkmalinstitutionen und verschiedener gesetzlicher Regelungen sich auf die Planung und Ausführung derartiger Grundlagenstudien auswirkt, so daß, wenn auch indirekt, stadtplanerische Aktivitäten die Erhaltung von Kulturdenkmälern positiv beeinflussen. Bedauerlicherweise werden derartige Maßnahmen jedoch nur selten durchgeführt. Ein Grund hierfür ist die späte Verabschiedung des Denkmalschutzgesetzes; dadurch herrschte zehn Jahre lang juristische Unklarheit, die bereits erhebliche Verluste zur Folge hatte und weiterhin haben kann.

Das neue Denkmalgesetz wurde im Jahr 2000 zunächst als Regierungsbescheid, 2001 als Gesetz verabschiedet, und es ist zu erwarten, daß die Regelung seines Verhältnisses zu früheren Vorgaben, wie z. B. dem Gesetz zur Raumplanung, noch einige Zeit in Anspruch nehmen wird. Die ersten Schritte in dieser Hinsicht unternahm das Kulturministerium erst zu Beginn des Jahres 2003 in dem Bestreben, die mittlerweile fast unüberschaubare Bürokratie zu vereinfachen.

Ein eingehendes Beispiel für die negativen Folgen des Fehlens eines klaren gesetzlichen Rahmens bietet der historische Stadtkern von Constanța am Schwar-

---

11 Die Schutzstufen wurden wie folgt definiert: I. maximaler flächendeckender Schutz (für Zonen, in denen alle Teile des Stadtgefüges als kulturelle Werte gelten – Straßennetz, Parzelleneinteilung, Bauten); II. maximaler punktueller Schutz (für Zonen, die punktuell hohe kulturelle Werte enthalten und deren Umgebung grundlegend für deren Erhaltung ist); III. hoher Schutz (für Zonen, deren kultureller Wert im Straßennetz und im städtebaulichen Ensemble liegt); IV. mittelmäßiger punktueller Schutz (für Zonen, die punktuelle mittelmäßige kulturelle Werte enthalten, deren Umgebung jedoch von minderer Bedeutung ist).

zen Meer. Die sogenannte Halbinsel ist ein faszinierendes Gebilde einer schon im 19. Jahrhundert lebhaften Multikulturalität, mit einer ebenso faszinierenden geschichtlichen Entwicklung.[12] Das antike Staßennetz der ursprünglich griechischen Kolonie blieb auch in der späteren römischen Stadt und der mittelalterlichen byzantinischen Siedlung erhalten. Um die Mitte des 19. Jahrhunderts erfuhr Constanța einen wirtschaftlichen Aufschwung – bedingt vor allem durch die Entwicklung des Hafens –, der ein explosionsartiges Wachstum der Stadt mit sich brachte. Die Stadtplaner des späten 19. und der ersten Hälfte des 20. Jahrhunderts entwarfen ein außerordentliches Konzept, das die antike und mittelalterliche Siedlung zum Zentrum der modernen Stadt machen sollte. Gleichzeitig wurde die Bedeutung des Hafens berücksichtigt, der den wichtigsten visuellen Bezugspunkt sowohl für Neubauten wie den Königspalast als auch für neue Platzanlagen wie den Domplatz bilden sollte.

Für die neue Rolle als Zentrum einer modernen Stadt wurden Teile der mittelalterlichen, häufig heruntergekommenen Bebauung geopfert. An ihrer Stelle kreierten die Architekten der damaligen Zeit – unter Berücksichtigung der Bauvorschriften – ein Quartier in mannigfaltigen Baustilen, in dem jedes Gebäude auf die vorgefundene Nachbarschaft abgestimmt ist und sich harmonisch in das Gesamtbild einfügt (Abb. 6).

Das städtebauliche Konzept wurde jedoch nach dem Zweiten Weltkrieg aufgegeben, das Stadtzentrum verlagerte sich weg von der Halbinsel, die dadurch für ein halbes Jahrhundert im Dornröschenschlaf versank. Zu Beginn der neunziger Jahre des 20. Jahrhunderts befand sich die historische Altstadt nicht in gutem, aber doch passablem Zustand. Unter dem Druck des freien Marktes bei gleichzeitigem Fehlen klarer gesetzlicher Vorschriften kam es jedoch in der Folge zu

---

12 Die nachfolgenden Informationen sind den Schlußfolgerungen aus Hanna Derer, Radu Nicolae: Valorile de identitate culturală, materializate în țesutul urban suprateran, prin prisma elementelor esențiale din evoluția așezării. Studiu de fundamentare referitor la aspectele determinate istoric din cultura urbană pentru „Plan Urbanistic Zonal privind reabilitarea și revitalizarea zonei peninsulare a municipiului Constanța“ [Werte der kulturellen Identität im Stadtgefüge in Bezug auf die wichtigsten Aspekte der geschichtlichen Entwicklung der Siedlung. Grundlagenstudie für den „Teilbebauungsplan zur Sanierung und Wiederbelebung der Halbinsel der Stadt Constanța"]. București/Constanța 2002, entnommen.

13 Die im Jahr 1997 ausgeführte Bestandsaufnahme diente zur Ausarbeitung der Grundlagenstudie von Hanna Derer, Radu Nicolae, Cireșica Micu, Arina Nițulescu, Andrada Rîglea, Adrian Crăciunescu: Studiu de evoluție istorică și de delimitare a zonelor

schweren Eingriffen in die historische Substanz. Stand im Jahr 1997 hier nur ein einziges zerstörtes Gebäude[13], so wurden 2002 ganze Blöcke von unbewohnten und zu Ruinen heruntergekommenen Bauten vorgefunden (Abb. 7).

Ebenso entstand eine Reihe von Neubauten, die in aggressiver Weise gegen alle bisherigen Bauregeln der Altstadt verstoßen (Abb. 8), manchmal sogar im Namen des mittlerweile aufgegebenen Konzepts der sogenannten „neutralen Eingriffe."[14]

2002 gab die lokale Verwaltung einen Sanierungsplan in Auftrag und bekundete damit ihren Willen, der Zerstörung Einhalt zu bieten. Es stellt sich jedoch die Frage, ob dieser politische Wille tatsächlich existiert, da bisher ungeachtet des seit 1998 bestehenden Generalbebauungsplans keine Maßnahmen getroffen wurden, um das kulturelle Erbe zu erhalten und zu pflegen.

Die zentralen und lokalen Behörden sind gegenwärtig die wohl einflußreichsten Bauherren im Bereich der Denkmalpflege. Selbst wenn es nicht möglich ist, eine genaue Statistik der Aufträge zu erstellen, ist ersichtlich, daß die Behörden aufgrund ihrer Zuständigkeit für ganze Ensembles und Siedlungen wenn nicht die meisten, so zumindest die größten Aufträge vergeben. Andererseits sind es immer häufiger Privatpersonen, die als Besitzer oder Nutzer Eingriffe in Bauten von kultureller Bedeutung vornehmen. Auch Kulturdenkmäler sind, ob es die Fachleute wollen oder nicht, Objekte des freien Immobilienmarktes, der in Rumänien bedauerlicherweise hauptsächlich von dem Wunsch nach raschem Gewinn bestimmt wird. Es kommt daher nicht selten vor, daß Privatbesitzer von Kulturdenkmälern – die natürlich eher in den historischen Zentren zu finden sind

---

protejate. Studiu de fundamentare pentru PUG Constanța [Studie zur geschichtlichen Entwicklung und zur Abgrenzung der Denkmalschutzzonen. Grundlagenstudie für den Generalbebauungsplan der Stadt Constanța]. București/Constanța, 1997–1998.

14 Aufgrund der Bestimmungen in der Charta von Venedig (1964) und deren Folgen in der Praxis hat sich, zumindest in Rumänien, ab den siebziger Jahren des 20. Jahrhunderts der Trend zu „neutralen Eingriffen" entwickelt. Neubauten in der Nähe von historischen Denkmälern oder neue Anbauten zu denselben sollten eher zurückhaltend konzipiert werden. Das Ergebnis war häufig eine Architektur, der es an eigener Persönlichkeit mangelt und die daher minderwertig ist. Dadurch erweist man einem historischen Denkmal nicht unbedingt einen Gefallen, im Gegenteil – die architektonische Umgebung des Denkmals wird kulturell geschwächt, wodurch das Denkmal selbst leidet. Mittlerweile ist international anerkannt, daß neue Architektur in historischer Umgebung eine eigene hohe Qualität haben muß.

– vor allem am Grundstück interessiert sind und daraus ohne Rücksicht auf die historischen Bauten den größten Gewinn erwirtschaften wollen.

Ein typisches Beispiel dafür ist das Haus des Wissenschaftlers und bisher wohl erfolgreichsten Erziehungsministers Rumäniens Spiru Haret in einem denkmalgeschützten Stadtteil in Bukarest. Das Gebäude entstand 1888 nach dem Entwurf eines unbekannten Architekten als ein für Bukarest ungewöhnlich reines Beispiel neoklassizistischer Architektur. Nur die Komposition der Gartenfront und einige Details der Dekoration zeigen leichte Einflüsse des Neobarock. Bedauerlicherweise wurde direkt daneben ein deutlich zu großer Neubau errichtet, der nicht nur störend (Abb. 9), sondern auch als „Vorbild" wirkt – der gegenwärtige Besitzer des Haret-Hauses möchte dieses abreißen und durch ein riesiges Hotel ersetzen. Die Grundlagenstudie[15] der Denkmalpflege für diesen Bezirk verbietet sowohl den Abriß des Denkmals als auch die Errichtung des überdimensionierten Neubaues, für den bereits ein Entwurf vorliegt. Da unter diesen Umständen keine Baugenehmigung zu erlangen ist, läßt der Besitzer das denkmalgeschützte Haus leerstehen und verkommen...

Die Zukunft

Instabile Institutionen, die sich aus politischen Gründen in ständigem Wandel befinden, ein mangelhafter gesetzlicher Rahmen und Bauherren, die keine Mittel, keinen Willen oder kein Interesse an der Erhaltung und Pflege der Kulturgüter haben, bestimmen die gegenwärtige Situation der Denkmalpflege. Unter diesen Umständen müssen sich die Fachleute oft auf den „persönlichen" Einsatz im „Kampf" um die Denkmäler beschränken – ein aufreibendes und zeitraubendes Unterfangen, wobei nach Fertigstellung, Einreichung und Genehmigung einer denkmalpflegerischen Dokumentation der weitere Verlauf der Arbeiten ständig überwacht werden muß – um sich dann trotzdem mit verbotenen Eingriffen konfrontiert zu sehen.

Die Hoffnung auf Normalität richtet sich auf die Zukunft; die Grundlagen dafür müssen bei der Ausbildung der künftigen Fachleute gelegt werden. Die Abteilung „Denkmalpflege" an der Bukarester Fakultät für Architektur, die Aufbaustudiengänge für den Bereich Denkmalpflege in Bukarest und Klausenburg, die Sommerschulen für Architekten in wichtigen historischen Städten leisten da-

15 Hanna Derer, Ioana Petrescu, Radu Nicolae: Imobilul din strada G-ral. Ghe. Manu. Studiu de arhitectură şi de evoluţie istorică [Die Immobilie Nr. 7 in der Straße Ghe. Manu. Architektonische und historische Studie]. Bucureşti 2002.

zu ihre Beiträge, und manche wissenschaftlichen Früchte sind zwar noch nicht reif, aber bereits deutlich erkennbar. So formierte sich z. B. 1999 eine Gruppe von Architekturstudenten, die aufgrund ihrer Diplomarbeiten Interesse für den nordwestlichen Stadtteil von Bukarest entwickelt hatten. Die als „Schulentwürfe" begonnenen Arbeiten konnten in den Jahren 2000 und 2001 mittels einer Finanzierung der EU[16] weitergeführt (Abb. 10) und dann durch konkrete Aufträge – u. a. aus dem Städtischen Bauamt – vertieft werden (Farbabb. 3). Ungeachtet einiger Enttäuschungen, die die jungen Architekten erleben mußten, sind zumindest zwei Erfolge ihrer Bemühungen zu verzeichnen: Sowohl die Behörden wie auch die Öffentlichkeit wurden auf den betreffenden Stadtteil aufmerksam, dadurch wurde zumindest der Abriß von Denkmälern verhindert. Es bleibt zu hoffen, daß rasch auch genügend Mittel für deren Restaurierung zur Verfügung gestellt werden. Ein zweiter Erfolg ist darin zu sehen, daß sechs weitere Architekturstudenten, die in ihren Diplomarbeiten eigentlich moderne Entwürfe erstellen wollten, sich im Laufe der Arbeit zunehmend den denkmalpflegerischen Belangen zuwandten (Farbabb. 4). Künftige Architekten, die ursprünglich nicht an Denkmalpflege interessiert waren, haben eingesehen, daß das kulturelle Erbe, entgegen ihrer ursprünglichen Meinung, kein Hemmnis, sondern eher ein Ansporn für das Entwerfen zeitgenössischer Architektur ist.

16 Hanna Derer (Koord.): Calea Griviţei – poartă deschisă a oraşului / Calea Griviţei – ein offenes Tor der Stadt. Kulturprojekt angenommen und finanziert durch das Programm EUROART der Europäischen Union. Bucureşti 2000–2001.

Abbildungen

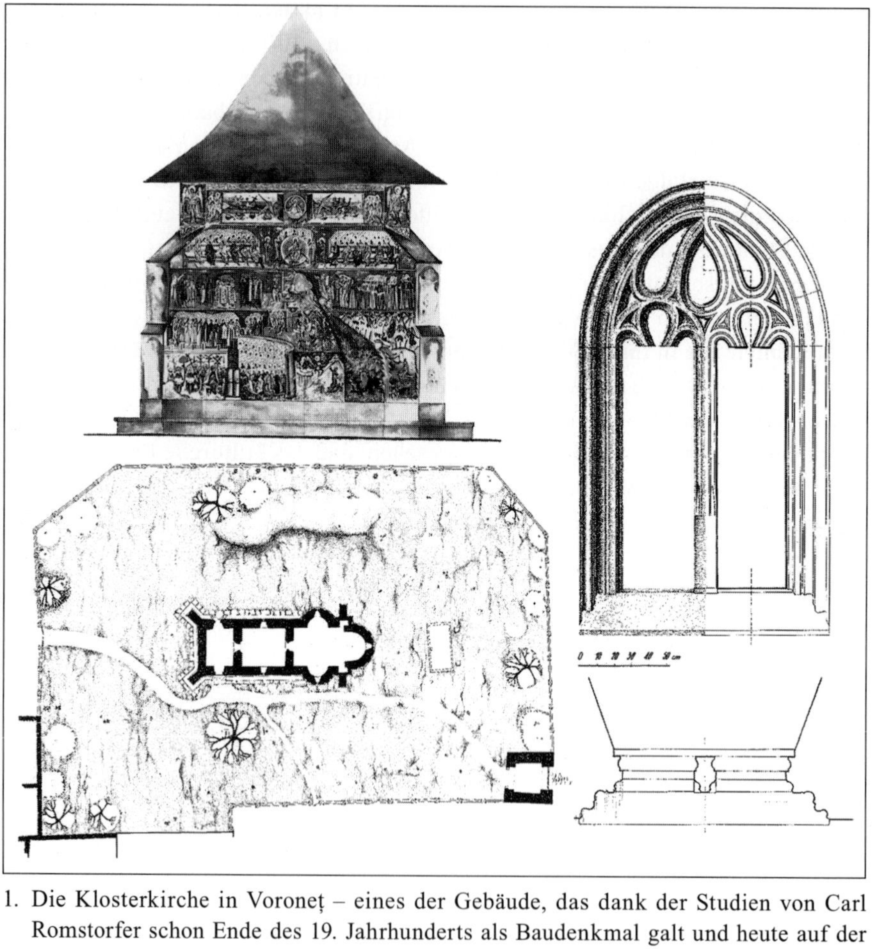

1. Die Klosterkirche in Voroneţ – eines der Gebäude, das dank der Studien von Carl Romstorfer schon Ende des 19. Jahrhunderts als Baudenkmal galt und heute auf der UNESCO-Liste des Weltkulturerbes eingetragen ist (Bauaufnahme 1958, Archiv des Instituts für Baugeschichte, Architekturtheorie und Denkmalpflege, Universität für Architektur und Städtebau „Ion Mincu" Bukarest)

2. Bukarest – Zerstörungen in den historischen Stadtvierteln. Der Planausschnitt zeigt abgebrochene (hellgrau) und erhaltene (grau und schwarz) historische Substanz und verdeutlich die Maßstabslosigkeit der (geplanten) Neubauten. Das „Haus des Volkes" (zentral, als schwarzer Umriß) ist in der ausgeführten Version noch monumentaler als in der Planung (Archiv des Instituts für Baugeschichte, Architekturtheorie und Denkmalpflege, Universität für Architektur und Städtebau „Ion Mincu" Bukarest)

3. Bogeschdorf/Băgagciu, Kirchenburg und Dorf – eine der über 200 Kirchenburgen der Siebenbürger Sachsen (Foto Andrei Moldoveanu)

4. (rechte Seite) Birthälm/Biertan, Kirchenburg.
Als eine der bauhistorisch wichtigsten Kirchenburgen wurde das Ensemble in die UNESCO-Liste des Weltkulturerbe aufgenommen. Im Rahmen des deutsch-rumänischen Projekts zur Dokumentation der Kulturdenkmäler im Südosten Siebenbürgens erfolgten eingehende Bauuntersuchungen (Bauaufnahme 1995 unter der Leitung von Hanna Derer, Archiv des Instituts für Baugeschichte, Architekturtheorie und Denkmalpflege, Universität für Architektur und Städtebau „Ion Mincu“ Bukarest)

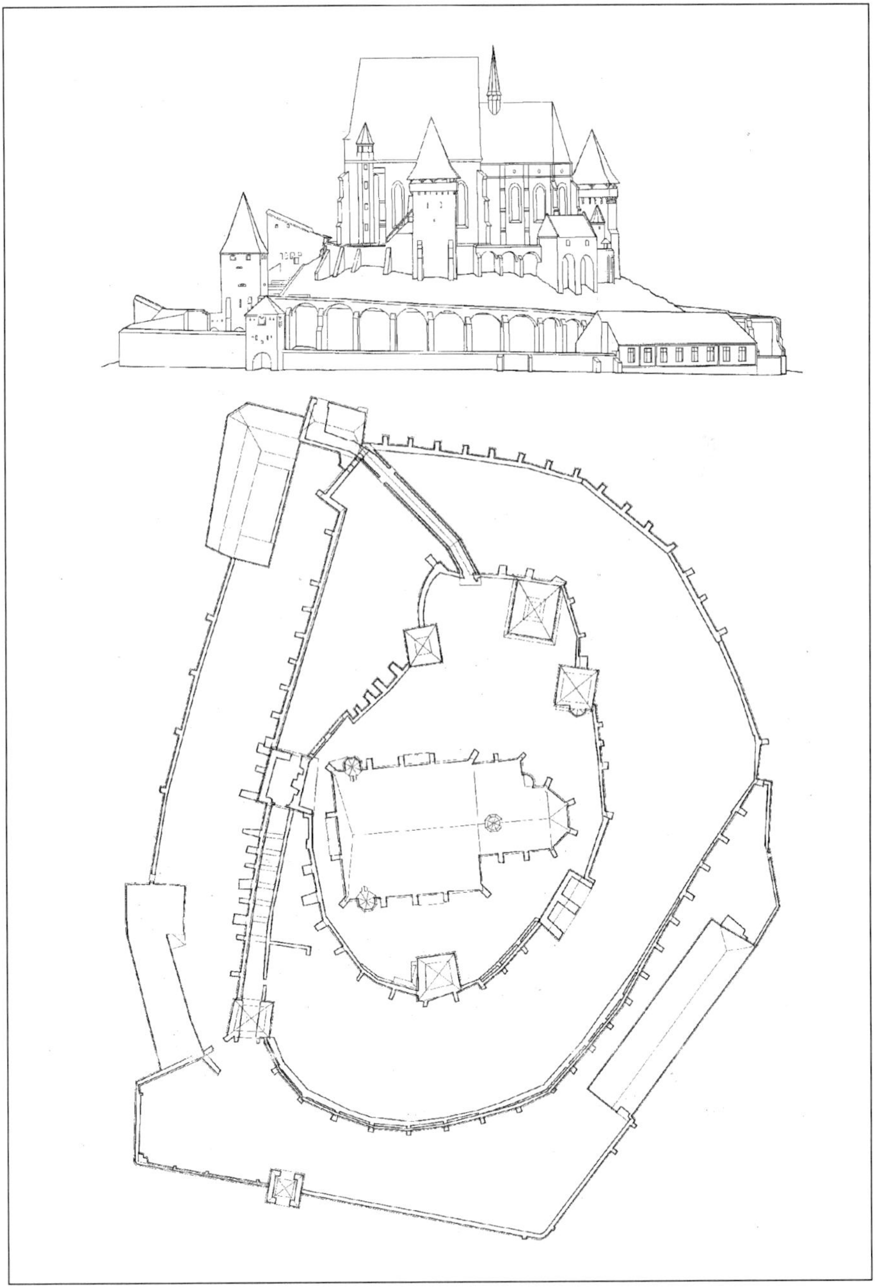

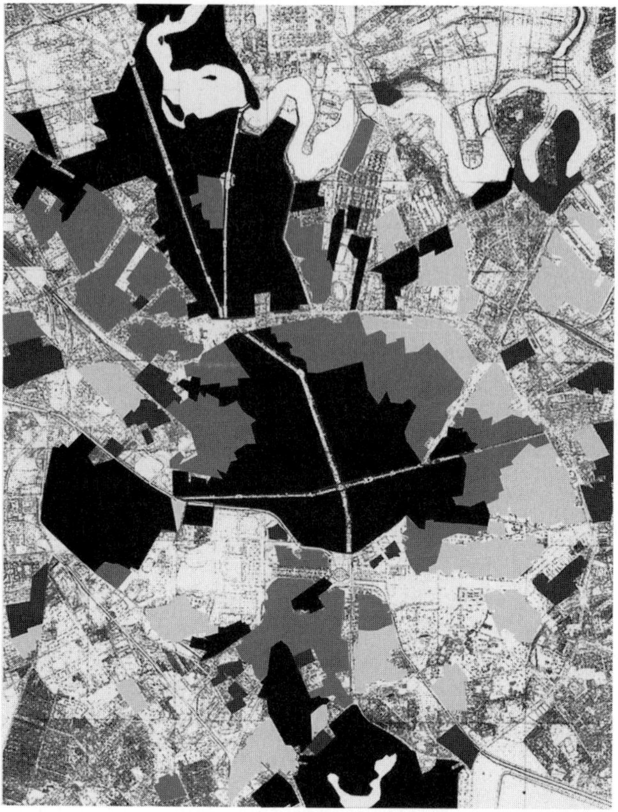

5. Bukarest – Studie zur Abgrenzung der Denkmalschutzzonen.
Die in den Jahren 1997–1998 erarbeitete Grundlagenstudie (Koord.: Angela Filipeanu, Hauptautoren: Hanna Derer, Dan Marin, Florinel Radu) diente nicht nur zur Erstellung des gegenwärtig gültigen Generalbebauungsplans, sondern bildet auch einen wichtigen Bezungspunkt für denkmalpflegerische Maßnahmen. Der abgebildete Ausschnitt zeigt die in der Stadtmitte ausgewiesenen vier Schutzzonen (Universität für Architektur und Städtebau „Ion Mincu“ Bukarest – Entwurfs- und Studienarchiv)

6. (rechte Seite, oben) Constanța – charakteristische Architektur des späten 19. und der ersten Jahrzehnte des 20. Jahrhunderts (Foto Hanna Derer)

7. (rechte Seite, unten) Constanța – Ruinen im historischen Zentrum (Foto Hanna Derer)

24

8. Constanța – Neubauten im historischen Zentrum (Foto Hanna Derer)

9. Bukarest – Baudenkmal in der Gheorghe Manu Straße Nr. 7, Gartenfront. Ein für Bukarest seltenes Beispiel neoklassizistischer Architektur, rechts der Neubau, der die Maßstäbe des historischen Quartiers sprengt (Foto Hanna Derer)

10. „Calea Griviței – ein offenes Tor der Stadt" – Teil der Photodokumentation aus dem von ehemaligen Architekturstudenten realisierten Kulturprojekt („Calea Griviței – poartă deschisă a orașului" – „Calea Griviței – ein offenes Tor der Stadt", gefördert durch das Programm EUROART; Privatarchiv Hanna Derer)

Lorenz Frank

Konzepte für den Wiederaufbau historischer Altstädte in Polen nach 1945

Andrzej Tomaszewski gewidmet

Die Vorstellung vom Wiederaufbau der historischen Innenstädte in Polen nach dem Zweiten Weltkrieg wird heute durch das Bild von der getreuen Rekonstruktion der Altstadt von Warszawa/Warschau* geprägt (Abb. 1). Nicht zuletzt nachdem die Altstadt von Warszawa 1980 von der UNESCO in die Liste des Weltkulturerbes aufgenommen wurde, bestimmt sie die Beurteilung des Wiederaufbaus in Polen. Daß der Wiederaufbau spätestens seit dieser Zeit in Polen zum Thema wissenschaftlicher Untersuchungen geworden ist, zeigt eine umfangreiche, 1986 erschienene Dokumentation über den Umgang mit den kriegszerstörten historischen Städten.[1] Insbesondere in den vergangenen Jahren sind zu dieser Frage zahlreiche Aufsätze veröffentlicht worden, in denen der Wiederaufbau differenziert dargestellt wird.[2]

Die Entscheidungen, die zur Rekonstruktion der Altstadt von Warszawa geführt haben, und der Grad der Rekonstruktionstreue blieben in der deutschen Öffentlichkeit weitgehend unbekannt. Daß es durchaus verschiedene Konzepte für die Wiederherstellung der historischen Altstadt von Warszawa und anderer Innenstädte in Polen gab, möchte dieser Aufsatz aufzeigen.

Die Rekonstruktion der historischen Innenstadt von Warszawa

Um die Konzepte für den Wiederaufbau der historischen Innenstadt von Warszawa[3] und die Entscheidungen zu ihrer Gestaltung zu verstehen, muß zunächst

---

* Auf ausdrücklichen Wunsch des Autors sind in diesem Beitrag die polnischen Ortsnamen verwendet [Anm. d. Redaktion].

1 Wojciech Kalinowski (Hg.): Zabytki urbanistyki i architektury w Polsce. Odbudowa i konserwacja [Denkmäler des Städtebaus und der Architektur in Polen. Wiederaufbau und Konservierung]. Bd. 1: Miasta historyczne [Historische Städte]. Warszawa 1986.

2 An übergreifenden Bearbeitungen liegen unter anderen vor: Andrzej Tomaszewski: Zwischen Denkmalpflege und Ideologie. Konzepte in Polen 1945–1989. In: Beate Störtkuhl (Hg.): Hansestadt – Residenz – Industriestandort (Beiträge der 7. Tagung des Arbeitskreises deutscher und polnischer Kunsthistoriker in Oldenburg). München

die Geschichte der Zerstörung der polnischen Hauptstadt während des Zweiten Weltkriegs betrachtet werden. Denn die Ereignisse und insbesondere die Motivation für die Zerstörung hatten wesentlichen Einfluß auf die Art des Wiederaufbaus in Warszawa und nicht zuletzt auch in anderen polnischen Städten.

2002, S. 299–311. Die neueren Aufsätze zu den einzelnen Städten werden im jeweiligen Kontext genannt.

3 Piotr Biegański, Wojciech Kalinowski: Warszawa. In: Kalinowski 1986 (wie Anm. 1), S. 537–580; Niels Gutschow, Barbara Klain: Vernichtung und Utopie. Stadtplanung Warschau 1939–1945. Hamburg 1994; Marian Marek Drozdowski: Consensus społeczeństwa polskiego wokół odbudowy Warszawy na czele ze starówką [Der Konsenz in der polnischen Gesellschaft über den Wiederaufbau von Warszawa, insbesondere der Altstadt]. In: Kronika Warszawy [Kronik von Warszawa] 5/115. Warszawa 2000, S. 19–30; Bohdan Rymaszewski: Kryteria odbudowy starego miasta w Warszawie [Kriterien des Wiederaufbaus der Altstadt in Warszawa]. In: Kronika Warszawy [Kronik von Warszawa] 5/115. Warszawa 2000, S. 31–39; Marek Barański: Program i odbudowa Starego Miasta [Programm und Wiederaufbau der Altstadt]. In: Almanach Muzealny [Museumsalmanach]. Bd. 4. Warszawa 2003, S. 153–166; Marcin Romeyko-Hurko: Piękniejsza niż kiedykolwiek. Opowieść o odbudowie warszawskiej Starówki [Schöner als je zuvor. Die Erzählung vom Wiederaufbau der Altstadt von Warszawa]. In: Mówią wieki. Magazyn historyczny [Die Jahrhunderte erzählen. Historisches Magazin]. Bd. 8. Warszawa 2003, S. 26–35; Andrzej Tomaszewski: Legende und Wirklichkeit. Wiederaufbau Warschaus. In: Dieter Bingen, Hans-Martin Hinz (Hg.): Die Schleifung. Zerstörung und Wiederaufbau historischer Bauten in Deutschland und Polen. Wiesbaden 2005, S. 165–173.

4 Diese erste Bombardierung einer Stadt aus der Luft im Zweiten Weltkrieg war bereits vor Kriegbeginn von der deutschen Luftwaffe unter dem Decknamen „Wasserkante“ geplant worden. Sie sollte gezielt die Zivilbevölkerung treffen und deren Moral erschüttern. Vgl. Michael Schmidt-Klingenberg: „Wir werden sie ausradieren“. Der Luftkrieg der Alliierten gegen deutsche Städte hat eine Vorgeschichte. In: Der Spiegel 3/2003, S. 118–125. Friedrich Gollert, der spätere Leiter des deutschen Amts für Raumordnung beim Gouverneur des Distrikts Warschau, berichtete: „Wer damals das Bombardement von Warschau durch die um die Stadt aufgestellten Batterien und durch die ständigen Luftangriffe der deutschen Flieger miterlebt hat, wird diese Tage in unauslöschlicher Erinnerung behalten. Hunderte Geschütze schleuderten Granaten in die Stadt hinein, die bald an allen Ecken und Kanten brannte. Zwischendurch aber warfen deutsche Kampfflugzeuge in rollendem Einsatz ihre Bomben auf die Stadt hernieder, so daß bald eine ungeheure Brand- und Feuerwolke über der Stadt stand.“ Zitiert nach: Gutschow/Klain 1994 (wie Anm. 3), S. 21. Die Bombardierung von Warszawa war damit gewissermaßen Vorbild für die flächendeckenden Bombardierungen deutscher Städte durch die Alliierten am Ende des Kriegs.

Nach dem Überfall des Deutschen Reichs auf Polen am 1. September 1939 wurde die Hauptstadt bis zu ihrer Kapitulation am 27. des Monats nur in begrenztem Maße beschädigt. In den letzten drei Tagen vor ihrer Aufgabe wurde sie von der deutschen Luftwaffe bombardiert.[4] Betroffen von diesen Zerstörungen waren auch einige historische Gebäude in der Altstadt, insbesondere das Königsschloß, das am 17. September vollkommen ausbrannte.

Als Reaktion auf diese Ereignisse wurde von polnischer Seite bereits die Wiederherstellung der zerstörten Altstadtbauten geplant.[5] Die Planungen konnten sich auf Inventare der Gebäude aus der Vorkriegszeit stützen und sahen eine Rekonstruktion in historischen Formen vor (Abb. 2). Damit schlossen sich diese Planungen an den Wiederaufbau zerstörter historischer Städte in Polen nach dem Ersten Weltkrieg an. Wie in den Konzepten der Zwischenkriegszeit war auch hier die Beseitigung nachträglicher Zutaten vorgesehen. Dies galt vor allem für die Veränderungen aus der zweiten Hälfte des 19. und aus dem frühen 20. Jahrhundert, die mit den Besatzern der Teilungsgebiete in Verbindung gebracht wurden, insbesondere mit Rußland und Preußen. Die Aversion gegen diese Epoche beeinflußte auch den Wiederaufbau nach dem Zweiten Weltkrieg.

Von den polnischen Überlegungen zum Wiederaufbau wichen die etwa zeitgleichen deutschen Vorstellungen vom Umgang mit der Stadt nach Kriegsende sowohl ideologisch als auch städtebaulich deutlich ab. An den deutschen Planungen arbeitete 1939–40 in Warszawa eine Arbeitsgruppe Würzburger Städteplaner um Hubert Groß.[6] Nach Kriegsende sollte eine Provinzstadt entstehen, die nur etwa ein Zehntel der Vorkriegsgröße behalten sollte. Vor allem aber sollte „Die neue deutsche Stadt Warschau" gebaut werden.

Der spätere polnische Generalkonservator Jan Zachwatowicz konnte die deutschen Planungen, die von einer vollkommenen Beseitigung fast aller Baudenkmale ausging, in Warszawa einsehen, nachdem er heimlich in den Sitz der Distriktverwaltung eingeschleust worden war. In Reaktion auf diese Erfahrung begann man über die Rekonstruktion des ausgebrannten Schlosses nachzuden-

---

5 Diese Vermutung äußert Rymaszewski (wie Anm. 3), S. 33.

6 Hubert Groß war Chef des deutschen Stadtplanungsamts in Warszawa und leitete eine Gruppe von ehemaligen Mitarbeitern der Würzburger Stadtverwaltung, die nach Warszawa abgeordnet worden war. Aus dem Deckblatt der Pläne, die am 6. Februar 1940 vom deutschen Stadtpräsidenten Oskar Rudolf Dengel dem Generalgouverneur Hans Frank gewidmet wurden, läßt sich ableiten, daß Groß der verantwortliche Autor der Pläne war. Vgl. Gutschow/Klain (wie Anm. 3), S. 21–41, sowie Romeyko-Hurko (wie Anm. 3), S. 26.

ken. Darüber hinaus entstanden Überlegungen für eine Beseitigung der nur leicht beschädigten neugotischen Fassade der Kathedrale (Abb. 3, 4), was in der bereits genannten Tradition der Zwischenkriegszeit stand.[7] Daß die deutschen Planungen, die 1947 in Polen publiziert wurden, auch die Entscheidung für den Wiederaufbau nach dem Krieg mitbestimmten, wird noch deutlich werden.[8]

Während die ersten Beschädigungen an einzelnen Bauten im Jahr 1939 noch weitgehend mit den Kriegshandlungen erklärt werden können, zeugen die späteren, wesentlich umfangreicheren Zerstörungen vom deutlichen Willen der deutschen Besatzer, die Hauptstadt Polens und insbesondere ihre historischen Stadtteile zu vernichten, um an deren Stelle eine „deutsche“ Stadt errichten zu können.[9]

Nach der Niederschlagung des Ghettoaufstands 1943 wurde der nordwestliche Teil der historischen Innenstadt dem Erdboden gleichgemacht. Während des Warschauer Aufstands 1944 wurde durch Bombardierung und Artilleriebeschuss der gesamte historische Kern der Innenstadt mit Alt- und Neustadt systematisch vernichtet. Nach der Niederschlagung des polnischen Widerstands im Oktober 1944 begann eine über zwei Monate andauernde, planmäßige Zerstörung der noch erhaltenen Gebäude durch Brandsetzung und Sprengung, was insbesondere auch die historischen Kirchen betraf.[10] Das Schloß war ebenfalls bereits für die

---

7 Rymaszewski (wie Anm. 3), S. 34

8 Welche Bedeutung den deutschen Planungen für den Wiederaufbau von Warszawa beigemessen wurde, zeigt die Tatsache, daß sie unmittelbar nach Kriegsende in Polen in einer Publikationsreihe über die deutschen Verbrechen veröffentlicht wurden. Vgl. Edward Sułkowski und Leon Suzin: „Die neue deutsche Stadt Warschau“ według planów niemieckich [„Die neue deutsche Stadt Warschau“ nach deutschen Plänen]. In: Biuletyn głównej komisji badania zbrodni niemieckich w Polsce [Bulletin der Hauptkommission zur Erforschung der deutschen Verbrechen in Polen]. Bd. 2. Warszawa 1947, S. 177–187. Der Aufsatz basierte auf einer Mappe mit 15 Plänen, die im Februar 1945 nach der Flucht der Deutschen in Kraków/Krakau auf dem Wawel in der Schatzkammer des Generalgouverneurs Hans Frank gefunden worden war. Der erstaunlich neutral formulierte Text des Aufsatzes beschreibt die deutschen Planungen, ohne auf die gezielte Zerstörung der Stadt durch die Besatzer zu verweisen. Den einzigen Bezug zu den deutschen Verbrechen stellt der Vergleich des im Stadtteil Mariensztat geplanten Hochhauses mit den Kaminen der Krematorien in Majdanek und Birkenau dar (S. 185). Die Bedeutung dieser Planungen für die Überlegungen zum Wiederaufbau betont auch Rymaszewski (wie Anm. 3), S. 33.

9 Gutschow/Klain (wie Anm. 3), S. 28.

Sprengung vorbereitet worden. Diese Aktionen dauerten bis zum Januar 1945 und hinterließen einen zu annähernd 100 % vernichteten historischen Stadtkern.

Die systematische Zerstörung der Innenstadt durch die deutschen Besatzer machte Warszawa zum Symbol für das Schicksal ganz Polens.[11] Warszawa war der Schauplatz des langen Kampfs gegen die Aggressoren 1939, sie war während der Besatzungszeit Hauptstadt des polnischen Untergrunds und 1944 Ort des Aufstands gegen den Okkupanten. Die nationale Bedeutung der Stadt gründete sich demnach insbesondere auf die Tatsache, daß sie für den polnischen Willen zur Unabhängigkeit und zur Freiheit von den Besatzern zerstört worden war. Der Wiederaufbau wurde mithin zur Fortsetzung dieses Kampfs um das Fortbestehen der polnischen Kultur mit friedlichen Mitteln.[12]

Noch während um Warszawa gekämpft wurde, bestimmte die polnische Regierung in Lublin am 18. September 1944 mit Marian Spychalski einen Architekten und Stadtplaner zum künftigen Stadtpräsidenten. Dieser schrieb im Dezember 1944: „Warszawa muß wieder aufgebaut werden. Dabei soll der Zerstörungszustand genutzt werden, die Mängel der Zeit vor dem Krieg und die Krankheiten des Stadtorganismus zu heilen."[13] Offensichtlich war Spychalski ein Verfechter einer modernen Wiederherstellung der Innenstadt.

Es gab jedoch auch Gegenstimmen, die im Angesicht der vollkommenen Zerstörung der Stadt an der Realisierbarkeit eines Wiederaufbaus zweifelten. Als Alternative zu Warszawa wurde eine Verlegung der Hauptstadt in die kaum beschädigte Stadt Łódź/Lodsch vorgeschlagen, zumal die Industriestadt mit ihren vielen Arbeitern in einem sozialistischen Staat für diese Rolle adäquater erschien. Sogar eine dauerhafte Erhaltung der Ruinen in der Altstadt als Mahnmal gegen den Krieg wurde vorgeschlagen.[14] Dennoch gab es in Polen einen breiten Konsens, daß die Hauptstadt in Warszawa sein und der Wiederaufbau in historischen

---

10 Diese Zerstörungen wurden von den deutschen Besatzern ausführlich in Photo- und Filmdokumentationen festgehalten. Vgl. Tomaszewski 2005 (wie Anm. 3), S. 165.

11 Zur Symbolhaftigkeit der Stadt vgl. Drozdowski (wie Anm. 3), S. 19.

12 So formulierte beispielsweise der spätere polnische Staatspräsident Bolesław Bierut im September 1946 in einer Radioansprache: „Wir müssen die Hauptstadt Polens großartiger und schöner denn je wiederaufbauen, um der Welt unser Wollen und unsere schöpferische Fähigkeit zu beweisen, das Verlangen unserer Feinde, die unsere Schwächung oder Vernichtung begehren, zunichte zu machen." Zitiert nach Romeyko-Hurko 2003 (wie Anm. 3), S. 27.

13 Zitiert nach Gutschow/Klain (wie Anm. 3), S. 139.

14 Zur Diskussion über diesen Vorschlag zuletzt Romeyko-Hurko (wie Anm. 3), S. 27.

Formen erfolgen müsse. Nur wenige forderten hingegen eine Wiederherstellung in modernen Formen.

Am 3. Januar 1945 bestimmte die Regierung in Lublin noch vor der Befreiung Warszawa zur Hauptstadt Polens, ohne daß über die Art der Wiederherstellung entschieden wurde. Die Entscheidung für Warszawa als Hauptstadt war mit Sicherheit auch von der Hoffnung der sozialistischen Regierung getragen, damit viele noch skeptische Polen für sich gewinnen zu können. Folglich beschlossen der Nationalrat und der Präsident des Ministerrats zwei Tage nach der Befreiung der Stadt am 17. Januar 1945, nach Warszawa umzuziehen.

Besondere Bedeutung für die Zukunft von Warszawa besaß ein Dekret des Ministerrats vom 11. Juni 1945, das den Wiederaufbau der Hauptstadt und ihrer historischen Stadtteile vorsah. Der Ministerrat nahm damit die allgemeine Stimmung im Land auf, ohne jedoch genauere Aussagen über die Art der Wiederherstellung zu treffen. Darüber hinaus bot die Verstaatlichung des Eigentums die einmalige Möglichkeit zu einem Gesamtkonzept für den Wiederaufbau der Innenstadt, ohne daß auf die ehemaligen Besitzverhältnisse Rücksicht genommen werden musste.

Seit dem 22. Januar 1945 wurden die Planungen für Warszawa vom Büro für den Wiederaufbau der Hauptstadt (Biuro Odbudowy Stolicy/BOS) energisch vorangetrieben. Dabei bestanden jedoch auch hier Meinungsunterschiede über die Art des Wiederaufbaus. Während eine moderne Wiederherstellung zu den städtebaulichen Vorstellungen des internationalen Sozialismus passte – die Zerstörung wurde dabei als Chance gesehen –, konnte dies für einen rekonstruierenden Wiederaufbau in Frage gestellt werden. Dennoch ließ sich die Rekonstruktion mit der stalinistischen Architekturmaxime vom „sozialistischen Inhalt in nationaler Form“ in Einklang bringen. Der sozialistische Inhalt bestand dabei in der Errichtung einer Wohnsiedlung in der historischen Innenstadt, die nationale Form in der historischen Gestalt des Wiederaufbaus.[15]

Die deutlichste Stellungnahme für einen rekonstruierenden Wiederaufbau stammt vom damaligen Generalkonservator Jan Zachwatowicz. Auf einer Kunsthistorikerkonferenz im Juli 1945 fand er die entscheidenden Worte: „Ich kann mich mit der Auslöschung unserer Kulturgüter nicht abfinden, wir werden sie rekonstruieren, wir werden sie von den Fundamenten ab wieder aufbauen, um der nächsten Generation wenn schon nicht die authentischen, so zumindest die genauen Formen dieser Denkmale zu zeigen, die in unserem Gedächtnis lebendig und aus historischen Materialien erschließbar sind“.[16]

---

15 Rymaszewski (wie Anm. 3), S. 35f., sowie Tomaszewski 2005 (wie Anm. 3), S. 167.

Insbesondere die Denkmalabteilung des Wiederaufbaubüros, die zunächst von Jan Zachwatowicz geleitet wurde, versuchte bei der Entschuttung der Innenstadt möglichst viele erhaltene Fragmente der historischen Bauten zu retten. Dabei wurden die im Schutt liegenden Architekturdetails geborgen und die Ruinenreste gesichert. Zeitgleich begann man mit der Suche nach historischen Unterlagen und Abbildungen. Von besonderer Bedeutung waren dabei die Inventarisierungen der Gebäude, die von der Architekturabteilung der Technischen Universität vor dem Krieg erstellt worden waren und dank mehrerer Rettungsaktionen die Besatzungszeit überdauert hatten. Auf der Grundlage dieser Materialien entstand die Planung für den Wiederaufbau in historischen Formen sowohl in städtebaulicher als auch architektonischer Hinsicht.

Im Jahr 1947 wurde das städtische Denkmalamt gegründet, unmittelbar dem Kultusministerium unterstellt und mit der Kontrolle der Arbeiten betraut. Erst jetzt begann die zügige Entschuttung der Altstadt, und nach dem 3. Juli erfolgten die ersten Wiederaufbaumaßnahmen auf der Nordseite des Marktplatzes, die am besten erhalten war. Während der Entschuttung wurden anhand der Freilegungen und zeichnerischer Studien die endgültigen Realisierungen festgelegt, um ein schematisches Vorgehen zu vermeiden. Für alle Arbeiten wurden Expertenkommissionen gebildet.

Der eigentliche Wiederaufbau der Altstadt begann jedoch erst 1949. Im Juli dieses Jahres wurde auf dem gesamtpolnischen Kongreß zum Wiederaufbau das Schlagwort „Cały naród buduje swoją stolicę“ – „Die ganze Nation baut ihre Hauptstadt“ geprägt, das künftig die Arbeiten als Motto begleitete. Im selben Monat wurde auch von der Vereinigten Polnischen Arbeiterpartei (PZPR) der Wiederaufbau der Altstadt beschlossen.

Die Rekonstruktion der historischen Stadtteile stand im Kontext der gesamten Wiederherstellung der Stadt und musste daher Rücksicht auf moderne städtebauliche Kriterien nehmen. Ziel war eine möglichst authentische Gestaltung der historischen Bereiche, jedoch unter Anpassung an moderne Anforderungen, insbesondere an die geplante Funktion als Wohnsiedlung.

Ein Hauptproblem des rekonstruierenden Wiederaufbaus stellte der Mangel an Erfahrungen mit derartigen Maßnahmen dar. Das vorhandene theoretische Wissen und die zusammengetragenen archivalischen Materialien reichten für die notwendigen Entscheidungen nicht aus. Aus diesem Grunde wurden in den ersten Nachkriegsjahren die erhaltenen Ruinenreste bei der Entschuttung gründlich untersucht. Nach den Ergebnissen dieser Untersuchungen erarbeitete man die

16 Zitiert nach Rymaszewski (wie Anm. 3), S. 37.

Grundsätze für den Wiederaufbau. Dies betraf auch den Umgang mit den verschiedenen Bauphasen der einzelnen Gebäude.

Die Untersuchungen an den Ruinen hatten zahlreiche neue Erkenntnisse über die mittelalterliche Struktur der historischen Altstadt erbracht. Teilweise reichte das mittelalterliche Mauerwerk über die Keller hinaus bis ins 2. oder 3. Obergeschoß. Die freigelegten Mauerstrukturen wurden zur Grundlage für den Wiederaufbau, der sich am mittelalterlichen Stadtgrundriß orientierte und darüber hinaus die Bebauung durch Beseitigung der Hinterhäuser aus dem 19. Jahrhundert um etwa 40 % ausdünnte.

Von besonderer Bedeutung für die Geschichte der Stadt war die Freilegung des mittelalterlichen Mauerrings. Um ihn im wiederaufgebauten Zustand erfahrbar zu machen, beschloß man, die ehemalige Bebauung im Bereich der Stadtmauer, die weitgehend aus dem 19. Jahrhundert stammte, nicht wieder herzustellen. Neben der Ablehnung der Architekturformen dieser Epoche bedingte ein weiterer Aspekt diese Entscheidung: Die mittelalterlichen Geschichtszeugnisse konnten als Verweis auf die Zeit der Piasten dienen, die bis 1370 die polnischen Könige stellten und deren Reich ungefähr dem Gebiet der neuen Volksrepublik Polen entsprach. Diesen historischen Bezug nutzten die sozialistischen Machthaber, um den Anspruch auf die sogenannten „wiedergewonnenen“, vormals deutschen Gebiete zu bekräftigen.[17]

Insgesamt ist der Wiederaufbau der Altstadt von der Ablehnung der Architektur ab der Mitte des 19. Jahrhunderts charakterisiert. Er orientierte sich am Zustand des frühen 19. Jahrhunderts und intendierte eine Verbesserung der Lebensbedingungen, die vor dem Krieg in der Altstadt relativ schlecht gewesen waren. Trotz dieser zeitlichen Fixierung verzichtete man auf die Wiederherstellung des Rathauses, das bis in das erste Viertel des 19. Jahrhunderts inmitten des Marktplatzes gestanden hatte. Ein Wiederaufbau hätte den sozialistischen Normen widersprochen, wonach jede Wohnsiedlung einen großen Versammlungsplatz brauchte. Allerdings setzte sich auch der Vorschlag, die Ostseite des Marktes unbebaut zu lassen, um einen größeren, zur Weichsel hin offenen Platzraum zu schaffen, nicht durch (Abb. 5).[18] Gewissermaßen als Kompromiß wurde der Regierung die gesamte Marktbebauung ohne das Rathaus vorgeschlagen.

---

17 Rymaszewski (wie Anm. 3), S. 34.

18 Zu diesem Vorschlag von Bolesław Szmidt vom Mai 1945 vgl. Gutschow/Klain (wie Anm. 3), S. 148. Eine meines Wissens nicht belegte Legende besagt, daß Jan Zachwatowicz in der Nacht vor der Begutachtung der Baumaßnahmen durch die Regierung

Das größte Problem bereitete die Frage nach der künftigen Gestaltung der einzelnen Bauten, des Marktplatzes und der Straßenzüge. Es wäre konsequent gewesen, auf dem mittelalterlichen Stadtgrundriß auch mittelalterliche Bauten zu errichten. Dafür gab es jedoch nicht genügend erhaltene oder archivalisch belegte Architekturelemente. Hingegen ließ sich das Aussehen der Bauten nach den Umgestaltungen des 17. und 18. Jahrhunderts, also in den barocken und klassizistischen Formen, die sowieso als „polnische" Stile[19] empfunden wurden, sowie der Neubauten dieser Zeit relativ genau fassen. Dies diente als Grundlage für den Wiederaufbau, wenngleich zahlreiche mittelalterliche Fragmente sichtbar gelassen wurden.

Besonders deutlich wird die Abweichung der Rekonstruktionen vom Vorkriegszustand bei der Kathedrale. Sie erhielt nicht ihre neugotische Fassade zurück, die zwischen 1836 und 1848 entstanden und um 1900 verändert worden war, sondern wurde mit einer pseudomittelalterlichen Fassade versehen, für die es keine wissenschaftliche Fundierung gibt (Abb. 3, 4). Möglicherweise kann auch diese Regotisierung als ein Verweis auf die Zeit der Piasten verstanden werden.

Am 22. Juli 1953, dem Staatsfeiertag der Volksrepublik Polen, war der Wiederaufbau der Altstadt weitgehend abgeschlossen und wurde in einem Festakt gefeiert (Abb. 6).

Die Wiederherstellung der Hauptstadt Polens war jedoch keineswegs allein von der Rekonstruktion der Altstadt geprägt. Besonders wichtig war die Einbindung der Innenstadt in die Verkehrsachsen der Stadt. Dazu wurde ab 1949 neben der Altstadt und dem Königsschloß[20] eine breite Verkehrsachse mit einer Untertunnelung der historischen Vorstadt, die sogenannte Ost-West-Trasse, errichtet (Abb. 7). Während diese auf die Altstadt noch relativ stark Rücksicht nimmt, wurde sie westlich davon rigoros in den historischen Stadtgrundriß eingebrochen.

---

die Arbeiter mit der Wiederherstellung dieser Marktseite beginnen ließ. Er hoffte darauf, daß eine sozialistische Regierung nicht beseitigen lassen könne, was Arbeiter bereits geschaffen hatten. Ein Vergleich der Photographien, die während des Wiederaufbaus entstanden, zeigt, daß auf dieser Marktseite zunächst die gesamten Erdgeschoßmauern aller Bauten zum Markt hin vor den noch vorhandenen Ruinen erstellt wurden (Abb. 5), während man ansonsten erst nach der Entschuttung der Parzellen die Gebäude einzeln errichtete. Diese Beobachtung könnte einen Beleg für die Legende liefern.

19 Rymaszewski (wie Anm. 3), S. 34

20 Die Rekonstruktion des Königsschlosses wurde 1949 beschlossen, aber erst 1970 begonnen.

Zeitgleich mit der Rekonstruktion der Altstadt wurde in vielen Bereichen der historischen Innenstadt eine moderne Wiederherstellung durchgeführt. Als Beispiel sei die Wiederbebauung des Mariensztat genannten Quartiers südlich von Altstadt und Schloß genannt. Zwar blieben hier die historischen Straßenverläufe erhalten, doch es entstand eine aufgelockerte Blockbebauung.

Nicht zuletzt müssen auch die wiederaufgebauten Stadtteile im Stil des sozialistischen Realismus wie beispielsweise um den Konstitutionsplatz (Abb. 8), der 1952 fertiggestellt wurde, oder die modernen Geschäftshäuser gegenüber dem Kulturpalast erwähnt werden.

Die Rekonstruktion der historischen Innenstadt in Gdańsk

In vielerlei Hinsicht weicht die Geschichte der Zerstörung und des Wiederaufbaus von Gdańsk[21], dem ehemaligen Danzig, vom Schicksal der Altstadt von Warszawa ab. In der Stadt hatte es während des Kriegs kaum Schäden gegeben, bis sie im März 1945 von den deutschen Behörden zur „Festung“ erklärt wurde. Die anschließenden lang anhaltenden Kämpfe in der Innenstadt führten zu einer fast vollkommenen Vernichtung der historischen Innenstadt mit Rechtsstadt (Abb. 9), Altstadt, Vorstadt und Speicherinsel.

In der unmittelbaren Nachkriegszeit war Gdańsk eine verlassene Stadt: Die deutsche Bevölkerung war geflohen oder vertrieben worden, der Zuzug polnischer Bürger, wie er in anderen ehemals deutschen Städten stattfand, blieb zunächst aus. Dadurch unterschied sich die Situation auch deutlich von der Lage in Warszawa, was dazu führte, daß zunächst nicht über einen Wiederaufbau der Innenstadt diskutiert wurde.

---

21 Lech Krzyżanowski: Gdańsk. In: Kalinowski (wie Anm. 1), S. 93–120; Wiesław Gruszkowski: Spór o odbudowę Gdańska ze zniszczeń wojennych 1945 roku [Der Streit um den Wiederaufbau von Gdańsk nach den Kriegszerstörungen 1945]. In: Marian Mroczko (Hg.): Gdańsk w gospodarce i kulturze europejskiej [Gdańsk in der Wirtschaft und der europäischen Kultur]. Gdańsk 1997, S. 141–179; Jacek Friedrich: Główne założenia odbudowy historycznego Gdańska [Die wichtigsten Grundsätze des Wiederaufbaus des historischen Gdańsk]. In: Michał Woźniak (Hg.): Kunstgeschichte und Denkmalpflege (Beiträge der 5. Tagung des Arbeitskreises deutscher und polnischer Kunsthistoriker in Toruń). Toruń 2002, S. 213–224; Jacek Friedrich: Problemy odbudowy Gdańskiego głównego miasta w latach 1945–1956. Studium z dziejów mentalności społecznej [Probleme des Wiederaufbaus der Rechtsstadt in Gdańsk in den Jahren 1945–1956. Studien zur Mentalitätsgeschichte]. Diss. 2000 (in Druck).

Bis 1949 wurden verschiedene Konzepte für den Umgang mit dem zerstörten Zentrum entwickelt. Sie reichten von der Vorstellung, die Innenstadt überhaupt nicht wiederherzustellen, über Vorschläge, die erhaltenen Ruinen zu sichern und als Mahnmale in der Umgebung moderner Bauten oder auch parkähnlicher Freiflächen zu erhalten, bis hin zum Konzept einer Rekonstruktion des Vorkriegszustands.

Gegen eine Rekonstruktion sprachen im Vergleich zu Warszawa jedoch zwei grundsätzliche Unterschiede. Während die Hauptstadt von großer emotionaler Bedeutung für die polnische Bevölkerung war, wurde das ehemals weitgehend von Deutschen bewohnte Danzig als fremd empfunden.[22] Erst als Gdańsk, das seit dem 15. Jahrhundert der polnischen Krone unterstanden hatte, aus diesem Grund zur urpolnischen Stadt erklärt wurde, war eine Rekonstruktion überhaupt denkbar. Der zweite Unterschied bestand darin, daß von der Vorkriegsbebauung der Innenstadt außer Stichen und Photographien keine genaueren archivalischen Unterlagen oder Inventarisationen existierten, die eine gesicherte Rekonstruktion ermöglicht hätten.

Nachdem 1946 während der Entschuttung eine kleine Arbeitsgruppe mit der Sicherung der erhaltenen Ruinen der Rechtsstadt begonnen hatte, stellte der Wojewodschaftskonservator im Oktober 1947 die Rechtsstadt und die Speicherinsel unter Denkmalschutz und schuf damit die rechtliche Grundlage für den Wiederaufbau. Den Ausschlag für eine Rekonstruktion nach historischen Vorbildern gab jedoch erneut ein Konzept des Generalkonservators Jan Zachwatowicz aus dem Jahr 1948.

Wiederum mußte der Wiederaufbau des Stadtzentrums als Wohnsiedlung erfolgen, um die notwendigen finanziellen Mittel zu erhalten. Dabei brachten die geltenden Normen für den Wohnungsbau zahlreiche Probleme mit sich, die sich in Gdańsk noch deutlicher als in Warszawa auswirkten. Um die Normen für Wohnungsgrößen und Belichtung der Räume einzuhalten, wurde nicht nur wie in War-

---

22 So formulierte als einer der Sprecher gegen den Wiederaufbau am alten Platz Henryk Tetzlaff: Czy i gdzie Gdańsk powinien być odbudowany [Ob und wie Gdańsk wiederaufgebaut werden sollte]. In: Dziennik Bałtycki [Baltisches Tagblatt], Nr. 202, Gdańsk 1947: „Zu Gdańsk haben wir als Nation keine besondere Beziehung, wie beispielsweise zu Warszawa, und wir können sie auch nicht haben. Wie dem auch sei, diese Stadt war Polen gegenüber immer widerspenstig und fremd. In der Frage des Wiederaufbaus von Gdańsk darf es kein Sentiment geben. Wir sollten uns dabei ausschließlich von Vernunftgründen leiten lassen." Zitiert nach Gruszkowski (wie Anm. 21), S. 150.

szawa auf die Hinterhäuser verzichtet. Vielmehr wurden die einzelnen Bauten, außer an den Straßenecken, in ihrer Tiefe um etwa ein Drittel verkürzt. Dadurch entstanden relativ viele Freiflächen auf der Rückseite der Baublöcke.

Die Fassaden selbst, zu denen es nur für die Hauptstraßen genügend historische Abbildungen gab, wurden auch nur in diesen Bereichen rekonstruiert, wobei auf die Ladeneinbauten der Gründerzeit und des 20. Jahrhunderts verzichtet wurde.[23] Die Fassaden der Gebäude sind jedoch nur als Attrappen zu verstehen, da sich dahinter häufig Wohnungen über zwei Gebäude erstrecken (Abb. 10). Bei den weniger wertvollen Fassaden wurden auch die Fenstergrößen zugunsten der besseren Belichtung der Wohnungen korrigiert. An den Seitenstraßen erhielten die Bauten deutlich einfachere Fassaden, die nur in ihren Dimensionen und Fenstereinteilungen den historischen Vorbildern folgen.

Mit der Wiederherstellung der Rechtsstadt von Gdańsk wurde erst 1952 begonnen, also zu einem Zeitpunkt, als in Warszawa der Wiederaufbau am Marktplatz bereits weitgehend abgeschlossen war. Neben der Rekonstruktion weniger Einzeldenkmale, wie beispielsweise des Artushofs, wurden in den meisten Fällen nur die Fassaden nachgebildet. Daß dies zumeist aufgrund von Photographien geschah, scheint an dem geringen Relief der meisten Bauten ablesbar. Zusätzlich wurden Wandmalereien und Sgraffito-Dekorationen nach modernen Entwürfen, aber mit historischer Thematik hinzugefügt.

Auch in Gdańsk ging man beim Wiederaufbau selektiv vor. Grundsätzliches Ziel war die Wiederherstellung des Vorkriegszustands, wenn nicht ältere Zustände nachweisbar waren. Zumeist fielen dieser Prämisse wiederum die Zufügungen des 19. Jahrhunderts und des frühen 20. Jahrhunderts zum Opfer. Teilweise entstanden dabei – ähnlich wie in Warszawa – Architektur-Mischungen, die so nie zuvor existiert hatten.

Der Wiederaufbau der Rechtsstadt in Gdańsk war bis etwa 1980 weitgehend abgeschlossen (Abb. 11), wird aber immer noch weiter betrieben. Der am besten gelungene Straßenzug ist dabei die ul. Mariacka, ehemals Frauengasse, die mit

23 Friedrich 2002 (wie Anm. 21), S. 220. Teilweise waren bereits in den 1930er Jahren an einigen Bauten in der Innenstadt die Zutaten der Gründerzeit beseitigt worden. Vgl. dazu Gruszkowski (wie Anm. 21), S. 153; Birte Pusback: „Heimatpflege in der Stadt". Denkmalpflegerische Konzepte der Altstadterhaltung und Wiederherstellung in den Jahren 1933 bis 1939. In: Andrea Langer (Hg.): Der Umgang mit dem kulturellen Erbe in Deutschland und Polen im 20. Jahrhundert (Beiträge der 9. Tagung des Arbeitskreises deutscher und polnischer Kunsthistoriker in Leipzig). Warszawa 2004, S. 107–130.

ihren Beischlägen, den hohen Erdgeschoßhallen und den getreuen Detailrekonstruktionen dem Vorkriegszustand am nächsten kommt. Die restlichen innerstädtischen Viertel von Gdańsk hingegen wurden weitgehend in freien Formen wiederhergestellt. Die Altstadt erhielt eine moderne Bebauung auf dem historischen Stadtgrundriß, die Vorstadt eine aufgelockerte moderne Bebauung. Die Speicherinsel blieb lange Zeit unbebaut.

Die Wiederherstellung des Marktplatzes in Poznań

Ein etwas abweichendes Bild vom Wiederaufbau in Polen zeigt der Umgang mit der Bebauung um den Marktplatz in Poznań/Posen.[24] Ähnlich wie Gdańsk war die Stadt erst im Februar 1945 von Kriegshandlungen betroffen, jedoch bei weitem nicht so stark.

Da eine große Zahl von Bauten zwar beschädigt, aber nicht zerstört war, stellte sich in Poznań eher die Frage nach einer Wiederherstellung denn nach einem Wiederaufbau. Mit der Entschuttung der Altstadt wurde bereits 1945 begonnen, die Planungen für die Wiederherstellungen entstanden bis 1947.

Wenngleich ähnlich wie in Warszawa und Gdańsk auch in Poznań die Altstadt aus denselben ideologischen Gründen zur Wohnsiedlung umgewidmet wurde, stellte ihre Wiederherstellung einen wesentlich größeren Eingriff in das Stadtbild dar. Denn die Zerstörungen wurden hier als Chance gesehen, in der Altstadt ein Konzept aus der Zwischenkriegszeit zu realisieren: Nachdem Poznań 1919 wieder polnisch geworden war, empfand man die architektonischen Veränderungen aus der preußischen Zeit (Abb. 12), die im wesentlichen aus der zweiten Hälfte des 19. und dem frühen 20. Jahrhundert stammten, als störend und plante eine Verlagerung vor allem der Geschäftshäuser aus der historischen Altstadt. Diese Vorstellung konnte jedoch aus wirtschaftlichen Gründen nicht realisiert werden.[25] Erst die Kriegsschäden des Jahres 1945 boten die Möglichkeit, die Vorkriegsplanungen wieder aufzunehmen. Neben dem Abriß der Hinterhäuser und der Beseitigung der dortigen Werkstätten sollten alle Bauten auf drei Geschosse reduziert, ihre Fassaden neu geordnet und möglichst auf drei Fensterachsen beschränkt werden (Abb. 13). Insbesondere die großen Warenhäuser und Mietskasernen, die

24 Henryk Kondziela: Poznań. In: Kalinowski (wie Anm. 1), S. 357–380; sowie Gabriela Klause: Versuch einer neuen Sicht auf das Problem des Wiederaufbaus des Altstädtischen Marktes in Posen. In: Langer (wie Anm. 23), S. 277–290.

25 Klause (wie Anm. 24), S. 280.

von preußischen Architekten errichtet worden waren, sollten durch Neubauten ersetzt werden.

Ab 1954 wurde diese einheitliche Planung für den gesamten Marktplatz umgesetzt. Die puristische Umgestaltung der Bauten erfolgte dabei oft ohne wissenschaftliche Grundlagen, obgleich während der Entschuttung neue Erkenntnisse gewonnen worden waren. Daß dabei häufig auch historische Details, teilweise sogar aus mittelalterlicher Zeit, verloren gingen, wird erst heute durch wissenschaftliche Untersuchungen deutlich. Das Vorgehen stieß jedoch bereits während der Realisierung vereinzelt auf Kritik.

Der moderne Wiederaufbau der Altstädte in Szczecin und Malbork

Einen deutlich abweichenden Umgang mit der ebenfalls weitgehend zerstörten Innenstadt zeigt das Beispiel von Szczecin[26], dem ehemaligen Stettin. Zerstört war hier vor allem der untere Bereich der Altstadt entlang der Oder.

Für die Stadt, die nach Kriegsende fast menschenleer war, plante man zunächst keine Wiederherstellung. Erst im Frühjahr 1946 begannen Überlegungen zur Gestaltung eines neuen Stadtzentrums und zur Wiederherstellung der historischen Altstadt in modernen Formen. Eine Planungsprämisse war dabei die Umorientierung der Stadt, die bislang weitgehend nach Westen, in Richtung Berlin, orientiert war und nun nach Osten, in Richtung Warszawa, ausgerichtet werden sollte. Um dies zu erreichen, wurde unter anderem eine breite Durchgangsstraße durch die Innenstadt gebrochen.

Nachdem nach 1948 zunächst die Sicherung der wenigen erhaltenen Baudenkmale vorgenommen und einige Bauten rekonstruiert worden waren, begann man ab 1953 mit einer modernen Wiederherstellung der Innenstadt durch die Errichtung von großen Wohnblocks (Abb. 14), wobei der historische Straßengrundriß erhalten bleiben sollte. Auch war vorgesehen, die Neubauten den Größendimensionen der erhaltenen historischen Gebäude anzupassen. Dennoch entstand ein weitgehend neues Stadtbild, insbesondere an der Oder, wo große Teile des unteren Altstadtbereichs unbebaut blieben.

Daß dieser erste Versuch des modernen Wiederaufbaus einer historischen Innenstadt nicht ohne Wirkung blieb, verdeutlicht das Beispiel der Altstadt in Malbork[27], dem ehemaligen Städtchen Marienburg. Um die Marienburg und die Stadt

---

26 Stanisław Latour und Halina Orlińska: Szczecin. In: Kalinowski (wie Anm. 1), S. 437–460.

27 Lech Krzyżanowski: Malbork. In: Kalinowski (wie Anm. 1), S. 329–340.

wurde vom 26. Januar bis zum 17. März 1945 erbittert gekämpft. Als Resultat dieser Kämpfe war die Burg stark beschädigt und das Städtchen mit Ausnahme des Rathauses und der Pfarrkirche vollkommen zerstört.

Als wichtigste Aufgabe wurde in der Nachkriegszeit zunächst die Rekonstruktion der Kernanlage der Marienburg gesehen. Erst Ende der 50er Jahre plante man auch die Wiederherstellung der Altstadt von Malbork. Während der Entschuttung wurden die Reste der erhaltenen Baudenkmale freigelegt und gesichert. Eine Rekonstruktion der für die Region typischen Laubenhäuser wurde jedoch abgelehnt. Stattdessen wurde die neue Wohnsiedlung in der historischen Altstadt in modernen Formen ausgeführt (Abb. 15). Dabei mussten die Größe und Höhe der Neubauten jedoch soweit reduziert werden, daß die Marienburg als Dominante erhalten blieb.

Wenngleich der mittelalterliche Stadtgrundriß bewahrt bleiben sollte, wurden locker gruppierte, einzeln stehende Neubauten errichtet. Durch die Erstellung von Modulbauten, die Typisierung der Einzelelemente und die Verwendung einheitlicher Putze entstand ein gleichmäßiges Stadtbild. Daß damit tatsächlich die intendierte Erhaltung des historischen Stadtpanoramas von Westen an der Nogat gelungen ist, muß jedoch bezweifelt werden.

Der ausgebliebene Wiederaufbau der Altstädte in Elbląg und Głogów

Eine dritte Art des Umgangs mit den zerstörten Innenstädten erfuhren in erster Linie kleinere Städte, wie beispielsweise Elbląg, ehemals Elbing. Die Trümmer der stark von der Architektur des 19. Jahrhunderts geprägten Innenstadt wurden in den 1960er Jahren weitgehend beseitigt. Anstelle der früheren Stadtmitte erstreckte sich nun eine große Freifläche, auf der lediglich zwei gotische Kirchen, das Heilig-Geist-Spital, das Markttor (Abb. 16) sowie sechs Wohnhäuser stehen blieben.

Ein ähnliches Schicksal ereilte viele polnische Städte, unter anderen auch die Innenstadt der schlesischen Stadt Głogów, des ehemaligen Glogau. Nach den starken Kriegszerstörungen 1945 wurden auch hier die Ruinen der Bebauung weitgehend beseitigt, so daß eine große Freifläche mit den Ruinen der Pfarrkirche und des Rathauses übrig blieb.

Die zweite Wiederaufbauphase seit 1980

In den polnischen Innenstädten, für deren Rekonstruktion man sich entschieden hatte, wurden die Arbeiten bis weit in die 1980er Jahre fortgesetzt. Dies gilt vor allem für das Königsschloß in Warszawa und für zahlreiche Bauten in Gdańsk. Doch auch in den modern wiederaufgebauten Städten dauerten die Diskussionen über den Umgang mit den nicht wieder bebauten Stadtteilen an. Eine

Wiederherstellung der „vergessenen“ Stadtzentren wie in Elbląg und Głogów wurde seit Kriegsende immer wieder erwogen, ohne daß sich realistische Lösungen abzeichneten. Erst zu Beginn der 1980er Jahre begann eine neue Welle der Wiederherstellungen, die im folgenden exemplarisch beschrieben werden soll.

Die Wiederherstellung der Altstadt von Elbląg

Für die weitgehend unbebaute Innenstadt von Elbląg[28] wurde bereits in den 1950er, sechziger und siebziger Jahren eine Wiederherstellung geplant. 1980 erhielt die Suche nach einer Lösung für die Innenstadt einen neuen Impuls, als die damalige Wojewodschaftskonservatorin entschied, auf der Freifläche archäologische Untersuchungen, begleitet von historischen und architekturhistorischen Forschungen, durchführen zu lassen. Diese erbrachten mit der Aufdeckung der Fundamente der Vorkriegsbebauung genaue Kenntnisse über den Grundriß der historischen Altstadt mit ihren Straßenzügen, Parzellen und Hausgrundrissen.

Auf dieser Grundlage wurde bis 1983 ein Konzept für die Wiederherstellung der Altstadt erarbeitet. Ausgehend von der Überlegung, daß lediglich der Stadtgrundriß sowie die ergrabenen Teile der Fundamente und Keller der Vorkriegsbauten als authentische Zeugnisse der Geschichte gelten konnten, forderte man, den Stadtgrundriß für den Wiederaufbau zu übernehmen. Darüber hinaus sollte sich die neue Bebauung in ihren Dimensionen an den wenigen erhaltenen Denkmalen orientieren. Diese sollten ihre ursprüngliche städtebauliche Dominanz behalten, was die neue Bebauung der Marktstraße mit dem Markttor deutlich zeigt (Abb. 17). Erzielt wurde dies durch die Wiederaufnahme der alten Grundrisse und der ursprünglichen Höhenerstreckung der Gebäude.

Die Gestaltung der neuen Gebäude in Elbląg sollte sich an den historischen Fassaden orientieren. Gefordert waren zeitgenössische Entwürfe, die sich etwa durch die Verwendung von Backstein, Putzflächen und Messingdetails an die lokale Bautradition anlehnen durften. (Farbabb. 5). Sie sollten weder rekonstruiert noch historisierend gestaltet werden, dennoch sollten sie sich den erhaltenen Bauten anpassen.

---

28 Maria Lubocka-Hoffmann: Retrowersja Starego Miasta w Elblągu [Die Retroversion der Altstadt in Elbląg]. In: Maria Lubocka-Hoffmann (Hg.): Odbudowa miast historycznych. Dokonania przeszłości, potrzeby i możliwości współczesne, wyzwania przyszłości [Der Wiederaufbau historischer Städte. Maßnahmen der Vergangenheit, gegenwärtige Anforderungen und Möglichkeiten, Herausforderungen der Zukunft]. Elbląg 1998, S. 148–160; dies.: Die neue Altstadt von Elbing. In: Woźniak (wie Anm. 21), S. 225–240.

Die Architektur des 19. Jahrhunderts wurde dabei nach wie vor ignoriert und ältere Epochen bevorzugt. Dies betraf nicht nur die Gestaltung der neuen Fassaden, die sich weitgehend an mittelalterlichen und neuzeitlichen giebelständigen Haustypen orientieren, sondern auch den Rückbau erhaltener Denkmale, wie beispielsweise in der ulica wigilijna, der früheren Heilig-Geist-Straße.

Abweichend von der Forderung nach zeitgenössischen Entwürfen entschied man sich, eine Reihe von Wohnhäusern aus unterschiedlichen Epochen in typisierender Weise zu rekonstruieren. Diese bewußte Inkonsequenz wurde mit didaktischen Überlegungen begründet. Auch sollten die rekonstruierten Fassaden in Kontrast zu den modernen Bauten treten. Es bleibt jedoch zu fragen, wie lange diese typisierenden Rekonstruktionen als solche erkennbar bleiben und wann sie beginnen, mit den „echten" historischen Bauten in Konkurrenz zu treten. Auffallen wird in wenigen Jahren lediglich, daß sie wie alle anderen Neubauten Kunststoff- oder Metallfenster besitzen.

Ob der Versuch eines „Dialogs zwischen den historischen Bedingungen der historischen Altstadt und den zeitgenössischen Anforderungen an moderne Innenstädte"[29], in Elbląg „Retroversion" genannt, gelungen ist, bleibt mit zeitlichem Abstand zu bewerten. Ob die errichteten Fassaden tatsächlich ein Wiederanknüpfen an die historische Kontinuität ermöglichen, ist fraglich, zumal die meisten Entwürfe allzu monoton wirken. Auch eine Wiedergewinnung der zentralen Funktion der Innenstadt ist noch nicht wirklich erreicht, dazu bedarf es noch zahlreicher Anstrengungen. Als „Visitenkarte" von Elbląg ist die wiederaufgebaute Altstadt noch nicht erkennbar, zumal an vielen Stellen die Stadtstruktur noch nicht konsequent genug gefaßt wurde und die Straßen dadurch weitgehend wie Baustellen wirken.

Die Wiederherstellung der Altstadt von Głogów

Alle Überlegungen der 1950er, sechziger und siebziger Jahre für eine Wiederherstellung des Stadtzentrums in Głogów[30] blieben ohne Ergebnis. Erst ein

---

29 Die genannten Zitate stammen alle von der damaligen Wojewodschaftskonservatorin Maria Lubocka-Hoffmann.

30 Grzegorz Grajewski: Poglądy na odbudowę Głogowa w mijającym półwieczu [Betrachtungen über den Wiederaufbau von Głogów in den vergangenen 50 Jahren]. In: Lubocka-Hoffmann 1998 (wie Anm. 28), S. 224–233; Antoni Bok: Odbudowa Starego miasta [Der Wiederaufbau der Altstadt]. Głogów o. J. (1999). Der Autor dankt Herrn Grzegorz Grajewski in Wrocław und Herrn Rafael Rokaszewicz in Głogów für ihre Gesprächsbereitschaft und Unterstützung.

detaillierter Flächennutzungsplan aus dem Jahr 1982 ermöglichte die Wiederherstellung der Altstadt. Die Planung orientierte sich am Vorbild der Retroversion von Elbląg. Auch in Głogów sollte der historische Stadtgrundriß, den archäologische Grabungen ermitteln sollten, wieder aufgenommen werden. Lediglich die Hauptstraßen sollten eine Verbreiterung erfahren. Offensichtlich werden jedoch die erhaltenen Kellerfragmente nicht wie in Elbląg zu gastronomischen Zwecken genutzt. Die giebelständigen, drei- bis viergeschossigen Häuser sollten auf den ergrabenen Grundrissen entstehen, jedoch um ein Geschoß niedriger sein als die Vorkriegsbebauung. Die Rekonstruktion einzelner Bauten wurde abgelehnt.

Die ab 1985 gebauten ersten Häuser wurden noch als Plattenbauten errichtet und sind auch als solche erkennbar. Die um 1990 erstellten Gebäude sind in der gleichen Weise konstruiert, aber bereits deutlich abwechslungsreicher. Erst ab 1990 wurden konventionelle Steinhäuser von privaten Investoren errichtet. Sie sind trotz ihrer Orientierung an der historischen Bebauung deutlich variationsreicher und zeigen die Formensprache der Postmoderne (Abb. 18).

Es ist in Głogów überzeugender als in Elbląg gelungen, der wiederhergestellten Innenstadt den Anschein einer gewachsenen Altstadt zu geben. Der Erfolg hängt ganz wesentlich von der Qualität der Einzelentwürfe, der Unterschiedlichkeit der Bauten und von der Ausführung ab. Wichtig ist insbesondere die Gestaltung der Straßenräume, die den städtischen Eindruck verstärken.

Problematisch erscheint allerdings die Wiederherstellung der Innenstadt in einzelnen Quartieren, deren unterschiedliche Gestaltung den zeitlichen Ablauf der Arbeiten ablesbar macht. In historisch gewachsenen Städten sind es dagegen die Einzelbauten, die durch ihre Entstehungszeit geprägt sind.

Die Wiederherstellung der unteren Altstadt in Szczecin

Eine deutlich andere Ausgangssituation als in den beschriebenen kleineren Städten bot sich in der Innenstadt von Szczecin[31], die bereits nach dem Zweiten

31 Maciej Słomiński: Szczecińskie Podzamcze. Staromiejska dzielnica nadodrzańska i jej odbudowa. Kwartały XIV i XVII [Die untere Altstadt von Szczecin. Der Altstadtbereich an der Oder und sein Wiederaufbau. Quartiere XIV und XVII]. Szczecin 1998; Stanisław Latour: Odbudowa i rewaloryzacja zespołów zabytkowych w Szczecinie. Przeszłość i teraźniejszość [Der Wiederaufbau und die Aufwertung von Denkmalensembles in Szczecin. Vergangenheit und Gegenwart]. In: Lubocka-Hoffmann 1998 (wie Anm. 28), S. 201–216; Piotr Fiuk: Problem autentyzmu w odbudowie szczecińskiego Podzamcza. Kwartał XII, kamienica Kurza Stopka 3/4 [Das Pro-

Weltkrieg weitgehend wiederhergestellt worden war. Das funktionierende Stadtzentrum wies lediglich im Bereich der unteren Altstadt unterhalb des Schlosses statt der dichten Bebauung des 19. Jahrhunderts eine relativ große, kaum bebaute Fläche auf.

Dieser Bereich der historischen Altstadt von Szczecin wird seit 1990 wiederhergestellt – weitgehend nach dem Vorbild der Retroversion von Elbląg, jedoch in einer Gestaltungsqualität wie in Głogów. Allerdings läßt sich die Wiederaufnahme des historischen Stadtgrundrisses, der sukzessive ergraben wird, nicht in gleicher Weise durchführen, da in einigen Bereichen der unteren Altstadt bereits nach dem Krieg mehrere moderne Bauten entstanden. Die Wiederherstellung der unteren Altstadt ist offensichtlich auch eine Reaktion auf diese Gebäude. Lediglich auf der Flußseite können einige Baublöcke mit neuen, individuell gestalteten Häusern bebaut werden. Diese orientieren sich in ihren Dimensionen an der erhaltenen historischen Architektur sowie in ihren Geschoßzahlen, den Fensterachsen und den Giebellinien an den Vorkriegsbauten. Dadurch entsteht ähnlich wie in Głogów der Eindruck einer historisch gewachsenen Altstadt, die allerdings noch nicht richtig belebt ist.

Anders als in Głogów wurden in Szczecin auch einige historische Bauten rekonstruiert. Es handelt sich um zwei große Gebäude in unmittelbarer Nähe des Rathauses. Die Rekonstruktion bezieht sich auch hier nicht auf den Vorkriegszustand, sondern auf das Aussehen der Gebäude um die Mitte des 19. Jahrhunderts. Offensichtlich ist die Ablehnung der Architektur des späten 19. Jahrhunderts auch heute noch so groß, daß die beiden Gründerzeitfassaden der Vorkriegsbebauung bei der Rekonstruktion einfach ignoriert wurden. Damit erscheint die Rekonstruktion von historischen Bauten beliebig.

Die Wiederherstellung von Straßenzügen auf der Speicherinsel in Gdańsk

Während große Teile der Rechtsstadt von Gdańsk nach dem Zweiten Weltkrieg rekonstruiert worden waren, blieb die Speicherinsel in der Mottlau weitgehend

---

blem der Authentizität beim Wiederaufbau der unteren Altstadt von Szczecin. Quartier XII, Wohnhaus Kurza Stopka 3/4]. In: Romana Cielątkowska (Hg.): Tożsamość miasta odbudowanego. Autentyzm – integralność – kontynuacja [Die Identität der wiederaufgebauten Stadt. Authentizität – Geschlossenheit – Kontinuität]. Gdańsk 2001, S. 34–37 und S. 275–278. Der Autor dankt Herrn Piotr Fiuk, Frau Małgorzata Jankowska und Herrn Maciej Słomiński in Szczecin für ihre Gesprächsbereitschaft und Unterstützung.

unbebaut. Erst 1995 wurde mit der Wiederherstellung auch der Speicherbauten begonnen.[32] Sie bilden gewissermaßen den Rahmen der rekonstruierten Altstadt. Darüber hinaus wurde ein Straßenzug hinter den Speicherbauten wiederhergestellt, wozu auch hier archäologische Grabungen durchgeführt wurden. In diesem Fall waren nicht die Stadt und die Denkmalbehörden, sondern der Investor und sein Planungsbüro die treibenden Kräfte für die Rekonstruktion des Vorkriegszustands und legten entsprechende Planungen vor. Die Denkmalbehörden beteiligten sich in der ersten Planungsphase an der Festlegung der Fassadengestaltung. In der zweiten Planungsphase jedoch nahm sie keinen Einfluß auf die architektonischen Details. Bemerkenswert an diesem Verfahren ist, daß nun zum ersten Mal auch die Rekonstruktion von Bauten der Gründerzeit nicht mehr tabu war.

Mit dem Wiederaufbau und den Wiederherstellungen historischer Innenstädte in Polen unmittelbar nach dem Zweiten Weltkrieg wie auch während der vergangenen zwanzig Jahre konnten zahlreiche Lücken, die der Krieg in den Städten gerissen hatte, geschlossen werden. Dennoch blieben viele Orte und Plätze, an denen die Kriegsfolgen bis heute spürbar sind und die weiterhin eine Mahnung darstellen.

---

32 Marcin Gawlicki: Gdańsk. Problemy ochrony wartości kulturowych odbudowanego miasta [Gdańsk. Probleme des Schutzes der kulturellen Werte in der wiederaufgebauten Stadt]. In: Lubocka-Hoffmann 1998 (wie Anm. 28), S. 109–118. Der Autor dankt Herrn Marcin Gawlicki in Gdańsk für seine Gesprächsbereitschaft und Unterstützung.

Abbildungen

1. Der Marktplatz der Altstadt von Warszawa/Warschau, so wie er sich heute dem Besucher präsentiert, prägt das allgemein verbreitete Bild vom getreuen Wiederaufbau der historischen Innenstädte in Polen nach dem Zweiten Weltkrieg (Foto Lorenz Frank)

2. Die Bebauung der Nord- und der Ostseite des Marktplatzes in der Altstadt von Warszawa im Jahr 1928 (Instytut Sztuki Polskiej Akademii Nauk/ISPAN/, Inv.nr. 24514)

3. Die Photographie aus dem Jahr 1922 zeigt die neugotische Fassade der Kathedrale, über deren Beseitigung man auf polnischer Seite bereits in den ersten Kriegsjahren nachdachte (ISPAN, Inv.nr. 9410B)

4. Anstelle der neugotischen Fassade der Kathedrale entstand nach 1945 eine pseudomittelalterliche Fassade, die einer wissenschaftlichen Grundlage entbehrt (ISPAN, Inv. nr. 172727)

5. Die während des Wiederaufbaus entstandene Photographie zeigt, daß auf der Ostseite des Marktplatzes zunächst die gesamten Erdgeschossmauern aller Bauten zum Markt hin vor den noch vorhandenen Ruinen erstellt wurden (ISPAN)

6. Die Bebauung der Nord- und der Ostseite des Marktplatzes in der Altstadt von Warszawa bei ihrer Fertigstellung im Jahr 1953 (ISPAN, Inv.nr. 61016)

7. Die sogenannte Ost-West-Trasse, die als breite Verkehrsachse neben der Altstadt und dem Königsschloss mit einer Untertunnelung der rekonstruierten Vorstadt gebaut wurde; Aufnahme 1955 (ISPAN, Inv.nr. 62448)

8. Der Konstitutionsplatz gehört zu den im Stil des sozialistischen Realismus wiederaufgebauten Stadtteilen und wurde im Jahr 1952 fertiggestellt (ISPAN)

9. Zerstörungsgrad der Bebbauung in der Rechtsstadt von Gdańsk/Danzig, Aufnahme 1948 (ISPAN, Inv.nr. 2882/R)

10. Die Fassaden vieler wiederaufgebauter Gebäude in der Rechtsstadt von Gdańsk sind nur als Attrappen zu verstehen, da sich dahinter Wohnungen oder Geschäfte über zwei Gebäude erstrecken (ISPAN, Inv.nr. 63508)

11. Der Wiederaufbau der Rechtsstadt in Gdańsk war bis etwa 1980 weitgehend abgeschlossen (ISPAN)

12. Die um 1943 entstandene Photographie zeigt, wie sehr die Altstadt von Poznań/ Posen von Bauveränderungen aus der preußischen Zeit vor 1918 geprägt war (ISPAN, Inv. nr. 2302)

13. Ab 1954 wurde die Bebauung am Marktplatz in Poznań wiederhergestellt, wobei die einzelnen Bauten puristisch umgestaltet und von den Veränderungen aus der preußischen Zeit befreit wurden (ISPAN, Inv.nr. 63037)

14. Ab 1953 wurde mit einer modernen Wiederherstellung der Innenstadt von Szczecin/ Stettin durch große Wohnblöcke begonnen, wobei der historische Straßengrundriß und die städtebauliche Dominanz der wenigen erhaltenen Baudenkmale gewahrt bleiben sollten (ISPAN, Inv.nr. 126117)

15. Erst Ende der 1950er Jahre erfolgte die Wiederherstellung der Altstadt von Malbork/ Marienburg in modernen Formen (ISPAN, Inv.nr. 192602)

16. Nach Beseitigung der Trümmer bestand die ehemalige Innenstadt von Elbląg/Elbing aus einer großen Brachfläche, auf der lediglich wenige historische Bauten wie das Markttor erhalten blieben (ISPAN, Inv.nr. 124730)

17. Die Wiederherstellung der Bebauung an der Marktstraße in Elbląg/Elbing, die seit 1983 durchgeführt wird, bewahrt die städtebauliche Dominanz des Markttors (Foto Lorenz Frank)

18. Seit 1990 werden in Głogów/Glogau konventionelle Steinhäuser von privaten Investoren errichtet. Sie sind trotz ihrer Orientierung an der historischen Bebauung deutlich abwechslungsreicher und postmoderner (Foto Lorenz Frank)

Michał Woźniak

Die Wiederherstellung der Marienburg nach 1945

Die Restaurierungsgeschichte der Marienburg wurde bereits vielfach erörtert und reflektiert. Dabei lassen sich zwei generelle Richtungen der Betrachtung unterscheiden: Ein Interessenschwerpunkt liegt auf der Beschreibung der Arbeitsabläufe und der Technologie denkmalpflegerischen Vorgehens (einschließlich der Dokumentationsmethoden und des Umfangs der begleitenden architekturgeschichtlichen und historischen Forschungen) sowie auf der Frage nach den Vorbildern für den Wiederaufbau angesichts fehlender Befunde – es geht also um die Strategien und Methoden der denkmalpflegerischen Maßnahmen. Die zweite Betrachtungsweise konzentriert sich auf die gesellschaftspolitischen Implikationen der Restaurierung, sie versucht die Hindergründe der jeweiligen Entscheidungen und der gesetzten Ziele zu durchleuchten. Die Resultate, sowohl die erreichten wie auch die lediglich angestrebten, sind in allen bisherigen Untersuchungen zur Restaurierungsgeschichte festgehalten. Insgesamt überwiegen Darstellungen der ersten Kategorie, mehr beschreibend als interpretierend.

Gegenstand dieser Untersuchungen ist die zu Beginn des 19. Jahrhunderts entwickelte Idee der Restaurierung einer Deutschordensburg – eines mittelalterlichen Baukomplexes, der die Funktionen von Kloster, Wehrbau, Verwaltungszentrum und Herrschersitz miteinander verband. Die Burg entstand zwischen dem letzten Viertel des 13. und dem Beginn des 15. Jahrhunderts in mehreren, jahrelang dauernden Bauphasen auf der Grundlage verschiedener und immer wieder modifizierter Vorstellungen der Auftraggeber und entsprechend veränderten architektonischen Entwürfen. Der Deutsche Orden und vor allem sein Staat in Preußen waren eine kirchliche und zugleich weltliche Institution. Der Orden war im Rahmen der Kreuzzüge im Heiligen Land mit dem Ziel gegründet worden, gegen die „Heiden“ zu kämpfen und die Pilger zu schützen, die nach Jerusalem und Palästina reisten. Auf der Suche nach einem neuen Betätigungsfeld und mit dem Ziel einer eigenen Staatsgründung eroberte der Orden im 13. Jahrhundert das Territorium der Pruzzen und annektierte zu Beginn des 14. Jahrhunderts Danzig mit Pommerellen. Den Kern des Staates bildete das Kulmer Land, das der Orden um 1226 als Lehen von Herzog Konrad von Masowien erhielt. Der Bau der Marienburg spiegelt in einzigartiger Weise diesen Wandel und die ideellen und politischen Bestrebungen des Ordens wider. Realisiert wurde das Konzept einer Konventsburg als räumliche, funktionale und architektonische Synthese einer Klosteranlage, die zugleich Verwaltungssitz der Komturei (einer territorialen Verwaltungseinheit des Ordensstaates), Garnison und Verteidigungsbau war. Auch die Funktionserweiterung der Burg im Jahr 1309 blieb nicht ohne Einfluß auf ihre architektonische Gestalt: Die Marienburg wurde Hauptsitz des Ordens, sowohl innerhalb des Ordensstaates als auch für den gesamten Orden, der Besitzungen und Kommenden in den verschiedensten Teilen der christlichen Welt unterhielt, vor allem im Heiligen Römischen Reich und in Livland. Neben der Konventsburg, die bereits eine übergeordnete Stellung besessen hatte, entstand das Verwaltungszentrum des gesamten Ordens und die Residenz des Hochmeisters, der – wenn auch nicht formal, so doch faktisch – anderen Feudalherren gleichgestellt war. Dabei war dieser Landesherr in Preußen ein besonderer, weil gewählter und nicht durch Erbfolge bestimmter Herrscher; sein Staat hatte gleichzeitig den Charakter einer Korporation und einer Theokratie. Diese ideellen Vorgaben blieben nicht ohne Einfluß auf den multifunktionalen Komplex der Marienburg. Die räumliche und architektonische Gestalt mußte sich aus diesen Bedingungen heraus entwickeln.

Wie wurde diese Struktur ein halbes Jahrtausend später interpretiert, auf welche Weise versuchte man ihr Ausdruck zu verleihen? Wie sollte man sie den zeitgenössischen Besuchern vergegenwärtigen, deren Wissen über die Vergangenheit nicht nur unterschiedlich war, sondern auch für die Ziele der jeweiligen politischen Konjunktur vereinnahmt werden sollte? Inwiefern und in welchem Maße war der Wiederaufbau der Marienburg ein Resultat dieser politischen Konjunktur? Diese Fragen bleiben aktuell, auch angesichts des Dilemmas – Abriß oder Wiederaufbau? – nach den Zerstörungen des Zweiten Weltkriegs.

Es sei daran erinnert, daß die Marienburg bereits zuvor einmal vor der Vernichtung gerettet worden war: vor einem kompletten Umbau bzw. der Abtragung, die im letzten Viertel des 18. und zu Beginn des 19. Jahrhunderts geplant und zum Teil realisiert wurde. Die Intervention der aufgeklärten und liberalen Gesellschaft in Preußen resultierte aus einer veränderten Wahrnehmung und Wertschätzung der Burg. Anstelle des aufklärerischen und antiklerikalen Rationalismus und des behördlichen Pragmatismus wurden nunmehr die moralischen und historischen Werte und die malerischen Qualitäten, die die romantische Empfindsamkeit ansprachen, akzentuiert. Die Geschichte der mittelalterlichen Brüder- und Rittergemeinschaft wurde in die Nationalhistorie integriert und positiv konnotiert. Die symbolischen und historischen Werte der Burg sollten auch für politische Ziele genutzt werden, um die innenpolitischen Reformen in Preußen voranzutreiben. Die Wiederherstellung der Burg in der ersten Hälfte des 19. Jahrhunderts erfreute sich des regen Interesses der königlichen Familie, und der Oberpräsident der

Provinz Preußen, Theodor von Schön, wollte die Unternehmung als Gemeinschaftswerk von Monarch und Volk verstanden wissen. Diese Zusammenhänge wurden in der Literatur mehrfach untersucht und sollen daher hier nicht weiter erörtert werden.

In den achtziger Jahren des 19. Jahrhunderts wurden die Restaurierungsarbeiten nach längerer Pause wieder aufgenommen. Den historischen Anlaß lieferten im überregionalen Rahmen die Proklamation des Kaiserreichs und die Kaiserkrönung, den regionalen Bezug die Feierlichkeiten zum 100jährigen Jubiläum des Anschlusses des polnischen „Königlichen Preußen" an das Königreich Preußen – die, wie es damals hieß, „Wiedervereinigung der Provinz Westpreußen", was natürlich ein Anachronismus war. Das Königliche Preußen war Mitte des 15. Jahrhunderts nach der Niederlage des Deutschen Ordens im Ständekrieg entstanden. Der Westteil des Ordenslandes, das im wesentlichen aus dem früheren polnischen, 1308/09 vom Orden eroberten Herzogtum Pommerellen bestand, wurde der polnisch-litauischen Monarchie angeschlossen. Der Ostteil des Ordensstaats, der nach dem Krieg 1454–1466 zu einem Lehen der polnischen Krone wurde, trug nach der Säkularisation 1525 den Namen „Herzogtum Preußen". Seit 1618 befand es sich in Personalunion mit Kurbrandenburg. Auf Betreiben des Kurfürsten Friedrich III. wurde das Herzogtum dank einer günstigen politischen Konstellation 1701 zum Königreich in Preußen – seit 1764 von Preußen – erhoben. Die Provinz Westpreußen entstand erst 1772, nach der Ersten Teilung Polens.

Die Geschichtsklitterung hat eine Parallele in der bewußten Umgestaltung der Burg, die einen noch monumentaleren und repräsentativeren Charakter erhalten sollte. Die Arbeiten wurden von 1882 bis 1922 von Konrad Steinbrecht geleitet, einem hervorragenden Denkmalpfleger, der sich auf gründliche historische und bauarchäologische Forschungen stützte, aber dennoch die Vision einer mittelalterlichen Ritterburg schuf, die gleichzeitig Kaiserresidenz Wilhelms II. sein sollte. Der Bau wurde eindeutig als „Bastion des Deutschtums im Osten" konnotiert, als „Bollwerk gegen das Eindringen des Slawentums". Die Polen sahen ihrerseits in der Marienburg ein Symbol der deutschen Expansion und Aggression. Mit diesen Stereotypen belastet stand die Burg 1945 an der Schwelle einer weiteren Epoche ihrer Geschichte. Nach sechswöchiger Belagerung, Verteidigung und Artilleriebeschuß wurde der Komplex von der Sowjetarmee erobert und bald darauf der polnischen Verwaltung übergeben. Mit dem Ballast der nachträglich zugeschriebenen Funktionen und ideologischen Interpretationen überfrachtet, befand die Marienburg sich erneut innerhalb der Grenzen des polnischen Staates.

Daß sich nach Kriegsende 1945 die Frage nach dem Wiederaufbau stellte, die im Bewußtsein der polnischen Gesellschaft als Schöpfung einer fremden Kultur, als nicht dem nationalen Erbe zugehörig und ungewollt galt, war durchaus verständlich. Die skeptische Haltung gegenüber dem Wiederaufbau hatte zudem einen sehr konkreten Grund: Das gesamte Land war verwüstet, die Befriedigung der elementaren Wohnbedürfnisse in den zerstörten Städten war ungeheuer schwierig. Was kaum vorstellbar war, wurde jedoch wahr: Ungeachtet des Ausmaßes der Zerstörungen, der begrenzten finanziellen und materiellen Mittel begann man bereits 1945 mit der Entschuttung und mit Aufräumungsarbeiten. Der Ostteil der Burganlage war fast völlig zerstört, von der Südecke des Hochschlosses über die Schloßkirche, den Gästeflügel des Mittelschlosses bis zum Karwan und anderen Gebäuden der Vorburg. Dagegen befanden sich die Westflügel des Hoch- und des Mittelschlosses in gutem Zustand, einige Innenräume waren sogar unberührt geblieben. Ähnlich erging es den Kunstwerken und Einrichtungsgegenständen: Ein Teil ging unwiederbringlich verloren, der Großteil der geretteten Kunstgegenstände wurde nach Rußland verschleppt oder von Angestellten des polnischen Armeemuseums, dem die Burg drei Jahre lang unterstand, nach Warschau verbracht. Das Armeemuseum unternahm nach den Aufräumungsarbeiten auch erste Sicherungs- und Reparaturarbeiten. Erste Touristen kamen; ihre Zahl wuchs langsam, aber stetig.

Die Burg fand Interesse nicht allein als Sitz des Deutschen Ordens, der lange Zeit nur als Feind und Bedrohung empfunden worden war und als dessen Erbe der preußische Staat und dessen politische Intentionen galten (was, wie erwähnt, durchaus im Sinne der preußischen Administration gewesen war), sondern auch als riesige Festung, monumental, geheimnisvoll und phantasieanregend. Im offiziellen Diskurs wurden die negativen Konnotationen der Burg als Sitz einer Organisation, die eine aggressive antipolnische Politik betrieben hatte, aufgewogen durch den Verweis auf die 300jährige polnische Herrschaft über die Burg, die Stadt und jenen Teil Pomesaniens, der im Königlichen Preußen aufgegangen war. Es wurde an die Rolle der Burg in den Militärplänen der polnischen Könige und den tatsächlichen militärischen Ereignissen während der Kriege des 17. und 18. Jahrhunderts erinnert, an die Funktion der Burg als Verwaltungszentrum der königlichen Güter an der Weichselmündung. Den Ausschlag für die Wiederherstellung gab jedoch – neben der Anerkennung ihrer geschichtlichen Rolle für beide Nationen – die Wertschätzung der Burg als herausragendes Architekturdenkmal von europäischem Rang. Ungeachtet des negativen Urteils über die Vergangenheit erkannten offizielle Historiographie und Gesellschaft die künstlerischen Werte des Denkmals an.

Dabei sprachen die äußeren Gegebenheiten gegen eine positive Entscheidung für das Schloß. Neben den oben genannten materiellen und technischen Problemen war auch die politische Lage äußerst ungünstig. Der polnische Staat war tief verwundet aus dem Zweiten Weltkrieg hervorgegangen – nicht nur mit ungeheuren menschlichen und materiellen Verlusten, sondern auch eines Großteils seiner historischen Ostgebiete beraubt, die auf einseitigen, von den Alliierten akzeptierten Beschluß Stalins der Sowjetunion zugeschlagen wurden. Zwar erhielt Polen die sogenannten „Westgebiete" (Schlesien, Hinterpommern und einen Teil Ostpreußens), die zivilisatorisch besser entwickelt waren, doch das Gefühl der Fremdheit und des Verlusts eines substantiellen Teils des nationalen Erbes (Lemberg/Lwów/L'viv, Wilna/Wilno/Vilnius) ließ dies nicht als Rekompensation gelten. Die polnische Regierung startete eine intensive Kampagne, um die Akzeptanz der neuen territorialen Situation und zugleich der neuen gesellschaftspolitischen Ordnung zu verbessern. Eines der Schlüsselargumente war dabei die sogenannte „Wiedergewinnung der piastischen Territorien", die Wiederherstellung der Gestalt des mittelalterlichen polnischen Staates. Die kommunistische Partei verkündete die These der polnisch-russischen bzw. polnisch-sowjetischen Brüderschaft, der ewigen Freundschaft der slawischen Völker, und verbannte die zahlreichen kriegerischen Auseinandersetzungen zwischen den beiden Ländern um die Vorherrschaft in Ostmitteleuropa auch aus den wissenschaftlichen Geschichtsdiskursen. Auf der anderen Seite sollte das Bild der Deutschen als „ewige Feinde" die Bevölkerung unter den Standarten der kommunistischen Partei zusammenrücken lassen. Eine besonders ausgeprägte nationale und zugleich antideutsche Position vertrat die Partei unter Władysław Gomółka (1956–1971) – die hysterische Reaktion auf den Versöhnungsbrief der polnischen Bischöfe an ihre deutschen Amtskollegen, auf die eigenständige Initiative in einem Bereich, den die Partei als ihr Monopol betrachtete, war daher nicht erstaunlich.

Objektiv gesehen war dies keine gute Zeit für einen Wiederaufbau der Marienburg. Und dennoch begannen in den späten 1950er Jahren die Arbeiten am Hoch- und Mittelschloß, den wichtigsten Teilen des Gesamtkomplexes. Zumindest wurde die Außenhaut wieder errichtet, wodurch die Gesamtanlage ihre ursprüngliche Gestalt zurückerhielt. Die Konzentration auf die Fassaden zeigt sich besonders deutlich an der Schloßkirche, deren Innenraum bis heute Ruine ist (davon wird später noch die Rede sein). Der schnelle Wiederaufbau der Außenmauern kaschiert nicht die denkmalpflegerischen Probleme in einer Reihe von Innenräumen, vor allem im Westflügel, im Bereich des Hochmeisterpalastes, also in den unzerstört gebliebenen Partien, auf die sich die Arbeiten in den 1980er und 90er Jahren konzentrierten. Gerade die historisch und künstlerisch besonders wertvollen Teile des Hochmeisterpalasts waren in den Restaurierungskampagnen des späten 19. und des frühen 20. Jahrhunderts nicht in großem Umfang verändert worden.

Über 14 Jahre nach der Kriegskatastrophe brannten im September 1959 der Nord- und Westflügel des Mittelschlosses aus. Von neuem stellte sich nun die Frage nach der Rechtfertigung einer Wiederherstellung, vor allem aber nach der Art des Wiederaufbaus: Falls dieser fortgesetzt werden sollte, falls die vom Brand vernichteten Teile der Anlage wiederhergestellt werden sollten, inwieweit sollte dann die Gestalt, die die preußische Denkmalpflege der Burg gegeben hatte, als Vorbild dienen? Würde damit die damals intendierte ideologische Aussage verewigt? Erneut obsiegte der Wille, die Burg zu erhalten, gewann das Verständnis für die Rolle des Baus als herausragendes Kunstdenkmal die Oberhand.

Unmittelbare Folge des Brandes und der Entscheidung für die Erhaltung der Burg – also für eine Intensivierung der Arbeiten – war die Erstellung eines Konzepts für den Wiederaufbau und die Einrichtung des Schloßmuseums (Muzeum Zamkowe). Die zuvor herrschende Beliebigkeit und mangelnde Systematik sowie der Primat der Nutzung der Burg als Touristenattraktion wichen nun einem planmäßigen Vorgehen und dem Bemühen, den historischen und kulturellen Kontext durch die Gestaltung der Innenräume und museale Präsentationen zu exponieren. Auch wenn die Entscheidungen in den verschiedenen Bauetappen kollektiv gefällt wurden, auch wenn die Direktion des Schloßmuseums mehrfach wechselte (allerdings lag die Aufsicht über die denkmalpflegerischen Maßnahmen von 1961 bis 1991 kontinuierlich bei Maciej Kilarski), blieb die maximale Erhaltung, Konservierung und Wiederherstellung der gotischen Substanz der Burg, ihrer mittelalterlichen Gestalt, denkmalpflegerische Leitlinie.

Gleichzeitig taten sich gewisse Kontroversen auf. Einerseits strebte man die Konservierung und Wiederherstellung einer mittelalterlichten Burg an, davon ausgehend, daß man in die Vergangenheit zurückkehren und ungeachtet aller Veränderungen den früheren Zustand erreichen könne. Diese Veränderungen umfaßten nicht nur die unterschiedlichen Schichten, unumkehrbare Umgestaltungen oder Abrisse im Bereich der Bausubstanz, sondern auch die Entfernung aller nicht massiven, provisorischen Zutaten, zahlreicher Einrichtungen, die für das Leben in einer großen, funktionell und räumlich diversifizierten Gemeinschaft notwendig gewesen waren; außerdem natürlich den unumkehrbaren Verlust der Atmosphäre, des Kolorits einer mittelalterlichen Burg. Der Illusion einer Rückkehr zu einem mythischen Status quo ante war schließlich auch Konrad Steinbrecht erlegen, der das Antlitz der Burg ab 1882 vier Jahrzehnte lang geprägt hatte. Die Marienburg ist nur zum Teil ein mittelalterlicher Bau; sieht man von den frühneuzeitlichen Schichten ab, die im 19. Jahrhundert sorgfältig und eifrig entfernt wurden, ist die Burg eine Kreation der modernen Denkmalpflege. Das Antlitz der Burg, das auf dem ersten Blick einheitlich und mittelalterlich wirkt, ist in Wirklichkeit ein

Konglomerat eines gotischen Kerns und neuzeitlicher Zutaten. Manchmal tritt diese gotische Struktur vollständig, bis in die Architekturdetails, hervor, wie am Hochmeisterpalast, manchmal dringt die neue Aufschichtung in die Tiefe, bis ins Mark, wie am Hochschloß – dort waren die Innenräume bei der Adaption als Kasernen und Magazine am Ende des 18. Jahrhunderts zerstört worden, nur die beschädigten Außenmauern blieben erhalten.

Politiker, Vertreter von Kunstwissenschaft und Denkmalpflege sowie Publizisten, die sich für den Wiederaufbau aussprachen, wurden nicht müde zu betonen, daß es nicht zur Diskussion stehe, Elemente der Steinbrechtschen Außen- und Innengestaltung zu retten oder wiederherzustellen. Man verwies auf den geringen historischen und künstlerischen Wert der Stilkopie sowie auf ihren ideologischen Gehalt im Sinne der aggressiven Ostpolitik des Wilhelmismus, welche die mittelalterliche Burg in der Ära des Kulturkampfes und der antipolnischen Innenpolitik für aktuelle strategische Ziele des deutschen Kaiserreichs „einspannte".

Glücklicherweise beließ man es bei verbalen Erklärungen, bei der Entfernung des neogotischen Mobiliars und der Übertünchung der Wandmalereien. Der Gerechtigkeit halber sei angemerkt, daß einige dieser Fresken nicht nur in thematischer Hinsicht im Kontext der spannungsgeladenen Beziehungen der 1960er Jahre zwischen Polen und Deutschland kaum akzeptabel waren, sondern auch nicht dem Charakter mittelalterlicher Wandmalereien entsprachen und auf unschöne Weise beispielsweise mit der herausragenden Architektur des Großen Remters kontrastierten.

Schließlich setzte sich die Linie einer sachlichen Auseinandersetzung mit den materiellen und schriftlichen Quellen durch. Die bisherigen Restaurierungsergebnisse sollten berücksichtigt und die Interpretationen Steinbrechts durch sorgfältige Bauuntersuchungen verifiziert werden. In Abweichung von den manchmal zu dekorativen, manchmal zu monumentalen Visionen Steinbrechts versuchte man, den wiederhergestellten Bauteilen eine möglichst eng an den mittelalterlichen Zustand angenäherte Gestalt zu geben. Dort jedoch, wo ältere Befunde fehlten, wurden die Formen des späten 19. bzw. frühen 20. Jahrhunderts wiederhergestellt. So verfuhr man auch mit denjenigen Bauten, die gänzlich der schöpferischen Invention der Denkmalpflege entsprungen waren. Bestrebungen, die „polnischen Zeiten" der Burg zu akzentuieren, waren aufgrund fehlender materieller Befunde weitgehend zum Scheitern verurteilt und wurden mit Zurückhaltung behandelt. So verzichtete man auf eine Rekonstruktion des hölzernen Gebäudes, das der Starost Stefan Kostka 1555 entlang des südlichen Grabens des Mittelschlosses errichtet hatte, ebensowenig erhielten die Innenräume im Hochmeisterpalast, der Firmerie oder der Großkomturei eine imaginäre Gestalt aus polnischer Zeit.

Während dieser umfassenden Restaurierungsarbeiten mangelte es nicht an kontroversen Entscheidungen; dies gilt in besonderem Maße für die zu sehr vereinfachten Formen des Südostgiebels am Hochschloß und die Änderungen an der ursprünglichen Raumaufteilung der südlichen Gästezimmer im Ostflügel des Mittelschlosses im Rahmen der (dringend erforderlichen) Adaption zu Museumszwecken.

In den vergangenen Jahren wurde der Konzeption Steinbrechts ein eigener historischer Wert zuerkannt. Um sie zumindest fragmentarisch erfahrbar zu machen, wurden die Wandmalereien im Kapitelsaal wieder freigelegt und die Sitze der Würdenträger entlang der vier Saalwände wiederhergestellt. So wird in diesem Innenraum, der die von Steinbrecht vorgenommenen Eingriffe in die architektonische Substanz spektakulär und beispielhaft illustriert, seit dem Jahr 2002 das Konzept der Restaurierung und des Arrangements der Innenräume um 1900 fast komplett nachvollziehbar. Wesentlich schwieriger gestalten sich die derzeit laufenden Arbeiten im Großen Remter oder in der Kapelle des Hochmeisterpalasts. In letzterer wird man sich aufgrund von Fehlern, die um 1920 begangen wurden, mit einem architektonisch nicht vollständig synchronen Innenraum zufrieden geben müssen.

Eine ernste Herausforderung wird die Konservierung der Kirche im Hochschloß werden, der ehemaligen Kirche des Ordenskonvents, die später von den Jesuiten genutzt und dabei in der zweiten Hälfte des 17. und Anfang des 18. Jahrhunderts im Barockstil ausgestattet wurde. Während der Restaurierung am Ende des 19. Jahrhunderts wurden nur die Reste des gotischen Mobiliars bewahrt, alle barocken Zutaten – Altäre, der Predigstuhl, die Orgel – wurden entfernt. Der Innenraum wurde mit zahlreichen Kopien und Nachahmungen von – zugegebenermaßen – qualitätvollen Vorbildern wie dem Retabel des Klarenaltars im Kölner Dom, dem Chorgestühl aus der Zisterzienserkirche in Altenburg oder einem Pult aus Lilienthal ausgestattet. Anfang 1945 fiel die Kirche dem Artilleriebeschuß zum Opfer, der Großteil der Ausstattung wurde zerstört oder blieb nur fragmentarisch erhalten. In den 60er Jahren des 20. Jahrhunderts wurde lediglich die Außenmauer wieder aufgebaut, um die Silhouette der Burg zu komplettieren. Der Innenraum ist hingegen noch heute eine Ruine.

Bislang gibt es kein überzeugendes und allgemein akzeptiertes Konzept für die Konservierung und Restaurierung. Lange herrschte die Überzeugung vor (sie hat sich bei vielen bis heute gehalten), daß man in jedem Falle eine Rekonstruktion des mittelalterlichen Raumes anstreben, d. h. das Gewölbe einziehen und den Fußboden wiederherstellen müsse. Diskutabel sei lediglich der Umfang der Rekonstruktionsmaßnahmen, vor allem in Bezug auf die architektonische und bildhauerische Dekoration und die Wandmalereien. Angesichts des reichen Dokumentationsmaterials wäre es theoretisch möglich, zum Zustand von 1945 zurückzukehren: zu der gotischen Architekturform mit neogotischem Mobiliar, mit der intensiven Koloristik der Wände und mit Glasfenstern, die an die im 19. Jahrhundert aus Thorn/Toruń und Kulm/Chełmno hierher verbrachten mittelalterlichen Fenster anknüpfen (schon damals mußte man sich angesichts der wenigen erhaltenen historischen Fenster mit Nachahmungen behelfen). Für einen Wiederaufbau ohne vollständige Rekonstruktion der neogotischen Ausstattung sprechen der Rang der Marienburger Schloßkirche als Sakralraum des Hauptkonvents und die hierarchische Hervorhebung des Baus innerhalb des Schloßkomplexes. Da jedoch eine Reihe kleinerer und unbedeutender Teile der Burg wiederhergestellt wurde, könnte der Verzicht auf den Wiederaufbau der Kirche Verwunderung auslösen, zumal man dabei von der bislang vorherrschenden Tendenz des zurückhaltenden, aber dennoch rekonstruierenden Wiederaufbaus abweichen würde. Muß denn, so mögen sich die Betrachter fragen, tatsächlich ein Mahnmal der Kriegszerstörungen stehen bleiben?

Aus eigener Erfahrung kenne ich den Meinungsumschwung der Besucher beim Anblick dieses in seiner Expressivität dramatischen Innenraums in seinem heutigen Zustand – nachdem sie die Dokumentarbilder der zerstörten Burg gesehen haben. Unsere Gesellschaft ist gleichgültig geworden gegenüber medialen (Presse, TV, Internet etc.) Darstellungen von Bedrohung, Grauen und Zerstörung; erst der unmittelbare physische Kontakt mit der vernichteten Materie macht uns das Ausmaß der Tragödie bewußt. Doch nicht dies ist das entscheidende Argument in dieser Diskussion. Im heutigen Zustand zeigt die Kirche ihre noch erhaltene authentische Substanz. Dies erlaubt es, die architektonischen Veränderungen abzulesen, welche die Kirche im zweiten Viertel des 14. Jahrhunderts, 50 Jahre nach ihrem Bau, vor allem durch ihre Erweiterung auf fast doppelte Größe erfuhr. Nach der Verlegung des Hochmeistersitzes, die die Marienburg 1309 zugleich zur Hauptburg des Ordensstaates machte, benötigte der deutlich erweiterte Konvent für die Anforderungen der Liturgie einen größeren Kirchenraum. Eine Rekonstruktion würde die jetzt so zahlreich sichtbaren Details und die Spuren der älteren Anlage zudecken. Jeder Wiederaufbau, selbst in eingeschränktem Maße, würde zwangsläufig weitergehende Schritte in Richtung einer immer vollständigeren Rekonstruktion nach sich ziehen. Ein derartiger Prozeß führt unweigerlich zur Verwendung von in materieller Hinsicht neuen Elementen auf Kosten der historischen Substanz, führt zu einer gefährlichen Verwischung der Grenze zwischen authentischer und neuer Substanz, allein schon aufgrund des illusorischen Bestrebens, die alte Gestalt wiederherzustellen. Angesichts der zunehmenden Konfrontation des heutigen Menschen mit einer Wirklichkeit, deren Züge verwischt, unlesbar sind, mit einer Wirklichkeit, die von virtuellen Welten überlagert wird (eine semantisch zweifelhafte oder sogar absurde Formulierung), angesichts der fortschreitenden Verunsicherung des Menschen aufgrund der technischen Möglichkeiten, einen anderen als den tatsächlichen Stand der Dinge vorzutäuschen, sollte die Bewahrung der authentischen Substanz in der Diskussion über Richtung und Umfang der weiteren Arbeiten herausragendes Gewicht erhalten.

Die Marienburg stand zweimal an der Grenze zur Zerstörung, und beide Male entging sie diesem Los – nicht zuletzt aufgrund der Courage und der Überzeugungskraft aufgeklärter Menschen, die sich uneigennützig für ihre Erhaltung und Restaurierung einsetzten. Obwohl die Burg mehrfach gesellschaftspolitisch instrumentalisiert wurde, überdauerte sie schlechte Zeiten. Dies ist zugleich eine Bestätigung für die Richtigkeit eines zurückhaltenden Vorgehens der Denkmalpflege hinsichtlich der Formgebung sowie der Zuschreibung historischer und ideeller Bedeutungen.

Die Marienburg verdankt ihre Einzigartigkeit einer Reihe von Eigenschaften, die zusammenwirken und sich gegenseitig verstärken. Schon ein Teil dieser Faktoren würde genügen, um der Burg einen außergewöhnlichen Status zu verleihen. Die erste, äußerlichste Feststellung ist die Größe der Anlage, die in Backstein ausgeführt wurde, einem spezifischen Material, das bestimmte technologische Begrenztheiten, aber auch besondere visuelle Qualitäten besitzt und charakteristisch für die Architektur der nordeuropäischen Tiefebene ist. Backstein ist kein Naturstoff, der bearbeitet werden kann wie Naturstein oder Holz; es handelt sich um ein künstliches Material, das teilweise Steinstrukturen imitiert. Zudem entwickelten sich im Ziegelbau Formen, die signifikant für dieses Material sind. Eine zweite Gruppe von Eigenschaften ergibt sich aus der reichen Untergliederung der Burganlage, aus den vielfältigen Funktionen und der typologischen Verschiedenheit der Einzelelemente dieser gleichsam städtebaulichen Struktur – städtebaulich im Sinne von Weitläufigkeit, Entgrenzung, aber auch Selbstgenügsamkeit, Vollständigkeit. Eine dritte, daraus resultierende Besonderheit ist die typologische Vollkommenheit der Einzelbauten, die sich zu diesem Komplex verbinden: Hier wurden verschiedene Erfahrungen und Vorbilder genutzt und schöpferisch weiterentwickelt oder neue Lösungen von weitgehend eigenständiger Kreativität geschaffen. Das vierte Charakteristikum, die technischen und künstlerischen Qualitäten der Bauten einschließlich der architektonischen und malerischen Schmuckformen und der Innenausstattung, ist eng mit dem dritten verbunden. Eine fünfte Besonderheit ist die lange Baugeschichte: die Entwicklung eines Architekturkonzepts, die pragmatische Nutzung in der Neuzeit und schließlich die mindestens ebenso lang wie die Bauzeit im Mittelalter währende Geschichte der Restaurierung und Rekonstruktion. Dies bedingt das sechste Charakteristikum, den Bezug zwischen sichtbarer Gestalt und historischer Struktur, die Gegenwärtigkeit der mittelalterlichen Substanz nicht nur im Bau selbst, sondern auch im Außenbild. Die in der Frühen Neuzeit nur unwesentlich veränderte Burg (im Gegensatz zu den meisten anderen mittelalterlichen Residenzen) erhielt durch die denkmalpflegerischen Eingriffe eine veränderte oder sogar neue Gestalt. Das Bestreben, ihr eine bestimmte Symbolik zu verleihen (vor allem in den beiden Restaurierungsphasen des 19. Jahrhunderts), führten zu einschneidenden Eingriffen. Die Burg war Hauptburg des Ordens, polnisches Königsschloß und schließlich Residenz des Deutschen Kaisers. Sie war Ort zahlreicher wichtiger historischer Ereignisse in diesem Teil Europas, am Berührungspunkt des Heiligen Römischen Reiches und der polnisch-litauischen Monarchie, später der Republik Polen und weiterer benachbarter Staaten und Nationen – dies ist die siebte Besonderheit. Nicht zuletzt ist die Burg ein bis heute lebendiger Erinnerungsort, natürlich der deutschen, auf vielfältige Weise auch der polnischen Geschichte, mit dem sich starke Emotionen verbinden. Bezüge gibt es jedoch auch zur litauischen, slawischen bzw. großrussischen (bis zu den Kämpfen um die Burg und die Stadt von Januar bis März 1945), schwedischen (Kriege des 17. und 18. Jahrhunderts), vielleicht sogar zur tschechischen (böhmische Söldner zu Beginn des Ständekriegs 1454–1457) Geschichte. Vor diesem Hintergrund ist es nicht verwunderlich, daß die Konkretisierung der jeweils zeitgenössischen Vorstellungen, die allen denkmalpflegerischen Maßnahmen und noch mehr den Rekonstruktionen unweigerlich innewohnte, die Imagination anregt und Emotionen weckt, weil sie die visuelle Form eines lebenskräftigen Symbols betrifft.

Die Geschichte der Wiederherstellung hat demnach eine doppelte Bedeutung: eine politisch-ideologische, in der sich aktuelle gesellschaftliche Tendenzen spiegeln, und eine wissenschaftlich-denkmalpflegerische. Manchmal treten diese beiden Bedeutungen getrennt auf, meistens jedoch gemeinsam, oft in unlösbarer Verbindung. Schließlich ist Denkmalpflege auch eine soziale Tätigkeit: Ein Denkmal konstituiert sich nicht von selbst. Das Beispiel Marienburg zeigt, wie schwer, ja oft unmöglich eine Trennung von Politik bzw. Ideologie und Denkmalpflege zu verwirklichen ist. Die Geschichte der Wiederherstellung der Marienburg läßt sich kaum in scharf voneinander abgesetzte Abschnitte untergliedern: In der „romantischen“ Periode des frühen 19. Jahrhunderts griff man bereits auf erste architektonische und historische Forschungen zurück. In dieser Zeit entstand die Überzeugung, daß die Erhaltung bedeutender Kunstwerke zu den wichtigen

Aufgaben des Staates gehört. Die zentrale Stellung Steinbrechts in der Restaurierungsperiode 1882–1922 gilt es insofern zu relativieren, als Spitzenkräften des Berliner Architekturlebens (z. B. Friedrich Adler und Hermann Blankenstein) als Mitgliedern der begutachtenden Ministerialkommission beim Kultusminister eine wichtige Rolle bei der Entscheidungsfindung zukam. Obwohl bauhistorische Quellen und Untersuchungen benutzt wurden, realisierte man ein Idealbild des Mittelalters, stilisierte ein Geschichtsmonument. Nach dem Zweiten Weltkrieg wurde die Marienburg langsam zum Denkmal einer nicht nur einseitig national gesehenen Vergangenheit. Wesentlichen Anteil an dieser Entwicklung hat das Schloßmuseum, das mit der Burg eine institutionelle Einheit bildet. Seine Aufgabe ist es, dem zeitgenössischen Publikum die Geschichte der Nationen, die Geschichte des Bauwerkes und die Geschichte der Denkmalpflege nahezubringen, um ihm die Möglichkeit zu bieten, sich selbst über die Vergangenheit zu informieren – und, nicht zuletzt, um hier die historische Substanz für eine friedliche Zukunft zu erhalten.

Auswahlbibliographie

Udo Arnold: Die Marienburg als politisches Symbol in Deutschland in der ersten Hälfte des 20. Jahrhunderts. In: Mariusz Mierzwiński (Hg.): Praeterita posteritati. Studia z historii sztuki i kultury ofiarowane Maciejowi Kilarskiemu. Malbork 2001, S. 33–40.

Marian Arszyński: Budownictwo warowne zakonu krzyżackiego w Prusach (1230–1454) [Wehrbauten des Deutschen Ritterordens in Preußen 1230–1454]. Toruń 1995.

Hartmut Boockmann: Das ehemalige Deutschordensschloß Marienburg 1772–1945. Die Geschichte eines politischen Denkmals. In: Ders.: Geschichtswissenschaft und Vereinswesen im 19. Jahrhundert. Beiträge zur Geschichte historischer Forschung in Deutschland. Göttingen 1972, S. 99–162.

Hartmut Boockmann: Die Marienburg im 19. Jahrhundert. Frankfurt a. M./Berlin/Wien 1982, 2. unveränderte Aufl. 1992 (Rezension von Marian Arszyński: Dzieło sztuki – historia – polityka. In: Zapiski Historyczne 50 [1985], H. 4, S. 111–126).

Artur Dobry: Conservatio pro memoria. Dzieje odbudowy zamku malborskiego. Informator wystawy czasowej [Die Geschichte des Wiederaufbaus der Marienburg. Begleitband zur Ausstellung]. Malbork 2003.

MACIEJ KILARSKI: Rekonstrukcyjne wizje ikonograficzne i metamorfozy budowlane Zamku Malborskiego w 1 poł. XIX w. [Rekonstruierende ikonographische Visionen und bauliche Metamorphosen der Marienburg in der 1. Hälfte des 19. Jh.]. In: Sztuka pobrzeża Bałtyku. Warszawa 1978, S. 371–402.

MACIEJ KILARSKI: Malbork [Marienburg]. In: Teresa Mroczko, Marian Arszyński (Hg.): Architektura gotycka w Polsce. T. II: Katalog zabytków [Gotische Architektur in Polen. Bd. 2: Katalog der Kunstdenkmäler]. Warszawa 1995, S. 152–155.

MACIEJ KILARSKI: Die ikonographischen und baulichen Wandlungen der Marienburg im 19. und in den ersten Jahrzehnten des 20. Jahrhunderts. In: Udo Arnold (Hg.): Deutscher Orden 1190–1990 (Tagungsberichte der Historischen Kommission für Ost- und Westpreußische Landesforschung 11). Lüneburg 1997, S. 171–240.

MACIEJ KILARSKI: Odbudowa i konserwacja zespołu zamkowego w Malborku w latach 1945–2000 [Wiederaufbau und Konservierung des Baukomplexes der Marienburg 1945–2000]. Malbork 2005 (im Druck).

HEINRICH KNAPP: Das Schloß Marienburg in Preußen. Quellen und Materialien zur Baugeschichte nach 1456. Lüneburg 1990.

MARIUSZ MIERZWIŃSKI: Zamek Malborski w latach 1945–1960 [Die Marienburg in den Jahren 1945–1960]. In: Studia Zamkowe 1 (2004), S. 7–54.

MARIUSZ MIERZWIŃSKI: Zbiór dokumentacji architektonicznej dawnego Zarządu Odbudowy Zamku w Malborku [Die Sammlung der Architekturdokumentationen der ehemaligen Direktion des Wiederaufbaus der Marienburg]. In: Michał Woźniak (Hg.): Architectura et historia. Studia Mariano Arszyński septuagenario dedicata. Toruń 1999, S. 248–257.

KAZIMIERZ POSPIESZNY: Konrada Steinbrechta metoda restauracji Malborka. Zamek Wysoki (1882–1902) [Konrad Steinbrechts Restaurierungsmethode der Marienburg. Das Hochschloß 1882–1902]. In: Woźniak, Architectura et historia, S. 258–281.

KAZIMIERZ POSPIESZNY: Typ pruski zamku regularnego – idea cesarska? [Der Typus des preußischen Kastells – eine kaiserliche Idee?]. In: Anna Błażejewska, Elżbieta Pilecka (Hg.): Argumenta, articuli, quaestiones. Studia z historii sztuki średniowiecznej, Księga jubileuszowa dedykowana Marianowi Kutznerowi. Toruń 1999, S. 361–390.

BERNHARD SCHMID: Die Marienburg. Ihre Baugeschichte. Postum hg. v. Karl Hauke (Deutsche Baukunst im Osten 1). Würzburg 1955.

Bernhard Schmid: Die Wiederherstellung der Marienburg. Königsberg 1934.

Conrad Steinbrecht: Die Wiederherstellung des Marienburger Schlosses. In: Centralblatt der Bauverwaltung. Berlin 1896, Sonderdruck.

Tomasz Torbus: Die Konventsburgen im Deutschordensland Preußen (Schriften des Bundesinstituts für ostdeutsche Kultur und Geschichte 11). München 1998, bes. S. 99–111, 260–288, 487–534.

Michał Woźniak: Die Wiederherstellung der Marienburg an der Wende vom 19. zum 20. Jahrhundert. Vorstellung einer mittelalterlichen Burg zwischen wissenschaftlicher Restaurierung und nationalistischer Sehnsucht. In: Otto Gerhard Oexle, Áron Petneki, Leszek Zygner (Hg.): Bilder gedeuteter Geschichte. Das Mittelalter in der Kunst und Architektur der Moderne. (Göttinger Gespräche zur Geschichtswissenschaft. 23) Göttingen 2004, S. 287–336.

Abbildungen

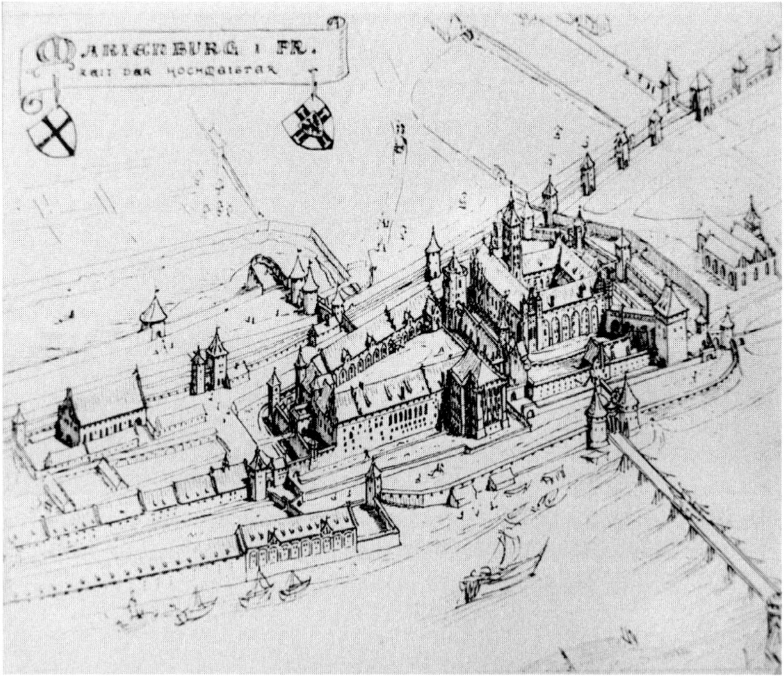

1. Marienburg/Malbork, Gesamtansicht des Burgkomplexes, Rekonstruktion des Zustands um 1400 (nach Steinbrecht)

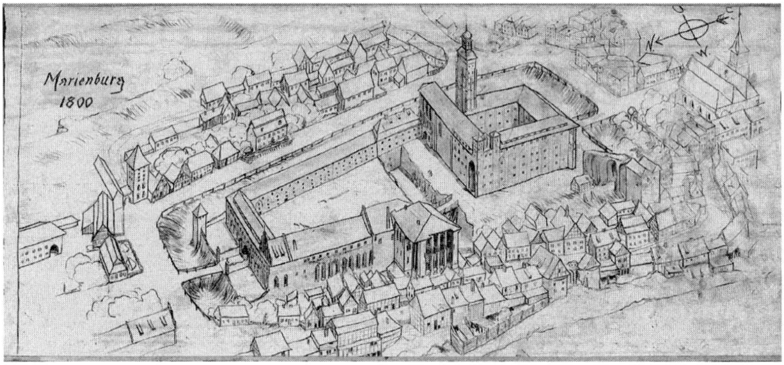

2. Marienburg/Malbork, Gesamtansicht der Anlage mit zahlreichen Anbauten, Rekonstruktion des Zustands um 1800 (nach Steinbrecht)

3. Das Hochschloß von Südosten, Zustand der 1. Hälfte des 20. Jahrhunderts (Fotoarchiv Muzeum Zamkowe Malbork)

4. Das Hochschloß von Südosten, Zustand nach den Zerstörungen des Jahres 1945 (Fotoarchiv Muzeum Zamkowe Malbork)

5. Das Mittelschloß während des Wiederaufbaus des Ostflügels (Foto Maciej Kilarski, Fotoarchiv Muzeum Zamkowe Malbork)

6. Gesamtansicht von Westen, gegenwärtiger Zustand (Foto Lech Okoński)

7. Das Hochschloß vor der Restaurierung, um 1880 (Fotoarchiv Muzeum Zamkowe Malbork)

8. Hochschloß, Inneres des „entkernten" Ostflügels, Zustand 1888 (Fotoarchiv Muzeum Zamkowe Malbork)

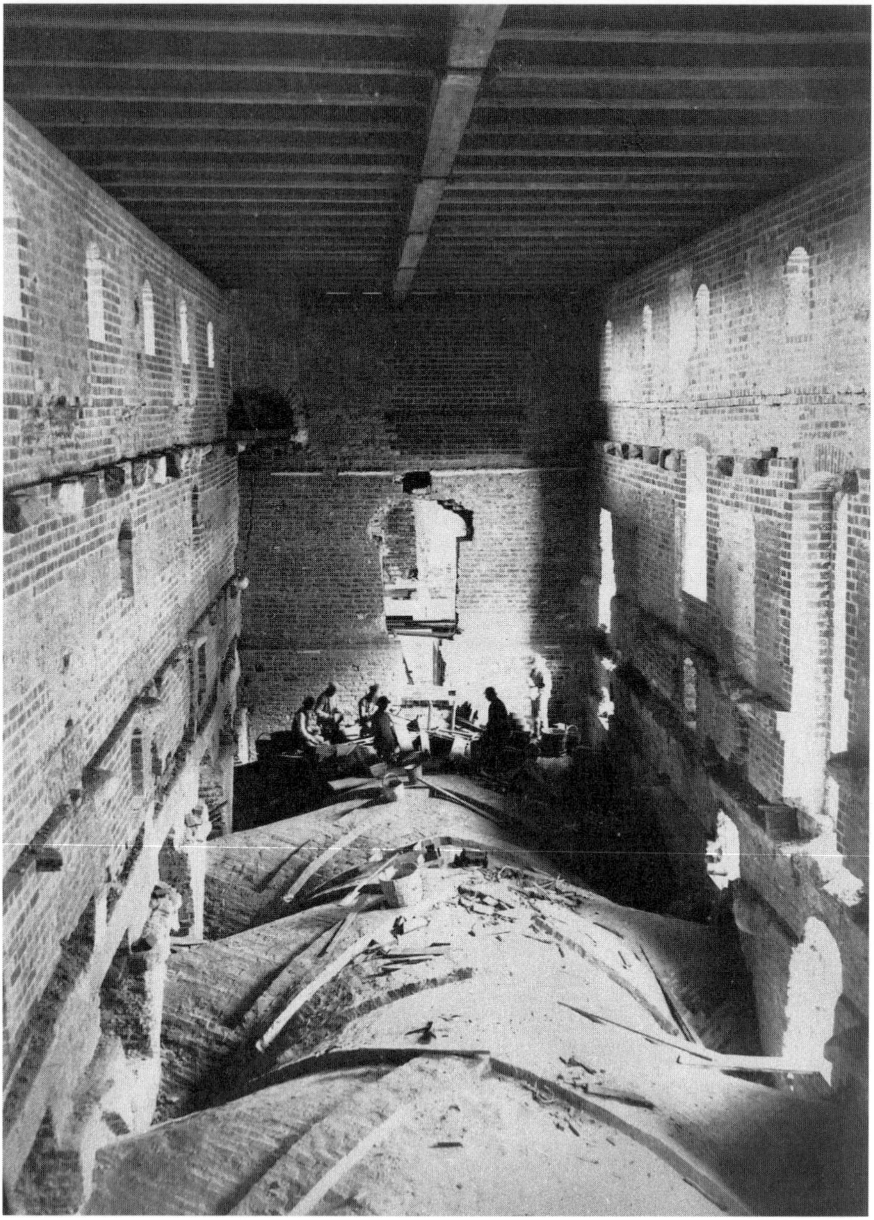

9. Hochschloß, Inneres des Ostflügels nach der teilweisen Rekonstruktion, Zustand 1889 (Fotoarchiv Muzeum Zamkowe Malbork)

10. Hochschloß, Wiederaufbau des Kreuzgangs (Fotoarchiv Muzeum Zamkowe Malbork)

11. Der Große Remter vor 1945 (Fotoarchiv Muzeum Zamkowe Malbork)

12. Der Große Remter, Zustand 1963 (Fotoarchiv Muzeum Zamkowe Malbork)

13. Schloßkirche, Innenraum, nach Schultz (Fotoarchiv Muzeum Zamkowe Malbork)

14. Schloßkirche, Innenraum nach der Restaurierung durch Steinbrecht, Blick nach Osten (Fotoarchiv Muzeum Zamkowe Malbork)

15. Schloßkirche, Innenraum, Blick nach Osten, gegenwärtiger Zustand (Foto Lech Okoński)

Ulrich Schaaf

Der Bedeutungswandel der Friedenskirchen Jauer/Jawor und Schweidnitz/Świdnica

Von der Anerkennung als Denkmal bis zur Eintragung in die UNESCO-Liste des Weltkulturerbes

Das UNESCO-Komitee hat anläßlich seiner 24. Sitzung am 13. Dezember 2001 die Friedenskirchen von Jauer und Schweidnitz einstimmig in die Liste des Kultur- und Naturerbes der Welt aufgenommen. Im Kontext des vorliegenden Bandes ist die Eintragung deshalb von Bedeutung, weil die Friedenskirchen die ersten Objekte in Schlesien auf der UNESCO-Liste sind – einem Gebiet des, wie es der ehemalige Generalkonservator Polens Andrzej Tomaszewski formulierte, „gemeinsamen Kulturerbes".[1]

Interessant unter dem Aspekt der Eintragung und Gegenstand nachfolgender Ausführungen ist der Bedeutungswandel der Friedenskirchen von der Anerkennung als Denkmal am Ende des 19. Jahrhunderts bis zur Aufnahme in die UNESCO-Liste 2001. Im Mittelpunkt stehen die Fragen: Welche Denkmalwerte haben die örtlichen deutschen und – nach 1945 – polnischen evangelischen Kirchengemeinden den Friedenskirchen zugeschrieben? Wie haben die deutschen und polnischen Denkmalpfleger und Kunsthistoriker die Friedenskirchen seit dem Ende des 19. Jahrhunderts bewertet? Mit welcher Begründung hat das internationale UNESCO-Komitee die Friedenskirchen in die Kulturerbe-Liste der Menschheit aufgenommen? Der Versuch, diese Fragen zu beantworten, erfolgt durch eine Analyse der Aussagen aus den bedeutendsten Veröffentlichungen des 19. und 20. Jahrhunderts über die Friedenskirchen, den Kirchenbau und die Kunst in Schlesien. Vorangestellt sei jedoch, sozusagen als Hintergrund, eine kurze Darstellung der Geschichte des Protestantismus in Schlesien und der Baugeschichte der Friedenskirchen Jauer und Schweidnitz.

---

1 Zum Begriff des gemeinsamen Kulturerbes siehe Andrzej Tomaszewski: Wspólne dziedzictwo kultury Polaków i Niemców w Europie. Gemeinsames Kulturerbe von Deutschen und Polen in Europa. In: Die Denkmalpflege 53 (1995), S. 137–141.

Geschichtlicher Hintergrund: Protestantismus in Schlesien und Baugeschichte der Friedenskirchen

Im Laufe des 16. Jahrhunderts verbreitete sich die reformatorische Lehre fast in ganz Schlesien. Obwohl das Land 1526 unter die Herrschaft der katholischen Habsburger gekommen war, traten Fürsten, Stände, Stadt- und Landbewohner fast ungehindert zum evangelischen Glauben über.[2] Da in den Städten Schlesiens genügend mittelalterliche Kirchen zur Verfügung standen, kam es bis zum Ende des 16. Jahrhunderts nicht zu einer umfangreichen kirchlichen Neubautätigkeit, sondern vor allem zur Übernahme vorhandener Sakralbauten.[3]

Mit dem Majestätsbrief von 1609 erhielten die schlesischen Protestanten erstmals eine rechtliche Gleichstellung mit den Katholiken, gleichzeitig verschärften sich jedoch die Spannungen zwischen den beiden Konfessionen durch die seit der Jahrhundertwende in Schlesien einsetzende Gegenreformation.[4] Der Widerstand der böhmischen Protestanten gegen die konterreformatorischen Maßnahmen führte am 23.05.1618 zum Prager Fenstersturz, der den Dreißigjährigen Krieg auslöste. Eine neue und bedeutend schlechtere Situation für die schlesischen Protestanten ergab sich 1648 mit dem Abschluß des Westfälischen Friedens (Abb. 1): § 38 des V. Artikels des Friedensinstrumentes gewährte den Fürsten der Augsbur-

---

2 Vgl. J. Berg: Die Geschichte der schwersten Prüfungszeit der evangelischen Kirche Schlesiens und der Oberlausitz, d. i. der Zeit von der Einführung der Reformation bis zur Besitznahme Schlesiens durch König Friedrich den Großen. Jauer 1857, S. 11–29; Friedrich Gottlieb Eduard Anders: Geschichte der evangelischen Kirche Schlesiens. Breslau 1883, S. 17–49; Helmut Eberlein: Schlesische Kirchengeschichte. Ulm 1962, S. 40–59.

3 Vgl. Jan Harasimowicz: Protestanckie budownictwo kościelne wieku reformacji na Śląsku [Der protestantische Kirchenbau im Jahrhundert der Reformation]. In: Kwartalnik Architektury i Urbanistyki 28 (1983), S. 341–371, hier S. 346–348; Paweł Banaś: Studia nad śląską architekturą protestancką 2. połowy XVII wieku [Studien zur protestantischen Architektur Schlesiens in der 2. Hälfte des 17. Jahrhunderts]. In: Rocznik Sztuki Śląskiej 8 (1971), S. 34–89, hier S. 43–46.

4 Zum Majestätsbrief und anderen Rechtsakten sowie zur Gegenreformation vgl. u. a. Gabriela Wąs: Akta prawne dotyczące wolności religijnych protestantów śląskich i ich znaczenie polityczne dla Śląska [Rechtsakten zur Religionsfreiheit der schlesischen Protestanten und ihre politische Bedeutung für Schlesien]. In: Śląski Kwartalnik Historyczny Sobótka 55 (2000), Nr. 3, S. 373–405; Joachim Bahlcke: Schlesien und die Schlesier (Studienbuchreihe der Stiftung Ostdeutscher Kulturrat 7). München 1996, S. 57–64.

gischen Konfession, nämlich den Herzögen zu Brieg (Brzeg), Liegnitz (Legnica), Münsterberg (Ziębice) und Oels (Oleśnica), sowie der Stadt Breslau (Wrocław) die freie Religionsausübung im Rahmen der Vorkriegsprivilegien. Entsprechend § 39 wurden weder Grafen, Barone, Edelleute noch ihre Untertanen in den übrigen schlesischen Herzogtümern, die unmittelbar unter die königliche Kammer gehörten, gezwungen, wegen ihres religiösen Bekenntnisses den Wohnort oder gar das Land zu verlassen. Weiterhin wurde ihnen erlaubt, an der Religionsausübung in benachbarten Orten außerhalb des Bezirks teilzunehmen. § 40 gestattete den Anhängern der Augsburgischen Konfession in den unmittelbar zur königlichen Kammer gehörenden Herzogtümern lediglich den Bau dreier Kirchen auf eigene Kosten vor den Städten Schweidnitz, Jauer und Glogau (Głogów) auf besonderes Gesuchen hin.[5]

Eine weitere Einschränkung erfolgte in den Genehmigungen zum Bau dieser drei sogenannten Friedenskirchen: Sie durften nur aus Holz und Lehm errichtet werden.[6] Die erste der Friedenskirchen aus Fachwerk entstand 1651–52 vor Glogau, aber bereits 1654 zerstörte sie ein Sturm. Der schon 1655 vollendete Neubau, ebenfalls aus Fachwerk, fiel 1758 dem Stadtbrand zum Opfer. Die dritte, 1773 bereits als Steinbau errichtete Kirche überstand den Zweiten Weltkrieg nicht.[7] Die Friedenskirche Jauer wurde in den Jahren 1654–55 erbaut, die Friedenskirche Schweidnitz in den Jahren 1656–57.

Gleichzeitig setzten die Habsburger ihre gegenreformatorische Politik fort. Mit Ausnahme der Fürstentümer Liegnitz, Wohlau (Wołów), Oels, Brieg und Sagan

---

5 Der vollständige Text der § 38–41 des V. Artikels bei Ulrich Hutter-Wolandt: Das Zeitalter nach der Reformation. In: Quellenbuch zur Geschichte der evangelischen Kirche in Schlesien (Schriften des Bundesinstitutes für ostdeutsche Kultur und Geschichte 1). München 1992, S. 123f.

6 Zur Bauerlaubnis der Glogauer Friedenskirche siehe Julius Blaschke: Geschichte der Stadt Glogau und des Glogauer Landes. Glogau 1913, S. 293. Der Text der Erlaubnis zum Bau der Friedenskirchen Jauer und Schweidnitz ist u. a. abgedruckt bei G. Heuber: Die evangelische Friedenskirche in Jauer, genannt zum Heiligen Geist. Festschrift zur Feier des 250jährigen Bestehens der Kirche. Jauer 1906, S. 51f.

7 Zur Baugeschichte der Friedenskirche Glogau vgl.: Blaschke (wie Anm. 6), S. 294; Banaś (wie Anm. 3), S. 52; Peter Wolfrum: Die Bau- und Kunstdenkmäler der Stadt Glogau. In: Werner Bein (Hg.): Glogau im Wandel der Zeit. Głogów poprzez wieki. Würzburg 1992, S. 219–249, hier 228; Jörg Deventer: Gegenreformation in Schlesien. Die habsburgische Rekatholisierungspolitik in Glogau und Schweidnitz 1526–1707 (Neue Forschungen zur Schlesischen Geschichte 8). Köln/Weimar/Wien 2003, S. 269–272, 293–303.

(Żagan) sowie der Stadt Breslau wurden den Protestanten in den Jahren 1653–54 alle Kirchen, ca. 650, im Rahmen der von Ferdinand III. angeordneten „Kirchenreduktion“ weggenommen. Im Fürstentum Sagan verloren die Protestanten 1668 alle Kirchen, und nach dem Tod der letzten Piasten 1675 entzog man den Protestanten weitere ca. 100 Kirchen in den Fürstentümern Liegnitz, Wohlau und Brieg.[8] Ihrer eigenen Kirchen beraubt, waren die Protestanten gezwungen, am Gottesdienst in grenznahen, protestantisch gebliebenen Kirchen teilzunehmen, unter anderem in der Stadt Breslau, in den Piastenfürstentümern Brieg, Liegnitz, Wohlau und Oels sowie auf kursächsischem und brandenburgischem Gebiet. Diese sogenannten Zufluchtskirchen wurden teilweise erheblich vergrößert, um die große Zahl der Gläubigen aufnehmen zu können. Weiterhin errichteten die Protestanten zwischen 1645 und 1674 entlang der Grenzen der eben genannten Gebiete sowie auf polnischem Boden 25 neue sogenannte Grenzkirchen.[9]

Die Situation für die schlesischen Protestanten verbesserte sich erst 1707 mit der Konvention von Altranstädt, in der Karl XII. von Schweden unter anderem die Rückgabe von 125 Kirchen in den Fürstentümern Liegnitz, Brieg, Wohlau, Münsterberg und Oels sowie die Erlaubnis zum Bau sechs weiterer Kirchen, sogenannter Gnadenkirchen, in den Städten Sagan, Freystadt (Kożuchów), Militsch (Milicz), Landeshut (Kamienna Góra), Hirschberg (Jelenia Góra) und Teschen (Cieszyn) erreichte.[10]

Mit der Niederlage Maria Theresias gegen Friedrich II. im Ersten Schlesischen Krieg (1740–1742) wurde Schlesien preußisch. Friedrich II. strebte eine konfessionelle Gleichstellung an. Er gab den Protestanten zwar ihre ehemaligen Kirchen nicht zurück, erlaubte ihnen jedoch den Bau von gottesdienstlichen Gebäuden ohne Turm und Glocken, sogenannter Bethäuser. Bis 1756 entstanden 212 solcher Bethäuser in Schlesien.[11] Das Jahr 1764 brachte den Protestanten die königliche Verordnung, wonach die Bethäuser von nun an evangelische Kirchen mit vollen Parochialrechten sein sollten.[12]

8 Zur „Kirchenreduktion“ vgl. u. a. Anders (wie Anm. 2), S. 107–109, 121–123; Eberlein (wie Anm. 2), S. 82f.

9 Lokalisation und Entstehungszeit der Zufluchts- und Grenzkirchen einschließlich umfangreicher Literaturhinweise bei Banaś (wie Anm. 3), S. 67–72.

10 Vgl. Anders (wie Anm. 2), S. 133–139; der Text der Altranstädter Konvention bei Hutter-Wolandt (wie Anm. 5) S. 147–50.

11 Vgl. Anders (wie Anm. 2), S. 156–162; Eberlein (wie Anm. 2), S. 102–104.

12 Anders (wie Anm. 2), S. 176.

Den Entwurf für die Friedenskirche Jauer[13] (Abb. 2) fertigte der Breslauer Festungsbaumeister Albrecht von Sebisch[14] (1610–88) an, die Ausführung erfolgte, wie bereits erwähnt, in den Jahren 1654–55, und zwar durch den örtlichen Zimmermeister Andreas Gamper. Der basilikale Fachwerkbau hatte anfänglich ein dreischiffiges Langhaus mit polygonaler Altarhalle an der Ostseite. Im Inneren verliefen zwei Emporengeschosse entlang der Süd-, West- und Nordseite (Farbabb. 8). Außergewöhnlich sind die Abmessungen der Kirche: das dreischiffige Langhaus ist fast 47 m lang und 27 m breit. Die lichte Weite des Mittelschiffs beträgt ca. 14,5 m, die Höhe 16,5 m.

Zwischen dem Erdgeschoß und der ersten Hauptempore sowie zwischen der ersten und der zweiten Hauptempore errichteten die Adelsfamilien des Fürstentums und teilweise auch die Zünfte Ende des 17. und Anfang des 18. Jahrhunderts zusätzliche Zwischenemporen mit halber Seitenschifftiefe, wodurch die Kirche 6.000 Gläubige fassen kann. Die Sakristei entstand 1704, der Glockenturm 1707.

Von Bedeutung sind der Altar von Tischlermeister Matthias Schneider aus Landeshut aus dem Jahre 1672 und die 1670 vom Liegnitzer Bildhauer Matthias Knote hergestellte Kanzel – beide staffierte der Kunstmaler Georg Flegel –, das 1656 gefertigte Taufbecken sowie die 1855 von Adolf Lummert ausgeführte Orgel. Beachtenswert sind auch die Malereien auf den Emporenbrüstungen mit alt- und neutestamentarischen Szenen sowie Familien- und Zunftwappen mit Landschaftsdarstellungen.

Ebenfalls nach den Plänen Albrecht von Sebischs errichteten die Zimmermeister Andreas Gamper und Kaspar König 1656–57 die Friedenskirche zu Schweidnitz (Abb. 3).[15] Der ursprüngliche basilikale Fachwerkbau bestand aus einem dreischiffigen Langhaus, das mittig ein dreischiffiges Querhaus kreuzte, und zwei umlaufenden Emporen im Inneren (Abb. 4). Auch hier sind die Abmessungen außergewöhnlich: Das Langhaus ist ca. 44 m lang und 20 m breit, das Querhaus

---

13 Zur Geschichte der Kirchengemeinde und der Friedenskirche in Jauer vgl. vor allem: Heuber (wie Anm. 6); Banaś (wie Anm. 3), S. 52–61; Ulrich Hutter: Die Friedenskirche zu Jauer genannt zum Heiligen Geist. Lübeck 1983; Barbara Skoczylas-Stadnik, Aleksander von Freyer, Zdisław Kurzeja: Kościół Pokoju w Jaworze [Die Friedenskirche in Jauer]. Jawor 1994.

14 In den Quellen und der Literatur sind folgende Schreibweisen des Namens zu finden: Sebisch, Saebisch und Säbisch. Im vorliegenden Text wird grundsätzlich Sebisch verwendet, eine Ausnahme bilden wörtliche Zitate.

ist 30 m lang und ebenfalls 20 m breit. Die lichte Weite des Mittelschiffes beträgt 11,5 m, die Höhe ca. 15 m.

Das Bedürfnis nach Repräsentation und das starke Anwachsen der Kirchengemeinde waren die Ursachen für die Erweiterungen der Kirche seit dem Ende des 17. bis zur Mitte des 18. Jahrhunderts durch den An- und Einbau von Logen durch den protestantischen Adel sowie von Chören durch die Zünfte. Nach diesen Ausbauten konnte die Kirche 7.500 Gläubige fassen.

Das Innere der Schweidnitzer Friedenskirche ist ein einzigartiger, prunkvoller Barockraum. Die Emporenbrüstungen schmücken alt- und neutestamentarische Zitate und Bilddarstellungen sowie zahlreiche hölzerne Epitaphien und Zunftzeichen. Die Deckenmalerei ist ein Werk Christian Süßenbachs und Christian Kolitschkys; sie zeigt Darstellungen aus der Offenbarung des Johannes. Bedeutende Werke der Innenausstattung sind die Kanzel (1729) und der Altar (1752) von Gottfried August Hoffmann sowie das Taufbecken von Pankratius Werner.

Der Bedeutungswandel der Friedenskirchen vom Ende des 19. Jahrhunderts bis zur Eintragung in die Weltkulturerbeliste 2001

Die Bedeutung der Friedenskirchen für die evangelischen Kirchengemeinden wurde vor 1945 insbesondere in den anlässlich von Jubiläen und Restaurierungen entstandenen Schriften dargelegt, die mehrheitlich von Geistlichen oder Mitgliedern der jeweiligen Gemeinde stammen. Die letzten Jubiläumsschriften erschienen 1902 über die Schweidnitzer Kirche von Pastor Primarius Oskar Eckert und Ludwig Worthmann[16] sowie 1906 über die Friedenskirche Jauer von G. Heuber.[17]

15 Zur Geschichte der Kirchengemeinde und der Friedenskirche in Schweidnitz vgl. vor allem: Christian Gottlieb Lehmann: Geschichte der evangelischen Friedenskirche zu der Feier ihres hundert und fünfzigjährigen Jubelfestes am 23sten September 1802. Schweidnitz [1802]; Eduard Goguel: Geschichtliche Denkschrift, betreffend die evangelische Friedenskirche „zur heiligen Dreifaltigkeit“ vor Schweidnitz. Schweidnitz 1852; Oskar Eckert: Denkschrift zum 250jährigen Jubelfest der evangelischen Friedenskirche „zur heiligen Dreifaltigkeit“ vor Schweidnitz, nebst den bei der Feier gehaltenen Predigten und Ansprachen. Schweidnitz [1902]; Ludwig Worthmann: Die Friedenskirche zur heiligen Dreifaltigkeit vor Schweidnitz. Festgabe zur Vierteljahrtausendfeier am 22. September 1902. Schweidnitz 1902; Banaś (wie Anm. 3), S. 61–66.

16 Eckert (wie Anm. 15); Worthmann (wie Anm. 15).

17 Heuber (wie Anm. 6).

Im Mittelpunkt der Ausführungen von Worthmann und Heuber standen die Ausbreitung der Reformation in dem jeweiligen Fürstentum sowie der Kampf der schlesischen Protestanten um Religionsfreiheit unter den katholischen Habsburgern vom Ende des Dreißigjährigen Krieges 1648 bis zur preußischen Inbesitznahme Schlesiens 1740, also die regionale historische Bedeutung. Bezüglich der Kirchenbauten wurde dabei immer wieder hervorgehoben, daß der Kaiser den evangelischen Gläubigen in den Erbfürstentümern lediglich den Bau von drei neuen Kirchen außerhalb der Mauern der Städte Glogau, Jauer und Schweidnitz erlaubt hatte und daß diese Kirchen „nur aus Holz und Leimen" gebaut werden durften.[18] Die bisher einzige Veröffentlichung eines polnischen Geistlichen über die Friedenskirchen stammt von Karol Jadwiszczok aus dem Jahre 1967 und betrifft die Schweidnitzer Kirche. Auch er hob, wie bereits seine Vorgänger, vor allem die geschichtliche Bedeutung der Friedenskirche für den Protestantismus in Schlesien hervor. [19]

In der Fachliteratur erfolgte erstmals Ende des 19. Jahrhunderts eine ausführliche Besprechung der Schweidnitzer Friedenskirche unter gleichzeitiger Erwähnung der Friedenskirchen in Glogau und Jauer. Unter Berücksichtigung der historischen und der Baubedingungen kam Karl Emil Otto Fritsch in der „*Deutschen Bauzeitung*" zu dem Ergebnis, daß die Kirchen eine hervorragende Stellung in der Geschichte des protestantischen Kirchbaues in Anspruch nehmen dürfen, und unterstrich die außerordentliche Größe dieser Fachwerkkonstruktionen.[20] Im Kreuzgrundriß der Schweidnitzer Kirche sah er einen wesentlichen Fortschritt für die Zwecke des protestantischen Gottesdienstes gegenüber dem saalartigen Langhaus von Jauer[21], die äußere Erscheinung beider Kirchen entspräche jedoch lediglich derjenigen von Bedürfnisbauten.[22] Der malerischen Dekoration des In-

18 Worthmann (wie Anm. 15), S. 17–20; Heuber (wie Anm. 6), S. 47–52. Auch in den aus Anlaß des 250jährigen Jubiläums in Schweidnitz gehaltenen Predigten werden immer wieder das Schicksal der schlesischen Protestanten unter den Habsburgern und die mit dem Bau der Friedenskirchen verbundenen Schwierigkeiten hervorgehoben, vgl. hierzu die Texte der Predigten bei Eckert (wie Anm. 15), S. 19–58.

19 Karol Jadwiszczok: Kościół Pokoju w Świdnicy [Die Friedenskirche in Schweidnitz]. Warszawa 1967, S. 3–8, 24–28.

20 Karl Emil Otto Fritsch: Aus der schlesischen Renaissance des 17. Jahrhunderts. Die evangelischen Friedenskirchen zu Glogau, Jauer und Schweidnitz. In: Deutsche Bauzeitung 20 (1886), S. 579.

21 Ebenda, S. 602.

22 Ebenda, S. 582, 605.

nenraumes und der Ausstattung der Friedenskirchen maß Fritsch lediglich einen geringen Kunstwert bei.[23]

Sich auf die Angaben der Deutschen Bauzeitung berufend, besprach Cornelius Gurlitt in seiner 1889 erschienenen „*Geschichte des Barockstils und Rococo in Deutschland*“ auch die Friedenskirchen Jauer und Schweidnitz. Im basilikalen Langhaus der Jauerschen Kirche sah er eine Verwandschaft zur 1621–1623 errichteten Kirche der französischen Hugenotten in Charenton. Seiner Meinung nach verhinderte in Jauer jedoch das sichtbare Fachwerk im Inneren und Äußeren eine „höhere künstlerische Gestaltung des Raumes und der Facaden“[24]. Wie bereits Fritsch hob auch Gurlitt die größere Bedeutung des Kreuzgrundrisses der Schweidnitzer Kirche hervor.[25]

Zum ersten Provinzialkonservator in Schlesien wurde 1891 Hans Lutsch berufen. Zu seinen Aufgaben gehörte unter anderem die Vorbereitung und Veröffentlichung des „*Verzeichnisses der Kunstdenkmäler der Provinz Schlesien*“. Ein Denkmalregister im heutigen Sinne gab es nicht, weshalb die Aufnahme eines Gebäudes in das Verzeichnis der Kunstdenkmäler einer Anerkennung als Denkmal gleichkam.[26] Die Friedenskirchen wurden in den 1889 erschienenen Bänden über die Landkreise der Regierungsbezirke Breslau und Liegnitz erfaßt. Lutsch betonte in den Beschreibungen vor allem die außergewöhnliche Größe und das Fassungsvermögen der Kirchen sowie die Zweckmäßigkeit und Kühnheit der Konstruktion. Weiterhin hob er die Bedeutung der Zentralanlage der Schweidnitzer Kirche für den protestantischen Kirchenbau hervor. Seiner Meinung nach bewegten sich jedoch die Kunstformen in Schweidnitz „in den etwas trocken vorgeführten Formen der Barock-Renaissance“[27], während er die malerische Ausschmückung in Jauer als rein handwerksmäßig bezeichnete.[28]

---

23 Ebenda, S. 582, 605–607.

24 Cornelius Gurlitt: Geschichte des Barockstils und des Rococo in Deutschland. Stuttgart 1889, S. 90.

25 Ebenda.

26 Mündliche Information des Direktors des Regionalen Forschungs- und Dokumentationszentrums in Breslau (Regionalny Ośrodek Badań i Dokumentacji we Wrocławiu), Grzegorz Grajewski, dem ich an dieser Stelle für seine Auskünfte zur Situation der Denkmalpflege in Schlesien um 1900 danke.

27 Hans Lutsch: Verzeichnis der Kunstdenkmäler der Provinz Schlesien. II. Die Kunstdenkmäler der Landkreise des Reg.-Bezirks Breslau. Breslau 1889, S. 208–210.

28 Hans Lutsch: Verzeichnis der Kunstdenkmäler der Provinz Schlesien. III. Die Kunstdenkmäler der Landkreise des Reg.-Bezirks Liegnitz. Breslau 1889, S. 405f.

Auch im 1903 veröffentlichten „*Bildwerk Schlesischer Kunstdenkmäler*" schrieb Lutsch nach einer knappen historischen Einführung:

> „Der Entwurf für die Friedenskirche in Schweidnitz, die räumlich bedeutendere, ist das Werk des Ingenieurleutnants Albrecht von Säbisch in Breslau: eine kühne Leistung, bezüglich der Raumgestaltung von höchster Zweckmäßigkeit, also mehr technisch als künstlerisch betrachtenswerth; sie hat zur Voraussetzung ein hohes Können des Zimmergewerbes".[29]

1893 erschien das von Karl Emil Otto Fritsch bearbeitete Grundsatzwerk „*Der Kirchenbau des Protestantismus von der Reformation bis zur Gegenwart*". Fritsch bewertete die Kirchenbauten in erster Linie anhand der sich aus der reformatorischen Liturgie ergebenden Forderungen an die Gestalt der protestantischen Kirche, welche er in seiner Einleitung beschrieb: Durch den Verzicht auf das Meßopfer der katholischen Kirche sei die Predigt zum Kern des evangelischen Gottesdienstes geworden. Der Altardienst bliebe zwar noch in rudimentärer Form erhalten, die Kanzel nehme jedoch die zentrale Stellung ein. Um beide Objekte, Kanzel und Altar, von allen Plätzen aus gut sehen und den Prediger gut hören zu können, näherten sie sich einander an. Da in der katholischen Kirche mehrere Priester an verschiedenen Altären wirkten, teilweise auch gleichzeitig, und die Kirche in der Regel den ganzen Tag über offen stehe für das stille Gebet des Einzelnen, werde das Laienschiff von festem Gestühl freigehalten, es bliebe lediglich auf den Chor beschränkt. Der Protestantismus kenne jedoch das von der Gemeinde abgelöste Priestertum nicht und daher auch keinen anderen Gottesdienst als den der gesamten Gemeinde. Für diese seien daher alsbald das feste Gestühl und Emporen eingeführt worden.[30]

Als frühe Beispiele, in denen diese Forderungen jeweils in Teilen erfüllt worden seien, nannte Fritsch vor allem die Schloßkapellen des 16. Jahrhunderts.[31] So weist die auf einem Rechteckgrundriß ohne Chor entstandene Schloßkapelle zu Torgau, in der Martin Luther 1544 die Einweihungspredigt hielt, bereits zwei

29 Hans Lutsch: Schlesische Kunstdenkmäler. Textband. Breslau 1903, unveränderter Nachdr. des Bildwerks Schlesischer Kunstdenkmäler. Gütersloh 1985, S. 211.

30 Karl Emil Otto Fritsch (Bearb.): Der Kirchenbau des Protestantismus von der Reformation bis zur Gegenwart. Hg. von der Vereinigung der Berliner Architekten. Berlin 1893, S. 20–22.

31 Gleichzeitig wies Fritsch aber auch auf die Abhängigkeit der Raumstruktur von der Bauform der Schlösser hin – ebenda, S. 31.

den ganzen Raum umgebende Emporen auf. Kanzel und Altar stehen allerdings noch getrennt voneinander.[32] In der 1560 errichteten Schloßkapelle in Stuttgart, einer Querkirche mit Altarnische und dreiseitiger Empore, befindet sich die Kanzel bereits seitlich des Altars. Beide Objekte sind von allen Sitzplätzen aus zu sehen.[33] Und in der Schloßkapelle von Schmalkalden aus dem Jahre 1590, einem Rechteckraum ohne Chor, sind Altartisch, Kanzel und Orgel erstmals in einer Achse vereint.[34]

Über die Friedenskirche Jauer urteilte Fritsch, daß sie noch eine verhältnismäßig geringe Beherrschung der architektonischen Aufgabe zeige. Er schrieb:

> „Die Stellung der Kanzel inmitten der Nordseite des Hauptschiffes ist in diesem Falle wohl kaum einem Festhalten an der katholischen Überlieferung entsprungen, sondern als ein Notbehelf zu betrachten. Um die Entfernung zwischen der Kanzel und den entlegensten Plätzen zu einer möglichst geringen zu machen und den Kirchenbesuchern das Hören zu erleichtern, hat man sich damit abgefunden, daß eine nicht unbeträchtliche Zahl derselben den Prediger nicht sehen kann. Die formale Durchbildung und die künstlerische Ausstattung der Kirche geht nicht über das Handwerksmäßige hinaus“.[35]

Einen erheblichen Fortschritt für die Predigtzwecke sah er in der Schweidnitzer Kirche durch den Kreuzgrundriß, die umlaufenden Emporen und die Kanzelstellung am nordöstlichen Vierungspfeiler.[36]

In mehreren Artikeln machte Günther Grundmann in den 20er und 30er Jahren auf die protestantischen Kirchen Schlesiens des 17. und 18. Jahrhunderts aufmerksam. Er betonte dabei unter anderem die Schlichtheit der Fachwerkbauten, die er als ein Ausdruck des Volksschicksals interpretierte.[37] Den großen Friedenskirchen mit ihren in die Seitenschiffe integrierten Emporen schrieb er eine Vorreiterrolle zu, vor allem in Bezug auf die sechs Gnadenkirchen aus dem beginnenden 18. Jahrhundert. Demnach hätten die Gnadenkirchen in Sagan (Abb. 5) und Teschen den Langbau von Jauer übernommen, den Kreuzgrundriß von Schweidnitz die Kirchen in Militsch (Abb. 6), Freystadt, Hirschberg und Landeshut.[38]

---

32 Ebenda, S. 31–34.

33 Ebenda, S. 36–38.

34 Ebenda, S. 38f.

35 Ebenda, S. 57f.

36 Ebenda, S. 59f..

37 Günther Grundmann: Die protestantischen Fachwerkkirchen Schlesiens. In: Jahrbuch niederschlesischer Kultur 1922, S. 45.

Einen ersten Versuch einer umfassenden Darstellung des evangelischen Kirchenbaus in Schlesien von der Reformation bis in seine Gegenwart unternahm Alfred Wiesenhütter. Im Mittelpunkt seines 1926 erschienenen Werkes stand nicht die stilistische Entwicklung im evangelischen Kirchenbau, sondern die „kultisch-liturgische“, also die Frage: Wie hat der spezifisch protestantische Gottesdienstgedanke im Bauwerk Gestalt angenommen? Die sich aus der veränderten Liturgie ergebenden Anforderungen an die evangelische Kirche definierte er ähnlich wie zuvor Fritsch.[39] In der Friedenskirche Jauer sah er die Fortentwicklung einer einfachen Saalkirche zu einem von Emporen umzogenen Raum. Den Grund für die Kanzelstellung in der Mitte der Längswand vermutete Wiesenhütter in der fehlenden Scheidewand zwischen Chor und Schiff. Diesem Schema folgten, wie bereits Grundmann betont hatte, die späteren Gnadenkirchen in Sagan und Teschen.[40] Als zweite, oft verwendete Grundrißlösung hob er die kreuzförmige Anlage hervor und unterstrich dabei – ebenfalls wie Grundmann – die Vorbildrolle der Schweidnitzer Friedenskirche für die Gnadenkirchen in Freystadt, Militsch, Landeshut und Hirschberg.[41] Eine weitere Arbeit widmete Wiesenhütter 1936 dem „protestantischen Kirchenbau des deutschen Ostens“. Darin kam er sogar zu dem Schluß, daß die riesige Friedenskirche Jauer trotz ihrer primitiven Mittel – damit meinte er die Fachwerkkonstruktion – der hervorragendste Saalbau überhaupt sei.[42] Die Schweidnitzer Friedenskirche mit ihrer durch die umlaufenden Emporen bewirkten Tendenz zum Zentralraum und der dominanten Rolle der Kanzel im Vierungsbereich hielt er für die großartigste Schöpfung unter den Kreuzkirchen.[43]

1938 erschien die Arbeit „*Raumprobleme des protestantischen Kirchenbaues im 17. und 18. Jahrhundert*“ von Ehler W. Grashoff. Auch für Grashoff spielten die stilistischen Merkmale keine Rolle. Die sich aus der veränderten Liturgie ergebenden Forderungen faßte er mit den Worten zusammen: „Die Reformation

---

38 Günther Grundmann: Die Bethäuser und Bethauskirchen des Kreises Hirschberg. Ein Beitrag zur Geschichte der protestantischen Kirchenbaukunst in Schlesien. Breslau 1922, S. 6–15.

39 Alfred Wiesenhütter: Der Evangelische Kirchenbau Schlesiens. Breslau 1926, S. 10f.

40 Ebenda, S. 14f.

41 Ebenda, S. 16f.

42 Alfred Wiesenhütter: Protestantischer Kirchenbau des deutschen Ostens in Geschichte und Gegenwart. Leipzig 1936, S. 50.

43 Ebenda, S. 63–68.

hebt das spezifische Priestertum auf und setzt ein Priestertum ein, das in engen wechselseitigen Beziehungen zur Gemeinde steht".[44] Daraus ergaben sich für ihn weitere Forderungen an die Baugestalt: die prinzipielle Einheit des Raumes sowie die gute Sichtbarkeit und Hörbarkeit des Geistlichen während der Predigt und anderen Amtshandlungen von jedem Platz aus. Die Folgerung daraus sei die Gruppierung der Gemeinde um einen einzigen Punkt, eine Vertikalachse, in der sich Kanzel, Altar und Taufstein befänden, die Einführung von Emporen, damit die ganze Gemeinde am Gottesdienst teilnehmen könne, und die feste Bestuhlung.[45] Neben dieser zentralistischen Tendenz spielte die Frage des Grundrisses (Lang-, Saal-, Zentral- oder Querkirche) für Grashoff keine Rolle mehr.[46] Wichtiges Kriterium war für ihn die Anordnung der Empore als raumbildender Faktor; er schrieb dazu: „Nur unter Einsicht dieser Funktionen der Empore im Raum, ihrer raumgestaltenden Kraft, ist Verständnis und Würdigung des protestantischen Kirchenbaus möglich, nicht vom Zweck der Empore her".[47] Während er die Jauersche Friedenskirche nicht erwähnte, meinte er zur Friedenskirche Schweidnitz, daß hier der ganze Fragenkomplex des protestantischen Kirchenbaus mit überraschendem Erfolg aufgenommen worden sei. Er hob besonders die den Raum umfassenden Emporen hervor, die organisch mit dem Bau verwachsen seien.[48] Dagobert Frey hingegen schrieb in seinem Beitrag zur Kunst in Schlesien unter den Habsburgern den beiden Friedenskirchen lediglich einen volkstümlichen Gestaltungswillen und eine bodenständige Herkunft zu.[49]

Seit dem Ende der zwanziger Jahre des 20. Jahrhunderts erforschte Heinrich Franke die Umgebindebauten Schlesiens. Den Höhepunkt der Entwicklung sah er in den langstrebigen Hängefachwerken (Abb. 7), den Verfall im Übergang vom Ständer- zum Stockwerksbau und in der Aufgabe der Blattverbindung zugunsten der Zapfenverbindung.[50] Regierungsbaurat Hans Härtel übernahm diese Kriterien

44 Ehler W. Grashoff: Raumprobleme des protestantischen Kirchenbaues im 17. und 18. Jahrhundert. Berlin 1938, S. 9.

45 Ebenda, S. 13.

46 Ebenda, S. 16.

47 Ebenda, S. 24.

48 Ebenda, S. 25.

49 Dagobert Frey: Die Kunst Schlesiens unter den Habsburgern. In: Geschichte Schlesiens, Bd. 2. Zweite durchges. Auflage. Sigmaringen 1988, S. 188. Die 1. Auflage des 2. Bandes erschien zwar erst 1973, die Textbeiträge waren jedoch bereits in den Jahren 1938–42 entstanden und erfuhren anschließend keine einschneidenden Änderungen mehr – siehe Zweite durchges. Auflage, S. VIII.

und verglich in seinem 1941 erschienenen Werk „*Ländliche Baukultur*" das Fachwerk der Friedenskirche Schweidnitz mit der Konstruktion von Scheunen. Seiner Meinung nach wurden die Holzverbindungen an der Kirche wesentlich verständnisloser ausgeführt als bei ländlichen Bauten dieser Zeit. Weiterhin urteilte er:

> „[...] ebenso befremdet die willkürliche Einschneidung der Fenster in die Fachwerkgurte, ein Anzeichen, daß man schon jedes Gefühl für den organischen Aufbau einer solchen Fachwerkwand verloren hatte".[51]

Neben der Erfassung und Beurteilung der konstruktiven Eigenschaften eines Gebäudes spielte bei der Erforschung der ländlichen Baukultur der nationale Aspekt eine wichtige Rolle. Charakteristisch für die deutsche Hausforschung dieser Zeit war dabei der Versuch, kulturelle Errungenschaften ausschließlich den Germanen zuzuschreiben. So meinte der erwähnte Baurat Härtel unter anderem:

> „Der Slawe ist in seiner Veranlassung dem Ostgermanen wesensfremd [...]. In ihren Lebensansprüchen hielten sich die Slawen auf niedrigster Stufe, in ihren kulturellen Leistungen waren sie ohne jegliche Bedeutung".[52]

Die Reaktion auf Darstellungen dieser Art erfolgte nach dem Ende des Zweiten Weltkriegs von Seiten der polnischen Forscher. In seinem 1948 veröffentlichten Werk über die Kunst in Schlesien bezeichnete Tadeusz Dobrowolski die protestantischen Kirchen, darunter auch die Friedenskirchen, als ausgesprochen provinziell und einfach. Einzig die Gnadenkirche in Teschen hob er hervor.[53] Auch Marian Morelowski kam in seiner Arbeit über die „*Blüte des Barocks in Schlesien*" aus dem Jahre 1952 zu einem ähnlichen Urteil. Die protestantischen Fachwerkkirchen waren für ihn primitive Exemplare. Der Versuch, die für den Hausbau geeignete Fachwerkkonstruktion auf den Kirchenbau zu übertragen, war seiner Meinung nach kläglich gescheitert; ihr Äußeres gleiche nicht einer Kirche, sondern einer schweren und häßlichen Masse.[54]

---

50 Heinrich Franke: Ostgermanische Holzbaukultur und ihre Bedeutung für das deutsche Siedlungswerk. Breslau 1936, S. 38–41, 114–124.

51 Hans Härtel: Ländliche Baukultur am Rande der Mittelsudeten als Beitrag zur Landesbaupflege in Schlesien (Schlesische Heimat 6). Breslau 1941, S. 21.

52 Ebenda, S. 11.

53 Tadeusz Dobrowolski: Sztuka na Śląsku [Die Kunst in Schlesien]. Katowice/Wrocław 1948, S. 267.

54 Marian Morelowski: Rozkwit Baroku na Śląsku 1650–1750 [Die Blüte des Barock in Schlesien 1650–1750]. Wrocław 1952, S. 28.

Ungeachtet dieser Urteile und der Tatsache, daß den Politikern in Schlesien in diesen Jahren nur die Gebäude aus der Zeit der schlesischen Piasten als erhaltenswert galten, nicht aber solche, die der deutschen Kultur zugerechnet wurden[55], erfolgte schon 1950 die Anerkennung der Friedenskirche Schweidnitz als Denkmal durch die polnische Denkmalbehörde. In der zugehörigen Begründung ist zu lesen, die Friedenskirche sei eine charakteristische evangelische Kirche der Barockzeit in Niederschlesien.[56] Die Eintragung der Friedenskirche Jauer in das Denkmalregister erfolgte 1963, und zwar mit folgender Argumentation:

> „Die Mitte des 17. Jahrhunderts errichtete Kirche erhielt im 18. Jahrhundert eine reiche Barockausstattung. Errichtet im Ergebnis der Festlegungen des Westfälischen Friedens, besitzt sie große künstlerische und historische Werte".[57]

1958, einige Jahre vor der Anerkennung der Friedenskirche Jauer als Denkmal, beurteilte erneut Günther Grundmann, der letzte Schlesische Provinzialkonservator, die Bedeutung der evangelischen Kirchen Schlesiens für die regionale Kunstgeschichte und Denkmalpflege. Er sah in den Friedenskirchen vor allem wichtige Zeugnisse der lokalen Geschichte und der Bautechnik. So schrieb er über die schlesischen evangelischen Kirchen unter anderem, daß

> „deren besonderer Wert mehr auf ihrer geschichtlichen und landschaftsgebundenen Bedeutung beruhte als auf ihrer ausschließlich kunstgeschichtlichen. [...] Waren sie doch als Friedens-, Grenz- und Gnadenkirchen sowie als friderizianische Bethäuser sichtbare Zeugen eines mehr als ein Jahrhundert währenden Kampfes der Evangelischen um die freie Religionsausübung

---

55 Zur Situation der Denkmalpflege in Schlesien in der Nachkriegszeit siehe u. a. Mirosław Przyłęcki: Ochrona i konserwacja zabytków na Dolnym Śląsku w latach 1945–1970 [Denkmalschutz und -pflege in Niederschlesien 1945–1970]. In: Stowarzyszenie Konserwatorów Zabytków (Hg.): Ochrona dziedzictwa kulturowego zachodnich i północnych ziem Polski. Warszawa 1995, S. 73–100.

56 Diese Begründung geht u. a. aus einem Schreiben des Amtes der Wojewodschaft Breslau an das Konsistorium der Evangelisch-Augsburgischen Kirchengemeinde Niederschlesiens vom 02.01.1950 hervor.

57 „Kościół wzniesiony w poł. XVII w., w XVIII w. uzyskał bogaty wystrój barokowy. Wybudowane w wyniku postanowień Pokoju Augsburskiego. Posiada duże wartości artystyczne i historyczne." – Schreiben an das Seniorat der Evangelisch-Augsburgischen Kirchengemeinde über die Entscheidung des Denkmalpflegers der Wojewodschaft Breslau vom 04.11.1963.

im katholisch regierten habsburgischen Kronland und der endlich erreichten Toleranz im friderizianischen Preußen".[58]

Zur Architektur und Konstruktion äußerte er sich wie folgt:

„Mit den drei Friedenskirchen in Schweidnitz, Jauer und Glogau [...] wurde ein kühner Schritt in Richtung Neuland getan, indem der Breslauer Festungsbaumeister und Ingenieur Valentin von Saebisch [sic!] riesige Fachwerkkonstruktionen aufführte, die mehreren Tausend Menschen Platz boten und in der Weiträumigkeit ihrer von Emporen umzogenen flach gedeckten Räume von geradezu imponierender Wirkung waren. Rechteck- und Kreuzgrundriß mit kurzen Querarmen dienten dem Baumeister zu gleich großer Raumentwicklung und mit diesen beiden Grundformen und ihren in die Konstruktion der durchgehenden Ständer eingefügten Emporen, die zugleich als Versteifungselemente ausgenutzt wurden, kam ein ganzes Jahrhundert aus".[59]

Eine speziell der Erscheinungsform der Kanzel im Protestantismus bis zum Barock gewidmete Arbeit veröffentlichte Peter Poscharsky 1962. Er untersuchte unter anderem die Stellung der Kanzel im Verhältnis zum Altar und in Abhängigkeit von der gewählten Grundrißform. Grundsätzliche Lösungen des Anordnungsverhältnisses von Altar und Kanzel seien die Annäherung des Altars an den traditionellen Ort der Kanzel oder umgekehrt.[60] Poscharsky verwies darauf, daß die bereits gegen Ende des 16. Jahrhunderts in der Schloßkapelle von Schmalkalden auftretende Stellung von Altar und Kanzel in einer Achse im allgemeinen erst 100 Jahre später zur Verbreitung gekommen sei.[61] Den Grund für die traditionelle Stellung der Kanzel in der Mitte der Längsseite in der Friedenskirche Jauer sah er darin, daß der Prediger, wenn schon nicht gesehen, so doch wenigstens von allen Plätzen gut gehört werden könne. Eine für Jauer inspirierende Rolle der 1623

---

58 Günther Grundmann: Schlesiens evangelische Kirchen und ihre Bedeutung für die schlesische Kunstgeschichte und Denkmalpflege. In: Jahrbuch der Schlesischen Friedrich-Wilhelms-Universität zu Breslau 3 (1958), S. 137.

59 Grundmann (wie Anm. 58), S. 138. Grundmann verwechselte hier Albrecht von Sebisch, der die Friedenskirchen in Jauer und Schweidnitz plante, mit seinem Vater, Valentin. Zur Schreibweise des Namens Sebisch vgl. Anm. 14.

60 Peter Poscharsky: Die Kanzel. Erscheinungsform im Protestantismus bis zum Ende des Barock. Marburg 1962, S. 94.

61 Ebenda, S. 96.

nach Plänen von Salomon de Brosse in Charenton errichteten Hugenottenkirche, wie sie Gurlitt Ende des 19. Jahrhunderts konstatiert hatte[62], lehnte er ab. Obwohl die Kirche in Charenton mit ihrer basilikalen Form und mit ihren zwei umlaufenden Emporengeschossen gewisse Ähnlichkeiten zu Jauer habe, unterscheide sie sich grundsätzlich durch die frei im Raum stehende Kanzel.[63] Die Wahl des Kreuzgrundrisses für die Friedenskirche Schweidnitz und die Kanzelstellung am nordöstlichen Vierungspfeiler, die Poscharsky als wahrhaft großartige Lösung des Problems der Kanzelstellung bezeichnete, führte er darauf zurück, daß sich von Sebisch der Nachteile von Jauer bewußt geworden sei. Eine Vorreiterrolle der ebenfalls auf einem Kreuzgrundriß errichteten Kirchen in Schlichtingshein (Szlichtyngowa) aus dem Jahre 1645 und Rostersdorf (Trzęsów) aus dem Jahre 1654 schloß Poscharsky zwar nicht aus, wahrscheinlicher erschien ihm jedoch, daß Sebisch die Bestrebungen zum Bau der 1656–70 errichteten Katharinenkirche in Stockholm gekannt habe.[64]

1964 erschien das „*Verzeichnis der Denkmäler der Architektur und des Bauwesens*“ in Polen, das die Denkmale entsprechend ihrer Bedeutung den Gruppen 0 bis IV zuordnete. Zur Gruppe 0 wurden Denkmale gerechnet, die nach Meinung der Autoren künstlerische, historische und wissenschaftliche Werte von Weltrang besaßen, darunter aus Schlesien unter anderem die Dominsel in Breslau sowie das Kloster und die Kirche Leubus (Lubiąż). Zur Gruppe I zählten Denkmale mit künstlerischen, historischen oder wissenschaftlichen Werten mit Bedeutung für ganz Polen, darunter die Friedenskirchen in Jauer und Schweidnitz, zur Gruppe II Objekte mit regionaler Bedeutung. Zur Gruppe III und IV zählten Objekte von durchschnittlicher oder minimaler Bedeutung sowie solche, die sich in einem schlechten baulichen Zustand befanden.[65] Mit der Zuordnung der Friedenskirchen zur Gruppe I durch die polnischen Denkmalpfleger wurde diesen erstmals eine überregionale Bedeutung zugeschrieben.[66] Obwohl die Klassifikation Mitte der siebziger Jahre wieder aufgehoben wurde, erfolgte keine Neubewertung der Denkmale.

62 Gurlitt (wie Anm. 24), S. 90.

63 Poscharsky (wie Anm. 60), S. 258f.

64 Ebenda, S. 259. Fälschlicherweise datiert Poscharsky den Bau der Friedenskirche Schweidnitz auf die Jahre 1657–58.

65 Spis zabytków architektury i budownictwa [Verzeichnis der Denkmäler der Architektur und des Bauwesens]. Bibilioteka Muzealnictwa i Ochrony Zabytków. Reihe A, Bd. 1. Warszawa 1964., S. XXXI–XXXII, S. 570, 600.

66 Dank dieser Eingruppierung wurden in den 60er und 70er Jahren staatlich finanzierte, umfangreiche denkmalpflegerische Maßnahmen an der Schweidnitzer Friedenskirche

Mitte der 1960er Jahre machte Pawel Banaś auf den schlechten Zustand und die denkmalpflegerischen Probleme der Erhaltung ehemals evangelischer Kirchen in der Wojewodschaft Breslau aufmerksam.[67] In einer weiteren Veröffentlichung aus dem Jahre 1971 setzte sich Banaś aus kunsthistorischer Sicht mit der protestantischen Architektur Schlesiens aus der zweiten Hälfte des 17. Jahrhunderts auseinander.[68] Mit seinem Versuch, die Charakteristik der Architektur zu definieren, kam er zu einer Reihe neuer Ergebnisse im Bezug auf die Funktion, die Raumstruktur und Ausstattung, die Beziehungen zur europäischen Architektur, die ikonographischen Programme, die Symbolik sowie den barocken Stil. Zunächst schrieb er den protestantischen Kirchen in Schlesien eine Doppelfunktion zu: Als Nutzbau oder Zweckbau hätten die Kirchen einen möglichst einheitlichen Innenraum mit einer guten Akustik und einer guten Sichtbarkeit des Altars und der Kanzel von allen Plätzen aus haben müssen. Weiterhin hätten sie den durch die Politik auferlegten Forderungen entsprechen müssen, was besonders in den Friedenskirchen zum Ausdruck gekommen sei. In diesem Zusammenhang verwendete Banaś den Begriff der „diasporalen Architektur“ und verwies unter anderem auf die Einschränkungen, denen der Bau von Synagogen in Polen im Zeitalter des Barock unterlag.[69]

Die diasporale Situation habe dazu geführt, daß die Kirchen viele Gläubige fassen mußten, besonders die Friedenskirchen. Sie habe ihren Ausdruck in der Verwendung der rechteckigen Langhausbauten mit polygonalem Chorschluß gefunden, wie zum Beispiel in der Jauerschen Kirche, seltener der Kreuzanlage, wie zum Beispiel in der Schweidnitzer Kirche. Das Äußere der Kirchen werde meist durch die Konstruktion bestimmt, repräsentative Fassaden kämen nicht vor; im

ausgeführt, vgl. hierzu Józef Pilch (Hg.): Prace konserwatorskie na terenie województwa wrocławskiego w latach 1945–1968 [Denkmalpflegerische Maßnahmen in der Wojewodschaft Breslau 1945–1968]. Wrocław/Warszawa/Kraków 1970, S. 126; Biuro Studiów i Dokumentacji Zabytków (Hg.): Prace konserwatorskie na terenie województwa wrocławskiego w latach 1974–1978 [Denkmalpflegerische Maßnahmen in der Wojewodschaft Breslau 1974–1978]. Wrocław/Warszawa u. a. 1985, S. 120.

67 Paweł Banaś: Kościoły poewangelickie na terenie woj. wrocwławskiego. Stan zachowania. Problemy konserwatorskie [Ehemalige evangelische Kirchenbauten auf dem Gebiet der Wojewodschaft Breslau. Erhaltungszustand. Denkmalpflegerische Probleme]. In: Ochrona Zabytków 19 (1966), H. 4, S. 23–32.

68 Banaś (wie Anm. 3).

69 Ebenda, S. 74–76.

Gegensatz dazu stehe die üppige Ausstattung der Kirchen.[70] Nach Meinung von Banaś hat sich die protestantische Architektur Schlesiens in der zweiten Hälfte des 17. Jahrhunderts, bedingt durch die politische Lage, überwiegend isoliert von der europäischen Architektur entwickelt.[71] Einzig für die Friedenskirche Jauer sah er ein europäisches Vorbild, nämlich die bereits bei Gurlitt erwähnte Hugenottenkirche in Charenton.[72] Die in Schweidnitz gewählte Lösung hielt er für eine Neuheit, ohne Vorbild.

Da die Innenausstattungen der Kirchen in der Regel kein hohes künstlerisches Niveau zeigten, seien sie vor allem wegen der ikonographischen Programme beachtenswert, die sich durch eine naive Didaktik biblischer Andeutungen auszeichneten.[73] Im Gegensatz zu den von führenden Reformatoren verkündeten Grundsätzen des 16. Jahrhunderts hätten die protestantischen Kirchen Schlesiens in der zweiten Hälfte des 17. Jahrhunderts auch einen symbolischen Charakter behalten; sie seien nicht nur ein Haus Gottes, sondern auch ein wichtiger Ort des Asyls, Symbol der Selbständigkeit und ein Lebenszeugnis des Glaubens.[74] Das Problem der stilistischen Einordnung der protestantischen Kirchen Schlesiens der zweiten Hälfte des 17. Jahrhunderts sah Banaś noch nicht gelöst. Ein Übergang von der Renaissance bzw. des Manierismus zum Barock finde hier erst am Anfang des 18. Jahrhunderts statt, wobei der barocke Stil ausschließlich in der Ausstattung zum Ausdruck komme. Die Architektur der Friedenskirchen rechnete Banaś der klassizierenden Spätrenaissance zu.[75]

1990 wurde das Werk des polnischen Kunsthistorikers Konstanty Kalinowski „*Barock in Schlesien*" veröffentlicht. Kalinowski definierte die an von Sebisch gestellte Bauaufgabe – einfache, funktionelle Form, billiges Baumaterial, Platz für einige hundert Gläubige – und hob hervor, daß es keine zeitgenössischen Vorbilder gegeben habe. Die Friedenskirche Jauer bezeichnete er als gelungene Lösung der Bauaufgabe und verwies auf ihren Vorbildcharakter für spätere Kirchen. Gleichzeitig schrieb er:

> „Jedoch fand der Architekt selbst diese Lösung nicht ideal; denn im dritten Entwurf, der Friedenskirche von Schweidnitz, [...] führte er eine Modifika-

70 Ebenda, S. 76–78.

71 Ebenda, S. 78.

72 Ebenda, S. 66.

73 Ebenda, S.79f.

74 Ebenda, S. 80f.

75 Ebenda, S. 81f.

tion des Grundrisses ein – er verwendete einen zentralen Plan mit breitem und kurzem Schiff, wodurch der Grundriß eines griechischen Kreuzes entstand und die Raumanordnung durch den Einbau ringsum laufender Emporen verändert wurde“.

Wie bereits Banaś konstatierte Kalinowski den für die diasporale Architektur Schlesiens des 17. Jahrhunderts typischen Kontrast zwischen funktionaler, einfacher Form mit bescheidener Außenansicht und der prunkvollen Innenraumausstattung.[76]

Zu Peter Poscharskys 60. Geburtstag erschien 1994 die Festschrift „*Geschichte des protestantischen Kirchenbaus*“, in der sich Jan Harasimowicz zu den Kirchen der evangelischen Schlesier in der habsburgischen Zeit äußerte. In den Friedenskirchen Jauer und Schweidnitz sah er vor allem Sinnbilder der Unabhängigkeit und Lebendigkeit des schlesischen Luthertums. Ausgehend von der theologischen Auffassung von einem evangelischen Gottesdienst schrieb Harasimowicz:

> „Sie [die Friedenskirchen, Anm. d. Verf.] waren ohne Zweifel sowohl als ‚Werkstette / n / des Heiligen Geistes’ als auch als ‚Paläste der Heiligen Dreifaltigkeit’ konzipiert, ebenso jedoch und nicht zuletzt als ‚Liebliche Awen und Lustgaerte / n / vor alle muehselige und beladene’, also als Stätten des Asyls und der Erholung“.[77]

Während er der dreischiffigen Basilika in Jauer mit dem Zyklus von 143 alt- und neutestamentlichen Bildern mit Merkversen an den Emporenbrüstungen eine „didaktisch-erbauliche Funktion“ zuschrieb, interpretierte er den kreuzförmigen Grundriß der Schweidnitzer Kirche vor allem als ein „Streben nach größerer Monumentalität“.[78]

Über die Eintragung der Friedenskirchen in die UNESCO-Liste des Welterbes wurde zwar bereits seit Ende der 1980er Jahre gelegentlich diskutiert, aber erst Andrzej Tomaszewski, Vertreter der Republik Polen im UNESCO-Komitee, erkannte und formulierte im Jahre 2000 die Bedeutung der Friedenskirchen für das Weltkulturerbe. Seine Begründung im Antrag an die UNESCO lautet:

---

76 Konstanty Kalinowski: Barock in Schlesien, Eigenart und heutige Erscheinung. München 1990, S. 65f.

77 Jan Harasimowicz: Paläste der Heiligen Dreifaltigkeit, Werkstätten des Heiligen Geistes. Die Kirchen der evangelischen Schlesier in der habsburgischen Zeit. In: Klaus Raschzog und Reiner Sörries (Hg.): Geschichte des protestantischen Kirchenbaues. Festschrift zu Peter Poscharskys 60. Geburtstag. Erlangen 1994, S. 140.

78 Ebenda, S. 140.

„Die Friedenskirchen zu Jauer und Schweidnitz sind außergewöhnliche Denkmale des traditionellen schlesischen Fachwerkbaus der 2. Hälfte des 17. Jahrhunderts, der hier an die Grenzen seiner technischen und räumlichen Möglichkeiten geführt wurde. Weiterhin sind sie besondere Zeugen des Miteinanders barocker Kunst und lutherischer Theologie. [...] Die Friedenskirchen haben einen direkten Bezug zu einem wichtigen historischen Ereignis (Westfälischer Friede), zu einer allgemeinmenschlichen Idee (Verlangen nach Religionsfreiheit) und zu einer Ideologie (christlicher Glaube, Reformation). Sie sind Kunstdenkmale, deren Form und Inhalt eng verbunden waren mit der politischen Situation einer zahlreichen und dynamischen religiösen Gesellschaftsgruppe, die sich in Folge innerer Konflikte und Krieg in einer durch die Herrschaft lediglich tolerierten Diaspora befand."[79]

Der internationale Rat für Kulturdenkmäler ICOMOS vergab die Begutachtung des Antrages an den deutschen Kunsthistoriker Hans Caspary, der in seiner Stellungnahme die Eintragung in die UNESCO-Liste unter denselben Gesichtspunkten empfahl.[80]

Auch die von der UNESCO formulierte Begründung für die Eintragung in die Weltkulturerbeliste folgt in wesentlichen Teilen dem Antrag:

„Die Friedenskirchen sind einzigartige Zeugnisse eines außergewöhnlichen Aktes der Toleranz der katholischen habsburgischen Herrscher gegenüber einer protestantischen Gemeinschaft in Schlesien in der Zeit nach dem Dreißigjährigen Krieg. Die Erfüllung der kaiserlichen Auflagen zum Bau der Friedenskirchen verlangte vom Baumeister Lösungen, die konstruktiv und architektonisch im Maßstab und in der Komplexität für die Holzarchitektur unbekannt waren. Bis in die heutigen Tage darf die Lösung als Erfolg angesehen werden. Die Friedenskirchen sind ein außergewöhnliches Glaubenszeugnis einer Religionsgemeinschaft und Ausdruck ihres Erhaltungswillens in einer partikularen politischen Entwicklung in Europa."[81]

---

79 Grzegorz Grajewski, Ulrich Schaaf, Andrzej Tomaszewski: Lista Światowego Dziedzictwa UNESCO. Kościoły Pokoju w Jaworze i Świdnicy [Die Weltkulturerbeliste der UNESCO. Die Friedenskirchen in Jauer und Schweidnitz]. Masch. Wrocław 2000, S. 8.

80 Hans Caspary: Die Friedenskirchen in Jauer und Schweidnitz. Evaluierung des Antrages zur Aufnahme in die Welterbeliste der UNESCO. Masch. Mainz 2001.

81 Begründung der UNESCO für die Eintragung der Friedenskirchen, zu finden u. a. im Internet unter http://www.whc.unesco.org/pages/doc/mainf3.htm

Zusammenfassend läßt sich feststellen, daß die Friedenskirchen Jauer und Schweidnitz von ihrer Anerkennung als Denkmal bis zur Eintragung in die Weltkulturerbeliste unter verschiedenen, der jeweiligen Zeit und Forschungsrichtung entsprechenden Fragestellungen untersucht und ihnen unterschiedliche Werte zugeschrieben wurden. Teilweise ergänzen sich diese Werte, teilweise widersprechen sie sich.

Die regionale historische Bedeutung der Friedenskirchen erkannten sowohl die Kirchengemeinden als auch die Denkmalpfleger und Kunsthistoriker. Sie wurde zwar einerseits nicht immer hervorgehoben, andererseits aber auch nie abgestritten. Während jedoch in der Regel der Kampf der schlesischen Protestanten um Religionsfreiheit in habsburgischer Zeit im Mittelpunkt der Ausführungen stand, betonte das UNESCO-Komitee in seiner Begründung die Geltung der Friedenskirchen als Zeugnisse der Toleranz der katholischen Herrscher, war doch mit der Erlaubnis zum Bau dreier protestantischer Kirchen in den der königlichen Kammer unterstellten Gebieten den Protestanten ein offizieller Status eingeräumt worden, der das habsburgische Prinzip der Alleinherrschaft des Katholizismus in Frage stellte.

Sowohl der Architektur als auch der Innenausstattung der Kirchen wurde lange Zeit eine künstlerisch bedeutende Qualität abgesprochen. Seit den 1970er Jahren hoben jedoch die polnischen Kunsthistoriker (vor allem Banaś und Harasimowicz) die Werte der ikonographischen Programme, besonders der alt- und neutestamentlichen Darstellungen auf den Emporenbrüstungen, aus religionsdidaktischen Gründen hervor.

Unterschiedlich bewerteten die Forscher die Bedeutung der Friedenskirchen für den protestantischen Kirchenbau. Während die einen den Vorrang des Kreuzbaues einschließlich seiner Kanzelstellung gegenüber dem Langbau bekräftigten (u. a. Lutsch, Fritsch, Poscharsky, Banaś), akzentuierten andere die Gleichwertigkeit beider Lösungen (u. a. Wiesenhütter, Grundmann), wiederum andere erachteten die Grundrißfrage für belanglos (Grashoff).

Mit Ausnahme der Jahrzehnte vor und nach dem Zweiten Weltkrieg (v. a. Härtel, Dobrowolski, Morelowski) wurden die Friedenskirchen meist als eindrucksvolle technische Denkmale – Denkmale der Zimmermannskunst oder der Fachwerkbauweise – gesehen.

Eine umfassende Würdigung der Friedenskirchen – sozusagen als Gesamtkunstwerke – in einem über Schlesien hinausgehenden Kontext gelang erst im Jahre 2000 mit dem Antrag an die UNESCO und der Eintragung 2001 in die Weltkulturerbeliste. Hervorzuheben ist dabei die Tatsache, daß nach Jahren der Unstimmigkeit zwischen deutschen und polnischen Forschern diese zu einem fast gleichlautenden Ergebnis gekommen sind.

Abbildungen

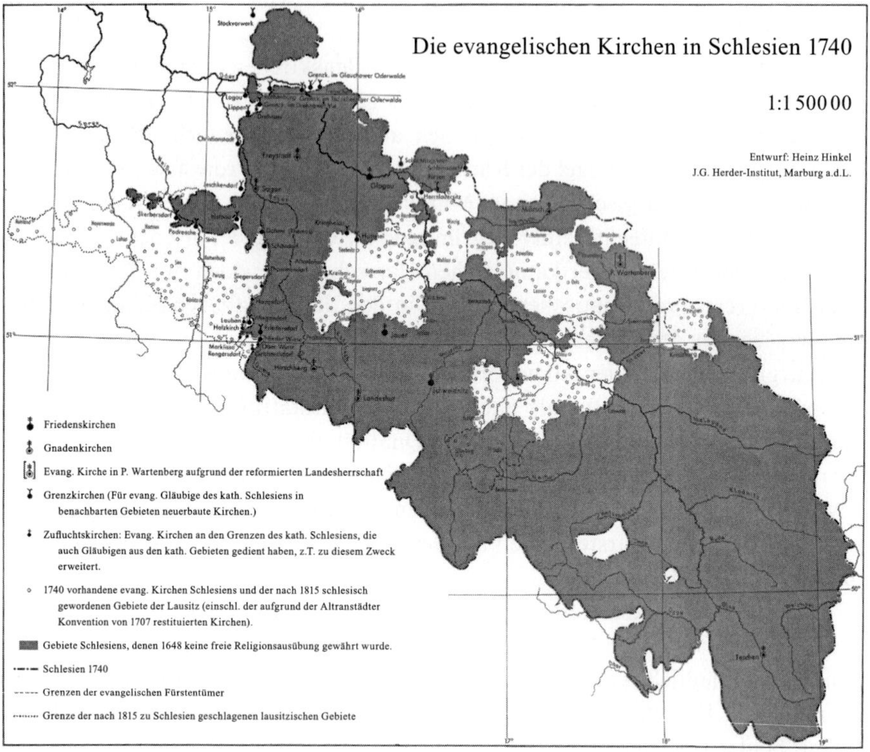

1. Die evangelischen Kirchen in Schlesien 1740 (Günther Grundmann: Der evangelische Kirchenbau in Schlesien. Frankfurt 1970, Karte 1)

2. Friedenskirche Jauer, Ansicht von Südosten (Foto Tobias Trapp, Nachlaß ZHD Fulda, Außenstelle Schweidnitz, Ulrich Schaaf)

3. Friedenskirche Schweidnitz, Ansicht von Südosten (Foto Tobias Trapp, Nachlaß ZHD Fulda, Außenstelle Schweidnitz, Ulrich Schaaf)

4. Friedenskirche Schweidnitz, Innenraum mit Blick auf Altar und Kanzel (Foto Tobias Trapp, Nachlaß ZHD Fulda, Außenstelle Schweidnitz, Ulrich Schaaf)

5. Gnadenkirche Sagan (Günther Grundmann: Der evangelische Kirchenbau in Schlesien. Frankfurt 1970, Fig. 1, S. 28)

6. Gnadenkirche Militsch (Günther Grundmann: Der evangelische Kirchenbau in Schlesien. Frankfurt 1970, Abb. 52, S. 152)

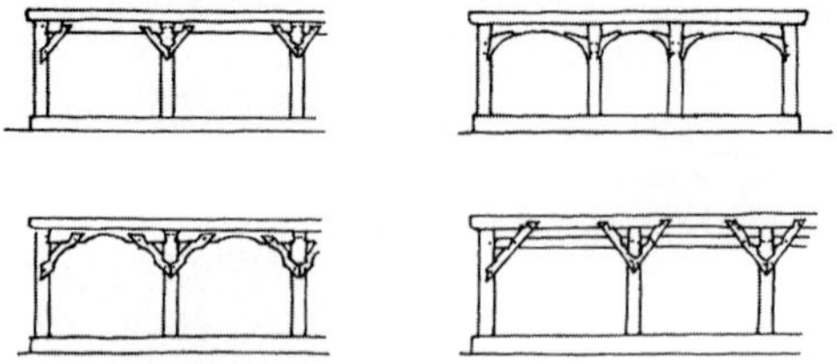

Abb. 32. Einstöckige Umgebinde.

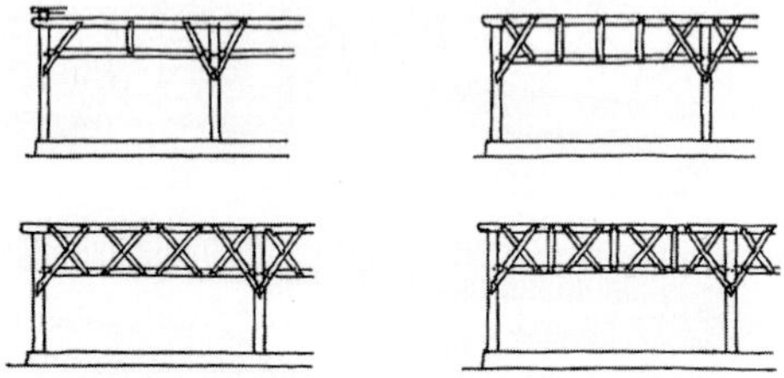

Abb. 33. Kniestockumgebinde (Gitterbildung).

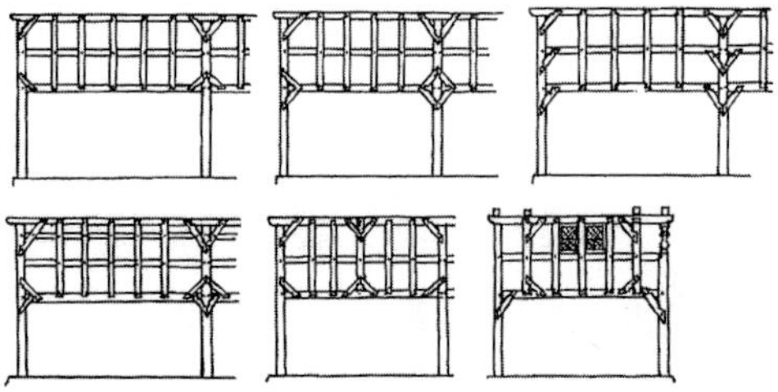

Abb. 34. Kurzstrebige Hängefachwerke.

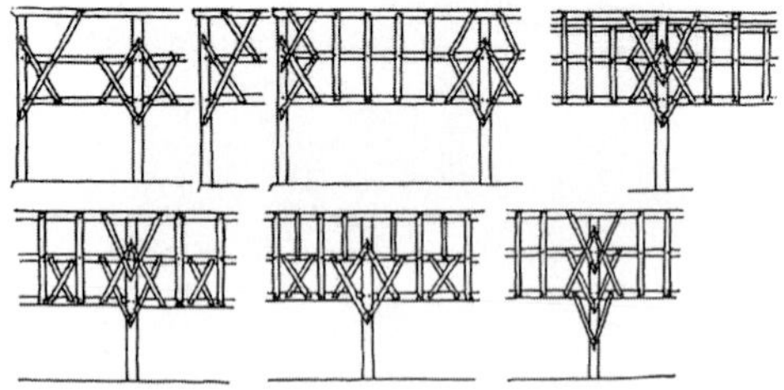

Abb. 35. Langstrebige Hängefachwerke.

7. Entwicklung der Umgebindebauten nach Heinrich Franke (Heinrich Franke: Ostgermanische Holzbaukultur und ihre Bedeutung für das deutsche Siedlungswerk. Breslau 1936, Abb. 32–36, S. 38)

Dušan Buran

Schloßdebatte auf Slowakisch

Gegenstand des folgenden Beitrages ist der Streit, der um das künftige Schicksal des modernen Flügels der Slowakischen Nationalgalerie in Preßburg/Bratislava entbrannte – eines Gebäudes, das bereits während seiner Entstehung in den Jahren 1969–1979 sehr widersprüchliche Reaktionen hervorgerufen hatte (Abb.1, 2).

Besonders vor dem Hintergrund der Debatte um den Wiederaufbau der barocken Fassaden des Berliner Schlosses scheint es angezeigt, die ausländische Fachöffentlichkeit mit der kontroversen Diskussion um die Slowakische Nationalgalerie bekannt zu machen. Diese wurde durch eine Medienkampagne eingeleitet, welche mein Interesse – paradoxerweise das eines Mediävisten – an diesem Thema weckte.[1] Am spannendsten erwies sich dabei nicht etwa die Verteidigung der modernen Architektur oder die Suche nach pragmatischen Lösungen zur Erhaltung eines gut funktionierenden Ausstellungsraums, sondern die Frage nach den Ursachen der „unangemessenen Reaktionen" der slowakischen Gesellschaft in Hinblick auf ihre eigene Vergangenheit und deren bauliches Erbe – respektive Architekturdenkmäler. Hier beginnt bereits das Problem, stößt doch allein schon die Bezeichnung von Bauten der Nachkriegsmoderne als „Denkmäler" in den (ost-) mitteleuropäischen Staaten nicht selten auf eine Reihe von Vorurteilen. Ein Resultat dieser skeptischen Haltung ist nicht nur die hier zu schildernde Diskussion, über deren öffentliche Dimension man sich eigentlich freuen kann, sondern leider oft auch der Zustand, in dem sich viele Bauten der Moderne bzw. Nachkriegsmoderne in den Ländern des östlichen Mitteleuropa befinden.

Darüber hinaus manifestieren sich – so glaube ich zumindest – am Beispiel der Debatte um die Nationalgalerie nicht nur einige wichtige Probleme der gegenwärtigen slowakischen Denkmalpflege, sondern auch eine – für Kunsthistoriker und Architekten nur wenig erfreuliche – Tendenz zum Historismus, zur Wiederherstellung einer nie da gewesenen Stadtidylle mittels schnell produzierter, meist

---

1 Dušan Buran: 1:0 pre emócie [1:0 für Emotionen]. In: Domino Fórum 10 (2001), Nr. 16, S. 7. – Replik von Alex Tahy: 0:0 pre Bratislavu [0:0 für Preßburg]. In: Ebenda, Nr. 17, S. 8; dazu Dušan Buran: Ad Alex Tahy – 0:0 pre Bratislavu [Zu Alex Tahy – 0:0 für Preßburg]. In: Ebenda, Nr. 19, S. 11. – Vgl. die Stellungnahme des Vereins der Architekten der Slowakei: Zachovať znamená tvoriť [Erhalten bedeutet schaffen]. In: Projekt 43 (2001), Nr. 3, S. 65.

pseudobarocker Bauten. Vergleicht man die gegenwärtigen Polemiken der deutschen, tschechischen oder ungarischen Kollegen, so scheint es sich hierbei nicht nur um eine „slowakische“, sondern um eine generelle Tendenz zu handeln.

Die Kontroverse um den modernen Flügel der Slowakischen Nationalgalerie in Bratislava begann eigentlich bereits während dessen Errichtung unter der damaligen KP-Führung. Der Einmarsch der sowjetischen Truppen in die Tschechoslowakei 1968, der dem „Prager Frühling“ ein Ende bereitete, führte nicht nur zu einer Änderung des Bauprogramms, sondern hatte – ganz trivial – auch Einfluß auf die Wahl der verwendeten Materialien und der Baufirmen, indem man z. B. Importe aus dem Westen verbot. Mit mehr als 1.000 registrierten Baumängeln konnte das stark reduzierte Projekt des Architekten Vladimír Dedeček erst im Jahr 1979 definitiv seinen Platz im Stadtbild Preßburgs einnehmen.[2] Der Bau erstreckt sich am Donauufer, das bereits seit den dreißiger Jahren des 20. Jahrhunderts ein Laboratorium architektonischer Experimente war, die bis in die jüngste Vergangenheit fortgesetzt werden.[3] Daß dieser Teil der Stadt auch über die Kontroverse um die Nationalgalerie hinaus noch nicht als ein „beruhigtes Schlachtfeld“ zu bezeichnen

---

2 Der Architekt Vladimír Dedeček (geb. 1929) projektierte in den 1970–1980er Jahren mehrere im Staatsauftrag entstandene öffentliche Gebäude in der slowakischen Hauptstadt und weiteren Städten der ehemaligen Tschechoslowakei (Nitra, Ostrava). Vgl. Matúš Dulla, Henrieta Moravčíková: Architektúra Slovenska v 20. storočí [Die Architektur der Slowakei im 20. Jahrhundert]. Bratislava 2002, S. 199, 226 und 467.

3 Bedeutende Beiträge leistete in den dreißiger Jahre vor allem der Funktionalist Emil Belluš mit seinen Bootshäusern der Ruderclubs. Zu seinem Platz in der slowakischen Kulturgeschichte vgl. Dana Bořutová: Impulzy a reflexie. K otázke formovania Bellušovho výtvarného názoru [Impulse und Reflexionen. Zur Frage der Ausprägung des künstlerischen Profils bei Belluš]. In: Architektúra a urbanizmus 33 (1999), Nr. 1–2, S. 15–22, und Dulla/Moravčíková (wie Anm. 2), S. 147ff., 359f. Zu nennen sind weitere progressive Architekten wie Josef Konrad oder Bedrich Brettschneider (vgl. ebenda, S. 359f.). Das erste Nachkriegsprojekt, das Hotel Devín, gebaut in den Jahren 1949–1954, stammt ebenfalls von Emil Belluš. – Der markante Baukörper des Hotels Danube wurde kurz nach der Wende, im Jahre 1991 fertiggestellt. An seinem Bau entzündete sich die vielleicht überhaupt erste öffentlich geführte Diskussion über Architektur im Stadtraum. Die Preßburger Öffentlichkeit konnte damals die Gestalt bzw. die äußere Form des von einem französisch-slowakischen Konsortium finanzierten Hauses kaum beeinflussen. Zum dritten und am stärksten umstrittenen Bau der Nachkriegsmoderne im Ufergebiet, der sog. Neuen Brücke, vgl. Anm. 9.

ist, zeigt der Schluß dieses Beitrags. An dieser Stelle sei lediglich angemerkt, daß die Slowakische Nationalgalerie in den siebziger Jahren der einzige moderne Museumsbau in der damaligen Tschechoslowakei war.

Die 1948 gegründete Slowakische Nationalgalerie in Preßburg bezog eine barocke Kaserne („Wasserkaserne", Abb. 3) aus dem späten 18. Jahrhundert am Donauufer. Der vierte Flügel dieses historischen Gebäudes war bereits 1940 abgerissen worden.[4] Erst nach der Gründung der Slowakischen Nationalgalerie – bzw. infolge des Anwachsens ihrer Sammlungen – stand seit den späten fünfziger Jahren eine umfassende Erweiterung des Areals auf der Tagesordnung. Zunächst sanierte man die vorhandene Bausubstanz, seit 1962 plante man die Adaption der gesamten Anlage für die Belange eines modernen Kunstinstituts und schrieb dazu auch einen öffentlichen Architekturwettbewerb aus.[5] Die meisten der eingereichten Entwürfe sahen eine zumindest partielle Umgestaltung des historischen Baukörpers vor, das Projekt von Dedeček war allerdings auch in dieser Hinsicht das radikalste (Abb. 4–6). Die großzügigen Pläne beinhalteten zwei Kinos, eine Bibliothek und ca. 2.500 m^2 Ausstellungsfläche. Aufgrund der Kostspieligkeit des Projekts in seiner ursprünglichen Form wurde allerdings nur eine Kompromißlösung verwirklicht; eine Tatsache, die später vor allem in architektonischen Fachkreisen als größter Mangel des Baus angesehen wurde. Dennoch ermöglichte der Neubau eine Verteilung der Ausstellungsräume auf drei Etagen mit Tageslicht; trotz der Reduktion brachte die Erweiterung immerhin 1.800 m^2 Ausstellungs-

---

4 Der Gebäudekomplex der sog. Wasserkaserne entstand im Rahmen der theresianischen Bautätigkeit in der Stadt zwischen 1759 und 1763, an der vornehmlich die Architekten um F. A. Hillebrandt beteiligt waren.

5 Eine relativ reiche Dokumentation publizierte die slowakische Architekturzeitschrift Projekt 43 (2001), Nr. 2. Vgl. besonders die Beiträge von Alexandra Kusá: K výstavbe Slovenskej národnej galérie (Výber z faktografie) [Zum Bau der Slowakischen Nationalgalerie (Auswahl aus der Faktographie)], S. 17; dies.: Vladimír Dedeček – rekonštrukcia a prístavba Slovenskej národnej galérie [Vladimir Dedeček – Rekonstruktion und Anbau der Slowakischen Nationalgalerie], S. 18f. – Die Nationalgalerie veranstaltete vom Mai bis Oktober 2001 eine Ausstellung der vorhandenen historischen Pläne (Konzeption der Ausstellung: A. Kusá). Ein öffentlicher Wettbewerb zur Sanierung und Revitalisierung des gesamten Museumskomplexes (d.h. Palais Esterhazy, Wasserkaserne, neuer Flügel und Verwaltungsgebäude), dessen Ergebnisse in einer weiteren Ausstellung veröffentlicht wurden, erbrachte zwei Preisträger; die Finanzierung dieses Projekts ist allerdings bislang nicht gesichert. Die Entwürfe sind publiziert in der Zeitschrift Projekt 45 (2003), Nr. 4.

fläche sowie neue großräumige Depots und einen Verwaltungsbau mit Kino und öffentlicher Bibliothek. Das Amphitheater, das zwar gebaut wurde, heute jedoch nicht genutzt wird (paradoxerweise wegen des Einspruchs der Bewohner der Häuser, die bei einer Realisierung des ursprünglichen Projekts abgerissen worden wären), konzipierte man als Freiluftkino für 240 Zuschauer (Abb. 7).

Unter stiller Tolerierung der Öffentlichkeit erlebte diese Architektur das Jahr 1989 und widerstand in den frühen neunziger Jahren der öffentlichen Kritik im Zusammenhang mit der Diskussion um „totalitäre Bauten" in der Stadt. 1991–1994 wurde das Gesamtareal einer vorwiegend technischen Teilsanierung unterzogen und beherbergte u. a. noch zwei große Ausstellungen zum Barock und zur slowakischen Kunst des 20. Jahrhunderts, bis der März 2001 kam. Angesichts seiner technischen und klimatischen Mängel, die den Ausstellungsbetrieb blokkierten, erklärte die Generaldirektorin der Nationalgalerie Katarína Bajcurová – der ewigen Versprechungen der Politiker zur baldigen Lösung der Situation müde – den Bau für dringend sanierungsbedürftig und veranlaßte seine sofortige Schließung.

Es war dieser letzte Schritt, der mit Hilfe der Journalisten zu heftigen Reaktionen der Öffentlichkeit führte. Vor allem das Preßburger Lokalblatt Bratislavské noviny (Preßburger Zeitung) glänzte mit einer Reihe von Leserbriefen, deren Autoren sich meist als „alte Preßburger" bezeichneten.[6] Der dabei entstandene merkwürdige Konsens über die Forderung nach einem sofortigen Abriß des Gebäudes fand seine emotionale Legitimierung in der Tatsache, daß sich an dessen Stelle bis in die 1950er Jahre ein Park und ein Café befunden hatten, welche bei der älteren Generation mit durchaus positiven Erinnerungen verknüpft waren. In welchem Kontrast diese Nostalgie mit der Realität stand, zeigen ein paar Zitate dieser Diskussion:[7]

„Mir gefällt der Vorschlag von Herrn Antal sehr, der dem ‚Schöpfer' dieses Monsters einen Schweißbrenner geben und ihn solange an seinem ‚Werk' festhalten möchte, bis dieser es selbst liquidiert hätte" – „[...] die einzig mögliche Art der ‚Rekonstruktion' ist eine Demolierung des Gebäudes [...] der Autor dieses

6 Bratislavské noviny 4, Nr. 3 (8. Februar 2001), S. 1; Bratislavské noviny 4, Nr. 8 (19. April 2001), S. 6. – Bei dieser Zeitung handelt es sich um ein kostenloses Werbeblatt, das v. a. durch Anzeigen finanziert wird. Ob die Themenwahl durch eine Einflußnahme der wichtigsten Anzeigenkunden gesteuert wird oder eher der „vox populi" folgt, wäre eine interessante Frage, der jedoch an dieser Stelle nicht nachgegangen werden kann.

7 Alle Zitate aus Bratislavské noviny 4, 2001, Nr. 7 (5. April 2001), S. 6.

Monstrums hat wohl kein Recht, sich zu diesem Thema zu äußern."– „Ich denke, daß wir, die ein Leben lang in Preßburg leben, das ‚Vorrecht' haben, darüber zu entscheiden, was mit diesem ‚Monster' am Donauufer passieren soll. Die einzige Weise, wie man das ‚unmögliche Monster' loswerden kann, ist: abreißen!" – „Die akademischen Titel und Urkunden aller ‚Architekten', die für dieses ‚großartige' Werk verantwortlich zeichnen, sollten öffentlich aberkannt werden."

Das Meinungspanorama, durch die Redaktion geschickt mit der geradezu shakespeareschen Überschrift: „Abreißen oder nicht abreißen, das ist unsere Frage", eingeleitet, schließt – nicht unlogisch – mit der Bemerkung eines Lesers, der die Ansicht vertritt, „[...] daß es erschreckend ist, daß man überhaupt über die Sanierung dieses Monsters diskutiert".

Erst mit einiger Verspätung reagierte auch die Fachwelt, d. h. die Kustoden der Nationalgalerie sowie Denkmalpfleger und vor allem Architekten (wobei jede dieser Gruppen eigene Interessen verfolgte). Im Gegensatz zu der radikalen vox populi zeichneten sich ihre mehr oder weniger qualifizierten Äußerungen durch rationelle Argumente aus, nicht nur durch Emotionen nach dem Motto „es gefällt mir – es gefällt mir nicht". Das Manko jener Beiträge bestand jedoch darin, daß sie meist in Fachzeitschriften oder speziellen Online-Foren erschienen und daher der Preßburger Öffentlichkeit so gut wie unbekannt blieben.[8] Als schließlich die Feuilleton-Redakteure der meinungsbildenden Medien das Thema aufgriffen, näherten sie sich dem Problem nicht über ein grundlegendes Studium der Fakten, sondern wählten den bequemeren Weg und orientierten sich an der dominierenden Volksmeinung.

Die fast schon hysterische Forderung nach dem Abriß eines Gebäudes im Stadtzentrum, für die in erster Linie ästhetische Argumente ins Feld geführt werden, hat einen leicht zu definierenden Ursprung. Ohne tiefer ins Detail gehen

---

8 Martin Mašek: SNG kontra katalógový gýč [SNG kontra Katalog-Kitsch]. In: Arch 6 (2001), Nr. 3, S. 1; Peter Žalman: Niekoľko poznámok k aktuálnej téme SNG Bratislava [Einige Anmerkungen zum aktuellen Thema der SNG Bratislava]. In: Projekt 43 (2001), Nr. 2, S. 19; Imro Vaško: Paralely. New Ends alebo (...). [Parallelen. New Ends oder (...)]. In: Ebenda, S. 20–25, sowie Andrej Alexy: Kultúrne dedičstvo alebo nechcené bremeno? [Kulturelles Erbe oder ungewollte Last?]. In: Ebenda, S. 26f. – Die Internetdiskussion erfolgte auf mehreren Websites, in erster Linie auf der Seite der Slowakischen Architektenkammer: http://www.archinet.sk. Am 4. April 2003 zählte diese Rubrik über 100 Beiträge, während die meisten anderen Internetforen kaum die Hälfte davon erreichten.

zu müssen, läßt sich sagen, daß dieser negativen Bewertung neben emotionalen Faktoren auch gewisse kulturelle Erfahrungen zugrunde liegen, gewonnen im Prozeß der eigenen Sozialisierung bzw. der Ausprägung des politischen Bewußtseins. Aus diesem Blickwinkel erscheint die einseitige „Diskussion" über den Bau der Slowakischen Nationalgalerie als Resultat einer Reihe von soziokulturellen und politischen Entwicklungen, die in der Zwischenkriegszeit begannen und das Stadtbild von Bratislava bis in die Gegenwart in durchaus widersprüchlicher Weise formten.

So ist das (Unter-)Bewußtsein eines Slowaken bzw. eines Preßburgers der mittleren oder älteren Generation geprägt von der Erfahrung der Zerstörung eines Altstadtviertels einschließlich der Synagoge im historischen Stadtkern oder den zahlreichen, ideologisch motivierten Abrissen von Kirchenbauten auf dem Lande in den siebziger Jahren des 20. Jahrhunderts.[9] Diese radikalen Methoden im Umgang mit der Vergangenheit liefern heute das Vorbild zur Durchsetzung eigener Vorstellungen von Schönheit oder Modernität.

Betrachtet man die heutigen Aufrufe zur Zerstörung des Museumsflügels in einem breiteren Kontext, so drängen sich eine Reihe historischer Analogien auf, die man – etwas vereinfacht – unter dem Schlagwort „Bildersturm" subsumieren kann. Auch im hiesigen Falle dominieren weniger ästhetische oder gar praktische Gründe, als vielmehr das Bestreben nach einer definitiven Abrechnung mit der Kulturepoche, für deren Symbol man das Werk hält. Auch hier ist nicht wichtig, durch welches andere Bauwerk das Gebäude ersetzt werden soll; es zählt der Akt der Zerstörung selbst, möchte man ihn auch als „Humanisierung der Umwelt" verbrämen oder „ästhetische Gründe" (sprich: sachlich kaum definierbare Phänomene) vorschieben.

---

9 Die Synagoge auf dem Fischermarkt mußte in den 1970er Jahren der Stadtautobahn weichen, deren „Neue Brücke" ein weiteres umstrittenes Architekturdenkmal der siebziger Jahre ist; vgl. Dulla/Moravčíková (wie Anm. 2), S. 202f. Dieser Brückenbau bedeutete den wohl brutalsten Eingriff in den historischen Stadtkern. Wie polarisiert die Meinungen dazu bis heute sind, zeigt das Paradox, daß 2001 gerade diese Brücke von den slowakischen Architekten zum „Bau des 20. Jahrhunderts" ernannt wurde. – Eine systematische Untersuchung der Abrisse in Bratislava seit dem Zweiten Weltkrieg wurde m. W. noch nicht unternommen. Relativ reiches Bildmaterial bieten neben einigen alten Bildbänden u. a. folgende Publikationen: Eugen Lazišťan (Hg.): Bratislava. Bratislava/Martin 1959, S. 88, 91, 93; Peter Salner (Hg.): Taká bola Bratislava [So war Bratislava]. Bratislava 1991, Abb. S. 14, 15, 179, sowie Martin Čičo: Podhradie známe i neznáme [Theresienstadt bekannt und unbekannt]. Bratislava 2004.

Der kunstwissenschaftliche Diskurs zum Thema Bildersturm hat gezeigt, daß ikonoklastische Wellen vor allem Zeiten innerer Kämpfe um die eigene (religiöse, kulturelle oder politische) Identität begleiten und die Kunst dabei meist nur als Projektionsfläche dieser Auseinandersetzungen dient.[10] Die wohl größte Bildersturmwelle wütete im 20. Jahrhundert im östlichen Mitteleuropa nach dem Fall der Berliner Mauer, als man definitiv mit den omnipräsenten Lenins, Gottwalds, Dimitrows, Piecks oder den Milizionär-, Bauern- und Arbeiter(innen)skulpturen abrechnete.[11] Die im (Unter-)Bewußtsein der modernen mitteleuropäischen Gesellschaft schlummernde Überzeugung, daß die Denkmalzerstörung eine legitime Methode zur Durchsetzung eines neuen ästhetischen Ideals sei, erhielt in den frühen neunziger Jahren auch in der Slowakei entscheidende Impulse. Unzählige Denkmäler wurden geschleift (meist tatsächlich mit sehr geringen Verlusten an künstlerischer Qualität); Vorschläge, eine Art Freilicht-Museum für sie zu gründen, um insbesondere der jüngeren Generation die vergangene propagandistische Bildproduktion auf eher amüsante Weise zu vermitteln, scheiterten nicht nur am Geldmangel, sondern auch an der Unfähigkeit der frisch „demokratisierten" Gesellschaft, Abstand von den Symbolen der Diktatur zu gewinnen. Daß dabei häufig auch ein Teil des eigenen Mitläufertums unter den Teppich gekehrt werden konnte, war für viele ein äußerst willkommenes Argument, die Gelegenheit zum schnellen Handeln zu ergreifen.

---

10 Trotz einer Fülle jüngerer Literatur bleibt wegen seiner theoretischen Prägnanz unübertroffen Horst Bredekamp: Kunst als Medium sozialer Konflikte. Bilderkämpfe von der Spätantike bis zur Hussitenrevolution. Frankfurt/M. 1975. Vgl. ferner David Freedberg: Iconoclasts and their Motives. Maarsen 1985, sowie Martin Warnke (Hg.): Bildersturm. Die Zerstörung des Kunstwerks. Frankfurt/M. 1988²; Helmut Feld: Der Ikonoklasmus des Westens (Studies in the History of Christian Thought 41). Leiden/New York/Köln 1990.

11 In den letzten Jahrzehnten gab es mehrere Versuche, diesem Phänomen näher zu kommen; vgl. stellvertretend die Beiträge des vom Institut für Kunstgeschichte der Slowakischen Akademie der Wissenschaften veranstalteten Colloquiums „Totalitarianisms and Traditions" (25.–27. Oktober 1993); zur vorliegenden Fragestellung besonders die Beiträge von Katarína Bajcurová: Heroes and Victims. Some Remarks on the Typology of the Visual Image in Slovak Fine Art from the Period of Socialism. In: Ars 1993, Nr. 2–3, S. 195–200; Géza Hajós: Die Schwierigkeiten mit der Demokratisierung des Denkmalbegriffes. In: Ebenda, S. 201–210; Albert Boime: Perestroika and the Destabilization of the Soviet monuments. In: Ebenda, S. 211–226 (jeweils mit weiterführender Literatur).

In diesem Kulturkampf kam der „totalitären Architektur“ sowohl in Rußland als auch in den anderen Ländern des früheren „Ostblocks“ inklusive der ehemaligen DDR ein etwas anderer Stellenwert zu als manchen anderen Monumenten, weil diese nach wie vor einen funktionalen Nutzen besaß. Gerade die ambivalenten theoretischen Fragen der Erhaltung der als „sozialistisch“ angesehenen Bauten bzw. die denkmalpflegerische Praxis im Umgang mit ihnen lassen dabei oft den Grad der Vergangenheitsbewältigung der jeweiligen Gesellschaft besser erkennen als manche politische Proklamation.

Die konkrete Situation des umstrittenen Baus der Slowakischen Nationalgalerie ist allerdings zu kompliziert, als daß man diesen als „Denkmal der schrecklichen Zeit“ unter Denkmalschutz stellen könnte. Seine für die Entstehungszeit sehr fortgeschrittenen technischen Eigenschaften sowie die unbestreitbaren funktionalen Vorzüge der Ausstellungsräume entsprechen nicht der konventionellen Vorstellung eines „Symbols“ der realsozialistischen Baukunst. Sehr treffend bemerkte die Architekturhistorikerin Dana Bořutová bei einer Round-Table-Diskussion: „Eher als ein Symbol des Sozialismus ist dieser Bau dessen Opfer.“ Wenn auch hauptsächlich im nichtöffentlichen Bereich, so hat die slowakische Architektur doch gerade in den 1970er Jahren, also in der Zeit des stärksten ideologischen Drucks, eine ihrer experimentellsten Phasen erlebt.[12]

Aus diesem Blickwinkel ist die Argumentation der Befürworter einer Erhaltung des Gebäudes nicht uninteressant: Zum Vergleich zog man prominente Museumsbauten heran, etwa das Whitney Museum of American Art in New York von Marcel Breuer (1966), das Guggenheim-Museum von Frank Lloyd Wright (1959) sowie schließlich den geplanten Neubau des Victoria & Albert Museums in London von Daniel Libeskind – alles Repräsentanten einer relativ aggressiven skulpturalen Architektur, mit deren Akzeptanz das Publikum in den westlichen Metropolen (vielleicht mit Ausnahme Londons) heutzutage offensichtlich nicht mehr so große Schwierigkeiten hat wie (vielleicht mit Ausnahme Prags) im östlichen Mitteleuropa. Ein weiteres Problem ist, daß der Boom neuer Museumsbauten, der in den vergangenen Jahren in Deutschland, Österreich oder Großbritannien zu beobachten war, hier angesichts der andauernden Krise der öffentlichen Finanzen bislang ausblieb.

---

12 Die wohl radikalsten Vertreter der utopischen Architektur sind in der Gruppe VAL versammelt: Ľudovít Kupkovič, Viera Mecková und Alex Mlynárčik. Vgl. dazu: Ľudovít Kupkovič u. a. (Hg.): VAL. Cesty a aspekty zajtrajška [VAL. Wege und Aspekte von morgen]. Ausstellungskatalog. Bratislava 1996.

Zurück zur Slowakischen Nationalgalerie: Die öffentliche Verteidigung ihrer Architektur ließ auf der anderen Seite der Barrikade eine Reihe von Beiträgen entstehen, in denen nicht mehr das Museum, sondern die Moderne insgesamt zur Zielscheibe der Kritik wurde. So trug ein Kollege eine nostalgisch gefärbte Kritik vor, in der er eine ganze, auch international geachtete Generation von Preßburger Architekten der Moderne für die Entstehung der „architektonischen Intoleranz" verantwortlich machte.[13] Er bezog sich dabei auf meine These der latenten ikonoklastischen Tendenz der Stadtöffentlichkeit in Bezug auf das Galeriegebäude und konterte, daß eine solche Bildersturmwelle bereits während der ersten Modernisierung der Stadt in den dreißiger Jahren eingesetzt habe und bis in die Gegenwart – in Gestalt der jeweils aktuellen Architektur – andauere. Folglich sei das Galeriegebäude nicht das potentielle Opfer, sondern das Ergebnis eines Bildersturmes. Daß Preßburg in der Zeit nach der Gründung der Tschechoslowakei 1918 bis zum Zweiten Weltkrieg mit einer gewaltigen Einwanderungswelle, einem nicht mehr funktionierenden Verkehrssystem und einer den hygienischen Anforderungen nicht genügenden Wohnungssubstanz konfrontiert war, fand in dieser desavouierenden Argumentation keine Berücksichtigung. Unerwähnt blieb auch, daß es den Funktionalisten damals nicht in erster Linie um die Zerstörung der alten Bausubstanz, sondern um die Schaffung einer neuen Architektur ging – ein Aspekt, der jenen Bildersturmverdacht widerlegt.

Die Kritiker der Galerie haben einige Alternativen parat. Obwohl ihre Meinungen differieren, überwog bis vor kurzem die Tendenz, anstelle des Neubaus den vierten Flügel der barocken Kaserne wiederaufzubauen und somit den vermeintlich idyllischen Hof zu rekonstruieren. Daß dieser Hof in der Vergangenheit viel länger militärischen Aufmärschen als Kaffeekränzchen im Grünen diente, wird von seinen Anhängern nicht gerne zur Kenntnis genommen.

Obwohl man die etwas naiven Preßburger Vorschläge nur bedingt mit der Schloßdebatte Berliner Art vergleichen kann, ist an dieser Stelle noch eine besonders kreative Idee zu erwähnen. Sie stammt von dem in Preßburg als einflußreich geltenden ehemaligen Direktor des Archäologischen Museums Štefan Holčík, der 2002 das Amt des Vize-Bürgermeisters innehatte. Auch er plädierte dafür, die ursprüngliche Disposition des Blocks aus dem 18. Jahrhundert zu rekonstruieren, d. h. den vierten Flügel wiederaufzubauen, allerdings mit einer „etwas moderneren" Fassade.[14] Neben einer Arkadenreihe und einem Dachtympanon sollte sie ein

13 Tahy (wie Anm. 1).

14 Bratislavské noviny 4, 2001 (19. April 2001), Nr. 8, S. 6.

Mosaikfries zieren. Als potentiellen Autor dieses Kunstwerks nannte Holčík den österreichischen Maler Christian Ludwig, gen. Attersee – und dies aus keinem geringeren Grund als deshalb, weil jener ein gebürtiger Preßburger ist.[15] Somit könnte man sowohl den lokalpatriotischen Stolz pflegen als auch etwas internationalen Flair genießen.

Die ganze Sache wäre nicht weiter erwähnenswert, wenn sich nicht gerade im Stadtkern Preßburgs in der letzten Dekade unzählige historisierende Neubauten breitgemacht hätten. Nicht nur, daß das immer „touristenfreundlichere" Zentrum der Stadt von nostalgischem Kitsch überschwemmt wird (vor allem in Form von zahllosen Kleinstatuen und Brunnen) – es häufen sich auch großflächigere Projekte. Das wohl prominenteste Produkt ragt an der westlichen Terrasse der Preßburger Burg hervor, wo man – bezeichnenderweise für das slowakische Parlament – einen Neubau nach dem Vorbild einer barocken Dreiflügelanlage errichtet hat (Abb. 8). Wie in den Präzedenzfällen der Abrisse von Kunstdenkmälern fühlt man sich – gerade an diesem Ort besonders intensiv – von der Vergangenheit der historisierenden Restaurierungspraxis eingeholt. Die Preßburger Burg, die bereits vor dem Zweiten Weltkrieg Ruine war, wurde in den 1950er Jahren radikal umgebaut, sozusagen aus der Asche erhoben, und den repräsentativen Zwecken des sozialistischen Staates angepaßt.[16] Zwar bekannte man sich dabei zur Gegenwart, indem man die Arkaden des Innenhofs in modernen Formen wiederaufbaute; an den Außenfassaden wurden jedoch die Spuren der komplexen Bauhistorie einerseits entfernt oder verputzt, andererseits wurden künstlich Altersspuren vorgetäuscht. In diesem Kontext erscheint die Hinzufügung eines Tradition inszenierenden Gebäudekomplexes nur ein logischer Schritt innerhalb des Prozesses zu sein, dem Laien jegliche Hilfe zum Verständnis der baugeschichtlichen Phasen zu entziehen. Kurz vor dem Ende der kommunistischen Ära hatte man in unmittelbarer Nachbarschaft der Preßburger Burg das neue Gebäude des damaligen

---

15 Christian Ludwig (Attersee), geb. 1940, Sohn des namhaften Preßburger Architekten Christian Ludwig (vgl. Dulla/Moravčíková [wie Anm. 2], S. 472) lebte bis zu seinem 4. Lebensjahr in Preßburg, dann ließ sich die Familie in Österreich nieder.

16 Die Initiativen zur Rettung der Ruine begannen bereits in der Zwischenkriegszeit, doch erst 1953 nahmen sie konkrete Gestalt an, nachdem das Slowakische Denkmalinstitut zusammen mit dem Institut für Theorie und Geschichte der Architektur an der Slowakischen Technischen Hochschule die ersten Sanierungspläne vorbereitet hatte. Vgl. die Fotos aus den fünfziger Jahren des 20. Jhs. bei Lazišťan (wie. Anm. 9), S. 1, 46–49, sowie Dušan Martinček: Stavebné úpravy na Bratislavskom hrade [Bautätigkeit auf der Preßburger Burg]. In: Bratislava 2 (1966), S. 307–311.

Slowakischen Nationalrates (heute Hauptsitz des Parlaments) errichtet, schon damals intendiert als stille Konkurrenz zum Machtsymbol aus monarchistischen Zeiten. Bereits zu jener Zeit wurde dieser Neubau trotz der drohenden politischen Konsequenzen von den Denkmalpflegern und der Burgverwaltung kritisiert, auf politischer Ebene jedoch durchgesetzt. Daß heute über das Schicksal der Burg bzw. über die modernen Bauten in seiner unmittelbaren Nähe kaum diskutiert wird, muß man für ein weiteres kulturpolitisches Paradox halten...

Mittlerweile hat sich der Zorn der Öffentlichkeit auf die Frage der sog. „Theresienstadt" verlagert – jenes zentral gelegene Gebiet zwischen der Donau und dem Burghügel, das in der Vergangenheit vor allem als Wohnviertel der jüdischen Bevölkerung diente. In diesem weitgehend heruntergekommenen Quartier wollten einige private Unternehmer Bürohäuser ansiedeln, was erneut auf heftige Proteste der konservativen Preßburger stieß. Dabei flüchtete man wiederum in die Selbsttäuschung, indem man für das „historische", in Wirklichkeit jedoch nicht mehr existente Viertel kämpfte. Bezeichnenderweise hatte man hier in den 1990er Jahren eine Chance verpaßt: Gerade dieses Quartier war nämlich 1997 Gegenstand des ersten bedeutenden internationalen Wettbewerbs Europan IV für neue Baukomplexe in Preßburg, an dem vornehmlich Architekturstudenten und junge Ateliers teilgenommen hatten.[17]

Kaum etwas kann die Widersprüche der slowakischen Denkmalpolitik der letzten 50 Jahre bis in die Gegenwart besser illustrieren als die Bautätigkeit auf und unterhalb des Burghügels in Preßburg: Zwischen staatlich-politischem Idealismus und kommunalem Pragmatismus, zwischen der Sehnsucht nach einer nicht mehr existenten Vergangenheit und dem Bestreben, die Zeugen unerwünschter Geschichtsepochen aus dem Stadtbild auszublenden, zwischen großen architektonischen Gesten und provinziellem Historismus gelangte sie mit der Diskussion um den modernen Flügel der Nationalgalerie vielleicht an einen Scheideweg. Das künftige Schicksal dieses Gebäudes wird daher möglicherweise über mehr Auskunft geben als nur über das Verhältnis der Slowaken zu der radikalen Architektur der siebziger Jahre des 20. Jahrhunderts.

---

17 Vgl. Michal Bogár: Medzinárodná súťaž Europan 4 a bratislavská Vydrica [Der internationale Wettbewerb Europan 4 und die Preßburger Vydrica]. In: Architektúra a urbanizmus 31 (1997), Nr. 2–3, S. 77–89.

Abbildungen

1. Slowakische Nationalgalerie in Preßburg/Bratislava (SNG), der sog. Neue Flügel am Donauufer (Foto Dušan Buran)

2. SNG, im Hintergrund die St. Martinskirche und die Preßburger Burg (Foto Dušan Buran)

3. SNG, die sog. Wasserkaserne, Hof (Foto Dušan Buran)

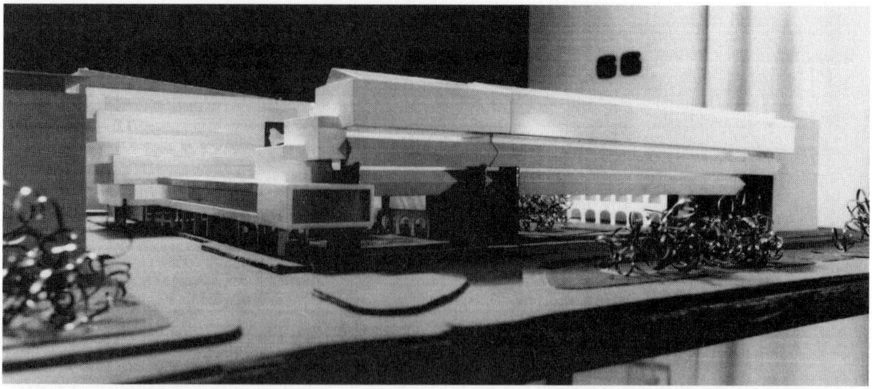

4. SNG, Modell der ursprünglichen Version von 1965 (Archiv der SNG)

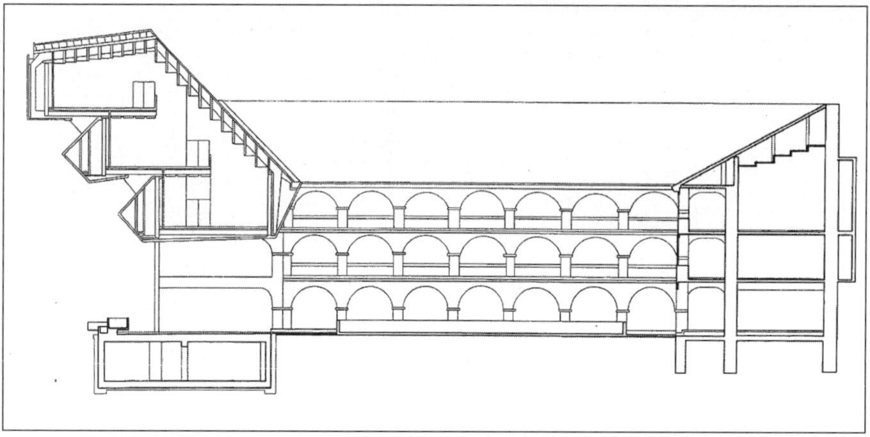

5. SNG, Projekt für den Neubau im Anschluß an den historischen Bau der sog. Wasserkaserne, Schnitt (Archiv der SNG)

6. SNG, der „Neue Flügel“ (Foto Dušan Buran)

7. SNG, Amphiteater (Foto Dušan Buran)

8. Preßburg/Bratislava, Burg: ein neuer „Barocktrakt" für das slowakische Parlament (Foto Dušan Buran)

Farbtafeln

1. Die Südseite des Breslauer Rings, Zustand Ende der 1990er Jahre (Foto Marek Machay, aus: Jan Harasimowicz [Hg.]: Atlas Architektury Wrocławia. Bd. 2. Wrocław 1998, S. 40)

2. Oldenburg, Schloßplatz, Alte Wache und Bankgebäude aus den 1960er Jahren (Foto Beate Störtkuhl)

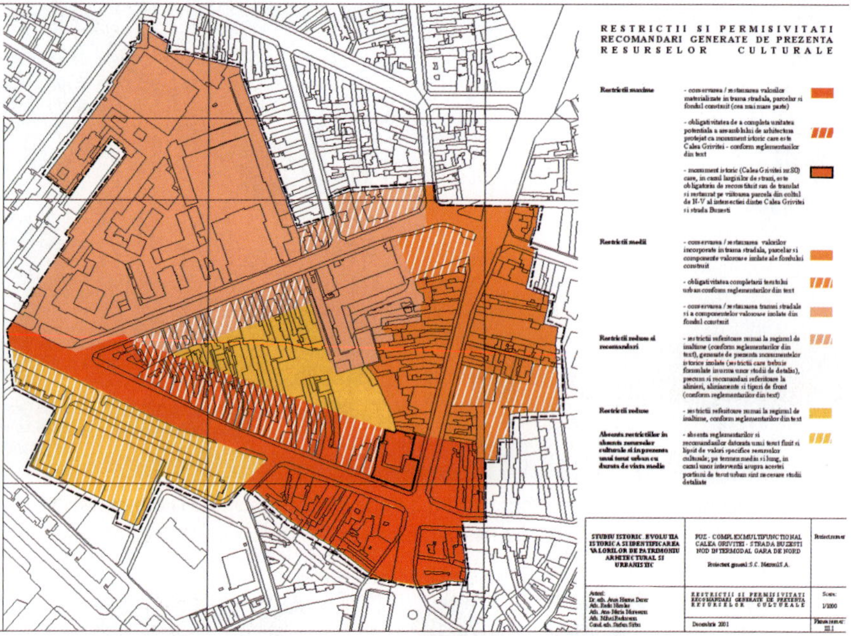

3. Calea Griviței – Grundlagenstudie für den Teilbebauungsplan im Umfeld der Straße Polizu. Studie für einen internationalen Busbahnhof mit denkmalpflegerischen Anforderungen (Centrul de Proiectare Urbană a Municipiului Bucureşti – Zentrum für Stadtplanung der Stadt Bukarest und Privatarchiv Hanna Derer)

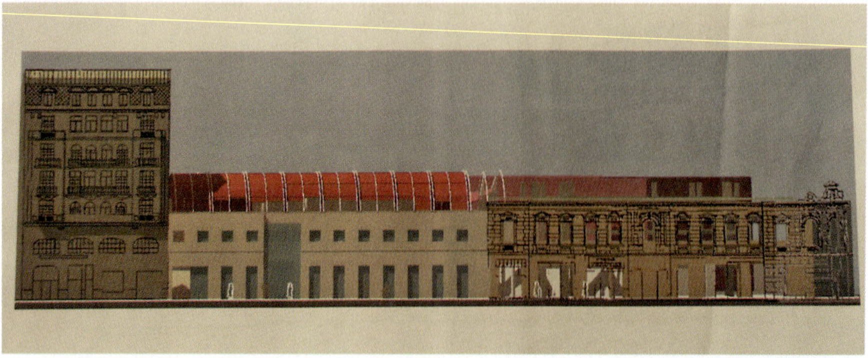

4. Calea Griviței – Verbindung von Denkmalsubstanz und zeitgenössischer Architektur (Ausschnitt aus sechs Diplomarbeiten – Universität für Architektur und Städtebau „Ion Mincu" Bukarest – Archiv der Studentenentwürfe)

5. Die zeitgenössischen Entwürfe für die einzelnen Bauten in der Altstadt von Elbing/Elbląg durften sich historischer Details bedienen. Dies betraf unter anderem die Verwendung von Backstein, Putzflächen und Messingdetails (Foto Lorenz Frank)

6. Marienburg/Malbork, Kapitelsaal, Zustand nach 2002 (Foto Lech Okoński)

7. Marienburg/Malbork, Schloßkirche, Innenraum, Blick nach Westen, gegenwärtiger Zustand (Foto Lech Okoński)

8. Friedenskirche Jauer/Jawor, Innenraum mit Blick auf Altar und Kanzel (Foto Jerzy Ilkosz; Regionalny Ośrodek Badań i Dokumentacji)

9. Schloß Rundāle/Ruhenthal mit Umgebung, Blick nach Südwesten (Luftaufnahme 2000; „JVK“ GmbH)

10. Speisesaal nach der Restaurierung (Foto Ints Lūsis, 2002, Fotoarchiv des Schloßmuseums Rundāle)

11. Plakat für die „Exposition du Commerce Moderne“ in Brünn/Brno, nach der Lithographie von Ladislav Sutnar 1929 (Uměleckoprůmyslové Museum Praha)

12. „Excalibur-City“ in Klein-Haugsdorf/Hatě bei Znaim/Znojmo an der Staatsgrenze zwischen Österreich (NÖ) und Tschechien (Mähren) (Foto Milos Kruml 2004)

13. Haapsalu, Eisenbahnmuseum im ehemaligen Kaiserpavillon des Bahnhofs Haapsalu an der estnischen Ostseeküste (Eisenbahnmuseum Haapsalu)

14. Der eindrucksvolle, um 1905 begonnene Baukomplex der Firma „Einem" an der Südwestspitze der Moskwa-Insel soll nach Auslagerung der Produktion in Luxuswohnungen umgebaut werden (Foto Alexander Kierdorf)

Imants Lancmanis

Denkmalpflegerische Prinzipien, Methodologie und Praxis der Restaurierung des Schlosses Ruhenthal/Rundāle in Lettland

Die Ausstellung über die Restaurierungsarbeiten im Schloß Ruhenthal/Rundāle, die im Jahr 2002 eröffnet wurde, gab Anlaß, auf eine Periode von 30 Jahren zurückzublicken und Bilanz zu ziehen. 1972 begann nicht nur die große und komplexe Wiederherstellung des Schloßensembles (die im übrigen noch andauert), damals wurden in vielen Bereichen die Grundlagen einer wissenschaftlich fundierten Restaurierung der Baudenkmäler in Lettland geschaffen. Bis zu diesem Zeitpunkt hatte es nur wenig anspruchsvolle Aufgaben gegeben, die dementsprechend von den vorhandenen Fachleuten bewältigt werden konnten. Erst die Wiederherstellung des Barockschlosses Ruhenthal leitete eine umfassende Entwicklung der Theorie und Praxis in mehreren Fachbereichen der Denkmalpflege ein, die bislang in Lettland nicht existiert hatten.

Schloß Ruhenthal nahm innerhalb der Kulturlandschaft Lettlands stets eine Ausnahmestellung ein (Farbabb. 9). Als Günstling der Zarin Anna von Rußland standen Herzog Ernst Johann Biron von Kurland fast uneingeschränkte Geldmittel für den Bau seiner Sommerresidenz zur Verfügung. Dementsprechend entstand zum erstenmal auf dem Territorium des heutigen Lettland eine Anlage, die den Lustschlössern anderer Herrscher Europas ebenbürtig war. Der kaiserlich-russische Hofarchitekt Francesco Bartolomeo Rastrelli, der den Bau 1736–1740 ausführte und 1765–1768 im Inneren fertigstellte, hatte den Auftrag, etwas Großartiges für den Herzog zu schaffen, das alle örtlichen Vorstellungen von einer ländlichen Residenz übertraf. Noch stärker zeigte sich der Größenwahn des Herzogs Ernst Johann in seinem Residenzschloß in Mitau/Jelgava, der Hauptstadt des Herzogtums, das ebenfalls von Rastrelli erbaut wurde. Die 1738 begonnene und erst in den 1770er Jahren fertiggestellte Hauptresidenz wurde allerdings durch zwei Feuersbrünste in den Jahren 1919 und 1944 schwer in Mitleidenschaft gezogen, während das Schloß Ruhenthal alle Erschütterungen des 20. Jahrhunderts verhältnismäßig gut überstanden hat.

Mitaus Schicksal ist symptomatisch für die Realitäten des lettischen Kulturerbes: Nach der Revolution 1905, nach den Zerstörungen des Ersten Weltkrieges und des daran anschließenden Bürgerkrieges, nach der Bodenreform 1920, die zur Enteignung des Großgrundbesitzes führte, nach den katastrophalen Einwirkungen des Zweiten Weltkriegs sowie der Stagnation der Nachkriegszeit, die dem historischen Kulturerbe feindlich gegenüberstand, gibt es in Lettland kein einziges Schloß oder Herrenhaus mehr, das eine intakte Innenausstattung einschließlich seines beweglichen Mobiliars aufweisen kann. Insgesamt sind nur wenige Baudenkmäler erhalten, die nach der Umfunktionierung zur Schule, Kaserne oder zum Altersheim ihre ursprüngliche künstlerische Ausstattung bewahrt haben. In dieser Hinsicht ist das Schloß Ruhenthal eine Ausnahme, denn das Gebäude war zu Beginn der Restaurierungsmaßnahmen zwar beschädigt und stark verwahrlost und beherbergte in einem Teil die örtliche Grundschule, dennoch waren die wichtigsten Bestandteile der Architektur und der dekorativen Innenausstattung erhalten. Diese Ausgangssituation diktierte die Richtlinien der Wiederherstellung des Schloßensembles (Abb. 1).

Das 1971 gegründete Schloßmuseum Rundāle wurde anfänglich als Zweigstelle des örtlichen Heimatmuseums in Bauske/Bauskas genutzt. In den Jahren von 1965, als der erste Beschluß des Ministerrates der damaligen Lettischen SSR zur Restaurierung des Schloßensembles gefaßt wurde, bis zum Beginn der Arbeiten 1972 wurden intensive historisch-archivalische Studien sowie Bauforschungen am Objekt vorgenommen. Ein Großteil der Ausführungspläne, die von mehreren Fachinstitutionen in Riga/Rīga, Moskau und Leningrad entwickelt wurden, lag zu Beginn der Restaurierung bereits vor.

Das Museum erarbeitete eine Konzeption für die Wiederherstellung in Zusammenarbeit mit dem Büro (später Institut) für Restaurierung in Riga, der Staatlichen Inspektion für Denkmalpflege und dem Beirat für Denkmalpflege beim Kulturministerium der damaligen LSSR. Ausgangspunkt war – wie erwähnt – die einmalige Stellung des Schlosses Ruhenthal als wertvollster und am besten erhaltener Barockbau in Lettland. Das Schloß hat seinen Charakter als Schöpfung des 18. Jahrhunderts bewahrt. Die beiden Bauetappen der dreißiger und sechziger Jahre des 18. Jahrhunderts brachten keinen merklichen Stilbruch mit sich; die Kachelöfen der ersten Bauzeit beispielsweise fügen sich problemlos in das Interieur der 1760er Jahre ein. Auch die im 19. Jahrhundert fast obligatorischen Umbauten und Modernisierungen fehlen; die Besitzer des Schlosses im 19. Jahrhundert, die Subows und Schuwalows, hatten Verständnis für den künstlerischen Wert des Schlosses, das mit wenigen Ausnahmen gut gepflegt und im alten Zustand erhalten wurde. Eine Ausnahme bildete die qualitativ wenig gelungene und in einem Fall sogar verheerende Erneuerung der Innenräume im Jahr 1864 (ein Deckengemälde im Kabinett des Herzogs wurde zerstört), als der Besitzer von Ruhenthal zum Generalgouverneur der russischen Ostseeprovinzen geworden war und sein

Schloß zur offiziellen Sommerresidenz machte. Wie um 1880 aufgenommene Fotos zeigen, waren damals einige Räume sowohl altersbedingt als auch durch die Einwirkungen des französisch-russischen Krieges 1812 beschädigt; besonders betroffen waren die Stuckarbeiten. In den achtziger Jahren des 19. Jahrhunderts erfolgte eine mehrere Jahre dauernde Renovierung des Schlosses, die man fast ohne Einschränkung als behutsame Restaurierung bezeichnen darf. Dies gilt umso mehr vor dem Hintergrund des damaligen Verständnisses der Denkmalpflege, das keinen Respekt vor der authentischen Substanz kannte. Die Neuschöpfung oder wenigstens die Verschönerung des Originals gehörte zur allgemeinen Praxis der Erneuerung alter Bauten. Im Schloß Ruhenthal waren bemerkenswerterweise auch nach dieser „ersten" Restaurierung kein einziges fremdes Element und keine Spuren von dem damals so beliebten Stil des Neo-Rokoko zu sehen. So wurden, wie sich bei der jetzigen Restaurierung herausstellte, im Weißen Saal die fehlenden Stuckblumen sorgfältig nach den Originalen gegossen, in anderen Räumen wurden das Parkett, die Türen und Vertäfelungen in völliger Übereinstimmung mit dem ursprünglichen Aussehen restauriert. Nur die Wiederherstellung einiger Deckengemälde geschah im Geist des Historismus: Der Plafond des Goldenen Saales wurde mit einer lasurartigen Farbe „aufgefrischt", das Deckengemälde in der Bibliothek wurde vollständig übermalt.

Die aktuelle denkmalpflegerische Konzeption der Wiederherstellung des Schlosses Ruhenthal ging von den gegebenen Umständen aus. Sie ist geprägt von einem Kompromiß zwischen dem archäologisch-konservatorischen Prinzip, das nur das Vorhandene erhalten will, und einer Wiederherstellung des gesamten Ensembles in seinem ursprünglichen Zustand, in seiner optimalen Gestalt am Ende der sechziger Jahre des 18. Jahrhunderts. Man entschied sich für eine künftige Nutzung der Anlage als Schloßmuseum, weil man darin die einzige Möglichkeit sah, eine komplette Barockresidenz zum Leben zu erwecken.

Die Idee einer umfassenden Revitalisierung des Ensembles diktierte auch die Entscheidung für die Ergänzung einiger verlorengegangener Elemente wie Kachelöfen und Textiltapeten. Vor allem erwuchs daraus die technisch wie methodisch schwierige Aufgabe einer Möblierung gemäß der ursprünglichen Funktion der Räume nach dem Vorbild modellhafter Interieurs des 18. Jahrhunderts. Eine weitere Konsequenz war die Wiederherstellung der unmittelbaren Umgebung mit den ehemaligen Wirtschaftsgebäuden und der barocken Parkanlage. Grundlegendes Prinzip blieb jedoch die weitestgehende Erhaltung der Originalsubstanz. Die „Rekonstruktion der ursprünglichen künstlerischen Gestalt", ein Terminus, der besonders nach dem Zweiten Weltkrieg, als die Wiederherstellung vieler stark beschädigter oder gar vernichteter Baudenkmäler aktuell wurde, in der Praxis der Denkmalpflege nicht selten zu umstrittenen Neuschöpfungen und subjektiven Entscheidungen führte, durfte in keinem Fall die Oberhand über die Authentizität gewinnen. In Ruhenthal war der Anteil an ursprünglicher Substanz ausreichend hoch, um dem Original die notwendigen Ergänzungen souverän unterordnen zu können. Die Entscheidung für die Erhaltung der Denkmalwerte hat sich im Rückblick als richtig erwiesen – in dem bereits zu einem Dreiviertel restaurierten Baudenkmal ist das Authentische nicht verlorengegangen, sondern noch vielseitiger und ausdrucksvoller geworden. Dank der neu angefertigten Textiltapeten, Öfen und Kronleuchter sowie der rekonstruierten Inneneinrichtung konnte dabei die von Bartolomeo Francesco Rastrelli geschaffene künstlerische Einheit in vielem zurückgewonnen werden; die zuvor fragmentarisch wirkenden Dekorationselemente haben in jedem Raum ihre innere Logik und Struktur zurückbekommen.

Bei der Präsentation des Interieurs sollen überall im Schloß, auch in den Neben- und Büroräumen, Kontraste und Stilbrüche vermieden und möglichst wenig von den heutigen Alltagsgegenständen sichtbar gemacht werden. Eine künstlerische Kontinuität wie sie im Zuge der Entwicklung der modernen Kunst manchmal auch in Barockschlössern praktiziert wird (z. B. beim abstrakten Deckengemälde von Hann Trier in der Goldenen Galerie des Schlosses Charlottenburg), wurde in Ruhenthal nicht angestrebt, obgleich es hier eine dem genannten Beispiel analoge Situation gibt: Im Kabinett des Herzogs mit ornamentalen Wandmalereien war bis zu den Erneuerungen des Jahres 1864 auch ein Deckengemälde vorhanden, das damals leider beseitigt wurde. Heute ist man in diesem Raum mit dem klassischen Dilemma der Denkmalpflege konfrontiert: Soll man die Decke einfach weiß streichen, die Fläche mit einem neutralen Farbton bedecken oder eine annähernde Vorstellung eines barocken Himmels schaffen? Weitere Varianten wären denkbar, darunter auch die Möglichkeit, ein modernes Fresko als kontrastierendes Zeugnis unserer Zeit in Auftrag zu geben, wie dies in Charlottenburg geschah. Die Antwort auf diese Frage ist immer wieder aufgeschoben worden und blieb bis heute ungelöst.

Der Außenbau des Schlosses hat im Wandel der Zeit keine merklichen Veränderungen erfahren (Abb. 1, 2). Das größte Problem in diesem Bereich bildeten die Außentreppen, die von allen Seiten in das Schloß führten. Anfang und Mitte des 19. Jahrhunderts lösten nach und nach neue, dem Baustil wenig angemessene gemauerte Elemente die ursprünglichen, von Rastrelli entworfenen Holztreppen ab. An beiden Fassaden des Corps de Logis entstanden massive Altane, reine Zweckbauten ihrer Zeit ohne eigenen architektonischen Wert, die teilweise schon zur Ruine geworden waren oder überhaupt nicht mehr existierten. All diese Objekte wurden durch sieben Holztreppen nach den Plänen Rastrellis aus dem Jahr 1736 ersetzt. Als einziger Zusatz aus der Zeit des Historismus wurden zwei holzgeschnitzte Wappen der Grafen Schuwalow aus den sechziger Jahren des 19. Jahrhunderts erhalten, um Zeugnis von dieser historischen Schicht abzulegen. Die Wappen stören die Barockarchitektur der Fassaden weder stilistisch noch strukturell.

Ein technisch langwieriges Unternehmen, das zwei Jahre in Anspruch nahm, war die Restaurierung des Einfahrttores mit den Löwenfiguren, das in der zweiten Bauphase des Schlosses um 1767 den ursprünglichen Torturm ersetzt hatte. Diese fragile Konstruktion war schon im 19. Jahrhundert mehrmals wiederhergestellt worden. Während der jetzigen Restaurierung wurden die späteren Hinzufügungen entfernt, das vorhandene Original konserviert, mit einer speziellen Putzmasse ergänzt und anschließend mit Silikatfarbe gestrichen. Diese Arbeiten führten aufgrund ihrer besonders komplizierten Spezifik Restauratoren aus, die große Erfahrung in der Restaurierung von Stuckarbeiten mitbrachten. Obgleich an den steinernen Löwenfiguren und dekorativen Vasen Reste der ursprünglichen Polychromie und Vergoldung gefunden wurden, verzichtete man auf eine Rekonstruktion der ehemaligen Farbfassung, die anfänglich geplant gewesen war. Die Steindetails wurden nur gereinigt und konserviert, die verlorengegangenen Kreuze über den Kronen wurden nach alten Fotos rekonstruiert.

Das ursprüngliche Pflaster im inneren Schloßhof, dem ehemaligen cour d'honneur, wurde nach der Entfernung einer ca. 1 m dicken Sandschicht gefunden. Zum Vorschein kam eine bemerkenswerte Invention Rastrellis, der hier keine Hausteine, sondern die in der Semgaller Ebene häufig anzutreffenden kleineren und größeren Feldsteine verwendete. Die Steine bilden ein ornamentales Muster aus mehreren Kreisen, die von radialen Linien durchzogen werden.

Als anspruchsvolles technisches Problem erwies sich der Anstrich der Schloßfassaden. Die ursprüngliche Fassung, ockergelb mit weißen Architekturdetails, war in Kalk-Kaseinfarbe ausgeführt. Der Anstrich der meisten Fassaden wurde in Anlehnung an die alte Technologie im Laufe der ersten Phase der Restaurierung bis 1981 ausgeführt. Die Kalk-Kaseinfarbe war aber wenig dauerhaft und erforderte jährliche Erneuerungen, weshalb bei der Restaurierung der Südfassade im Jahr 2000 eine moderne Silikatfarbe verwendet wurde. Trotz ihrer praktischen Vorteile war sie in optischer Hinsicht wenig geeignet. Die genaue Farbnuance und die Oberfläche einer aus Naturocker hergestellten Farbe konnten damit nicht erreicht werden, auch variiert die Farbschicht optisch je nach Lichteinfall, wobei die Farbe bei trübem Wetter eine dunklere Schattierung erhält.

Eine weitgehend konsequente konservatorische Behandlung der Außenfassaden wurde in den letzten Jahren an den Fassaden des Gärtnerhauses getestet.

Ein tschechisches Restauratorenteam unter der Leitung von Dr. Miloš Gavenda behandelte den Putz dieses Gebäudes aus den 1760er Jahren so sorgfältig wie die Oberfläche eines dekorativen Details aus Stuck. Von den Fassaden wurden alle späteren Ergänzungen abgenommen, der alte Putz konserviert und durch einen mit dem ursprünglichen Material identischen Kalkmörtel ergänzt, wobei auch die Reste der ersten Farbschicht konserviert wurden. Die Fassaden bekamen keine Neufassung und bleiben als ein Beispiel der „archäologischen" Methode der Denkmalpflege bestehen. Diese Arbeiten dauerten von 2001 bis 2003.

Diese Technologie ist auch für die Restaurierung der Ost- und Westfassaden vorgesehen, jedoch ergänzt durch einen abschließenden Anstrich, unter Anwendung von natürlichen Farbpigmenten, ausgeführt entsprechend der historischen Kalkfarbentechnik.

Im Inneren des Schlosses bildete die Konservierung der vorhandenen dekorativen Ausstattung die Hauptaufgabe. Es waren sieben Deckengemälde und die Wandbemalung zweier Räume erhalten, in fetter Temperamalerei auf Gipsputz von den Malern Francesco Martini und Carlo Zucchi von 1765 bis 1769 ausgeführt, außerdem der Stuckdekor in drei Räumen aus der Zeit von 1739 bis 1740 und in 27 Räumen aus der Zeit von 1765 bis 1768. Die Stukkaturen der letztgenannten Phase fertigte Johann Michael Graff, ein aus Bayern stammender Meister ersten Ranges, der aus Berlin nach Ruhenthal kam und unter dem Einfluß des friderizianischen Rokoko stand. Weitere Restaurierungsaufgaben fielen in den Bereichen Holz, Keramik und Stoff an.

Die ersten Restauratoren, die in Ruhenthal wirkten, kamen aus St. Petersburg, dem damaligen Leningrad. Es handelte sich um hochqualifizierte Spezialisten, die profunde Erfahrungen bei der Restaurierung der kaiserlichen Sommerresidenzen rings um die ehemalige Hauptstadt des Russischen Reiches erworben hatten und diese mit nach Lettland brachten. Parallel zu den beiden Restauratorengruppen, die an den Deckenmalereien und Stuckarbeiten tätig waren, formierten sich kleinere Gruppen lettischer Restauratoren aus Riga. Sie erhielten dadurch die Möglichkeit, bei den russischen Kollegen ihre theoretischen und praktischen Kenntnisse zu erweitern, häufig auch ganz neu zu erwerben. Die entscheidende Phase der Wiederherstellung des Schlosses fiel in die Jahre 1972 bis 1991, danach verschlechterte sich die finanzielle Situation, das Tempo der Arbeiten verlangsamte sich. Bis heute sind z. B. die Konservierung und Restaurierung der Decken- und Wandmalereien nicht wiederaufgenommen worden, obgleich die Konservierung des stark beschädigten Plafonds in der Bibliothek dringend notwendig ist.

Methodologisch gab es bei der Konservierung und Restaurierung der Malereien verhältnismäßig wenig kontroverse Situationen. Das Hauptziel der 1972 begonnenen Arbeiten war die Konservierung der stark gelockerten, Blasen werfenden und partiell schon abblätternden Farbschicht (Abb. 3–5). Dies geschah mit einem vom Institut für Restaurierung in Moskau speziell für diese Anwendung entwikkelten Derivat der Vinylacetat-Dispersion (VA 2 EGA). Diese Technologie stellte sich als zuverlässig und dauerhaft heraus, und auch 30 Jahre nach den ersten Konservierungsarbeiten sind keine neuen Schäden an der Malerei festzustellen, im Gegensatz zu einigen Stellen an der Decke im Schlafzimmer des Herzogs, die 1972 versuchsweise mit einer Wachs-Harz-Mischung fixiert wurden und jetzt leichte Blasen und Flocken aufweisen.

Nach der Festigung der Farbschicht wurde diese gereinigt. Man nahm nicht nur den Oberflächenschmutz und teilweise den ursprünglichen Firnis ab, sondern mußte an einigen Deckengemälden auch spätere Übermalungen und Ausbesserungen entfernen.

Viel Zeit nahm die Freilegung der bemalten Deckenkehlen und Gesimse im Rosenzimmer und im Audienzkabinett des Herzogs in Anspruch, welche gleich nach dem Krieg 1812 mit Ölfarbe überstrichen worden waren. Die ursprüngliche Malerei darunter war jedoch gut erhalten, so daß die Freilegung, die mehrere Jahre dauerte, nur ein Problem von Zeit und Geld war (Abb. 7 und 8: die freigelegte Malerei an der Deckenkehle vor und nach der Restaurierung).

Das Problem, das bei größeren Substanzverlusten häufig entsteht – die Ergänzung der fehlenden Fragmente des Gemäldes, die zu aus denkmalpflegerischer Sicht unerlaubten Phantasien führen kann – stellte sich hier nur in einigen Fällen. Die Farbverluste an den sieben Deckengemälden waren zwar prozentual bedeutend, betrafen jedoch vorwiegend sehr kleine Flächen, was eine restauratorisch einwandfreie Schließung der Fehlstellen erlaubte. In zwei Fällen, in denen ein ganzer Figurenkopf in der Komposition fehlte, entschloß man sich für eine Rekonstruktion, da Fotoaufnahmen aus den 1920er Jahren eine ausreichende Grundlage lieferten. Ein weiterer Umstand, der in diesem Fall eine Rekonstruktion der fehlenden Fragmente zuließ, war der rein dekorative Charakter der Deckenmalereien, mit großen, glatten Flächen, ohne Details, ohne eine malerische Behandlung der Oberfläche, deren Wiederherstellung prinzipiell und auch technisch unmöglich gewesen wäre.

In einem anderen Fall, dem in Grisaille ausgeführten Medaillon „Toilette der Venus“ im Schlafzimmer des Herzogs, wurde auf die Rekonstruktion der fehlenden Partie verzichtet, obgleich die vollständige Komposition des Medaillons auf einem Foto aus dem Jahr 1912 überliefert war. Diese Dokumentation wurde jedoch als nicht ausreichend angesehen: Nicht zuletzt weil das Medaillon künstlerisch anspruchsvoller war, verzichtete man auf einen restauratorischen Eingriff in das Original.

Die Restaurierung des Deckengemäldes im Audienzkabinett des Herzogs dauerte sechs Jahre, im Goldenen Saal zehn und in der Großen Galerie vierzehn Jahre. Derzeit sind die Arbeiten an fünf Deckengemälden abgeschlossen (bei einem sind die Retuschen der Fehlstellen noch nicht beendet), an einem Plafond in der Schloßbibliothek wird seit 2004 gearbeitet. Die Freilegung der Wandmalereien im Arbeitskabinett des Herzogs, die seit Mitte des 19. Jahrhunderts mit Ölfarbe überdeckt sind, steht noch an. Dieselbe Aufgabe hatten die Restauratoren auch in der Großen Galerie, wo die Wandmalereien nach den Beschädigungen des Krieges von 1812 mit einer grünlich-grauen Farbe überzogen worden waren und Ende des 19. Jahrhunderts, als dort die Gemäldegalerie der Grafen Schuwalow eingerichtet wurde, noch eine zusätzliche Farbschicht erhielten. Nach der Freilegung der Wanddekoration zeigte sich, daß sie besser erhalten war als die Dekkenmalereien, die nie übermalt worden waren. Die Retuschen in diesem Raum stehen noch aus.

Die Stuckarbeiten an den Wänden erlitten im Laufe des 20. Jahrhunderts deutliche mechanische Beschädigungen, der Deckenstuck wurde durch Witterungseinflüsse in Mitleidenschaft gezogen. Zwar waren selten größere Bestandteile der Komposition verlorengegangen, doch gab es unzählige kleine Beschädigungen und Verluste. Erstmals seit seiner Entstehung wurde jetzt der Reliefdekor von den dicken Tünchschichten befreit, mit denen er im Laufe der Jahrhunderte überstrichen worden war. Allein im Weißen Saal nahm die Entfernung von etwa 20 Schichten weißer Kreidefarbe zwei Jahre in Anspruch.

Besonders im Weißen Saal hatten Wasserschäden stellenweise zu einer tiefgreifenden Zerstörung des Stucks und der unteren Putzschicht der Raumdekke geführt. Kieselsäure-Ester und Bariumhydroxid-Lösung wurden verwendet, um eine tiefgehende Tränkung und eine dauerhafte Festigung der Stuckmasse zu gewährleisteten. Auf dieser gehärteten Oberfläche konnte man anschließend die Restaurierung vornehmen. Der Dekor wurde teilweise in freier Antragearbeit in Stuckmasse ergänzt, teilweise wurden die fehlenden Details in Plastilin modelliert und dann in Gips gegossen. Der Originaldekor bestand ebenfalls aus rein ornamentalen Teilen, die in Antragestuck frei modelliert wurden, sowie aus kleineren, nach fertigen Modellen gegossenen Details. Dazu gehörten die Puttenfiguren, die insgesamt nur fünf Kopftypen aufweisen, und die Blumen, die in 51 verschiedenen Varianten vorliegen. Die Modelle für die Figuren wie für die Blumen hatte der Bildhauer Johann Michael Graff aus Berlin mitgebracht und danach zehn Jahre lang in Kurland weiterverwendet. Dank dieser Arbeitsweise konnte man Graff auch als den bislang unbekannten Autor der Stuckdekoration im Schloß Niederschönhausen (1764) bei Berlin identifizieren: Es stellte sich heraus, daß bis auf sieben alle Blumentypen in Ruhenthal mit denen in Niederschönhausen identisch waren, ebenso wie alle Puttenfiguren.

In manchen Fällen stellte sich die Frage nach der Notwendigkeit weitgehender Ergänzungen des Stuckdekors. Dies betraf die Wiederherstellung der Stuckrahmen einiger Wandspiegel zwischen den Fenstern, die während des französisch-russischen Krieges 1812 beschädigt und danach beseitigt worden waren. Die Entscheidung für die zunächst als riskant geltende, im Ergebnis aber durchaus befriedigende Wiederherstellung wurde auf der Grundlage der Baubefunde getroffen: Bei der Freilegung der entsprechenden Wandflächen kamen überall die Bleistiftskizzen von Johann Michael Graff zum Vorschein, auch deutliche Konturen und die Spuren der beseitigten Stuckdekoration waren zu sehen. Dies erlaubte eine Rekonstruktion des verlorengegangen Dekors, um so mehr, als Graff und seine Gehilfen verschiedene Ornamentteile auf eine bestimmte, sich wiederholende Weise angefertigt hatten. Zudem gab es in anderen Räumen eine Vielzahl genauer Analogien. Im Resultat komplettieren die rekonstruierten Wandspiegel das Gesamtbild und können eine Vorstellung von der ursprünglichen Raumkomposition geben.

In Verbindung mit der Restaurierung der Stuckarbeiten steht auch die abschließende Fassung der Dekorationselemente. Im Goldenen Saal stellte sich das Problem des Umgangs mit der Vergoldung, die den gesamten Stuckdekor bedeckt. Zum großen Teil war die alte Polimentvergoldung erhalten, doch wies sie im unteren Teil der Wände starke mechanische Beschädigungen auf. Es handelte sich dabei nicht nur um Schäden an der Vergoldung, der Stuckdekor selbst war stark zerstört. Hinzu kamen chemische Beeinträchtigungen – die Zersetzung des Poliments und Salzausblühungen auf dem Stuckdekor –, die nicht nur auf das Eindringen von Feuchtigkeit durch das undichte Dach, sondern auch auf organische Ausdünstungen (1946 wurde in dem Raum ein Getreidespeicher eingerichtet) zurückzuführen waren. Die Grundsatzentscheidung für eine substanzerhaltende Denkmalpflege bedeutete eine vollständige Konservierung der alten Vergoldung. Das Verfahren dauerte mit 1½ Jahren relativ lang, erbrachte aber ein sehr positives Ergebnis. Die Fehlstellen wurden in Polimentvergoldung ergänzt und leicht patiniert, damit kein allzu scharfer Gegensatz zwischen der ursprünglichen Vergoldung und den neuen Stellen entstand. Auch wurde entsprechend dem Originalverfahren ein Teil des Stuckdekors, besonders im oberen Teil der Wände und an der Decke, nicht vergoldet, sondern nur mit Ockerfarbe gefaßt, was dem Dekor optische Abwechslung verleiht und seine Plastizität nicht durch einen allzu dominanten Goldschimmer beeinträchtigt. Die restauratorische Behandlung der Vergoldung kann man demnach als eine Konservierung und Retusche der

Originalvergoldung bezeichnen, im Unterschied zu der häufig praktizierten Neuvergoldung, mit der ein Teil der Authentizität des ursprünglichen Dekors, seine „Haut", verlorengeht.

Die Versilberung des Stuckdekors in drei Räumen war durch Oxydierung fast völlig verlorengegangen und mußte vollständig erneuert werden, was ebenso auf einer Polimentgrundierung erfolgte. Die fertige Versilberung wurde mit einer Schutzschicht überzogen, um den Oxydierungsprozeß zu blockieren; dabei erwies sich das schon in Fachbüchern des 18. Jahrhunderts empfohlene Eiweiß als das beste Mittel.

Die Polychromie des Stucks in Rosenzimmer, Speisesaal, Boudoir der Herzogin, Ankleidezimmer und Arbeitskabinett des Herzogs wurde freigelegt, gereinigt und streng im Rahmen der Fehlstellen ergänzt. Stellen, an denen mit der Zeit unerwünschte Änderungen in der Farbigkeit aufgetreten waren, wie z. B. bei den gräulich geworden Putten im Boudoir der Herzogin oder bei der nachgedunkelten und vergilbten Polychromie im Arbeitskabinett, wurden lediglich gereinigt. Das ausgeklügelte Konzept der Farbfassung der Decke im Ankleidezimmer des Herzogs wurde bislang noch nicht ergänzt, da sich die ursprüngliche Technik als besonders kompliziert erwies. Wie die Analysen zeigten, waren die Blumen nach einem streng durchdachten System arrangiert, wobei den dünnen lasurartigen organischen Farben opake Mineralfarben gegenübergestellt wurden, um den visuellen Eindruck jeder einzelnen Blume möglichst naturgetreu wiederzugeben. Es ist noch nicht gelungen, alle damaligen Farbpigmente auf ein heute verfügbares Material zu transponieren. In diesem Fall ergibt sich eine zusätzliche methodologische Implikation: Die bei der Restaurierung verwendeten Farben dürfen nicht absolut identisch mit den ursprünglichen sein, um das Original von den restauratorischen Ergänzungen unterscheiden zu können.

Die Stuckdekoration in den meisten Räumen, in denen sie im Original weiß gewesen war, wurde mit dünner Kreide-Leimfarbe gefaßt, wobei die Anpassung an die ursprüngliche Nuance, meist ein „gebrochenes Weiß", angestrebt wurde. Besonders in Räumen mit polychromen Decken sind die glatten Flächen und die Gesimse nicht rein weiß gefaßt gewesen, sondern in verschiedenen Abstufungen zwischen Weiß und Grau.

Im Goldenen Saal, im Rosenzimmer und im Speisesaal mußte auch der stark beschädigte Kunstmarmor der Wände restauriert werden. Im Speisesaal, der von 1954 bis 1977 als Turnsaal der Schule diente, war der Zustand des Kunstmarmors besonders schlecht (Abb. 9). Das Material war fast durchwegs gerissen, an vielen Stellen hatte es sich vom Untergrund gelöst, stellenweise war es abgebröckelt und stark verschmutzt, die blauen Pigmente waren fast vollständig verblaßt. Dennoch gelang es, die gelösten Teile des Kunstmarmors zu festigen und die zahlreichen Fehlstellen zu ergänzen. Dabei waren auch größere Rekonstruktionen des Kunstmarmors notwendig, zumal vor dem Krieg eine neue Türöffnung in die Wand gebrochen worden war. Das Abschleifen der ausgeblichenen Oberfläche legte die ursprüngliche kräftigere Farbgebung frei. Um ein erneutes Verblassen der blauen Farbe zu vermeiden, bekamen die Fenster eine UV-Schutzfolie (Farbabb. 10).

Im Goldenen Saal und im Rosenzimmer (Abb. 7, 8) war die Restaurierung des Kunstmarmors durch den darauf aufgebrachten Stuckdekor erschwert. In diesen Räumen mußte man auf ein stärkeres Abschleifen der Oberfläche verzichten, daher erhielten die verblaßten Wandpartien ihren ursprünglich sehr intensiven Blauton nicht zurück.

Holz, das wichtigste Material in der Architektur des 18. Jahrhunderts in Lettland, hat auch die europäisch orientierte Bauweise des Schlosses Ruhenthal beeinflußt. Rastrelli mußte nicht nur die Außentreppen, sondern auch alle inneren Paradetreppen aus Holz anfertigen. Die Holzkonstruktionen des Daches, alle Überdachungen des Gebäudes wurden von russischen Zimmerleuten zwischen 1737 und 1739 angefertigt. Sie erfüllen ihren Zweck auch heute noch vortrefflich. Die Fußböden des Schlosses im ersten Stockwerk sind teilweise aus breiten Bohlen, teilweise aus Parkett gefertigt; von allen Elementen der Innenreinrichtung haben sie am stärksten gelitten. Alle Holzfußböden waren mit Ölfarbe bedeckt und ausgetreten; auch zeigten sie Spuren des Brennholzspaltens und anderer Einwirkungen einer zweckfremden Nutzung der Barockresidenz. Die Holzfußböden konnten dennoch erfolgreich restauriert werden. Fehlstellen wurden mit altem Material ergänzt, besonders stark beschädigte Bretter drehte man zum Teil um und legte die noch gut erhaltene Unterseite nach oben. Sehr stark beeinträchtigt waren die aus Fichtenholz angefertigten Stufen der westlichen Paradetreppe, die als Haupteingang der Schule gedient hatte. Den Restauratoren gelang es, keine einzige der ursprünglichen Stufen auswechseln zu müssen. Die ausgetretenen Bretter wurden geglättet, die unzähligen Vertiefungen mit kleinen eingelassenen Holzstücken aus altem Material ausgefüllt. Insgesamt konnte die Treppe als ein durchaus authentisches, obgleich aus technischer und optischer Sicht nicht perfektes Bauwerk des 18. Jahrhunderts konserviert werden.

Abschließend wurden alle Fußböden im Schloß, auch das Parkett, mit Bienenwachs versiegelt. Dies war nicht nur eine Frage des Prinzips – das in Terpentin gelöste Bienenwachs übertrifft die Haltbarkeit der modernen Versiegelungsmittel.

Aus der ersten Bauzeit haben sich die Parkettfußböden – nach dem Entwurf von Rastrelli aus Eiche, Mooreiche, Nußbaum, Esche, Mahagoni und Buchsbaum in ornamentalem Muster angefertigt – im Schlafzimmer des Herzogs und im Rosenzimmer erhalten. In beiden Räumen wurde seit 1946 Getreide gelagert, was zu bedeutenden Schäden am Holz führte und die Restaurierung zu einem langwierigen Prozeß geraten ließ: Der Fußboden wurde wie ein Möbelstück mit Intarsien behandelt. Dennoch konnte man vom Parkett des Rosenzimmers zwei Drittel retten. Die Restaurierung des Parketts im Schlafzimmers wurde im Mai 2005 abgeschlossen. Die übrigen Parkettböden stammen aus den sechziger Jahren des 18. Jahrhunderts (im Weißen Saal aus dem Jahr 1892) und sind verhältnismäßig einfach. Ihre Restaurierung ist mit Ausnahme dreier Räume abgeschlossen.

Die Türen und Wandvertäfelungen waren teilweise erhalten; letztere sind im Schloss nur spärlich vorhanden, hauptsächlich in Form von einfachen niedrigen Wandverkleidungen. Lediglich das Schlafzimmer des Herzogs besaß seit 1767 eine holzgeschnitzte Alkovennische mit Rocailledekor, die 1919 verlorenging. Es gab jedoch ein gutes Foto aus dem Jahr 1912, das eine Wiederherstellung erlaubte. Diese Maßnahme war die bedeutendste „Neuschöpfung" in der gesamten Restaurierungsgeschichte des Schlosses. Als weitere Neuschöpfung ist die Rekonstruktion des Toilettenkabinetts der Herzogin im Westflügel zu nennen, das 1934 dem Umbau dieses Flügels zu einer Schule zum Opfer fiel. Die vergoldete und farbig gefaßte Stuckdecke wurde damals herausgenommen und nach Riga gebracht, wo sie nach dem 2. Weltkrieg nicht mehr aufzufinden war. Die Decke wurde anhand der Fotodokumentation aus der Vorkriegszeit und der Analogien in den Nebenräumen rekonstruiert, bei der Wiederherstellung der Wandvertäfelung aus Zedernholz, Nußbaum, Palisander und Esche konnte man aber auch einige im Schloß aufgefundene originale Fragmente in das neue Werk integrieren. Diese Rekonstruktionsmaßnahme wurde Mitte 2003 abgeschlossen.

Von den vielen mit blauer Unterglasurfarbe bemalten Kachelöfen des Schlosses sind nur sechs erhalten. Davon sind einige aus Riga zurückgekehrt, wohin sie in den dreißiger Jahren des 20. Jahrhunderts geschafft worden waren. Es gelang, diese Öfen anhand von alten Fotos wieder in der ursprünglichen Komposition zusammenzusetzen und dabei sogar die Motive der Kacheln in die richtige Reihenfolge zu bringen. Die beiden Kachelöfen, die im Jahre 1740 speziell für das Schlafzimmer des Herzogs bestellt worden waren und die prunkvollsten im ganzen Schloß sind, haben ihren Bestimmungsort nie verlassen; einer von ihnen ist sogar funktionstüchtig (Abb. 10, 11). Fünfzehn Öfen im Schloß sind sorgfältige Kopien nach den vorhandenen Originalen, sie wurden in Unterglasurmalerei von Restauratoren im ehemaligen Leningrad ausgeführt.

Mit der Wiederherstellung der Stoffbespannung der Wände begann das Kapitel der Restaurierung des Schlosses, bei dem man sich mit der Entscheidung für eine komplette Wiederherstellung konfrontiert sah. Da kein einziges Fragment der ursprünglichen Tapeten vorhanden war, mußte man sich mit deren Beschreibungen im Schloßinventar des Jahres 1800 und mit der Überlieferung, daß sie in Berlin um 1765 eingekauft worden waren, begnügen. Stoffmuster Berliner Produktion aus den Schlössern in Potsdam, die den genannten Beschreibungen entsprachen, wurden in den Moskauer Restaurierungswerkstätten als Vorbilder für die Stoffkopien verwendet. Von 1972 bis 1991 wurden insgesamt 4,4 km verschiedener Seidentapeten hergestellt. Die einfacher gedruckten Baumwolltapeten für die Bibliothek und das Arbeitskabinett des Herzogs wurden bis 2005 angefertigt.

Bei der musealen Möblierung der Schloßräume mußte schließlich der Anspruch der Authentizität ganz aufgegeben werden. Die ursprünglichen Möbel und Kunstwerke aus Ruhenthal ließ der letzte Herzog Peter von Kurland bereits nach seiner Abdankung 1795 auf seine schlesischen und böhmischen Besitzungen bringen. Davon sind nur ein Schrank aus der Schloßbibliothek und ein Stuhl in das Schloß zurückgekehrt. Alle anderen Einrichtungsgegenstände wurden vom Museum aus Privatsammlungen, hauptsächlich in St. Petersburg, angekauft. Auch wurden Kunstwerke von anderen Museen übergeben oder von Privatpersonen gestiftet. Im Rahmen des Möglichen wurde eine Einrichtung geschaffen, die unter Berücksichtigung der im 18. Jahrhundert üblichen Moden die ursprüngliche Funktion der Räume illustrieren kann. Einige Elemente, etwa das Bett im Schlafzimmer des Herzogs, wurden als Kopien nach historischen Vorbildern angefertigt. Auch die Stühle sind zum Teil Kopien nach Originalstücken aus dem 18. Jahrhundert.

Im Grenzbereich zwischen einer Wiederherstellung des Interieurs und einer technischen Lösung für das Problem der Schloßbeleuchtung bewegt sich die Wahl der Lichtquellen. Die Beleuchtung im 18. Jahrhundert war ziemlich spärlich, nur ein Teil der Räume besaß einen oder mehrere Kronleuchter. Lediglich im Goldenen Saal befanden sich schon von Anfang an fünf Kronleuchter. Nur in einigen Zimmern (wie z. B. dem Arbeitskabinett des Herzogs) wurde das Vorhandensein von Wandleuchten festgestellt. Die Notwendigkeit, in den Innenräumen eine den musealen Zwecken und den Sicherheitsanforderungen des Gebäudes entsprechende Beleuchtung zu schaffen, führte dazu, daß auch an den Decken Beleuchtungskörper aufgehängt wurden, an denen im 18. Jahrhundert keine vorhanden waren. Nur im Schlafzimmer des Herzogs, wo die Komposition des Deckengemäldes es nicht erlaubte und wo sogar im 19. Jahrhundert kein Kronleuchter aufgehängt worden war, mußte man die Beleuchtung auf zwei Tischleuchter beschränken. Eine Tischlampe ist die einzige Lichtquelle im kleinen Toilettenkabinett der Herzogin.

Heute hängen elf Kristalleuchter im Schloß, die aus einheimischen Werkstätten der zweiten Hälfte des 18. Jahrhunderts stammen. Vier Kopien davon sowie sechs Kronleuchter mit Bronzegestell entstanden im späten 18. und zu Beginn des 19. Jahrhunderts. Darüber hinaus sorgen sechzehn Kronleuchter und zwölf Laternen, die als genaue Kopien nach Vorbildern des 18. Jahrhunderts angefertigt wurden, für die Beleuchtung der Räume. Fast alle diese Beleuchtungskörper wurden elektrifiziert. Nur in wenigen Fällen werden im Schloß zu musealen Zwecken moderne Leuchten verwendet.

Die ehemaligen Wirtschaftsräume im Erdgeschoß haben sich weitgehend ohne Veränderungen erhalten, darunter die beiden Schloßküchen mit ihren acht offenen Feuerstellen. Ihre alte Funktion und das ursprüngliche Aussehen bewahrten die Küchen das ganze 19. Jahrhundert hindurch, während der Zeit der Schuwalows. Dies erlaubte eine vollständige Restaurierung der beiden Küchen, wobei jetzt die offenen Herde mit der entsprechenden Kücheneinrichtung und Ausrüstung gezeigt werden. In der größeren Küche auf der Ostseite befindet sich das Schloßrestaurant. Die Wiederherstellung der Küche im Westflügel, deren Feuerstellen im 19. Jahrhundert zugemauert wurden, steht noch aus.

Das Gesamtkonzept der Wiederherstellung des Schloßensembles bezieht auch den Park und die Umgebung mit ein (Farbabb. 9). Das Schloß ist von einem 2 km langen Kanal umflossen. Auf der Südseite liegt der kleinere Teil des Parks, der geometrische, etwa 10 ha große jardin à la française. Dieser Teil des Parks wurde glücklicherweise nie grundlegend umgestaltet. Der Entwurf, der auf dem Plan von Rastrelli aus dem Jahr 1735 zu sehen ist, wurde genau umgesetzt; bis zum Beginn der Renovierung des Parks hatte sich diese Planung bis auf wenige Details erhalten. Seit Beginn des 19. Jahrhunderts, in einer Zeit, als in Europa die meisten barocken Anlagen zu romantischen Parks englischer Art umgestaltet wurden, bis ins frühe 20. Jahrhundert behielt der französische Garten in Ruhenthal seine ursprüngliche Gestalt. Die Bäume und Sträucher wurden von Zeit zu Zeit ausgewechselt, jedoch unter Beibehaltung der ursprünglichen Planung. Nur direkt vor dem Schloß wurden Anfang des 19. Jahrhunderts einige romantische Baumgruppen gepflanzt, und die vier barocken parterres de broderie wurden zu grünen Rasenplätzen und Blumenbeeten umgestaltet. Stärker wurde im 19. Jahrhundert die unmittelbare Umgebung des Schlosses auf der Nord-, Ost- und Westseite verändert, wo um 1865 Kastanienalleen gepflanzt wurden. Anfang des 20. Jahrhunderts umgaben sie bereits das Schloßgebäude, das dadurch von diesen drei Seiten aus fast nicht mehr sichtbar war. Nach dem Ersten Weltkrieg wurden die Alleen an den Ost- und Westseiten abgeholzt, der letzte Teil dieser Pflanzungen, die den ursprünglich vollständig leeren Stallplatz ausfüllten, wurde im Jahre 1975 beseitigt, nur ein Kastanienbaum blieb als Denkmal dieser romantischen Bepflanzung stehen.

1975 wurde auch mit der Wiederherstellung des ehemaligen Barockgartens begonnen. Zum vierten Mal in der Geschichte des Parks wurden die Bäume ausgewechselt. Die Umsetzung des Projekts der Wiederherstellung, die eigentlich nur eine in Details präziser ausgearbeitete Version des Entwurfs von Rastrelli darstellt, dauert noch immer an. Derzeit wird die ursprüngliche Planung des französischen Gartens mit allen Bäumen und Sträuchern nachvollzogen, die in Rastrellis Konzept vorgesehen waren. Die ursprünglichen Pergolen mit den weinlaubenartigen Gängen sind wiederhergestellt. Sie verbinden das „Grüne Theater" mit dem ehemaligen Gärtnerhaus, das ursprünglich einen Teil der Orangerie bildete. Die Wiederherstellung der vier ornamentalen Parterres ist beendet, die der drei Springbrunnen und mehrerer Pavillons aus Holz steht noch an. Das ehemalige Hydrosystem der Kanäle, für das im 18. Jahrhundert der große Teich an der Ostseite des Schlosses das Wasser speicherte, benötigt in der Zukunft eine vollständige Umgestaltung und technische Modernisierung.

Unmittelbar zum Schloßensemble gehören die Stallungen und Wagenremisen an der Nordseite des Schlosses, die in der ersten Bauphase von F. B. Rastrelli angelegt und in der zweiten Bauzeit von ihm unter Mitwirkung des herzoglichen Hofarchitekten Severin Jensen fertiggestellt worden waren. Die halbkreisförmige Anlage, die den Übergang vom Barock zum Frühklassizismus zeigt, wurde unter Ergänzung der 1935 abgetragenen Bauteile wiederhergestellt. In einem der beiden halbkreisförmigen Gebäude ist eine Ausstellungshalle eingerichtet, in den Wagenremisen und ehemaligen Speicherbauten sind die Restaurierungswerkstätten und Magazinräume des Museums untergebracht. Die farbige Fassung – dunkelrot mit weißen Details – geht auf den Architekten Severin Jensen zurück, der in seinen Werken fast keine andere Farbgebung zuließ. Dadurch entstand ein Kontrast zwischen dem Schloßgebäude und den Stallungen – letztere erhielten um 1768 ihre kräftige Farbfassung, zu einer Zeit, als die Schloßfassaden bereits einen durchgehend weißen Anstrich hatten. Das bedeutet, daß das Schloß nur verhältnismäßig kurz, zwischen 1740 und ca. 1767, gelb verputzt war. Bei der Restaurierung entschied man sich jedoch jeweils für diejenige Farbfassung, welche die Gebäude ursprünglich besaßen.

Zum Ensemble gehört auch die weitere Umgebung des Schlosses, die Landschaft, die ebenso zur denkmalpflegerischen Schutzzone erklärt wurde. Glücklicherweise entstanden im Laufe des 20. Jahrhunderts rings um das Schloß mit Ausnahme eines Dorfladens und einiger kleiner Bauernhäuser keine weiteren Neubauten. Dies verleiht dem Schloß einen zusätzlichen Reiz, zumal die uralte Landschaft um die Anlage sich noch immer bis zum Horizont erstreckt.

Abbildungen

1. Schloß, von der Einfahrt durch die Stallungen her gesehen, während der Wiederherstellungsarbeiten (Foto Māra Brašmane, 1978, Fotoarchiv des Schloßmuseums Rundāle).

2. Schloß und Stallungen von der Brücke her, Blick nach Süden (Foto Velta Leijere, 2002, Fotoarchiv des Schloßmuseums Rundāle)

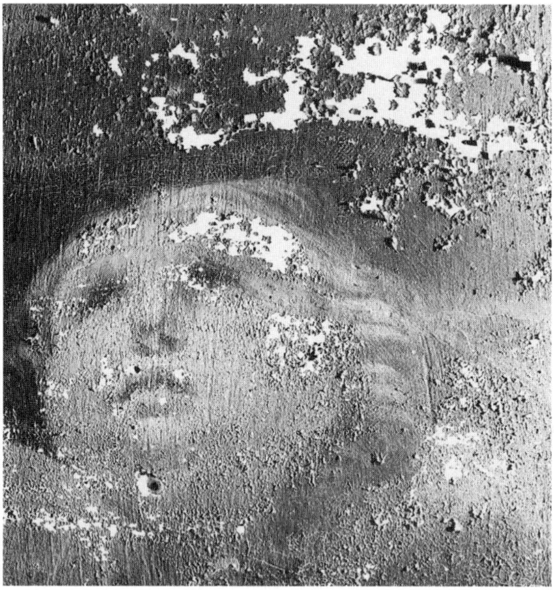

3. Kopf auf dem Deckengemälde „Venus und Adonis“ im Audienzkabinett des Herzogs vor der Restaurierung (Foto Pēteris Vanags, 1975, Fotoarchiv des Schloßmuseums Rundāle)

4. … während der Restaurierung (Foto Pēteris Vanags, 1978, Fotoarchiv des Schloßmuseums Rundāle)

5. Deckengemälde „Venus und Adonis“ im Audienzkabinett des Herzogs nach der Restaurierung (Foto Ints Lūsis, 1992, Fotoarchiv des Schloßmuseums Rundāle)

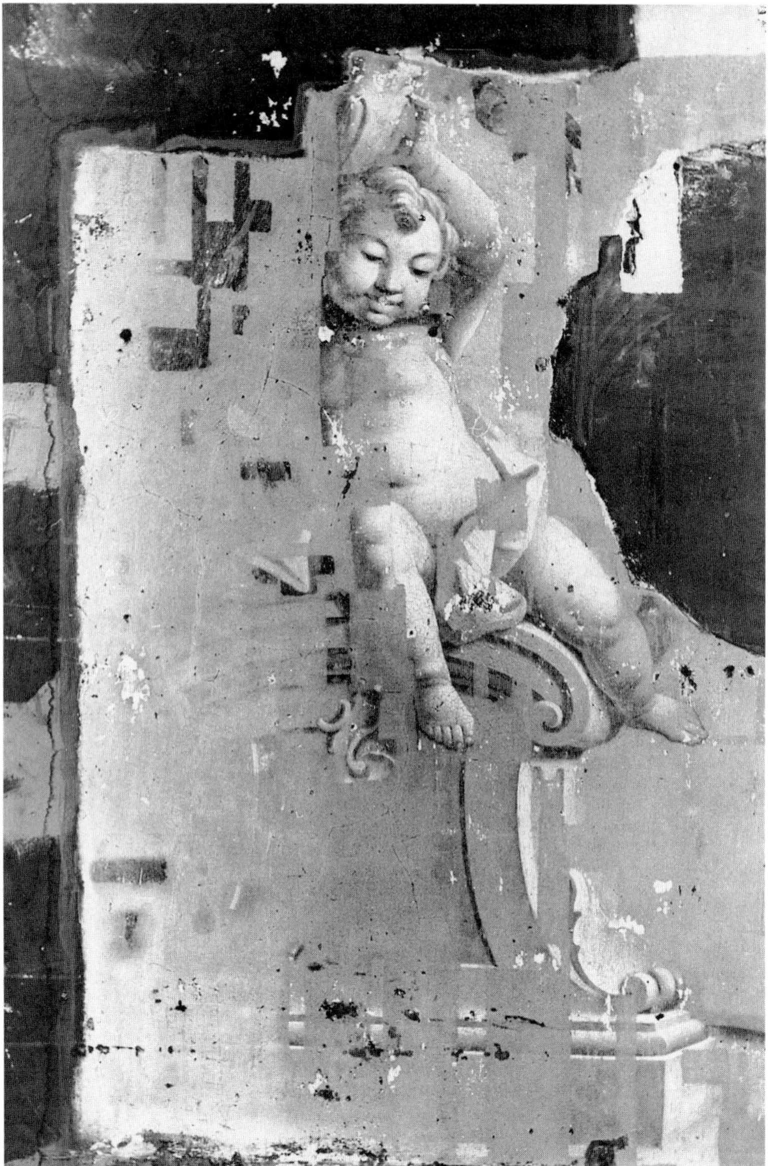

6. Wandmalerei in der Großen Galerie während der Freilegung (Foto Māra Brašmane, 1975, Fotoarchiv des Schloßmuseums Rundāle)

7. Rosenzimmer vor der Restaurierung (Foto Leopolds Kļaviņš, 1976, Fotoarchiv des Schloßmuseums Rundāle)

9. Speisesaal vor der Restaurierung (Foto Māra Brašmane, 1978, Fotoarchiv des Schloßmuseums Rundāle)

8. (linke Seite, unten) Rosenzimmer nach der Restaurierung (Foto Ints Lūsis, 2000, Fotoarchiv des Schloßmuseums Rundāle)

10. Ofen im Schlafzimmer des Herzogs vor der Restaurierung (Foto 1975, Fotoarchiv des Schloßmuseums Rundāle)

11. Ofen im Schlafzimmer des Herzogs nach der Restaurierung (Foto Ints Lūsis, 1995, Fotoarchiv des Schloßmuseums Rundāle)

Milos Kruml

Stadtbild- und Industriearchäologie in Mitteleuropa

Im 19. Jahrhundert pries man in der Heimatliteratur schöne alte Stadtbilder. Gleichzeitig kam es jedoch in den europäischen Städten zu einem gewaltigen Austausch des Hausbestandes und zu einer intensiven Bebauung des ländlichen Raums. Die historischen Städte verloren sukzessive ihre klar umgrenzten Formen und charakteristischen Silhouetten. Der Stadtumbau wurde vor allem durch neue hygienische und verkehrstechnische Ziele begründet. Ermöglicht wurde der Bauboom durch die industrielle Revolution. Die Trennung der Arbeitsstätten von den Wohnungen, die ununterbrochen wachsende Mobilität und die schwer regulierbare Zuwanderung aus dem (immer weiter reichenden) Umland gaben den Städten neue Maßstäbe.

Neben aufwendigen öffentlichen Bauten wurden im 19. Jahrhundert Mietshäuser und Fabriken die wichtigsten Aufgaben des Städtebaus und der Architektur. Die Ausdehnung prosperierender Industrieanlagen übertraf nicht selten die Größe der ursprünglichen städtischen Kernbereiche, Klöster, Burgen und Schlösser. In den harmonisch komponierten, durch kulturell bedeutende Wahrzeichen wie Kirchen, Türme und Tore akzentuierten Stadtpanoramen erschienen plötzlich zahlreiche, nur wirtschaftlichen Anforderungen entsprechende Fabrikschlote (Abb. 1).

Die neuartigen urbanen Dienstleistungen, hygienischen Verbesserungen (abgesehen von der unvermeidlichen Luftverschmutzung) sowie die äußere und innere Raumbeschaffung, Wohnungs- und Straßenvergrößerungen wurden von den Zeitgenossen allgemein akzeptiert.

Die Industrieentwicklung wurde seit dem Ende des 18. Jahrhunderts in Österreich[1] staatlich unterstützt und vom wirtschaftlichen Standpunkt sowie aus nationalpolitischer Sicht sogar glorifiziert (Abb. 2). Die Prager Industrieausstellung von 1791[2] wurde 1891 und 1991 durch publikumswirksame Jubiläumsausstellungen als europäische Premiere stolz gefeiert. Diese Präsentationen besaßen ganz

---

1 Heinrich Wilhelm von Blum, Freyherr von Kempen: Natur- und Kunstproductenatlas der oesterreichischen deutschen Staaten und Wiens Fabriken und Manufacturen. Wien 1796.

2 Marie Pospíšilová: Výstavní činnost Jednoty pro povzbuzení průmyslu v Čechách [Ausstellungstätigkeit des Vereins zur Ermunterung des Gewerbegeistes in Böhmen].

unterschiedlichen Charakter. Die erste Ausstellung wurde vor allem für den Besuch des Kaisers arrangiert, die Jubiläumsausstellung 1891 war eine tschechische Nationalmanifestation. Die Schau von 1991 schließlich steigerte die Erwartungen in die nach 1989 begonnenen Privatisierung des kommunistischen Staatsmonopols. Etwas später, aber noch erfolgreicher als die Musterausstellungen in Prag entwickelten sich die jährlichen Industriemessen in Brünn/Brno (Farbabb. 11). Ausstellungsplakate, Firmenkataloge und die seit dem Ende des 19. Jahrhunderts schon voll entwickelte Produktwerbung dokumentieren die moderne industrielle Ästhetik.

Die monotonen Stadtplanungen und die Zerstörungen des altbekannten, überschaubaren Milieus versuchten die Architekten vor dem Ersten Weltkrieg durch üppig dekorierte, historisierende Fassadengestaltungen zu kompensieren. Neue Bauweisen und Materialien und eine Eisen, Beton und Glas entsprechende Architektursprache wurden vor allem an Verkehrs-, Industrie- und Geschäftsbauten ausprobiert. Die neue Technik wurde auch von der Kunstkritik bewundert. 1903 schrieb beispielsweise der einflussreiche Prager Literaturkritiker F. X. Šalda: „Ich kenne keinen größeren Eindruck von Architektur, als die Wirkung einer riesigen Eisenbahnbrücke. Eine kahle, wüste, unverzierte, bloße Verkörperung einer konstruktiven Idee“.[3] Funktionsorientierte Sachlichkeit, die Beseitigung des Architekturdekors und der traditionellen Kompositionsnormen werden allgemein mit dem Namen des aus Brünn stammenden Wiener Architekten Adolf Loos assoziiert. Loos wollte die architektonische Gestaltung rationell begründen:

> „Die Form dort zu ändern, wo keine *sachliche* Verbesserung möglich ist – es ist der größte Unsinn. Ich kann etwas Neues dort erfinden, wo ich eine neue Aufgabe habe, somit in der Architektur: ein Gebäude für Turbinen, Hangars für Luftschiffe... Ich werde niemals zugeben, daß wir erprobte und Jahrhunderte hindurch eingelebte Formen nur wegen eines Phantasiebedürfnisses ändern sollen.“[4]

In: Marta Ottlová (Hg.): Průmysl a technika v novodobé české kultuře [Industrie und Technik in der neuen tschechischen Kultur]. Praha 1988, S. 59–85, hier S. 60.

3 Milena Lamarová: Uměleckoprůmyslová muzea v 19. století jako iluze reformy průmyslu [Die Kunstgewerbemuseen im 19. Jh. als Illusion der Industriereform]. In: Ottlová (wie Anm. 2), S. 86–110, hier S. 93.

4 Adolf Loos: Von der Sparsamkeit (Gespräche mit Bohuslav Markalous). In: Wohnungskultur 1924, H. 2/3; zit. nach Adolf Opel (Hg.): Adolf Loos: Die Potemkin`sche Stadt. Verschollene Schriften 1897–1933. Wien 1983, S. 205f.

Die gestalterische Kontrastwirkung der neuen, wirtschaftlich, funktionell, hygienisch, feuerpolizeilich und konstruktiv bedingten Glattwand- und Flachdachgebäude wurde besonders in den Altstadtbereichen kritisch betrachtet. Einflussreiche Persönlichkeiten und Interessensgesellschaften, z. B. der „Klub Za starou Prahu" (Klub Für das alte Prag, gegründet 1900) wollten die Veränderungen des Stadtbildes durch Demonstrationen, polemische Publikationen sowie durch Lobbying in kommunalen und staatlichen Institutionen verhindern. Im Anschluss an den kunstgeschichtlich fundierten Denkmalschutz entwickelte sich die ästhetisch und ideologisch orientierte Heimatschutzbewegung, die besonders sensibel auf die Veränderungen der Landschaft und des Stadtbilds reagierte. Karl Giannoni, seit 1913 Konsulent des Heimatschutzes im österreichischen Staatsdenkmalamt, wollte eine „Einflussnahme auf Neubauten" erzielen: „Man wird ernstlich dafür sorgen müssen, daß die entzückenden Ortsbilder nicht durch Fremdenindustriebauten zerstört werden [...]." Dennoch stellte er auch fest: „Auch der Fabrikbau hat bereits künstlerische Lösungen erfahren."[5]

Die industrielle Revolution und die damit zusammenhängenden Veränderungen des Stadtbildes riefen in der Literatur stets kontroverse Stellungnahmen hervor. Erst eine Gegenüberstellung der Pro- und Contra-Stimmen zu konkreten Beispielen kann die Umbruchzeiten vor dem Ersten Weltkrieg, in der Zwischenkriegszeit und in der Nachkriegszeit nach 1945 plastisch darstellen. Durch die Architektursprache, die Stadtgestaltung, die Unterstützung oder Reglementierung der Bautätigkeit, durch die Betonung hervorragender Imagebauten einerseits und die bescheidene Anpassung der meisten anderen Gebäude andererseits wird das Stadtbild zu einem vielschichtigen Abbild individueller Bauherreninteressen und integrativer gesellschaftlicher Programme. Schon im 19. Jahrhundert versuchte man die „öffentlichen Interessen" in der Stadtplanung, konkret in den „Regulierungsplänen", zu berücksichtigen. Die Begriffe „Stadtbild" und „Ortsbild" fanden Eingang in die Fachliteratur und in die deutschsprachige Gesetzgebung als Termini zur Beurteilung der Architektur im Rahmen der Stadtgestaltung bzw. Stadterhaltung.[6] Fachbegriffe der Stadtbild- und der Denkmalpflege versuchte auch die Wiener Schule der Kunstgeschichte zu definieren[7], ungeachtet der Tatsa-

---

5 Karl Giannoni: Heimatschutz. Wien 1911, S. 40 und 41.

6 Karl Kühn: Die schöne Altstadt. Berlin 1932, S. 1f., 70f.

7 Hugo Hassinger: Kunsthistorischer Atlas der k. k. Reichshaupt- und Residenzstadt Wien und Verzeichnis der erhaltenswerten und historischen Kunst- und Naturdenkmale des Wiener Stadtbildes, mit einer Einleitung von Max Dvořák (Österreichische Kunsttopographie Bd. XV). Wien 1916.

che, daß dem mehrdeutigen Wort „Bild“ in anderen Sprachen der österreichischen Monarchie (tschechisch „obraz“, ungarisch „kép“) eine nur auf zweidimensionale Abbildungen bezogene Bedeutung zukommt.[8] In der Wiener Bauordnung von 1929 ist als Stadtbild „das Äußere der baulichen Anlagen“ bezeichnet und „die einheitliche Gestaltung des örtlichen Stadtbildes“ unter Schutz gestellt.[9]

Analytisch betrachtet wird das Stadtbild durch „Wege und Grenzlinien“, durch charakteristische „Bereiche, Brennpunkte und Merkmale“ bzw. Wahrzeichen geprägt.[10] Das Stadtbild nehmen wir allerdings nicht nur mit unseren Augen wahr. Nicht ohne Grund werden ästhetische Urteile über Architektur und Mode mit dem „Geschmack“ in Verbindung gebracht. Das ganzheitlich empfundene Bild kann durch unsere akustische und haptische Wahrnehmung oder durch Gerüche beeinflußt werden. Am Gesamtbild unserer Vorstellung wirken weiter viele zusammenhängende Informationen, Assoziationen und ästhetische Wertungen mit. Eine besondere Bedeutung kommt dem räumlichen Gedächtnis in seinem Bezug zum zeitlichen Empfinden zu. Die Größe einer Stadt wird nicht nur in räumlichen, sondern auch in zeitlichen Distanzen (unter Berücksichtigung der Geschwindigkeit des jeweiligen Fortbewegungsmittels) oder auch durch Verweise auf ihre „große Bedeutung“ bestimmt. Das Stadtbild ist in diesem Sinne eine mentale, zeitliche Vorstellung, die alle einmal erlebten – oder aber durch Bilder, Literatur, Architekturkritik, Erzählen usw. bekannt gewordenen – Gebäude, ganze Stadtteile oder nur markante Details beinhaltet. Die Bedeutung des Stadtbildes wird maßgeblich durch seine Geschichte begründet. Das gesetzlich festgelegte „öffentliche Interesse“ an dem „bestehenden und beabsichtigten Stadtbild“[11] ist jedoch keine demokratische Addition von individuellen Empfindungen, Erinne-

---

8 Duden Bd. 7: Etymologie. Mannheim/Wien/Zürich 1963, S. 66f.; Václav Machek: Etymologický slovník jazyka českého [Etymologisches Wörterbuch der tschechischen Sprache]. Praha 1971, S. 407.

9 Bauordnung für Wien vom 25.November 1929, LGBl. Nr.11/1930, § 87, Abs. 1. Manfred Wehdorn, Milos Kruml: Schutzzonenuntersuchung. Wiss. Studie der TU Wien für die Magistratsabteilung Architektur und Stadtgestaltung. Wien 1991.

10 Kevin Lynch: Das Bild der Stadt. Braunschweig 1965 (Originalausgabe: The Image of the City. Cambridge/Mass. 1960), S. 60 ff.. Adaptiert von Norbert Gauß: Gedanken zur Erfassung, Gliederung und Darstellung von „Ensembles“ in großstädtischen Regionen. In: Österreichische Zeitschrift für Kunst und Denkmalpflege 37 (1983), H.3/4, S. 146–154, hier S. 148.

11 In der Wiener Bauordnung seit 1972 durch die „Altstadterhaltungsnovelle“, §§ 7, 60 und 85 BO für Wien (Einbeziehung des Altstadterhaltungsgesetzes LGBl. 16/1972).

rungen und persönlichen Meinungen, sondern die amtliche Umsetzung von den in der Fachliteratur (und in den Medien) geäußerten Wertungen der bedeutenden Bauten, Naturgegebenheiten und historischen städtebaulichen Ensembles, die das Stadtbild nachhaltig prägen.

Die gesetzliche und institutionelle Verantwortung für die Erhaltung des kulturellen Erbes wurde in den mitteleuropäischen Ländern unterschiedlich konstituiert. 1850 bis 1918 wirkte in Österreich die „k.k. Zentralkommission für Erforschung und Erhaltung der Kunst- und historischen Denkmale". In den unter ungarischer Verwaltung stehenden Ländern wurde schon 1881 ein Denkmalschutzgesetz erlassen. 1923, d.h. fünf Jahre nach der Gründung der Republik Österreich, wurde das Bundesdenkmalschutzgesetz erlassen. Die erste Tschechoslowakische Republik hat dagegen kein diesbezügliches Gesetz eingeführt, sondern nur verfügt, daß die Aufgaben der ehem. k.k. Kommission weiterhin behördlich betreut werden. Erst 1958 schuf die kommunistische Regierung der ČSR ein Denkmalschutzgesetz, in dem ausdrücklich „technische Denkmäler" genannt und die seit 1950 vorbereitete Unterschutzstellung der historischen Städte als „Denkmalreservate" rechtlich festgelegt wurden. In Österreich wurden unabhängig vom Denkmalschutz auch Landesgesetze zum „Orts- und Stadtbildschutz" (beginnend 1967 in Salzburg) erlassen. Die Unterschiede in der gesetzlichen und institutionellen Festlegung der Stadtbild- und Denkmalschutzbestimmungen sind innerhalb der sich getrennt entwickelnden Nachfolgestaaten der ehemaligen Habsburgermonarchie in den Jahren 1918 bis 2004 in jeder Hinsicht größer als zwischen anderen europäischen Staaten; die praktische Ausübung des Stadtbild- und Denkmalschutzes ist jedoch sehr ähnlich. 1970 wurde die Festlegung von „Schutzzonen" in Wien durch eine Novelle der Wiener Bauordnung ermöglicht; das historische Zentrum der Stadt Prag wurde 1971 zum „Denkmalreservat" erklärt. In beiden Städten werden die Projekte für Fassadeninstandsetzungen, bauliche Änderungen, Um- und Anbauten sowie Neubauten in den Schutzzonen bzw. im Denkmalreservat – gemäß der Bauordnung oder dem Denkmalschutzgesetz – in vergleichbarer Weise geprüft und begutachtet.

Die Auseinandersetzungen um konkrete städtebauliche Entscheidungen hinsichtlich bedeutender Bauwerke und Stadtteile bestätigen, daß städtebauliche Schutzmaßnahmen nur aufgrund von nachvollziehbaren, möglichst publizierten wissenschaftlichen Erkenntnissen und mit finanzieller und politischer Unterstützung erfolgreich sind. Während im 19.Jahrhundert nur einzelne Denkmäler, vor allem Kirchen und öffentliche Gebäude, d.h. Wahrzeichen des Orts- und Stadtbildes, unter Denkmalschutz gestellt wurden, erkannte man im 20. Jahrhundert die Stadterhaltung und den Ensembleschutz als wichtige zeitgemäße

Aufgaben.[12] Mit dem Übergang vom Industriezeitalter zum Informationszeitalter wurde der Denkmalschutz um den neuen Zweig der „Industriearchäologie" erweitert und auf technische und industrielle Denkmäler ausgedehnt. [13] Viele vormals ungeliebte Fabriken verwandelten sich nach der Stillegung in romantisch anmutende Orte, die im öffentlichen Interesse als schutzwürdig anerkannt wurden. Aufgrund der weiter fortschreitenden Stilllegung von Werkstätten und Fabriken ist es höchste Zeit, die Denkmäler des industriellen Zeitalters zu inventarisieren, wissenschaftlich zu qualifizieren und wenn notwendig Rettungsaktionen oder neue Nutzungen zu initiieren.[14] Bisher konnten vergleichsweise wenige technische und Industrie-Denkmäler vor dem Abbruch gerettet und vollständig restauriert werden (z. B. Wasserreinigungsanlage in Prag-Bubeneč). Als Erfolg wird oft auch ein durchgreifender Umbau für neue Funktionen gefeiert (Gasometer in Wien-Simmering, Abb. 10).

Systematische Inventarisierungen von Kulturgütern spiegeln die städtebaulichen Entwicklungen wider, die im Stadtbild an den Architekturdenkmälern sichtbar werden. Während die mittelalterlichen Gründungen unserer Städte von den Wechselwirkungen fürstlicher und kirchlicher Baukonzepte bestimmt wurden, war die Stadtentwicklung in den letzten zweihundert Jahren und besonders im letzten Jahrhundert vor allem von der Industrialisierung geprägt. Das Stadtbild ist daher nur unter Einbeziehung der Industriearchäologie lesbar. Ein Rückblick auf die Entwicklung der Städte und der Industriearchitektur in den letzten hundert Jahren in Mitteleuropa zeigt die orts- und zeitbedingten Zusammenhänge, die Veränderungen des Stadtbildes und die kulturellen bzw. gesellschaftlichen Wandlungen. Wenn auch die wirtschaftlichen und technischen Bedingungen nicht überall identisch waren, findet man die charakteristischen Zeit- und Stilmerkmale über Sprach- und politische Grenzen hinweg. Da nunmehr die meisten Industrieanlagen des 19. Jahrhunderts zu beiden Seiten des ehemaligen „Eisernen Vorhanges" existenziell bedroht sind, beschäftigen sich mehrere Inventarisierungsprogramme

12 Milos Kruml: Stadterhaltung und Denkmalpflege in Prag und Preßburg. In: Martin Kubelík (Hg.): Von der Bauforschung zur Denkmalpflege. Festschrift für Alois Machatschek. Wien 1992, S. 103–123, hier S. 116.

13 Manfred Wehdorn: Per un nuovo restauro – Denkmalpflege im Umbruch. S. Doná di Piave 1991, S. 6f.

14 Gerhard Stadler: Industriearchäologie quo vadis? Vom Aufbruch in die industrielle Vergangenheit. In: Gerhard Stadler (Hg.): Blätter für Technikgeschichte 63. Manfred Wehdorn zum 60. Geburtstag. Wien 2001, S. 13–32, hier S. 32.

in Österreich (an der Technischen Universität Wien sowie in Tschechien im Staatlichen Denkmalinstitut Prag und dem Kreisinstitut in Mährisch-Ostrau/Moravská Ostrava) mit deren wissenschaftlicher und denkmalpflegerischer Erfassung.[15] Die Betrachtung des Landschafts- und Stadtbildes nach industriearchäologischen Gesichtspunkten schafft Verständnis für die historischen Schichten des vergangenen Industriezeitalters.

Vor 1918 überwog in Mitteleuropa die einheitlich wirkende Architektur des österreichischen „k. k.-Historismus".[16] Die typisierten Eisenbahnbauten und die „Industriearchitektur" zeichneten sich in erster Linie durch Sichtziegelfassaden aus.[17] Die Bahnhofsgebäude beeinflußten das Stadtbild entscheidend; die Eisenbahntangenten beschränkten die Entwicklung des Stadtgrundrisses. Eine beträchtliche Stadterweiterung veränderte besonders die Landes- und Provinzhauptstädte: Wien, Budapest, Prag, Triest, Lemberg/L'viv, Graz, Brünn, Linz, Czernowitz/Cerniwzi usw. (Abb. 3). Der Stilpluralismus der Architektur in der zweiten Hälfte des 19. und zu Beginn des 20. Jahrhunderts entsprach dem besonders in Wien hörbaren „babylonischen Sprachengewirr".[18] Da Wien in dieser Zeit eine große Baustelle war, wuchs *Drasches Wienerberger Ziegelei* zu einem der größten Industriebetriebe der Stadt. Die Bauten der städtischen Infrastruktur und der Schwerindustrie, v. a. in Kladno, Mährisch-Ostrau, Witkowitz/Vítkovice, Pilsen/Plzeň oder Prag wurden vorzugsweise als Stahlskelettkonstruktionen mit Sichtziegelausfachung errichtet. Schon nach 1860 verwendete man im Industriebau Eisenfenster. Einzelne Baudetails, wie z. B. die nach 1901 als Ersatz für die traditionelle Schindeldeckung überall benutzte Hatschek-Eternitdeckung, sind durch Patentierungen datierbar.[19] Die für Dampfkessel unbedingt notwendigen Rauchfang-Schlote wurden zu Wahrzeichen aller Fabriken mit Maschinenkraft.

---

15 Milos Kruml: Technische Denkmäler und Industriearchäologie in Tschechien. In: Blätter für Technikgeschichte 63 (wie Anm. 14), S. 99–113, hier S. 112.

16 Tomáš Šemberger: Architektura industriálních staveb [Architektur der Industriebauten]. In: Hana Hlušičková (Hg.): Technické památky v Čechách, na Moravě a ve Slezsku. Bd. 1. Praha 2001, S. 15–22, hier S. 20.

17 Wilhelm von Flattich: Über Gesamt-Anordnung der Bahnhöfe und Stationen, insbesondere der Hochbauten. In: Allgemeine Bauzeitung 35 (1870), S. 244.

18 Peter Eppel u. a.: Wir / Zu Geschichte und Gegenwart der Zuwanderung nach Wien. Katalog einer Sonderausstellung des Historischen Museums der Stadt Wien. Wien 1996.

19 Manfred Wehdorn: Die Bautechnik der Wiener Ringstraße (Die Wiener Ringstraße – Bild einer Epoche 11). Wiesbaden 1979, S. 44.

Auch im idyllischen Landschaftsbild konkurrierten die minarettartig schmalen, hohen Kamine mit den alten Kirchtürmen. Die ausgedehnten Industrieagglomerationen der Bergwerke, Kokereien und Eisenhüttenwerke bei Mährisch-Ostrau und Kladno sind Beispiele für maximale Umweltbelastung. Gleichzeitig zeugt die städtebaulich vorbildliche Wohnanlage des Witkowitzer Eisenwerkes (Kesselwerk, Brückenbau u. a.) „Nové Vítkovice" bei Mährisch-Ostrau von den positiven urbanistischen Einflüssen der Industrialisierung (Abb. 4). Der 1877–1893 unter dem Direktor des Eisenwerks Paul Kupelwieser (Sohn des Malers Leopold K.) erbaute Komplex besteht nicht nur aus den an englische Sichtziegelbauten erinnernden Arbeiterkolonien, Beamtenwohnhäusern und der Direktorenvilla, sondern besitzt auch unglaublich fortschrittliche Kommunal-, Sozial- und Kultureinrichtungen: ein Rathaus, einen Eisenbahnhof sowie einen Straßenbahnhof, ein Krankenhaus – bestehend aus mehreren Pavillons einschließlich Quarantänepavillon –, eine Schule sowie eine Krippe und einen Kindergarten, ein Waisenhaus mit Kapelle, eine Gewerbeschule, ein Altersheim, eine Kirche mit Wasserturm(!) und Pfarrhaus, eine Synagoge mit Schule, ein tschechisches Vereinshaus, ein Betriebshotel, eine Markthalle, ein Schlachthaus, eine Betriebsküche, ein Wasch- und Bügelhaus, einen Kunstausstellungspavillon(!), eine Reitschule, einen Turnsaal, ein offenes und ein überdachtes Schwimmbad sowie einen Eislaufplatz (alles vor 1901). Auch die drei weiter entfernten Bergsanatorien für Kinder und Arbeiter gehören konzeptionell zu dem Ensemble. Nach fast hundert Jahren wurden die Entstehungsgeschichte von Nové Vítkovice dokumentiert (Abb. 5) und Unterlagen für denkmalpflegerische Maßnahmen erstellt.[20] Einige Unterschiede zwischen der Industrieentwicklung in Westeuropa und in den habsburgischen Ländern zeigt ein Vergleich der Essener Firma *Krupp* mit der Berndorfer *Krupp-Edelmetallwarenfabrik* (Erzeugung von Tischutensilien, Bestecken und Feldküchen) in Niederösterreich: Dem Ausbau der sog. Löffel-Fabrik unter Arthur Krupp (1879–1938), dem Neffen und Nachfolger des Firmengründers, folgten die Erweiterung der Ortschaft und die Erhebung zur Stadt. In Prag und in Wien wurden Geschäftshäuser der Firma errichtet. Der Ausbau der Arbeiterwohnungen ging einher mit der Errichtung der wichtigsten Gebäude der Stadt – des Stadttheaters (1898), einer Kirche (1917) und zweier Schulgebäude (1907–10) mit besonderer künstlerisch-didaktischer Gestaltung der Klassenzimmer, in denen die Kulturentwicklung der gesamten Welt bildhaft dargestellt war. Einzelne bedeutende Bauten

20 Miloš Matěj, Irena Korbelářová, Pavla Levá: Nové Vítkovice 1876–1914. Ostrava 1992.

und die Berndorfer Arbeiterwohnungen stehen unter Denkmalschutz;[21] die nach mehreren funktionellen Um- und Anbauten noch immer in Betrieb stehenden Industrieobjekte wurden im Rahmen des Inventarisierungsprogramms *Industrie-Dehio-Niederösterreich* vom Institut für Denkmalpflege, Kunstgeschichte und Industriearchäologie der TU Wien dokumentiert.

Nach 1918 waren die Befreiungs- und Nationalbewegungen in den Nachfolgestaaten der zerfallenen Monarchie begleitet von einer Schrumpfung der Absatzmärkte und Krisen der Industrie. Die meisten kleinen Fabriken in den ländlichen Kleinstädten blieben in der Zwischenkriegszeit auf dem überkommenen Niveau. Die in erster Linie von Baumeistern geschaffene Architektur in den Kleinstädten zeigte bis ca. 1930 historisierende Formen. Die statistischen Angaben über Produktion, wirtschaftliche Leistung und die gesamte Import/Export-Bilanz der vier in der Tschechoslowakischen Republik vereinten historischen Regionen Böhmen, Mähren, des tschechischen Teils von Schlesien sowie der Slowakei zeigen einen Tiefstand nach Kriegsende um 1919/20 und eine leichte Erholung um 1925, welche jedoch nicht mehr den Stand von 1910/15 erreichte.[22] Die unter diesen Umständen doch überraschend markante Stadterneuerung und -entwicklung ist vor allem auf die Erfolge der staatstragenden Großindustrie: *Maschinenfabrik Škoda-Plzeň* und *Auto-Škoda* Mladá Boleslav/Jungbunzlau, *Zbrojovka-Brno*, *Poldi-Eisenindustrie* Kladno, *ČKD* (Českomoravská)-Maschinenwerke und *Elektro-Křižík* in Prag, *Havels Filmateliers* in Prag-Barrandov u.s.w. – zurückzuführen. Außerordentlich erfolgreich innerhalb der tschechoslowakischen Industrielandschaft war die Schuhfirma *Baťa*. Alle Bauten Baťas, Fabriken, Bürogebäude, Arbeiterwohnungen, Geschäftshäuser in allen größeren tschechischen Städten sowie kommunale Bauten, Villenviertel, ein Hotel, Restaurants, Filmateliers und der Flughafen in Baťas Hauptsitz Zlín weisen bautechnisch anspruchsvolle und zugleich schlichte, funktionalistische Architekturen auf (Abb. 7).[23] Die großräumig und ohne inne-

21 Berichte über Unterschutzstellungen und Restaurierungen. In: Österreichische Zeitschrift für Kunst und Denkmalpflege 52 (1998), S. 7; 53 (1999), S. 66; 55 (2001), S. 225.

22 Jan Krajíc, Smlouvy obchodní [Geschäftliche Verträge]. In: Masarykova Akademie (Hg.): Československá vlastivěda, Bd. VI, Práce [Tschechoslowakische Heimatkunde, Bd. VI], bearb. v. V. Dědina und J. Drachovský. Praha 1930, S. 181–207, hier S. 194.

23 Rostislav Švácha: Prag, Brno und Zlín 1918–1937. In: Eve Blau und Monika Platzer (Hg.): Mythos Großstadt. Architektur und Stadtbaukunst in Zentraleuropa 1890–1937. München/London/NewYork 1999, S. 215–226, hier S. 218.

re Unterteilung konstruierten Werkhallen dienten der rationellen Organisation der Arbeit am Fließband. Das im Aufzug eingerichtete Büro von Tomáš Baťa entsprach dem von Ford übernommenen Motto „time is money". Die Produktion wuchs jährlich um 20 bis 30 Prozent. Die radikale Kontrastwirkung der weißen, großflächig verglasten Geschäftshäuser der Firma, die in allen tschechischen Städten und Städtchen am Hauptplatz errichtet wurden, war ein Ausdruck der Firmenphilosophie Baťas und eine klare Werbebotschaft (Abb. 8). Der tödliche Absturz Tomáš Baťas mit seinem Privatflugzeug im Jahr 1932 beendete nicht die systematische Firmenexpansion und Bautätigkeit.[24] Da die Zuliefererindustrie in den 1930er Jahren in Kanada, Argentinien und Japan ausgebaut und Geschäftslokale in allen wichtigeren Ländern der Welt eingerichtet wurden, konnte nach 1938 auch die Kernproduktion teilweise evakuiert und ins Ausland übertragen werden.

Die Expansion der Firmen mit internationalen Geschäftsverbindungen prägte die grundsätzlich optimistische Atmosphäre in der Tschechoslowakei, jedoch war das wirtschaftliche Leben in den meisten gewerbetreibenden Firmen etwas weniger spektakulär. Die mäßigen Veränderungen der böhmischen Kleinstädte können anhand eines dem Verfasser besonders gut bekannten Beispiel illustriert werden. In Goltsch Jenikau/Golčův Jeníkov (85 km südöstlich von Prag), einem Städtchen mit ca. 2.400 Einwohnern (um 1890 ebenso sowie 1920) gab es 1918 ein Schloß, eine Schule, eine Pfarrkirche, eine Synagoge mit Schule, ein Rathaus, zwei kleine Textilfabriken und eine Polstermöbelmanufaktur.[25] Die schon früher günstige Lage an der alten Poststraße Prag – Wien und der Eisenbahnverbindung Prag – Iglau/Jihlava – Brünn bzw. Znaim/Znojmo wurde durch die Einrichtung der Schnellzugstation bestätigt. Nach 1918 veränderten sich allmählich die Häuser der Stadt. Die meisten Neubauten, Umbauten und Aufstockungen der Privathäuser und Fabrikgebäude, der Schulanbau, der Neubau des Brauhauses, des Kino- und Turnvereinhauses „Sokol", der „Podmoker"-Kirche sowie die Restaurierungen der Denkmäler, Kirchen, des Alten sowie des Neuen Schlosses, der „Jesuitenresidenz", der Synagoge und des Rathauses besorgte das Projekt- und Baubüro *Čeněk Kruml*. Das 1928 ausgebaute und mit einem eigenen Kraftwerk ausgestattete *Sägewerk Kruml* (mit Tischbeinkessel, Křižík-Generator und drei Rahmensägen; Abb. 9), die Baufirma und die Betongießerei wurden zum größten Industriebetrieb der Stadt. In den dreißiger Jahren begann man mit der Erzeu-

24 Československý biografický slovník [Biographisches Wörterbuch der Tschechoslowakei]. Praha 1992, S. 29.

25 Eva Štědrá: Golčův Jeníkov. Golčův Jeníkov 2002, S. 62.

gung von modernen Holzleimkonstruktionen. Während das Stadtbild von Jeníkov – wie die meisten Städte in Mittelböhmen – den Krieg fast ohne Veränderungen überstand, schrumpfte in dieser tragischen Zeit die Einwohnerzahl fast um ein Fünftel. Von den emigrierten und in die Konzentrationslager transportierten Jeníkover Juden kehrte nur einer in das Städtchen zurück.[26] 1945 wurden aus Jeníkov keine deutschsprachigen Mitbürger ausgesiedelt; dennoch wurde diese Sprache im Städtchen nicht mehr verwendet, da Deutsch früher überwiegend von den jüdischen Einwohnern gesprochen worden war. Ganz anders war es bekanntlich in den Sudetengebieten; die denkmalpflegerische Inventarisation in der Umgebung von Gablonz/Jablonec nad Nisou dokumentiert beispielsweise die tiefgreifenden Veränderungen des Gebäudebestandes seit der Neuansiedlung von rumänischen, tschechischen und slowakischen Bewohnern.[27]

Die 1948 verordnete „Znárodnění" („Nationalisierung") aller Industriebetriebe und die Dezimierung der „Bourgeoisie", d. h. die Enteignung der sog. „Fabrikanten" und „Kulaken" sowie die Liquidation der Kleingewerbe, vor allem kleiner Werkstätten, machten sich im Stadtbild zunächst kaum bemerkbar. Die alten Fabriken bekamen neue Namen und kommunistische „Nationalverwalter" als Direktoren; bestehende Gebäude wurden mit Mühe erhalten, um- und ausgebaut. Lediglich die Zahl der Geschäftslokale, Restaurants und Gasthäuser reduzierte sich auf ein Zehntel (dabei stieg jedoch der Bierkonsum weiter). In den Straßen verschwanden ehemalige Firmenaufschriften und alle Werbeträger. Die Förderung der Schwerindustrie, der Eisenhütten und Bergwerke, der Maschinenfabriken sowie neuer Industriezweige, insbesondere der Automobilfabriken, ging einher mit dem Bau von neuen Siedlungen. Die Architektur und der Städtebau entwickelte sich in zwei Phasen: Dem „Sorela" (Stil des „Sozialistischen Realismus") der fünfziger Jahre folgten die Plattenbauten der 1960/70er Jahre nach dem Vorbild des sog. „G-58-panelak", dem Prototyp des Jahres 1958.[28]

Nach 1989 wurden im Stadtbild zunächst die Folgen von strittigen „Restitutionen" und Stillegungen der bisher geförderten Fabriken sichtbar. Die sog.

---

26 Ebenda, S. 68.

27 Dieter Klein: Inventarisation in Kukan und Umgebung. Ausstellungskatalog. München/Jablonec 2000.

28 Jiří Hrůza, Emanuel Hruška, Vilém Lorenz, Vladimír Červenka: Stavba měst v Československu [Städtebau in der Tschechoslowakei]. Praha 1958.

Kupon-Privatisierung bewirkte, daß einige Wohnhäuser und viele Industrieobjekte über längere Zeit leer standen. Die zwischen Konjunkturen, Krisen und der Stagnation des Kalten Krieges bisher doch überwiegend wachsende Industrie verzeichnete am Ende des zweiten Jahrtausends aufgrund von Globalisierung, veränderten Energieträgern, Automatisierung, Transportlogistik, Verflechtungen des Bankwesens etc. eine massive Regression. Viele Produktionsstätten, Fabriken, Kleinbetriebe sowie ganze Schwerindustrielandschaften wurden stillgelegt. Nach dem Zerfall des Ostblocks wurden die Globalisierung und der Beginn des Informationszeitalters dort noch intensiver als im Westen erlebt. Sofort nach der Öffnung der Grenzen kam es zur Stillegung von ca. einem Drittel der Fabriken. Die kommunistische Arbeitspflicht wurde abgeschafft; stattdessen stellt die Arbeitslosigkeit ein massives Problem dar. In dem erwähnten Städtchen Jeníkov wurden beispielsweise beide Textilfabriken geschlossen, das Sägewerk und ein Betrieb, der Eisenkonstruktionen herstellt, arbeiten weiter. Die meisten Bergwerke und Eisenhütten in Ostrau wurden stillgelegt; einige sind im Zustand „des letzten Arbeitstages" als Museen erhalten geblieben (Abb. 6).[29] Die neuen Firmengründungen wirkten sich im Ortsbild erst nach zirka zehn Jahren aus. Das Erscheinungsbild der großen Städte wird jedoch vor allem durch neue Bürohäuser (z. B. auf dem ehem. Gelände der Wienerberger Ziegelei oder in Prag-Pankraz), Shopping-Center (z. B. SCS bei Wien) und komplizierte Autobahnkreuze geprägt. Dazu gehören auch die überdimensionalen Umbauten ehemaliger Industrieareale, Fabriken und technischer Denkmäler, beispielsweise der schon erwähnte Gasometer in Wien (Abb. 10). Eine weit größere Bautätigkeit als in den „neuen Ländern" der EU ist in Österreich zu konstatieren. Nach der Trennung der Slowakei von Tschechien ist Preßburg/Bratislava eine selbständige Hauptstadt geworden – und doch sind die Neubauten für die neue Verwaltung bisher bescheiden geblieben. Dagegen bewirkte die Entscheidung über die Verlagerung der Niederösterreichischen Landesbehörden aus Wien eine gewaltige Bautätigkeit, die einer Stadtgründung ähnelt: Auf einer „grünen Wiese" vis-à-vis von St. Pölten entstand nach 1991 ein neues Regierungsviertel.[30] Besondere städtebauliche Formen

---

29 Miloš Matěj, Michaela Rysková: Limity industriálního skanzenu [Die Grenzen des industriellen Freilichtmuseums]. In: Benjamin Frágner (Hg.): Fórum architektury a stavitelství. Praha 2001, S. 61 f.

30 Annette Becker, Dietmar Steiner, Wilfried Wang: Österreich, Architektur im 20. Jahrhundert. München/New York 1995, S. 303; Klaus Höglinger (Bearb.): Festschrift Spatenstich Neues Landhaus St. Pölten. Hg. NÖ-Landeshauptstadt-Planungsgesellschaft. St.Pölten 1992.

entwickelten sich in den zollfreien Bereichen der ehemaligen „toten Grenze“. Besonders das Vergnügungsareal „Excalibur“ in Klein Haugsdorf neben dem Grenzübergang Znojmo zeigt eine neue Art von marktschreierischer Architektur der Konsum- und Unterhaltungsindustrie, die mit riesigen Spielzeugen, Sex- oder Märchenmotiven überdimensionale Shopping-Center, Parkgaragen, Spielhallen oder Nachtklubs bewirbt (Farbabb. 12). Unterentwickelt bleibt dagegen das neu gegründete Gewerbegebiet Gmünd – Velenice, obwohl es als Musterbeispiel für das gewünschte Zusammenwachsen der seit 1918 geteilten Stadt beiderseits staatlich gefördert wird.[31]

31 Für zahlreiche Hinweise und für die Sichtung des gesamten Manuskriptes danke ich sehr herzlich Frau Dr. Beate Störtkuhl, Oldenburg und Herrn Dr. Günther Berger, Wien.

Abbildungen

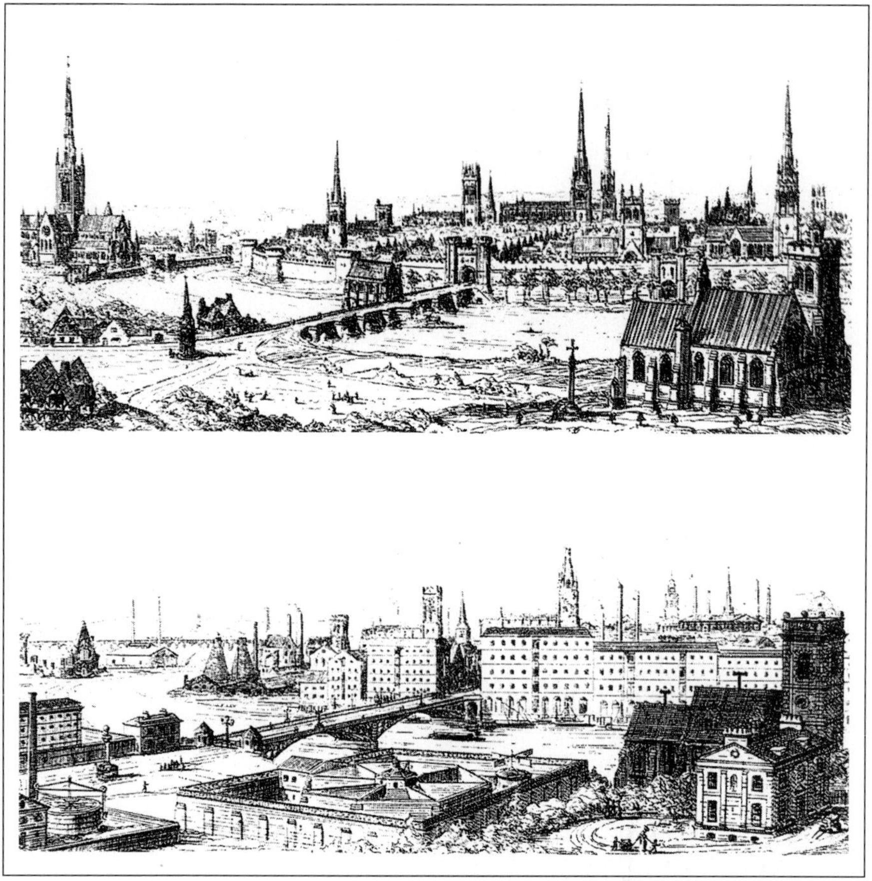

1. Die gotische und die industrielle Stadt, A.W.N. Pugin, London 1836 (Contrasts or a Parallel between the Noble Edifices of the Fourteenth and Fifteenth Centuries and Similar Buildings of the Present Day von A.W.N. Pugin, London 1836. In: Virgilio Vercelloni: Europäische Stadtutopien, München/Mailand 1994, T. 132)

2. Plakat für die Jubiläumsausstellung in Prag, Orig. von Vojtěch Hynais, 1891 (Uměleckoprůmyslové Museum Praha)

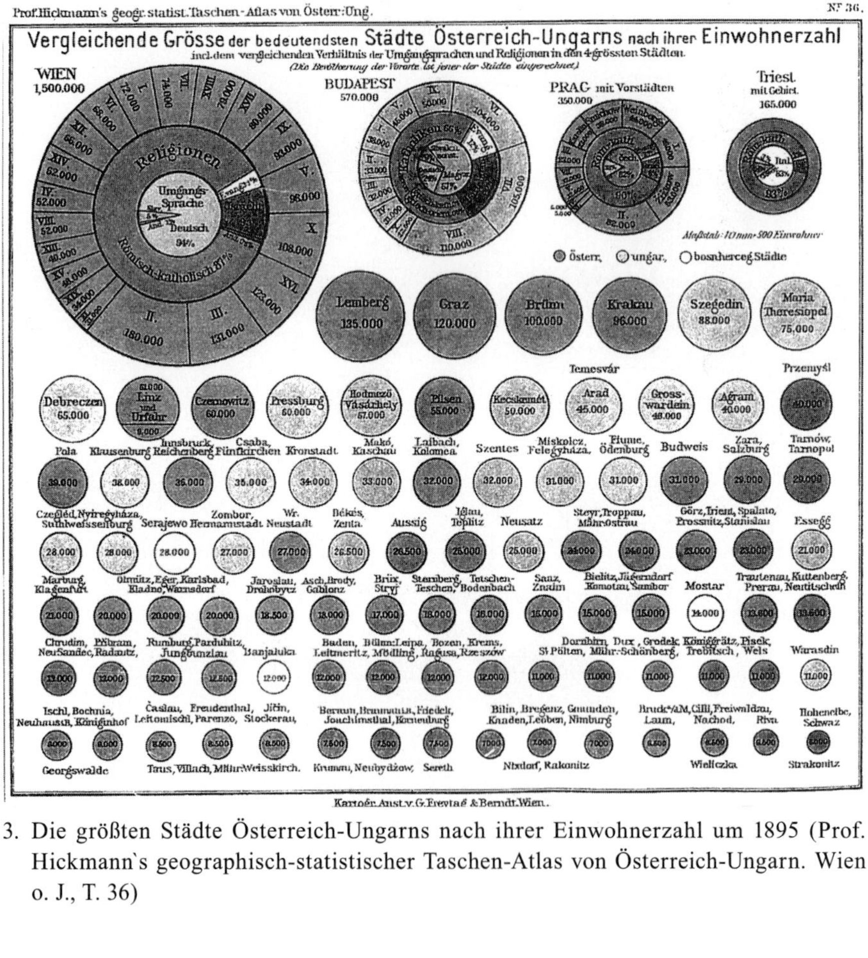

3. Die größten Städte Österreich-Ungarns nach ihrer Einwohnerzahl um 1895 (Prof. Hickmann`s geographisch-statistischer Taschen-Atlas von Österreich-Ungarn. Wien o. J., T. 36)

4. Die Eisenwerke und die Stadt Witkowitz/Vítkovice bei Mährisch Ostrau/Ostrava, E. Pendl 1910 (Miloš Matěj, Irena Korbelářová, Pavla Levá: Nové Vítkovice 1876–1914. Ostrava 1992, Umschlag)

5. Die Witkowitzer Eisenwerke (Foto Miloš Matěj 1991)

6. Arbeiterkleider im stillgelegten Eisenwerk, Exposition „Am letzten Tag" (Foto Miloš Matěj 2000; Archiv Státního památkového ústavu Ostrava)

7. Postkarte aus Zlín mit Stadtansichten und Tomáš Baťa um 1930 (Privatsammlung)

8. Das Kaufhaus „Baťa" in Reichenberg/Liberec, erbaut nach einem Projekt von V. Karfík 1930/31 (Stavitel 14, 1933/34)

9. Das Sägewerk Kruml in Golčův Jeníkov (Foto Milos Kruml 2000)

10. Die „Gasometer“ in Wien nach Umbau und mit Zubauten nach Projekten von M. Wehdorn, Coop Himmelb/l/au u. a. (Foto Gerald Zugmann, 2000, aus B. Fragner [Hg.]: fórum architektury & stavitelství“. Praha 2001, S. 31)

Norbert Tempel

Industriekultur im Baltikum

Eine persönliche Bestandsaufnahme[1] des industriellen Erbes in Estland, Lettland und Litauen

Einleitung

Ein breiteres Interesse für die Industriekultur ist in den baltischen Staaten erst in jüngster Zeit erwacht. In den rohstoffarmen, vor allem agrarisch geprägten ehemals russischen Ostseeprovinzen gab es bis nach dem Zweiten Weltkrieg kaum industrielle Unternehmungen größeren Ausmaßes. Zu den wenigen Ausnahmen zählte die Hafenstadt Riga/Rīga, der aufgrund ihrer verkehrsgeografisch günstigen Lage eine immense Bedeutung für das russische Hinterland zukam. Erst nach dem Zweiten Weltkrieg betrieb die Sowjetunion eine konsequente Industrialisierung des baltischen Wirtschaftsraumes. Beim Zusammenbruch der UdSSR konnten sich die baltischen Staaten zwar ihre erneute staatliche Selbständigkeit erkämpfen, erlebten aber auch einen rasanten wirtschaftlichen Wandel und den Niedergang vieler Industrien, die im Rahmen der „sozialistischen Arbeitsteilung" für den großen gesamtsowjetischen Markt produziert hatten.

Inzwischen hat sich das Baltikum als „touristische Destination" etabliert.[2] Ziele sind vor allem die Hauptstädte: die hinreißend schöne Hansestadt Riga, die in ihrem alten Kern authentisch und unzerstört von einstiger Größe zeugt und ganze

---

1 Basierend auf der Kenntnis der baltischen Staaten durch eigene Reisen und intensive Studien zur Eisenbahngeschichte (vgl. Anm. 8) hat der Verfasser bei seinen aktuellen Recherchen anläßlich dieser Veröffentlichung hauptsächlich die von Deutschland aus zugänglichen Informationen, insbesondere aus dem Internet (siehe insbes. Anm. 4), einbezogen. Übergreifende Publikationen zur Wirtschaftsgeschichte und zur Industriedenkmalpflege im Baltikum sind noch nicht verfügbar. Für ihre Unterstützung bedanke ich mich bei den im Bildnachweis genannten Personen und Institutionen im Baltikum sowie bei Herrn Alexander Kierdorf u. a. für Hinweise zur frühen Betonbau-Architektur.

2 Eine ausführliche aktuelle Studie über den Kultur-Tourismus im Baltikum ist kürzlich mit Unterstützung der UNESCO erarbeitet worden: „Baltic Cultural Tourism Policy Paper – Estonian, Latvian and Lithuanian National Commissions for UNESCO (2001–2003)." Das sehr detaillierte Papier ist im Internet als pdf-Datei herunterzuladen unter: www.unesco.ee/dok/bct_full.pdf

Jugendstil-Straßenzüge zu bieten hat, Wilna/Vilnius mit seiner mittelalterlichen Stadtanlage und Bausubstanz von der Gotik bis zum Barock sowie Reval/Tallinn, die „weiße Stadt am Meer". Die Altstädte der drei baltischen Hauptstädte sind heute als Weltkulturerbe eingestuft. Im Baltikum gibt es aber auch ein reichhaltiges industriekulturelles Erbe zu besichtigen, das dieser Beitrag – nach einem einleitenden Überblick über die Entwicklung von Industrie und Verkehr – näher vorstellen möchte.

Die Zeugnisse von Industrie und Gewerbe, Verkehr, Kommunikation und kommunaler Infrastruktur, die Fabriken mit ihrem Umfeld und deren Produkte subsumieren wir in Deutschland ebenso unter dem Begriff „Industriekultur" wie die Geschichte von Wissenschaft und Technik, Sozial-, Umwelt- und Wirtschaftsgeschichte.[3] Im englischen Sprachraum hat sich der Begriff „Industrial Heritage" eingebürgert, der zunehmend auch im Baltikum verwendet wird. Für die Erforschung und Dokumentation wurde in den 1950er Jahren in Großbritannien der Begriff „Industrial Archaeology" geprägt. Wie in anderen Ländern, deren De-Industrialisierung früher einsetzte, entwickelt sich derzeit im Baltikum das Interesse an der Erhaltung von Zeugnissen des industriellen Erbes vom Hobby für einige Enthusiasten zu einem ernstzunehmenden Ziel der staatlichen Kulturpolitik und Tourismusförderung. Für die Erhaltung der denkmalwerten Bausubstanz beschreitet man auch hier meist einen der drei erfolgversprechenden Wege: Erhaltung des Bauwerks durch fortgesetzte Nutzung, Renovierung und Revitalisierung aufgegebener Areale – seien es Fabriken oder Häfen – durch branchenfremde Neunutzung oder Konversion zu Museen und anderen Einrichtungen für den Kulturtourismus. Eine zentrale Rolle kommt dabei der staatlichen Denkmalpflege zu, die angesichts kommerzieller Verwertungsinteressen und der Ignoranz mancher Investoren einen schweren Stand hat.

Aber auch nichtstaatliche Organisationen und Privatpersonen tragen in erheblichem Maß sowohl zur Erforschung und Dokumentation als auch zur Erhaltung und Popularisierung bei. Gerade die Industriekultur hat im Umkreis früherer Produktionsstätten anfangs häufig mit erheblichen „mentalen Altlasten" in der Bevölkerung zu kämpfen und muß intensive Überzeugungsarbeit für die Anerkennung des Wertes ihrer Objekte und deren Akzeptanz leisten. Daher wird

---

3 Die seit 1995 vom Rheinischen und Westfälischen Industriemuseum gemeinsam herausgegebene Zeitschrift *IndustrieKultur* trägt den Untertitel „Denkmalpflege, Landschaft, Sozial-, Umwelt- und Technikgeschichte" (www.industrie-kultur.de) und berichtet auch über das Baltikum.

sich dieser Beitrag auch mit der Frage beschäftigen, wer sich für die Rettung der Industriekultur engagiert, welche Organisationen im staatlichen Auftrag oder ehrenamtlich und aus eigener Initiative tätig werden.

Schließlich möchte ich einen Blick auf die internationale Zusammenarbeit werfen.

Einen ganz entscheidenden Impuls hat in jüngster Zeit die skandinavisch-baltische Zusammenarbeit der „Industrial Heritage Platform (IHP) 2000–2002“ gegeben.[4] Im Rahmen der Kooperation tauschten die beteiligten Institutionen ihr Wissen über die Konservierung von Zeugnissen der Industriekultur aus und vermittelten bei Seminaren vor Ort einem breiten Teilnehmerkreis Methoden und Strategien der Erhaltung. Es ist gelungen, über die Projektlaufzeit hinaus ein Netzwerk von Institutionen, Initiativen und Einzelpersonen aufzubauen. Sowohl die Öffentlichkeit als auch die Planungsverantwortlichen vor Ort wurden systematisch einbezogen, um ein nachhaltiges Interesse zu wecken. Einzelne Projekte werden in den anschließenden Länderkapiteln näher vorgestellt.

Alle akademischen und administrativen Erfolge bei der Rettung vor dem Abrißbagger müssen sich letztendlich in einem dauerhaften, praktischen Engagement vor Ort konkretisieren, wenn Projekte langfristig Bestand haben sollen. Die Museums- und Touristikeisenbahnen in den drei baltischen Ländern sind trotz knapper Budgets auf dem Weg zum Erfolg, weil Enthusiasten umfangreiche handwerkliche Arbeiten leisten.

Das Baltikum – Rußlands Tor nach Europa[5]

Das Baltikum befindet sich in einer brisanten geostrategischen Situation zwischen den Großmächten Rußland und Deutschland. Im 18. Jahrhundert fielen die drei nicht-slawischen Völker zwischen Memel und Peipus-See dem Expansions-

4 Das Projekt wurde vom „*Nordic Council of Ministers*“ der skandinavischen Staaten finanziell entscheidend unterstützt. Reichhaltige Informationen sind im Internet u. a. unter http://www.ihp.lt sowie unter http://www.nba.fi/MONUMENT/IHP zu finden. Vgl. auch Industrial Heritage Platform 2000–2002 (Hg.): Industrial Heritage in the Nordic and Baltic Countries – A Seminar on Cooperation in Strategies, Research and Training, Helsinki 1.–3.10.1999. Helsinki 2000.

5 Weiterführende Literatur zur Geschichte des Baltikums: Gert von Pistohlkors: Der Hitler-Stalin-Pakt und die Baltischen Staaten. In: Erwin Oberländer (Hg.): Hitler-Stalin-Pakt 1939. Das Ende Ostmitteleuropas? Frankfurt/Main 1989, S. 75–97; Georg von Rauch: Geschichte der baltischen Staaten. München 1990[3]; Horst Kühnel: Die Deutschen im Baltikum. München 1991; Michael Garleff: Die baltischen Länder.

trieb des Zarenreiches zum Opfer und wurden Rußland als „Baltische Provinzen" eingegliedert. Während weite Gebiete Estlands und Lettlands durch die lange Herrschaft der deutschen Ritterorden[6] und schwedische Einflüsse geprägt waren, hatte Litauen durch seine undurchdringlichen Wälder und die Jahrhunderte währende Union mit Polen viel stärker nationale Eigenheiten herausgebildet. Hansische Kaufleute und Handwerker übertrugen Städtewesen, Zünfte und Gilden in ihre neue Heimat und dominierten die Städte auch zahlenmäßig bis hin zur Industrialisierung. Das Baltikum war für Rußland mangels geeigneter eigener Häfen von derart großer Bedeutung für den Zugang zur Ostsee und damit für den Weg nach Europa, daß es alles daran setzte, seine Herrschaft zu sichern bzw. immer wieder zurückzugewinnen. Bis heute kann die wirtschaftliche Situation des Baltikums nur vor dem Hintergrund der gesamtrussischen Entwicklung verstanden werden.

Entwicklung der Industrie und der Verkehrswege

Das Baltikum ist eine rohstoffarme, land- und forstwirtschaftlich geprägte Region. Gewerbebetriebe waren überwiegend auf die Verarbeitung von Agrarprodukten und Holz ausgerichtet. In den Städten wurde vorrangig für den örtlichen Bedarf produziert. Zur Energiegewinnung standen nur begrenzte Wasserkräfte sowie Torf und Brennschiefer (vor allem in Estland) zur Verfügung. Kohle wur-

---

Estland, Lettland, Litauen vom Mittelalter bis zur Gegenwart. Regensburg 2001. Zur Wirtschaftsgeschichte vgl. Joachim Mai: Das deutsche Kapital in Rußland 1850 – 1894 (Veröffentlichungen des Historischen Instituts der Ernst-Moritz-Arndt-Universität Greifswald 4). Berlin 1970; Michail Iwanowitsch Tugan-Baranowsky: Geschichte der russischen Fabrik. Berlin 1900; Paul R. Gregory: Before Command. An Economic History of Russia from Emancipation to the Fist Five-Year-Plan. Princeton 1994.

6 Der Schwertritterorden und der Deutsche Orden machten ihre Mission zur Grundlage kirchlicher, politischer und wirtschaftlicher Macht. Die baltendeutschen Grundherren herrschten über lettische und estnische, die polnischen Herren über litauische Bauern. Die Eingliederung in das Russische Reich änderte praktisch nichts an deren Vormachtstellung. In den baltendeutschen Gebieten Kurland, Livland und Estland blieb Deutsch bis weit in das 20. Jahrhundert hinein wichtige Verkehrssprache. Die von den baltendeutschen Eliten durchgesetzte Reformation unterscheidet das im engeren Sinne baltische Gebiet sowohl vom benachbarten Litauen wie von Rußland. Der lutherische Glaube trug zur Verbindung des Baltikums mit Skandinavien und Deutschland bei.

de in beträchtlichem Umfang aus England importiert. Im Gegenzug wurde Holz bereits seit dem 15./16. Jahrhundert exportiert. Üblicher Transportweg war die Flößerei aus dem waldreichen Hinterland, insbesondere auf der Memel (russ. Njemen; lit. Nemunas) und der Düna/Daugava zu den Seehäfen.

Die alten Hansestädte Riga, Reval und Königsberg/Kaliningrad dominierten den Seehandel mit dem russischen Reich, das mit dem am Nordmeer gelegenen Archangelsk lange nur über einen einzigen eigenen Seehafen verfügte.[7] Die Bedeutung des Baltikums nahm rasant zu, als das in den 1860er und 70er Jahren aufgebaute Eisenbahnnetz die russischen Agrarregionen mit den Metropolen und den günstig gelegenen Seehäfen vernetzte.[8] Nun gewannen auch die Häfen Windau/Ventspils und Libau/Liepaja an Bedeutung. Exportiert wurden vor allem Getreide und Holz, importiert wurden neben Fertigwaren u. a. englische Steinkohle und höherwertige Stahl- und Eisenqualitäten für den weiteren Aufbau der Eisenbahnen und den aufblühenden Maschinenbau. Reval und vor allem Riga profitierten von umfangreichen Industrieansiedlungen. Riga hatte um die Jahrhundertwende schon 56.000 Industriearbeiter bei einer Gesamtzahl von 290.000 Einwohnern; es war im Begriff, Odessa und St. Petersburg zu überflügeln und wichtigster Handelshafen des russischen Reiches zu werden. Die Industriearbeiterschaft rekrutierte sich aus der Landbevölkerung. Sie begünstigte das Vordringen der russischen Revolution im Baltikum.

Als Kriegsschauplatz des Ersten Weltkriegs hatte das Baltikum sowohl unter Kampfhandlungen und Zerstörungen von Verkehrswegen wie unter der Demontage von Industriebetrieben und der Deportation ihrer Experten und Arbeiter durch Rußland zu leiden. Am Ende hatten die drei baltischen Länder mehr als eine Million Menschen verloren.

In der schwierigen wirtschaftlichen Situation nach dem Ersten Weltkrieg gelang es den jungen Nationalstaaten, vor allem Lettland und Estland, ihre Rolle

---

7 Im späten 18. Jahrhundert entwickelte sich Archangelsk zum größten Holzexporthafen Rußlands, der allerdings unter durchschnittlich 190 Tagen Eissperre zu leiden hatte. Das 1703 gegründete St. Petersburg hat als Seehafen nie die Bedeutung der verkehrsgeografisch und klimatisch bevorzugten Häfen der baltischen Länder gehabt.

8 Vgl. Herman Gijsbert Hesselink, Norbert Tempel (Hg.): Eisenbahnen im Baltikum. Geschichte und Gegenwart der Eisenbahnen in Litauen, Lettland, Estland. Münster 1996. (Enthält weitere Literaturangaben zur Verkehrsgeschichte im Baltikum); Ian Blanchard: Russian railway construction and the Urals charcoal, iron and steel industry, 1851–1914. In: Economic History Review, Second Series, 53/1 (2000), S. 107–126.

als „natürliche" Transitländer für den russischen Handel zu nutzen, einen Binnenmarkt zu entwickeln und die Produktion von höherwertigen Konsumgütern zu verstärken. Einige Branchen, etwa die Gummiwarenindustrie, konnten ihre Exporte ins westliche wie ins östliche Ausland steigern. Der Absatz von Agrarprodukten[9] profitierte von einem dichten Netz von Schmalspurbahnen, das zum einen aus der Zarenzeit stammte, zum anderen aus Heeresfeldbahnen[10] des Ersten Weltkriegs bestand, die nun zivilen Zwecken dienten. Das von den jungen Republiken teilweise noch ausgebaute und ergänzte Netz blieb bis in die 1960er Jahre in Betrieb und wurde dann nach und nach eingestellt bzw. auf die russische Breitspur umgestellt.

Nach der erneuten Eingliederung in die Sowjetunion nach dem Zweiten Weltkrieg wurde das gesamte Baltikum mit einer Fläche von 189.100 km² und einer Bevölkerung von 7,583 Millionen (Stand 1970[11]) als einheitlicher Großraum[12] betrachtet, was u. a. in der Errichtung eines Großwirtschaftsbezirks „Prijbaltiskij" 1963 und einer gemeinsamen Bahnorganisation, der „Baltischen Eisenbahn" mit einer Streckenlänge von über 6.000 Kilometern[13], zum Ausdruck kam. Gleichzeitig wurden die baltischen Staaten intensiv in die sowjetische Wirtschaft ein-

9 Die baltischen Staaten führten tiefgreifende Landreformen durch, die die Herrschaft der baltendeutschen Barone beendete. Die entmachtete Minderheit stellte aber weiterhin einen bedeutenden Teil der städtischen Eliten.

10 In Lettland blieben allein sechs ehemals deutsche Heeresfeldbahn-Dampflokomotiven erhalten (Standorte vgl. LOK-Report (Hg.): Europa-Reiseführer für Eisenbahnfreunde 2004/05. Berlin 2004, S. 375)

11 1939 hatten die drei baltischen Staaten eine Bevölkerung von 5,564 Mio., 1959 6 Mio., 2003 7,2 Mio.

12 Zum baltischen Großwirtschaftsraum gehörte auch die Oblast Kaliningrad, der nach dem Zweiten Weltkrieg zu Rußland geschlagene nördliche Teil Ostpreußens mit Königsberg. Diese heute durch die EU-Staaten Polen und Litauen sowie durch Weißrußland von Rußland getrennte Enklave ist nicht Gegenstand dieses Beitrags. – Zur „Baltischen Region" im weiteren Sinne rechnen Wirtschaftshistoriker aufgrund vergleichbarer Rahmenbedingungen bis zum Ersten Weltkrieg auch St. Petersburg mit seiner Konzentration von Schiffsbau-, Maschinenbau-, Eisenbahn- und Baumwollindustrie. Um 1900 waren hier 41 % der Maschinenbau-Kapazitäten des russischen Imperiums versammelt: 26,2 % in St. Petersburg und 14,8 % in Riga; nach Ian Blanchard, University of Edinburgh: Economic-History 2 – Imperial Russia, Lectures 10–15. Vorlesungsskript 2003.

13 Lettland hatte das dichteste Eisenbahnnetz aller Sowjetrepubliken aufzuweisen. Riga wurde mit etwa 20 Fernzugverbindungen mit Zielen weit außerhalb des Baltikums

gebunden und die Industrie auf die Bedürfnisse des Marktes der UdSSR ausgerichtet. Die Neuansiedlung von Industrien konzentrierte sich insbesondere auf die Städte Kaunas, Wilna, Riga, Reval, Narwa und Kohtla-Järve, wo vor allem Leichtindustrien, Textilindustrie, Chemie, Maschinen- und Fahrzeugbau[14] sowie Baustoffindustrien angesiedelt bzw. ausgebaut wurden. Damit verbunden war eine starke Zuwanderung russischer Arbeitskräfte; viele Führungspositionen in Industrie und Verwaltung wurden mit „zuverlässigen" sowjetischen Kadern besetzt. Dorpat/Tartu entwickelte sich zum Zentrum der Holz- und Papierindustrie. Die traditionelle Nahrungsmittelerzeugung und die Viehwirtschaft traten dagegen etwas in den Hintergrund, ausgebaut wurden Fischfang und -verarbeitung. Viele Industriezweige blieben auf auswärtige Rohstoffe, Bauteile und Vorprodukte angewiesen. Im litauischen Mažeikiai wurde eine Ölraffinerie für die Versorgung des gesamten Baltikums und den Export aufgebaut, die über eine Pipeline aus Weißrußland versorgt wurde. Kohle wurde aus dem Donbass und Erdgas aus dem Gebiet Lemberg/L'viv in der Ukraine eingeführt. In Litauen wurden Großkraftwerke zur Energieversorgung des Baltikums errichtet: zunächst ein Öl- und Gaskraftwerk, später ein Atomkraftwerk. Eine wesentliche Rolle für den Export spielten vor allem die fünf großen Frachthäfen des Baltikums in Reval, Riga, Windau, Libau und Memel/Klaipėda. Zum größten Ölexporthafen der UdSSR wurde das lettische Windau ausgebaut, wo eine Erdölpipeline aus Sibirien endet. Zwischen Memel und Mukran auf Rügen richtete die Sowjetunion 1986 eine Eisenbahnfährverbindung für den zügigen Warenaustausch mit dem wichtigen Handelspartner DDR ein.

Als sich die baltischen Republiken 1991 aus der Sowjetunion lösen konnten, zeigten sich schnell die Folgen der einseitigen wirtschaftlichen Verflechtungen: Auf der einen Seite mangelte es an Energie und Rohstoffen, auf der anderen Seite brach plötzlich der Hauptabsatzmarkt für die Industrieprodukte des Baltischen Wirtschaftsraumes weg. Im Westen waren die meisten Produkte nicht konkurrenzfähig, so daß die Wirtschaftsleistung massiv zurückging. Viele Betriebe schränkten Produktion und Beschäftigung radikal ein oder mußten ganz aufgeben. Damit wiederholte sich für die jungen baltischen Staaten im Grunde die Situation der 1920er und 30er Jahre. Wichtige Einnahmequelle ist heute

zur Drehscheibe des Eisenbahnverkehrs. Für den Güterverkehr zu den Häfen wurden vor allem die Durchfuhrstrecken stark ausgebaut und modernisiert.

14 Das 1954 in Riga angesiedelte Automobilwerk *RAF* produzierte Autobusse und Kleinbusse.

der inzwischen konsolidierte und sogar wieder zunehmende Transitverkehr per Bahn und Pipeline zwischen Rußland und den Seehäfen. In den Häfen wurden Sonderwirtschaftszonen oder Freihafenbereiche eingerichtet. Die Region hat eine wichtige Scharnierfunktion zwischen Ost und West und wird in den Ausbau der großen europäischen Verkehrskorridore einbezogen.[15] Der lange angestrebte und zum 1.5.2004 vollzogene Anschluß an die Europäische Union führt zur schnellen Angleichung an die „europäischen Spielregeln". Die Privatisierung der Staatsbetriebe mit ihrem häufig überalterten, wenngleich baugeschichtlich wertvollen Baubestand birgt große Risiken für das industriekulturelle Erbe.

Estland

Industrielle Entwicklung

Ausgangsbasis der estnischen Industrie waren Land- und Forstwirtschaft. Insbesondere die „baltendeutschen Barone" errichteten im Kontext ihrer Gutshöfe Kornmühlen, Brennereien, Molkereien und Sägewerke. Als Estland nach dem Ersten Weltkrieg selbständig wurde, übernahmen einheimische bäuerliche Kooperativen diese Betriebe. Die bescheidenen Verkehrsbedürfnisse auf dem Land wurden zumeist durch schmalspurige Zufuhrbahnen befriedigt. Das 1920 etwa 340 km umfassende Netz wurde in den 1920er Jahren um weitere 260 km ergänzt. Ein weiteres weitläufiges schmalspuriges Eisenbahnnetz, die sog. Revaler Festungsbahn, wurde gleichzeitig größtenteils eingestellt und abgebaut. Das zaristische Rußland hatte vor dem Ersten Weltkrieg ein umfangreiches, nach Peter dem Großen benanntes Verteidigungssystem zum Schutz der Marinebasis errichtet. Die Festungsbahn diente zur Verbindung der Verteidigungslinien, Geschützstellungen und Proviant- sowie Munitionsdepots. Diese Bahn hatte 1919 eine Streckenlänge von 106 km sowie 157 km an Nebengleisen und verfügte über 60 Lokomotiven, 38 Personen- und 1392 Güterwagen. Von den freigewordenen Ressourcen profitierten nun die öffentlichen Schmalspurbahnen im ganzen Land. Die meisten Schmalspurstrecken wurden in den 1960er und 1970er Jahren eingestellt; einige wurden aber auch auf die russische Standardspur umgestellt und sind bis heute in Betrieb. Etliche alte Bahnhofsgebäude, Wassertürme und andere Nebengebäude blieben – teilweise in ihrer alten Funktion – erhalten. Die ersten

---

15 Dem litauischen Eisenbahnnetz kommt die Vermittlungsfunktion zwischen westeuropäischer Normalspur und russischer Breitspur zu, einige der dafür notwendigen Umspur- und Umladeeinrichtungen wurden bereits geschaffen.

Initiativen zu eisenbahngeschichtlichen Sammlungen und Museen im Baltikum entstanden schon in den 1960er Jahren in Estland. Heute gibt es eine Schmalspur-Museumsbahn in Lavasaar/Lavassaare und das Estnische Eisenbahnmuseum im denkmalgeschützten Bahnhof von Hapsal/Haapsalu (Farbabb. 13; s. u.).

In Reval, der zweitgrößten Hafenstadt des Baltikums, wurde die Ansiedlung von Industriebetrieben durch den Bau der Baltischen Bahn ab 1870 stark gefördert. Die 414 km lange Strecke führte von St. Petersburg über Narwa nach Reval und Baltisch Port/Paldiski. Die Fahrzeugwerkstatt der Baltischen Eisenbahn beschäftigte bald 500 Arbeiter und war damit der größte Industriebetrieb der Stadt. Neben der Reparatur von Wagen und Lokomotiven wurden auch neue Waggons gebaut, beispielsweise für den kaiserlichen Hofzug. Die 1898 gegründete Fabrik *Dwigatel* in Reval/Tallinn-Ülemiste gehörte vor dem Ersten Weltkrieg zu den größten Firmen des russischen Waggonbau-Kartells. 1916 firmierte man als *Waggonfabrik Motor, Reval* und hatte bereits die Fabriknummer 21.000 erreicht. Im Lokomotivbau für die Estnische Staatsbahn betätigte sich in den 1930er Jahren die ebenfalls in Reval ansässige *Maschinenfabrik Krull.*

Die Anlagen der Russisch-Baltischen Schiffswerft wurden zusammen mit den Wohnhäusern für Arbeiter, Ingenieure und Verwaltungsbeamte vom Architekten Alexander Dimitrijew entworfen, der sich zuvor auf einer Studienreise nach Westeuropa mit den Gartenstadtideen von Ebenezer Howard vertraut gemacht hatte. Das 1913–16 auf der Halbinsel Kopli in Reval errichtete Ensemble gliederte er in Zonen für industrielle Nutzung sowie Wohngebiete und Parks. Öffentliche Institutionen wie Hospital, Kirche, Badeanstalt und Polizeistation wurden entlang der Hauptstraße angeordnet. Eine Straßenbahnlinie schuf die Verbindung zur Innenstadt.

Derartige Ensembles aus Fabrik und Siedlung entstanden aber auch an anderen Orten in Estland. Das großartigste ist die *Kränholm Baumwollfabrik* (estnisch: Kreenholm) in Narwa, einst eine der größten Textilfabriken Europas (Abb. 3). Sie wurde in der zweiten Hälfte des 19. Jahrhunderts auf einer Insel an den Wasserfällen der Narwa errichtet, um mit Hilfe von Wasserrädern und gigantischen Transmissionen preiswert die Wasserkräfte nutzen zu können. Die Eigentümer[16] realisierten hier die ebenso philosophische wie architektonische Idee von einer Stadt der Zukunft, wie sie in der Soziologie des 19. Jahrhunderts populär war.

16 Die 1857 von dem Bremer Kaufmannssohn Ludwig Knoop zusammen mit den russischen Textil-Industriellen K.T. Soldatenkow, den Khludow-Brüdern u. a. gegründete Manufaktur wurde durch Knoop entscheidend kontrolliert.

Neben den Fabrikgebäuden wurden auch Verwaltung, Siedlungshäuser und Wohlfahrtsgebäude aus einem Guß errichtet. Die Entwürfe stammten von Architekten der Petersburger Schule, waren aber auch durch den Fabrikgründer L. Knoop (1821–1894) englisch beeinflußt. Aufgrund seiner hervorragenden persönlichen Kontakte nach England führte er englische Fabrikstrukturen und Textilmaschinen in Rußland ein und wurde zum bedeutendsten Textilmagnaten Rußlands.[17] Ein herausragendes Ereignis von großer Reichweite für die Arbeiterbewegung Rußlands war ein militanter Streik in dieser Manufaktur im Jahr 1872.[18] 1882 begann hier die Erzeugung (mit Hilfe von Wasserturbinen) und Nutzung von Elektrizität, zunächst für Beleuchtungszwecke, später auch zum Betrieb der Maschinen. Die Kränholm-Manufaktur war das krönende Juwel im Lebenswerk Ludwig Knoops, das nach dem Wegfall der zahlreichen Beteiligungen in Rußland mit der Revolution als einziger Betrieb noch bis 1940 im Besitz der Familie blieb. Der überwiegend Baumwolle aus Usbekistan verarbeitende Betrieb geriet bei der Ablösung von der Sowjetunion in eine schwere Krise und reagierte mit Massenentlassungen von Tausenden von Mitarbeitern, zumeist Frauen. Der mittlerweile privatisierte Betrieb[19] hat stark rationalisiert, produziert aber nach wie vor in seiner historischen Bausubstanz.

Ein weiteres, inzwischen stark verfallendes textilindustrielles Ensemble findet sich in Sindi bei Pernau/Pärnu. Mit zumeist in Holzbauweise errichteten Haustypen wollte man insbesondere die vom Lande angeworbenen Arbeitskräfte ansprechen. Die Lebensqualität in diesen Arbeitersiedlungen alten Stils führte zu einer hohen Identifikation ihrer Bewohner mit dem industriellen Erbe. So verwundert es nicht, daß es schon in den 1970er Jahren Widerstand gegen die – zum Teil ideologisch begründete – Kahlschlagsanierung ganzer Arbeiterviertel und den Bau von Hochhaussiedlungen gab.

---

17 Das Wirken Knoops hat die Entwicklung der russischen Textilindustrie in der zweiten Hälfte des 19. Jahrhunderts entscheidend geprägt. Mehr als 150 Textilfabriken wurden mit seiner Hilfe maschinell ausgestattet, daneben gründete er eine Reihe eigener Betriebe oder erwarb Beteiligungen. Vgl. Stuart Thompstone: The Russian Technical Society and British Textile Machinery Imports. Nottingham 2002. Veröffentlicht als Arbeitspapier im Internet: http://www.nottingham.ac.uk/businesshistory/Discussion%20paper%20IV.pdf

18 Reginald E. Zelnik: Law and Disorder on the Narva River – The Kreenholm strike of 1872. Berkeley 1995.

19 Der Betrieb gehörte 1996 zu 82 % der schwedischen Gesellschaft Boras Wavferier und zu 18 % dem estnischen Staat.

Die im Raum Kohtla-Järve im Nordosten des Landes ansässige Ölschiefer-Industrie stellte neben Holz und vor allem Torf eine wichtige Energiebasis für Estland dar (Abb. 1). Zur Vermeidung teurer Steinkohleimporte stellte deshalb die Estnische Staatseisenbahn in den 1920er Jahren die Feuerung der meisten Dampflokomotiven auf Öl um. Die industrielle Nutzung von Ölschiefer begann Ende 1916 in den Zementfabriken *Asserin* und *Port Kunda*.[20]. 1924 wurde das Kraftwerk in Reval auf die Feuerung von Ölschiefer umgestellt. Auch die Sowjetunion nutzte diese Energiequelle und hinterließ in der Stadt Kohtla-Järve etliche neoklassizistische Bauten im Stil der Stalinzeit. Heute produzieren zwei in den 1960er und 70er Jahren in der Nähe von Narwa errichtete Großkraftwerke mit zusammen etwa 3.000 MW Leistung Strom und Fernwärme auf der Basis von Ölschiefer. Inzwischen steht die Nutzung der Ölschiefervorräte vor dem Ende[21] und man setzt sich in dieser Region, die stark von den mit dem Rohstoffabbau einhergehenden Umweltsünden geprägt ist, aktiv mit dem industriellen Erbe auseinander. Ein Museum des Ölschieferbergbaus wurde gegründet und erschließt ein 1,6 km langes Stollensystem für die Besucher. Als technische Wahrzeichen gelten die Turbinenhalle des derzeit noch betriebenen thermischen Kraftwerks und der Turm eines Ölwerkes, der bereits 1935 auf der 100-Kronen-Banknote Estlands abgebildet war.

Denkmalschutz für Bauwerke des Industriezeitalters

Auf Grundlage des ersten estnischen Denkmalschutzgesetzes aus den 1920er Jahren wurden zunächst Anlagen aus der vorindustriellen Zeit unter Schutz gestellt, darunter frühe Anlagen zur Eisengewinnung. Zu sowjetischen Zeiten kamen herausragende Ingenieurbauwerke Revals hinzu: Der von der dänischen Firma *Christiani & Nielsen* 1915–17 errichtete Hangar für Wasserflugzeuge war die erste große eisenbewehrte Betondachkonstruktion der Welt; die Tribüne im Kadriorg-Stadion (1936–37) und das Festival-Feld in Reval von 1957–60 sind

---

20 Die Zementfabrik in Port Kunda wurde schon 1869–71 von Viktor Lieven im Auftrag von Baron John Girard de Soucanton nach Riga als zweite in Rußland eingerichtet. Das Werk gehört heute zum Konzern Nordic Cement, das dortige Werksmuseum bewahrt einen der seltenen Flaschenöfen.

21 Inzwischen wird bei Virtsu an der Westküste Estlands der erste Windpark *Virtsu Tuulepark* aufgebaut. Einen guten historischen Überblick über die Entwicklung der Energieversorgung und -verteilung in Estland geben die Internet-Seiten der Energiekonzerne *Eesti Energie* und *AS Narva Elektrijaama*.

beides Stahlbetonbauten nach Entwürfen der estnischen Architekten Elmar Lohk und Alar Kotli. In Reval blieben auch die Eisenbetonhallen in Jugendstilformen der ehemaligen *Möbelfabrik Luther* erhalten, die 1912 von dem russischen Ableger der deutschen Baufirma *Wayss & Freitag* errichtet worden waren. Mittlerweile stehen auch eine ganze Reihe hölzerner Bauten des Industriezeitalters unter Denkmalschutz, darunter ländliche Schmalspurbahnhöfe, aber auch das beeindruckende hölzerne Bahnhofsgebäude der alten Universitätsstadt Dorpat an der Hauptstrecke nach Pskow. Dazu kommen eine Vielzahl weiterer Bauten und Anlagen, die zusammen aber nur 6–7 % des denkmalgeschützten kulturellen Erbes in Estland ausmachen:[22]

- Nahrungsmittelindustrie: Wind- und Wassermühlen, Brauereien, Brennereien, Molkereien,
- Lagerhäuser für Roh- und Grundstoffe,
- Produktionsbauten: Zementöfen, Glasfabriken, alte Eisenhütten und Schmieden, Lederfabriken, Sägewerke, Papierfabriken, Druckereien, Textilfabriken,
- Schwerindustrie: Eisenwerke und Werften,
- Bergbau: Minen und Schachtanlagen,
- Energie und kommunale Infrastruktur: Wassertürme, Kraftwerke, Trafostationen,
- Schiffahrt: Hafenanlagen und Leuchttürme, Schiffe,
- Eisenbahn: Bahnhöfe und Werkstätten, Lokomotiven und Waggons,
- Straßentransport: Straßen, Brücken und deren Ruinen,
- Luftfahrt: Hangars und eine Fabrik für Wasserflugzeuge,
- Militär: Maschinen und Waffen.

Forschungsarbeiten und Museen zur Industriekultur

Unter den akademischen Institutionen befaßt sich insbesondere die Technische Universität in Reval mit der Erforschung von Industriebauten. Ingenieure, Historiker und Amateurforscher beschäftigen sich mittlerweile mit der Geschichte der Ingenieurwissenschaften und Technologie und publizieren Bücher zu verschiedenen Aspekten der Verkehrsgeschichte.[23] Die nationale Denkmalbehörde stellte ein

22 Zitiert nach einem Internet-Beitrag im Rahmen der International Heritage Platform „Industrial Heritage in Estonia" von Andri Ksenofontov, http://www.ihp.lt

Inventar der estnischen Leuchttürme zusammen. Aspekte der Industriearchitektur finden ihren Platz im Estnischen Architekturmuseum, das in einem 1995/96 rekonstruierten alten Salzspeicher in Reval untergebracht wurde: *Rotermanns Salzspeicher* wurde 1908 von dem baltendeutschen Ingenieur Ernst Boustedt entworfen (Abb. 2). Von dem monumentalen Natursteingebäude, prominent zwischen Hafen und Viru-Platz gelegen, erhofft man sich eine positive Ausstrahlung, von der weitere Restaurierungsprojekte im Bereich des Industriebaus profitieren können.

Heute behandeln mehr als 20 Museen Aspekte der Industriekultur in Estland. 1997 fanden die Sammlungen des Estnischen Eisenbahnmuseums ihre endgültige Bleibe im hervorragend restaurierten Kaiserpavillon, einem Anbau des historischen hölzernen Bahnhofsgebäudes in Haapsalu. Wartesaal und Büro des Bahnhofsvorstehers wurden originalgetreu mit Möbeln aus der ersten Hälfte des 20. Jahrhunderts ausgestattet. Die Ausstellung gibt einen Überblick über die Entwicklung der Eisenbahn in Estland, die Lebensbedingungen der Eisenbahner, ihre Uniformen, Dokumente und Gerätschaften sowie Fahrzeuge und Bahnanlagen. Der beim Bau der Strecke (Reval –) Keila – Haapsalu 1905 errichtete Bahnhof soll zum Zeitpunkt seiner Entstehung die längste Bahnsteigüberdachung in ganz Europa besessen haben. Von St. Petersburg kommend wechselte der Zar zum Besuch der Flottenmanöver hier vom Hofzug aufs Schiff. Nach Einstellung des Reiseverkehrs auf dieser Strecke im Jahr 1995 konnten die Bahnhofsgleise zu einer Freiluftausstellung von Eisenbahnfahrzeugen umfunktioniert werden. Die Fahrzeuge, darunter eine ehemalige deutsche Kriegslokomotive, stammen aus den 1940er und 50er Jahren, ältere blieben nicht erhalten.

Die Museumsbahn in Lavassaare (bei Pernau) hat auf dem ehemaligen Werkstättengelände einer Torfbahn eine umfangreiche Sammlung der in der Sowjetunion einst weit verbreiteten schmalspurigen Industriebahnen angelegt. Einige Fahrzeuge konnten mittlerweile betriebsfähig restauriert werden, um den Besuchern in Funktion vorgeführt zu werden. Die Ausbeutung des Energieträgers Torf wurde in der Sowjetunion sehr intensiv betrieben. Dabei nahm man in Kauf, daß weite Landstriche zu ökologischen Wüsten verkamen. Auch heute noch wird in Estland großflächig maschineller Torfabbau betrieben. In jüngster Zeit verfolgt die Estnische Museumsbahn das Projekt, auf der stillgelegten Trasse der ehe-

---

23 Zur Entwicklung der Schmalspurbahnen in Estland vgl. Mehis Helme: Fortress Railways of the Baltic Shores. Tallinn 1994, sowie ders.: Eesti Kitsarööpmelised Raudteed 1896–1996 [Estnische Schmalspurbahnen]. Tallinn 1996.

maligen öffentlichen Schmalspurbahn von Turgel/Türi nach Weißenstein/Paide[24] eine Museumseisenbahn zu installieren. Auf dem ehemaligen Bahnhofsgelände in Turgel sind das Bahnhofsgebäude und der Lokschuppen noch vorhanden. Da für Touristenzüge die Dampftraktion eine besondere Attraktion darstellt, hat man eine Dampflok aus der Museumssammlung zur benachbarten lettischen Traditionsbahn gebracht, wo sie im Rahmen eines Kooperationsprojektes derzeit in den gut ausgestatteten Werkstätten in Gulbene generalüberholt wird.[25]

Das Museum des Ölschieferbergbaus in Kohtla-Järve bemüht sich neben dem Betrieb eines Besucherbergwerks auch um die Erschließung der Bergbaulandschaft und ihrer baulichen Relikte für den Tourismus. Jüngst wurden zwei Brauereimuseen in Dorpat und Sack/Saku eröffnet, die sich des Zustroms von Touristen wohl sicher sein können.

Lettland

Industrielle Entwicklung[26]

Die ersten Spuren der industriellen Entwicklung lassen sich auf das 17. Jahrhundert datieren. Das schwedische Manufaktur-Privileg, 1669 verabschiedet, bestimmte, daß industrielle Unternehmungen nur in kleinen Städten und Dörfern angesiedelt werden durften. In Kurland entstanden erste Manufakturen: Eisengiessereien, Schmieden und Metallwerke produzierten Gewehre, Nägel usw. auf der Basis lokaler Sumpf- und Raseneisenerz-Vorkommen. Erst in der zweiten Hälfte

---

24 Zunächst soll die Bahn auf der alten Trasse bis zum Dorf Alliku gebaut werden, später bis zum alten Bahnhof Kirna. Die Fahrzeuge und Sammlungen der *Eesti Museumraudtee* zum Thema öffentliche „Zufuhrbahnen" sollen nach Türi verlegt werden, in Lavassaare verbleiben die Exponate aus dem Bereich der Industriebahnen. Bei einem erfolgreichen Start in dieser touristisch stärker frequentierten Region schließt man eine vollständige Verlagerung nach Türi nicht aus.

25 Die Dampflok Kc-4-332 wurde 1950 von der Lokomotivfabrik Škoda im tschechischen Pilsen/Plžen im Rahmen der „sozialistischen Bruderhilfe" für den Wiederaufbau in der Sowjetunion geliefert. Nach Abschluß der Instandsetzung soll sie im Rahmen des europäischen *SteamRail.Net-Projektes* von der lettischen *Banitis – Gulbene – Aluksne* und der neuen estnischen Museumsbahn in Türi gemeinsam genutzt werden.

26 Vgl. Bruno von Gernet: Die Entwicklung des Rigaer Handels und Verkehrs im Laufe der letzten 50 Jahre bis zum Ausbruch des Weltkrieges. Schriften des Instituts für ostdeutsche Wirtschaft an der Universität Königsberg, Sechstes Heft. Jena 1919; Edgar Taube: Lettlands Export und Exportfirmen. Riga 1930.

des 18. Jahrhunderts wurden auch in Riga erste Manufakturen gegründet: Papiermühlen, Zuckerfabriken, Werften, Sägewerke und kleine Tabak-, Seifen- und Kerzen-Fabriken, zumeist im Besitz von Rigaer Kaufleuten. Um 1800 zählte man fünfzehn größere Betriebe. Der größte Betrieb, eine Zuckerfabrik, wurde von Kristian Konrad Rave 1784 als erste auf Aktienbasis gegründet. In den folgenden Jahren blühten die Zucker- und die Tabakfabrikation besonders auf, ebenso die Sägewerke für den Holzexport. Die erste dampfbetriebene Sägemühle wurde 1819 durch den englischen Geschäftsmann R. Hant begründet. 1832 nahmen *Wöhrmann & Sohn* in Riga als erste Fabrik den Bau von Maschinen auf, nachdem sie ein kurz zuvor von den Engländern Hunt und Hill aufgebautes Eisenwerk an der roten Düna bei Mühlenhof, unterhalb Riga, erworben hatten. Die *Rigaer Eisengiesserei, Maschinenfabrik und Schiffswerft-Wöhrmann & Sohn* wurde anfangs von einer Tuchfabrik und einer Sägemühle der Familie mit Reparaturen und Ergänzungen beschäftigt, später nahm sie den Bau von Dampfkesseln, Dampfmaschinen, Dampfschiffen und Baggern auf. Zu ihren Spezialitäten gehörten die Anlage von Gerbereien, Lederfabriken, Mahl-, Säge- und Ölmühlen sowie von Brennereien und Brauereien, schließlich produzierte sie Lokomobile und eine ganze Reihe landwirtschaftlicher Maschinen. Weitere Maschinenbaubetriebe wurden von ehemaligen Mitarbeitern dieses Unternehmens gegründet.

Erst in den 1860er und 70er Jahren war – zeitgleich mit dem Bau der ersten großen Eisenbahnlinien – ein industrieller Aufschwung zu verzeichnen, Leitbranchen waren Textil-, Holz- und Papierindustrie sowie Metallfabriken. Für die Ausbildung der technischen Fachkräfte wurde bereits 1862 ein Polytechnikum mit einer Vorschule eröffnet. Eine ganze Reihe von technischen Führungskräften und Firmengründern gingen aus dieser Einrichtung hervor. Im Umfeld kam es zur Gründung eines Technischen Vereins und der Herausgabe einer renommierten technischen Fachzeitschrift.[27]

In allen wesentlichen Branchen, insbesondere in der Textilindustrie, dominierte nun die Maschinenarbeit. Als starke Stimulanz erwiesen sich die neuen Bahnlinien: Die *Nordwestbahn* eröffnete zwischen 1860 und 1862 ihre Hauptstrecke St. Petersburg – Warschau über Dünaburg (mit Zweigstrecke nach Riga) und Wilna (mit Zweigstrecke über Wirballen/Virbalis nach Königsberg). 1871 folgte die *Libau-Romny-Bahn*, 1889 Riga – Pskow (als kürzere Direktverbindung mit Petersburg), 1904 die *Moskau-Windau-Rybinsk-Bahngesellschaft* (als Direkt-

27 Die „Rigasche Industrie-Zeitung“ als Organ des Technischen Vereins erschien von 1875 bis 1914.

verbindung für den russischen Getreideexport aus den zentralen und südlichen Agrarregionen Rußlands). Im Ergebnis wurden Riga, Windau und Libau die größten Exporthäfen am Baltischen Meer. Neue Industrieareale entstanden nun nicht mehr an den größeren Wasserwegen, sondern an den Eisenbahnlinien. Der Kölner Waggonbaubetrieb *van der Zypen & Charlier* errichtete bereits 1869 ein Zweigwerk in Riga, die *Russisch-Baltische Waggonfabrik*, als die Riga-Dünaburger Eisenbahn einen Auftrag über die Lieferung von 500 Güterwagen erteilte. Einige Jahre später nahm das Werk auch den Bau von Personenwagen auf. Die Fabrik lieferte 1886 bereits den 10.000sten und 1900 den 50.000sten Waggon. Von 1909 bis 1915 entwickelte und baute man auch etwa 1.000 Kraftfahrzeuge. Der „Russo-Balt"-Pkw soll der erste Serien-Pkw des zaristischen Rußland gewesen sein. Auch die 1886 für die Herstellung von Fahrrädern gegründete Fabrik von *A. Leutner & Co.* produzierte zeitweilig Automobile und Motorräder.[28]

Aus der 1895 ebenfalls in Riga gegründeten *Waggonfabrik Phönix* ging der *Rigaer Waggonbaubetrieb (RVR)* hervor, der nach dem Zweiten Weltkrieg im Rahmen der sowjetischen Planwirtschaft zum spezialisierten Werk für den Bau von Elektro- und Dieseltriebwagen ausgebaut werden sollte. Um 1900 produzierten mehr als 3.500 Arbeitskräfte Reisezug- und Güterwagen, vor allem Kessel- und Plattformwagen. Allein im Jahr 1913 wurden 4.000 Güter- und 200 Personenwagen hergestellt. Bis zur Evakuierung[29] 1915 lieferten beide Fabriken zusammen insgesamt 126.000 Waggons.

Starken Auftrieb erhielt die Industrie durch die protektionistischen russischen Zolltarife von 1881 und die Schutzzölle von 1896, die insbesondere deutsche Firmen zur Direktansiedlung zwecks Produktion für den russischen Markt veranlaßte: In die von Heinrich Dettmann 1884 in Riga gegründete *Russisch-Baltische Elektrotechnische Fabrik* trat 1897 der deutsche Rüstungsindustrielle Ludwig Löwe mit größerem Kapital ein. Im Folgejahr gründete er die *Aktiengesellschaft Russische Elektrizitätsgesellschaft „Union"* mit einem Kapital von 6 Mio. Rubeln und errichtete eine als mustergültig angesehene Fabrikanlage, die den Bau

28 1899 begannen *Leutner & Co.* mit dem Bau von Automobilen, die aus selbstgefertigten Rahmen und Karosserien mit Motor- und Antriebstechnik aus Deutschland und Frankreich bestanden. 1901 folgte das erste Motorrad Modell „Russland" – eine Art Fahrrad mit Hilfsmotor aus deutscher Produktion. Das Fahrradmuseum in Saulkrasti zeigt u. a. Produkte dieser Firma.

29 Die Waggonbauwerke wurden nach Twer ins Innere Rußlands verlegt, wo heute noch Reisezugwagen für die Russische Eisenbahn hergestellt werden.

von Dynamomaschinen, Ausrüstungen für Straßenbahnbetriebe u. a. aufnahm. 1905 übernahm die AEG das Werk, das schon für die Zeitgenossen „durch die Architektur, durch die rationelle innere technische Einrichtung usw. eine Sehenswürdigkeit Rigas"[30] darstellte. Die Entwürfe der um 1910 entstandenen Bauten stammen vom damaligen AEG-Konzernarchitekten Peter Behrens. Die *Maschinenbau-Aktiengesellschaft vorm. Gebr. Klein in Dahlbruch* errichtete 1896 eine Filiale in Riga mit solider Ausstattung zur Produktion schwerer Maschinen für die Montanindustrie. Das Absatzgebiet lag vorzugsweise im Ural und im Süden Rußlands, aber auch in Polen, in St. Petersburg und in Zentralrussland.[31] *Becker & Co* ließen sich 1882 mit einem Eisenwerk samt Gießerei in Libau nieder. Die mit Abstand größte Fabrik der Stadt ist noch heute in Betrieb. Rohmaterial und Zulieferteile für diese Industrieunternehmen kamen sowohl aus Rußland wie aus Westeuropa, Technologie und Experten insbesondere aus Deutschland, England, Belgien und Skandinavien.

Mit der florierenden Industrie wuchsen auch die Städte, in Kurland besonders Mitau/Jelgava, Libau (als Kriegshafen) und Windau, in Latgalen Dünaburg. Es entstanden ganze Arbeiterviertel, wie z. B. die Moskauer Vorstadt in Riga. Der überwiegende Teil der industriellen Produktion entfiel um die Jahrhundertwende auf Riga: Seit dem Ende der 1870er Jahre wurde Riga zu der am schnellsten wachsenden Industriestadt und dem größten Seehafen Russlands. In den Jahren vor dem Ersten Weltkrieg prosperierten vor allem die Schwerindustrie, die Chemie- und Gummi- sowie die Textil-Industrie, Militäraufträge erzeugten einen zusätzlichen Konjunkturschub. 1913 gab es auf dem später lettischen Territorium etwa 750 Fabriken mit fast 110.000 Beschäftigten. Von bedeutenden industriellen Unternehmungen dieser Zeit lassen sich beispielsweise in Riga noch heute eine ganze Reihe baulicher Relikte aufspüren: die 1874 gegründete Eisengießerei und Maschinenfabrik *Felser & Co.*, die 1898 gegründete Elektrizitätsgesellschaft *UNION* (seit 1919 *VEF*[32]), die 1895 gegründete Waggonfabrik *Phoenix* am Brivibas Boulevard sowie die Gummifabrik *Prowodnik* von 1888, einst eine der größten Gummiwarenfabriken der Welt mit 14.000 Beschäftigten. Die Gebäude der

30 Technischer Verein zu Riga (Hg.): Riga und seine Bauten. Riga 1903, S. 412.

31 Technischer Verein zu Riga (Hg.): Beiträge zur Geschichte der Industrie Rigas. Heft I, Riga 1910; Heft II, Riga 1911; Heft III, Riga 1912, S. 16f.

32 Auch die *Valsts Elektrotechniska Fabrika (VEF)* beschäftigte sich von 1928 bis 1933 mit der Entwicklung und dem Bau von Automobilen. Das VEF-Museum zeigt heute u. a. die von 1938–1940 hier erstmals produzierte MINOX-Kamera.

Firma *Prowodnik* waren 1914/15 von dem Schweizer Eisenbetonpionier Robert Maillart (der sich 1912 in St. Petersburg niedergelassen hatte) errichtet worden.

Einen schweren Einbruch brachte im Ersten Weltkrieg die Verlagerung fast der gesamten industriellen Produktion Lettlands ins Innere Rußlands, um Maschinenpark, Vorräte sowie Spezialisten und Facharbeiter vor der heranziehenden deutschen Armee in Sicherheit zu bringen. Anfang 1917 war praktisch das gesamte industrielle Potential Lettlands, insbesondere Rigas, verlorengegangen.

Der neue lettische Staat verfügte 1918/19 zwar über gute Bestände an Fabrikbauten und zurückgekehrten Facharbeitern, jedoch nicht über Maschinen und Rohstoffe. Hinzu kamen Kapitalmangel und der Verlust des russischen Marktes. Kompensation fand man so gut es ging im Export von Bauholz, Sperrholz und landwirtschaftlichen Produkten, der Herstellung von Gummiprodukten und Leinenartikel. Mitte der 1920er Jahre hatte sich die Zahl der Beschäftigten in der Industrie gegenüber 1913 etwa halbiert. An der 1922 von deutschen Banken betriebenen Neugründung der *Phönix-Gesellschaft*[33] soll auch der bekannte russische Industrielle Putilow beteiligt gewesen sein. 1925 waren dort wieder 700 Arbeiter beschäftigt, 1927 sogar 1.280, nachdem ein Auftrag über die Lieferung von jährlich 250 Kühlwagen über fünf Jahre aus der Sowjetunion eingegangen war. Zwischen 1937 und 1940 baute die Fabrik in Kooperation mit dem amerikanischen Produzenten Ford mehr als 1.000 Pkw des Typs „Ford-Vairogs Standard" sowie Dreitonner-Lastkraftwagen.

In den 1930er Jahren entstanden staatlich finanzierte und kontrollierte Unternehmungen, und man begann mit der Produktion von qualitativ hochwertigen Konsumgütern. Die Industrieproduktion konnte sich so bis Ende der 1930er Jahre konsolidieren und wieder die Beschäftigungszahlen der Vorkriegszeit erreichen.

Nach dem Kollaps der Wirtschaft 1992 konzentrierte sich Lettland vor allem auf Dienstleistungen. Seit dem Jahr 2000 gibt es keine Großindustrie mehr – die Fabrikation von Eisenbahnfahrzeugen[34], Minibussen und Mopeds wurde eingestellt. Lediglich ein Teil der Textilindustrie konnte sich aufgrund der niedrigen Löhne behaupten. Nur fünf Prozent der lettischen Exporte gehen heute noch nach

33 In Lettland wurde der Betrieb als *Fenikss* bezeichnet, ab 1937 firmierte man als *Vairogs AG* und produzierte neben Eisenbahnwagen auch Straßenbahnen, Automobile und Baumaschinen.

34 Ein gewisser Ausgleich wurde durch eine Umstellung auf die Modernisierung und Remotorisierung des vorhandenen, in die Jahre gekommenen Fahrzeugparks der Bahngesellschaften geschaffen.

Rußland. Wesentliche Einnahmequelle ist der Transithandel. In der Energieversorgung kann sich Lettland auf leistungsstarke und moderne Wasserkraftwerke mit einer Gesamtleistung von 1.500 MW sowie auf ein nicht unbedeutendes Potential kleinerer dezentraler Wasserkraftwerke stützen. 40 bis 50 % der Elektroenergie müssen allerdings importiert werden.

Denkmalschutz und Engagement für das industriekulturelle Erbe

1992 wurde ein weitreichendes Denkmalschutzgesetz verabschiedet. Die beim Kultusministerium angesiedelte staatliche Denkmalschutzbehörde (VKPAI, gegründet 1989) ist für den Listeneintrag, die Erforschung, den Schutz und die Restaurierung der nationalen Denkmale zuständig. Zu den sieben Abteilungen der Institution gehören u. a. ein Dokumentationszentrum und das Architekturmuseum. In Lettland stehen insgesamt mehr als 8.400 Monumente[35] unter Denkmalschutz, darunter auch eine Reihe von Objekten der Industriekultur. Die Abteilung für „Historical Environment" beschäftigt einen Experten, der sich speziell mit dem industriekulturellen Erbe befaßt. Daneben engagiert sich eine ganze Reihe staatlicher und nicht-staatlicher Organisationen für den Erhalt, die Erforschung und die Förderung des kulturellen Erbes: Universitätsinstitute, Museen, Archive, kommunale Behörden, Tourismus-Organisationen. Unter den Organisationen, die auch finanzielle Beiträge zur Erhaltung leisten, sind insbesondere die Soros Foundation Latvia, der Culture-Capital Fund und das Baltic-American Program of Partnership zu erwähnen. Mit der Geschichte von Wissenschaft und Technik befassen sich u. a. der Verband der Eisenbahner, der Verband der Wissenschaftshistoriker und der neu gegründete Latvia Industriala Mantojuma Fonds (Industrial Heritage Trust of Latvia IHTL). Dieser sehr kompetente und aktive Verband betreibt zur Information der Öffentlichkeit u. a. ein „Heritage Trust and Information Center" in Riga und eine reichhaltige Internetseite[36], die über die Technikgeschichte in Lettland informiert und 21 Technik-Museen sowie 51 Objekte der Industriekultur, davon 28 alleine in Riga, auflistet. Aktivisten

35 Laut Website (http://www.mantojums.lv/EN/index3-3.asp) der staatlichen Denkmalpflege (State Inspection for Heritage Protection) umfasste die Denkmalliste im August 2004 insgesamt 8.423 Monumente, davon 1.371 bewegliche. Jeweils ca. 30 % entfallen auf archäologische und künstlerische Denkmale, der Rest betrifft vor allem architektonische und historische Monumente sowie einige Zeugnisse der städtischen Entwicklung. In diesen Zahlen sind die Zeugnisse der Industriekultur enthalten.

36 http://www.i-mantojums/lv/eng

dieses Verbandes fotografieren, forschen und publizieren in beachtlichem Umfang. Jüngst erschienen die Bücher „Guide to Industrial Heritage of Latvia“ und „Industrial Heritage in the Modern Urban Environment“.[37] Die lettische Sektion der internationalen DOCOMOMO-Organisation (Documentation and Conservation buildings, sites and neighbourhoods of the Modern Movement) hat u. a. eine – im Internet zugängliche – Liste mit erhaltenen Beispielen des modernen Bauens in Lettland angelegt.

Erhaltene Zeugnisse der Industriekultur

Riga bietet einen kaum überschaubaren Reichtum an historischen Bauwerken aus Gewerbe und Industrie, Verkehr und städtischer Infrastruktur. Zwischen dem Hauptbahnhof, einem Bau der sowjetischen Moderne der 1960er Jahre mit einem prägnanten Uhrenturm, und der imposanten Eisenbahnbrücke über die Düna[38] finden sich Speicherhäuser aus der Zeit des Eisenbahnbaus sowie die fünf Hallen des Zentralmarkts mit einer Gesamtfläche von 16.000 m^2. Ihre ungewöhnliche Herkunft sieht man ihnen erst auf den zweiten Blick an: Die Stadtverwaltung von Riga erwarb nach dem Ersten Weltkrieg die stählernen Hallenkonstruktionen von fünf Luftschiff-Hangars und verwendete sie 1924 bis 1930 zum Bau der – auch in europäischem Maßstab – überaus modern konzipierten Zentralmarkthallen. Das Kellergeschoß unter den Hallen dient als Warenlager, das früher über spezielle Tunnel sogar mit Booten von einem Seitenarm der Düna aus befahren werden konnte. Die Architektur der Hallen läßt Einflüsse des Jugendstils, des Neoklassizismus und des Art-Déco erkennen. Als weitere industriekulturelle Highlights der städtischen Infrastruktur sind neben einer Reihe von Brücken auch architektonisch bedeutsame Wassertürme, eine Feuerwehrwache mit Feuerwehrmuseum, das ehemalige Gaswerk mit seinen Speicherbehältern und mehrere Straßenbahndepots erhalten geblieben. Auf dem Straßenbahnnetz dient ein historischer Triebwagen zu Stadtrundfahrten. Der Abwasserbetrieb setzt noch Pumpen des Baujahres 1908 ein. Als gefährdetes Objekt wird auf der Internet-Seite der staatlichen Denkmalbehörde der Düna-Aa/Daugavas-Gaujas-Kanal vorgestellt. Der Kanal wird als Schutthalde genutzt, und das Schleusentor bei Alderi verfällt. Es soll

---

37 Andris Biedriņš, Edvīns Liepiņš: Industriālā mantojuma ceļvedis [Guide to the Industrial Heritage of Latvia]. Rīga, 2002; Industrial Heritage Trust of Latvia (Hg.): Industrial Heritage in the Modern Urban Environment. Riga 2000.

38 Die heutige Brücke ist ein Ersatz für die im Zweiten Weltkrieg zerstörte Konstruktion.

sich um das einzige vollständig fertiggestellte Kanalprojekt[39] Lettlands handeln, das 1903 von der Aa zum Hafen von Riga errichtet wurde, um Holz zu flößen. Als akut gefährdet gilt auch Rigas einzigartiger Bestand an hölzernen Wohnhäusern verschiedenster Typen, darunter auch die vielen Holzhäuser in dem von sozialer Erosion gekennzeichneten Arbeiterviertel Moskauer Vorstadt.

Die Marinewerft der ehemaligen zaristischen, später sowjetischen Marine weist spannende architektonische Parallelen zu den großen Marinestützpunkten anderer führender Industrienationen auf, etwa in Portsmouth oder Philadelphia. Die große Schiffsreparaturhalle ist noch mit originalen hundertjährigen Maschinen ausgestattet.

Eine ähnlich prachtvolle Werftbauhalle existiert auch noch in Libau, dem großen Kriegs- und Handelshafen (Abb. 4, 5). Zum maritimen Erbe zählen u. a. ein Leuchtturm, historische Trockendocks und eine Drehbrücke von 1904. Das Depot der Straßenbahn ist ebenso noch in Nutzung wie der städtische Wasserturm (Abb. 6). Die Gebäude der Kork- und Linoleum-Fabrik *Vikander & Larson* stammen aus dem Jahr 1896. Das mächtige Bahnhofsgebäude der Libau-Romny-Bahn wurde im Jahr 2000 renoviert.[40] Auch in anderen lettischen Städten blieben Bahnhofsgebäude als wichtige Zeugen der Verkehrsgeschichte erhalten: Am interessantesten, aber auch stark vom Verfall bedroht, ist das überwiegend in Holzbauweise errichtete Empfangsgebäude aus der Frühzeit der Eisenbahn in Windau sowie der Neubau von 1926 am Knotenbahnhof Schwanenburg/Gulbene im Nordosten des Landes. In Hafen von Windau fallen die riesigen Kühlhäuser der Petersburger Firma *Gerhard & Hey* ins Auge, die zu Beginn des 20. Jahrhunderts für den Butterexport gebaut wurden. Russische bzw. sibirische Butter wurde damals in großen Mengen nach Westeuropa exportiert.

---

39 Bereits ab ca. 1660 bis 1681 war der sog. Jakobskanal bei der kurländischen Residenzstadt Mitau ausgehoben worden. Er verband die Schwitte/Švitene mit dem Flüßchen Drixe und hatte den Zweck, „die Stadt vor gänzlicher Versumpfung zu schützen. Der Ausfluß desselben ward zum Treiben einer Mühle benutzt. Anfangs hieß er der Stadtgraben. [...] Seine Länge beträgt gegen 4 Werst, seine Breite 8–24 Fuß und seine Tiefe 4–10 Fuß. [...] 1821 ward [...] der Kanal erneuert und ein Bassin in der Stadt von 200 Fuß Länge und 50 Fuß Breite angelegt, bis zu welchem er 400 Fuß weit unter der Erde geführt ist." Zit. nach Otto Baron von Wittenheim: Ueber Rußlands Wasserverbindungen, wie solche bis zum Jahr 1830 bestanden und seitdem bis jetzt vermehrt oder verändert wurden. Mitau/Leipzig 1842, S. 211f.

40 Inzwischen wurde der Reisezugverkehr nach Libau eingestellt.

In Hasenpoth/Aizpute blieb die Kartonfabrik *Lindberg* von 1890 ebenso erhalten wie ein größerer Papierfabriken-Komplex aus dem 19. Jahrhundert in Ligat/Līgatne. Goldingen/Kuldīga ist wegen seiner Brücken und Mühlen einen Besuch wert. In Kandau/Kandava führt eine große steinerne Brücke von 1873 über den Fluß Abava. In Nigranden/Nīgranda im Bezirk Frauenburg/Saldus findet sich ein Kalkofen des Baujahrs 1906. Der Kleinhafen in Papenhof/Pāpe fasziniert durch seine ursprüngliche Atmosphäre und einen markanten Leuchtturm von 1890.

Die letzte öffentliche Schmalspurbahn Lettlands stellt ein besonders lebendiges technisches Denkmal dar: die Strecke Schwanenburg – Marienburg/Gulbene – Alūksne im Nordosten des Landes war einst Bestandteil eines umfangreichen Schmalspurbahnnetzes zwischen der Düna im Süden und Reval im Norden. Die 33 km lange Strecke wurde 1998 als technisches Monument unter Denkmalschutz gestellt. 2002 wurde sie aus dem Betrieb der Staatsbahn ausgegliedert und in eine Gesellschaft mit regionaler Trägerschaft überführt. Nach wie vor dient sie mit drei täglichen Personenzug-Paaren lokalen Verkehrsbedürfnissen, soll künftig aber auch verstärkt einen „sanften Tourismus“ im anmutigen, wasser- und waldreichen nordöstlichen Livland/Vidzeme fördern. Es liegt bereits eine mustergültig aufgemachte Broschüre[41] in lettischer und englischer Sprache vor, die neben der Geschichte des Schmalspurnetzes auch die Region mit ihren Sehenswürdigkeiten und Kulturdenkmälern in Wort und Bild vorstellt. So finden sich dort nicht nur die Ruinen der livländischen Burg des Ritterordens sowie baltendeutsche Herrenhäuser und Schlösser, sondern auch die intakte Wassermühle von Ottenhof/Ate (Baujahr 1795)[42] mit einem ethnographischen Museum und die *Jaunanna* Wassermühle und Pappenfabrik in der Kommune Annenhof/Anna. Als Anerkennung ihrer Erfolge in der internationalen Kooperation (Europäisches Projekt *SteamRail.Net*) und der Popularisierung erhielt die Bahn den staatlichen Denkmalschutzpreis Lettlands im Jahr 2003.

41 Toms Altbergs, Andris Biedriņš: Vidzemes Banitis [Narrow Gauge Railway]. Riga 2000.

42 Der Eigner des Mühlenbetriebs, A. Rengards, beschaffte anstelle des Wasserrades 1924 zwei Francis-Wasserturbinen des Herstellers *Ferdinand Meyer & Co.*, die 1990 funktionsfähig restauriert wurden. Zusätzlich wurden früher zur Energieerzeugung bei Wassermangel Dampfmaschine, Gasgenerator und Dieselmotor eingesetzt.

Museen

Das Museum der Wasserversorgung am Stadtrand von Riga ist in der 100 Jahre alten Grundwasser-Pumpstation untergebracht, die noch einige originale Dampfmaschinen beherbergt, darunter eine dampfgetriebene Wasserpumpe von 1904, die als einzige erhaltene Maschine des Rigaer Maschinenbauunternehmens *Felser & Co.* gilt (Abb. 7). Die exquisite Sammlung des Automuseums, darunter einige Fahrzeuge aus lettischer Produktion der Zwischenkriegszeit, wird in einem Neubau neben dem Freilichtmuseum von Riga präsentiert. Die für das Stadtbild charakteristischen Straßenbahnen und Trolleybusse sind in einem Nahverkehrsmuseum im ersten Depot der elektrischen Straßenbahn von 1901 ausgestellt. Das Lettische Eisenbahnmuseum „Muzea jaunumi" mit einer Reihe von Originalfahrzeugen hat sein Domizil in einer alten Werkhalle am Uzvaras-Boulevard in Riga gefunden und unterhält Außenstellen an den Eisenbahnknotenpunkten von Mitau und Dünaburg. In Mitau wurde ein altes hölzernes Eisenbahnerwohnhaus zum Museum ausgebaut. In den Lokomotivdepots sind zudem einige betriebsfähige historische Fahrzeuge für Sonderfahrten hinterstellt.

Auch das an der Ostseeküste gelegene Freilichtmuseum in Windau (ehem. Fischereimuseum, eröffnet 1970) stellt einen Anziehungspunkt für Eisenbahnfreunde dar: Eine der beiden dort erhaltenen Heeresfeldbahn-Lokomotiven wird im Sommerhalbjahr auf einer 1,4 km langen Strecke für Touristenfahrten unter Dampf gesetzt. In Talsen/Talsi finden sich ein Museum landwirtschaftlicher Maschinen und eine kleine Sammlung zur Schmalspurbahn. Auch das Bauernhofmuseum der Region Demmen/Zemgale mit Standorten in Bauske/Bauska und Hahnenhof/Gailīši beherbergt eine Sammlung landwirtschaftlicher Maschinen mit der größten Treckersammlung Lettlands. Mehrere Energieversorger betreiben eigene Museen und Ausstellungen zur Energieerzeugung in Mitau, Aiwekst/Aviekste und Libau sowie am Düna-Wasserkraftwerk von Iegums. Eines der wenigen europäischen Fahrstuhl-Museen wird von der Firma *Latvijas Lifts – Schindler* in Riga betrieben. Das Feuerwehr-Museum von Riga ist in einer alten Feuerwache untergebracht, deren Jugendstil-Gebäude 1911 von dem Architekten R. Schmaeling entworfen wurde.

Litauen

Industrielle Entwicklung

Bis ins 20. Jahrhundert war Litauen ein landwirtschaftlich geprägtes Land. Die traditionelle Struktur der Handwerkerzünfte herrschte bis zum Ende des

19. Jahrhunderts. Kirche und Adel betrieben eigene Töpfereien, Brauereien und Brennereien, Gerbereien und Gießereien sowie kleine Manufakturen für die Herstellung von Textilien und Lederwaren. Im 16. und 17. Jahrhundert entstanden bereits größere Manufakturen auf den Latifundien des Adels: Leinen- und Seidenwebereien, Papierfabriken, Ziegeleien, Glashütten, Sägewerke und Metallfabriken. Die Gewinnung von Bodenschätzen erstreckte sich seit alters her auf Torf, Ton, Sand, Kies und Bernstein. Zahlreiche Wasserläufe lieferten die hydraulische Energie für eine protoindustrielle Entwicklung. Hydrografische Systeme wurden seit dem Mittelalter für Verteidigungszwecke, Fischzucht und Melioration genutzt.

Industrieanlagen von großem Maßstab entstanden vereinzelt seit der zweiten Hälfte des 19. Jahrhunderts, hatten aber gleichwohl Einfluß auf gesellschaftliche Verhältnisse, Umwelt und Landschaft. Um 1900 gab es auf dem Gebiet des späteren litauischen Staates ca. 4.000 Fabriken mit 24.000 Beschäftigten, das größte Unternehmen – die *Westfalia-Metallwerke* in Kaunas – hatte gerade 1010 Arbeiter. In diesen Zahlen spiegelt sich die Dominanz kleinerer Betriebe mit wenigen Beschäftigten. Für 1939 verzeichnet die litauische Statistik 1.700 Werke mit 40.000 Arbeitern bei einer Gesamtbevölkerung von 2,4 Mio.; allerdings war das Wilna-Gebiet zu dieser Zeit polnisch. Mit dem seit 1923 zu Litauen gehörenden Memelland und der Hafenstadt Memel/Klaipėda verfügte das Land nun über einen eigenen Seehafen mit einer bescheidenen Schiffbauindustrie. Eine führende Rolle spielten die Nahrungsmittel-, Holz- und Papierindustrie, gefolgt von der Herstellung von Baumaterialien (Ziegel-, Tonrohr- und Keramikwerke, Sägewerke) sowie Textilfabriken, Gerbereien, Glashütten, Maschinen- und Stahlbau. Bei der Litauischen Staatsbahn waren Ende der 1930er Jahre etwa 2.500 Beamte und 4.000 Arbeiter beschäftigt. Bei der Besetzung 1940/41 verstaatlichte die UdSSR den Großteil der Industrie (900 Werke mit etwa 34.000 Arbeitern). 1700 Industriebauten gelten als Kriegsverlust, große Teile des Maschinenparks gingen verloren. Neben der Reaktivierung der alten Fabriken baute die UdSSR nach dem Zweiten Weltkrieg auch neue Industrien auf, insbesondere Elektromaschinenbau, Chemische Industrie und Instrumentenbau. Das Verkehrsnetz wurde den Bedürfnissen der Sowjetunion entsprechend ausgebaut.

Erhaltene Zeugnisse der Industriekultur

Verkehrsinfrastruktur: Noch heute bestehen teilweise die Trassen alter Handelsstraßen aus dem Mittelalter, die Wilna mit Riga, Karaliaucius und Brest verbanden. Das Zarenreich legte zwei große Fernstraßen zur Verbindung mit dem

Westen an: die erste 1830–35 von St. Petersburg nach Warschau, die in Litauen über Zarasai, Kaunas und Marijampolė verlief; die zweite 1836–58 von St. Petersburg über Riga, Schaulen/Šiauliai und Tauroggen/Taurage Richtung Tilsit und Königsberg. An den Poststraßen wurden in Abständen von 15 bis 20 km Pferdewechsel-Stationen und etwa auf der Hälfte der Strecke Gasthäuser errichtet. Die besterhaltenen dieser Poststationen finden sich heute in den Städten Utena, Ukmerge und Jonava sowie in Turžėnai, Veiveriai, Kalvarijos und Deguciai. Auf der Denkmalliste steht u. a. ein aus Gasthaus und Hufschmiede bestehendes Ensemble in Mikniunai. Erhalten blieben auch einige Brücken aus dem 19. Jahrhundert.

Die erste Eisenbahn war die 1858–62 vom russischen Staat erbaute Nordwestbahn St. Petersburg – Warschau. Im Bereich Dukštas – Ignalina – Švenčionėliai – Pabradė – Wilna – Lentvaris verläuft sie auf litauischem Territorium. Gleichzeitig wurde mit der Zweigstrecke über Kaunas nach Wirballen/Virbalis die erste Bahnverbindung Rußlands mit Preußen hergestellt. Im Zuge des Bahnbaus wurde eine Reihe eiserner Brücken mit Spannweiten von 20 bis 80 Metern errichtet, darunter 1862 die erste Bahnbrücke über die Memel in Kaunas sowie 1860 ein Viadukt in Kaišiadorys. Ein im Zuge einer deutschen Nachschubstrecke im Ersten Weltkrieg errichtetes Bauwerk erlangte in der zeitgenössischen deutschen Presse Bekanntheit unter dem Namen „Feldmarschall Hindenburg-Brücke“. Das Dubissatal wurde beim Bau der Strecke (Tilsit – Laugszargen –) Tauroggen – Schaulen zunächst mittels einer waghalsigen, 42 Meter hohen hölzernen Konstruktion überbrückt, die 1917–18 durch eine solide, 570 Meter lange Stahlfachwerkbrücke auf Betonpfeilern ersetzt wurde. Das Bauwerk hat bis heute Bestand als Teil des aktiven Bahnnetzes. Weitere Teile der Bahninfrastruktur von zum Teil großer historischer Bedeutung haben beide Weltkriege überlebt und werden noch immer genutzt: Bahnhofsgebäude in Wilna, Švenčionėliai, Schaulen, Jonava u. a., hölzerne Wartehallen auf kleineren Stationen, Tunnel bei Kaunas und Paneriai (bei Wilna), Rundschuppen mit Lokomotiv-Drehscheiben in den Betriebswerken von Wilna und Kaunas sowie Wassertürme und Wasserkräne für die Versorgung der Dampflokomotiven mit Kesselspeisewasser.

Die Schmalspurbahn Panevėžys – Anykščiai – Rubikiai ist das letzte betriebsfähige Reststück des 170 Streckenkilometer umfassenden „Siaurukas“-Netzes, das mitsamt den stillgelegten Streckenzweigen Richtung Joniškėlis – Linkuva und Biržai sowie fünfzehn Bahnhöfen unter Denkmalschutz gestellt wurde. Die Strecke überquert den Fluß Sventoji auf einer 100 m langen Stahlbrücke – ein für eine Schmalspurbahn ungewöhnlich aufwendiges Bauwerk. In Anykščiai wurde ein kleines Freilichtmuseum errichtet, in dem neben Wagen und anderen Relikten der Bahn auch eine Dampf- und eine Diesellokomotive aufgestellt sind. Die drohende endgültige Einstellung und Demontage konnte 2001 dank regionaler Initiative und aktiver internationaler Unterstützung abgewendet werden. Auch die Öffentlichkeit läßt sich durchaus begeistern, wie das 100jährige Jubiläum der „Siaurukas“-Bahn gezeigt hat, das von der Stadtverwaltung von Panėvežys zusammen mit dem Kultusministerium ausgerichtet wurde.

Wenig bekannt sind die noch heute betriebenen Standseilbahnen („Funicular“) in Kaunas, die 1931 (Grüner Berg/Žaliakalnis) bzw. 1935 (Aleksotas) unter Beteiligung der AEG errichtet wurden. Der Seeschiffahrt dienten eine Reihe von Leuchttürmen, von denen die Bauwerke in Memel, Windenburg/Ventė, Nidden/Nida, Kuwertshof/Uostadvaris und Perwel/Neringa-Pervalka besonders bemerkenswert sind. Schließlich blieben Überreste eines größeren Kanalsystems aus dem 17. und 18. Jahrhundert erhalten.

Industrie- und Gewerbebauten: In Litauen sind eine große Zahl von Gewerbe- und Industriebauten in die Denkmalliste eingetragen, darunter etwa 100 Mühlen (vor allem Wind- und Wassermühlen; Abb. 8), etliche Schmieden, Sägewerke, eine Reihe von Mühlen zur Flachsverarbeitung und einige Lumpenmühlen, eine Ölmühle in Vilkaviškis sowie ein Kalkofen in Kusleikiai. In letzter Zeit wurden auf der Liste des kulturellen Erbes folgende Objekte neu registriert[43]:

- Pech- und Terpentin-Manufaktur im Bezirk Alytus aus der ersten Hälfte des 19. Jahrhunderts,
- Zuckerfabrik in Panėvežys,
- Zuckerfabrik in Marijampolė,
- Konservenfabrik in Panėvėžys,
- Molkerei in Šaukotas,
- Molkerei in Grinkiskis,
- Schlachthaus in Memel,
- Brauerei in Wilna,
- Brauerei in Kaunas,
- Brauerei und Brennerei in Memel,
- Brennerei in Obeliai,
- Brennerei in Alvitas,
- Papierfabrik in Alvitas,
- Gaswerk in Šilutė,

43 Diese und viele weitere Hinweise verdanke ich dem Internet-Beitrag zu den litauischen Zeugnissen der Industriekultur von Jurate Markeviciene auf den „Gateway to Industrial Heritage“-Webseiten der IHP (http://www.ihp.lt).

- Gaswerk in Memel,
- Wasserkraftwerk in Rietavas,
- Wasserkraftwerk in Telšiai,
- Thermisches Kraftwerk in Wilna.

Erwähnenswert ist in diesem Zusammenhang die bevorstehende Renaissance des 40 Jahre alten Öl- und Gaskraftwerks Elektrėnai, einem gewaltigen Kraftwerkskomplex mit drei markanten Schornsteinen, etwa auf halbem Weg zwischen den Großstädten Kaunas und Wilna gelegen. In den 1960er Jahren wurde hier im Zuge der Industrialisierungswelle im Baltikum ein zentrales Großkraftwerk für Litauen, Lettland und angrenzende Gebiete aus dem Boden gestampft. Gleichzeitig entstand eine sozialistische Mustersiedlung: Plattenbauten für die Arbeiter, breite, gerade Straßen, keine Kirche – die erste atheistische Stadt im erzkatholischen Litauen. Seit der Inbetriebnahme des einzigen baltischen Atomkraftwerks im litauischen Ignalina eine Generation später war in Elektrenai nur noch ein kärglicher Restbetrieb abgewickelt worden. Als bei den Verhandlungen zum EU-Beitritt die Stillegung der beiden AKW-Blöcke vom Tschernobyl-Typ in den Jahren 2005 und 2009 vereinbart wurde, begannen die Planungen zur Modernisierung.[44] Die Energieerzeugung am alten Kraftwerksstandort soll mit EU-Hilfe effizienter und umweltfreundlicher werden.[45]

Zum industriekulturellen Erbe im weiteren Sinne können auch militärische Strukturen gezählt werden, dokumentieren sie doch den zeitgenössischen Stand der Architektur und Bautechnik. Mit der Festung von Kaunas blieb eine Verteidigungsanlage neueren Typs erhalten, die erst zwischen 1882 und dem Ersten Weltkrieg angelegt wurde. Zu den Forschungseinrichtungen von architektonischem Wert gehören das Observatorium der Universität Wilna (Abb. 9) und die Ornithologische Station in Windenburg.

Einige Fabriken arbeiten noch heute mit Maschinen und Anlagen aus der ersten Hälfte des 20. Jahrhunderts, weitere sind in Firmen-Museen erhalten, u. a. in Brauereien, Brennereien, Druckereien, Seifenfabriken, Papierfabriken und einer

44 Da in der litauischen Energiewirtschaft heute Überkapazitäten im Grundlastbereich bestehen, kann die Stillegung von Ignalina mit einer Leistung von 2.500 MW bei gleichzeitiger Modernisierung von Elektrėnai mit 1.800 MW verkraftet werden.

45 Einen atmosphärisch dichten Beitrag zur aktuellen Situation in Elektrėnai veröffentlichte Martin Rücker: Mehr Licht. Frankfurter Rundschau, 01.04.2004, S. 10.

Werft. Im Hafen von Memel wird teilweise noch heute deutsches Equipment aus der Vorkriegszeit eingesetzt. In Wilna sind etliche Fabriken einen Besuch wert: die Werkzeug-Maschinen-Fabrik *Nova Star*, die keramische Fabrik *Dvarcionie Keramika*, *Mata* – ein Hersteller optisch-mechanischer Geräte, *Skaiteks* – Produzent von Elektrozählern – sowie die Brauerei *Vilnius Tauras AG*. In Einzelfällen werden öffentliche Führungen durch diese Betriebsanlagen angeboten.

Gesetzlicher Schutz und Erhaltung

Im Rahmen der einschlägigen Gesetzgebung wird das industrielle Erbe ausdrücklich in zwei Gesetzen[46] von 1994 und 1996 zum Schutz mobiler und immobiler Kulturgüter erwähnt. Litauen hat insgesamt etwa 19.000 Objekte, Ensembles und Stätten des Kulturerbes registriert. Zwei Basisregister für Industrielle Kulturgüter umfassen 37 Ensembles und 170 Gebäude, wie z. B. Bahnhöfe, Postämter, Lagerhäuser, Wasser- und Windmühlen, Leuchttürme, Schmieden und Kfz-Werkstätten, Zuckerfabriken, Gasanstalten, Brauereien und Brennereien, Papiermühlen, Molkereien (Abb. 10), Kalkwerke, thermische und Wasserkraftwerke, Eisenbahnwerkstätten, ein Schlachthaus sowie 170 km Schmalspurbahnnetz. Zu den etwa 20 weiteren Kandidaten zählen eine Eisenbahnlinie in russischer Standardspur, eine Schiffswerft und ein Wasserwerk.

Zuständig ist das Kultusministerium, zum Teil in Zusammenarbeit mit dem Umweltministerium. Die Abteilung „Zentrum für Kulturelles Erbe" ist zuständig für die Ermittlung und Dokumentation der Denkmale und die Eintragung in die Denkmalliste.[47] Problematisch ist meist die Finanzierung von Erhaltungsmaßnahmen. Klassifizierte Monumente der sogenannten Kategorie I sollen 50 % der Aufwendungen für Forschung, Instandsetzung, Konservierung und Restaurierung vom Staat als Zuschuß erhalten, bei den anderen kann ein Zuschuß zu Notmaßnahmen gewährt werden.

Unter den nichtstaatlichen Organisationen (NGO's) ist insbesondere das Engagement von ICOMOS (International Council on Monuments and Sites) Litauen, der Gesellschaft der Historiker und Philosophen, dem Ingenieur-Verein, der

---

46 Die – wohl in aller Eile – erlassenen Gesetze enthalten allerdings z. T. widersprüchliche Regelungen, die derzeit von einer Arbeitsgruppe überarbeitet werden sollen.

47 Die Arbeiten an einem neuen Bewertungssystem für industrielle Kulturgüter wurden nicht zum Abschluß gebracht. Bislang werden ausschließlich die Objekte dokumentiert, die Eingang in die Denkmalliste fanden.

Kultūros Paveldo Išsaugojimo Pajėgos KPIP (CHSG Cultural Heritage Salvage Group) und der basisdemokratischen Bewegung „Tėviškė“ („Mutterland“) zu erwähnen, die Studien zu Geschichte und Baubestand betreiben und sich für die Erhaltung von Objekten einsetzen. Die 1998 gegründete Non-Profit-Organisation KPIP/CHSG befaßt sich mit historischen Kulturgütern, Naturschutz, wissenschaftlichen Recherchen und Sozialarbeit. Sie arbeitet ausgesprochen praktisch, indem sie Fachkräfte für die Stabilisierung archäologischer Stätten, insbesondere Erdwällen von Burghügeln, ausbildet und einsetzt. 1999 hat diese Organisation im Pilaitė-Hof in Wilna ein Museum alter Arbeitsgeräte und Maschinen eröffnet, dessen Schwerpunkt die Mühlentechnik ist.

Museen

Litauen hat keine speziell der Wissenschaft und Technik oder der Industrie gewidmeten staatlichen Museen, allenfalls sind diese Themenfelder Bestandteil der Dauerausstellungen etwa im Litauischen Nationalmuseum in Wilna. Das Litauische Luftfahrtmuseum in Kaunas wurde 1990 auf Basis der technikgeschichtlichen Abteilung des Vytautas Magnus-Militärmuseums gegründet. Das Museum verfügt über eine große Sammlung mit über 13.000 Exponaten, darunter 36 Fluggeräte. Die Geburtshäuser der beiden litauischen Transatlantik-Piloten von 1933, Steponas Darius und Stasys Girėnas, werden als Erinnerungsstätten betrieben. Dem Aušra-Museum in Schaulen/Šiauliai, einem Kunst- und Geschichtsmuseum, wurde 1998 eine technikgeschichtliche Abteilung angegliedert, die drei schon länger bestehende Sammlungen zusammenfaßt: das Fahrradmuseum, gegründet 1980 im ortsansässigen Fahrrad- und Motorradwerk, ein 1982 gegründetes Radio- und Fernsehmuseum mit 4.000 Exponaten sowie ein Fotografiemuseum. Memel verfügt über ein bedeutendes Uhrenmuseum, ein kleines Schmiedemuseum sowie ein hochinteressantes Meeresmuseum auf der Spitze der Kurischen Nehrung, das tiefe Einblicke in die Geschichte der Schiffahrt auf der Ostsee ermöglicht. Gegenüber liegt ein alter Großsegler vertäut.

Schließlich gibt es eine Reihe von Museen in der Trägerschaft einzelner Industriebetriebe, Verbände und Vereinigungen:

- Zentrales Eisenbahnmuseum der Eisenbahnverwaltung „Lietuvos Geležinkeliai“ in Wilna mit einigen erhaltenen Originalfahrzeugen aus sowjetischer Zeit,
- Sammlung zur regionalen Eisenbahngeschichte im Bahnhof Schaulen,

- Museen für Wasserversorgung und Abwasserbehandlung in Wilna, Schaulen u. a.,
- Bank- und Geldmuseum der „Litauischen Staatsbank“ in Wilna,
- Museum für Medizin und Pharmazie in Kaunas (gegründet 1937),
- Papiermühle in Verkiai,
- Geologische Museen,
- Pferdemuseum in Anykščiai,
- Museen zur Melioration in Kėdainiai, Vezaiciai u. a.,
- Flachsmuseum in Upyte,
- Elektro-Museen in Wilna, Antaliepte u. a.

Zumeist entstanden die Firmenmuseen noch zu sowjetischen Zeiten auf Initiative einzelner Mitarbeiter, die durch die Firmenleitung sowie ggf. durch Ministerien und lokale Verwaltungen unterstützt wurden. Einige dieser Museen bekamen bei der Privatisierung Schwierigkeiten, andere wurden aufgewertet, wie beispielsweise das Museum für Post, Telekommunikation und Informationstechnologie in Kaunas, das 1978 durch das Kommunikationsministerium, die Fachgewerkschaft und die Radiotechnische Gesellschaft ins Leben gerufen worden war. Die neuen Eigentümer – ein schwedischer und ein finnischer Telekommunikations-Konzern – hegen große Pläne für den weiteren Auf- und Ausbau.

Professionelles Interesse, Studien und Forschung

Die wissenschaftliche Community war in Litauen bislang nicht besonders an der Industriekultur, der Geschichte des produzierenden Gewerbes und den Lebens- und Arbeitsbedingungen der Arbeiter interessiert. Es gibt allerdings einige fruchtbare Studien zur Technik- und Industriegeschichte sowie ihrer Bezüge zur Sozial-, Kultur- und Politikgeschichte, z. B. zur Papierherstellung, zu den litauischen Zünften, zu Windmühlen, zur Entwicklung der Elektroenergie; ferner liegt ein Katalog historischer Industriebauten in Memel vor. An der TU in Kaunas werden laufend Studien zur Geschichte der Metalle und der Energie, insbesondere der Wasserkraft, durchgeführt. Die TU Vilnius hat bereits in den 1970er und 80er Jahren einzelne Untersuchungen zur Industriearchitektur vorgenommen.

Zum industriellen Erbe findet man eher Veröffentlichungen in den Massenmedien als in wissenschaftlichen Publikationen. Die wissenschaftlichen Studien sind meist sehr spezialisiert, eine Zusammenarbeit zwischen den Forschern verschiedener Disziplinen wurde bislang kaum praktiziert. Immerhin hat man kürzlich mit der Digitalisierung von Quellen zur Industriekultur begonnen, soweit sie von gesamtlitauischer Relevanz sind.

Beispielhaft wurde im Rahmen der Industrial Heritage Platform 2001 in Kaunas die noch arbeitende Zündholzfabrik *Liepsna* in internationaler und interdisziplinärer Zusammenarbeit umfassend dokumentiert. Einheimische Teilnehmer dieses Seminars dokumentierten im Folgejahr die Papierfabrik von Grigiškės und publizierten ihre Ergebnisse in didaktisch und visuell aufbereiteter Form auf CD.[48] Die innovative Fabrik mit effektiver Wasserkraftnutzung wurde 1925 von dem Unternehmer-Ingenieur Grigas Kurecas im damals polnisch besetzten Wilna-Gebiet errichtet und mehrfach erweitert und modernisiert. Sie gilt als die größte und bedeutendste in Litauen. Die Cultural Heritage Salvage Group koordinierte darüber hinaus das gesamte Projekt „The Power of Water" im Rahmen der „Industrial Heritage Platform 2000–2002". 2001 wurde ein Inventar der zahlreichen Wassermühlen im östlichen Litauen auf der Basis von Feldstudien erstellt und eine Foto-Wanderausstellung zu diesem Thema erarbeitet. Das „Power of Water"-Projekt befaßt sich mit der Erhaltung und Förderung des industriekulturellen Erbes, das auf der Nutzung der Wasserkraft in Litauen im weitesten Sinne basiert.[49]

Im Herbst 2002 dokumentierten Teilnehmer eines weiteren internationalen Workshops einen Schiffsreparaturbetrieb in Klaipėda, die ehemalige *Schiffswerft Paul Lindenau, Memel.* Dieser Industriebetrieb liegt in einem besonders attraktiven Areal der Stadt zwischen Altstadt und Hafenkante in unmittelbarer Nachbarschaft des Nationalen Geschichtsmuseums, das in den Resten einer mittelalterlichen Befestigungsanlage untergebracht ist. Es gilt nun, die „Konkurrenzsituation" produktiv zu nutzen und weiter zu entwickeln, ohne die Schichten der ökonomischen und städtischen Entwicklung zu tilgen. Inzwischen können sich Vertreter der Stadt sogar vorstellen, bislang ungeliebte Bauten aus Sowjetzeiten als unverzichtbaren, authentischen Bestandteil der Stadtgeschichte aufzufassen und zu erhalten. In der o. a. Tourismus-Studie[50] wird dem historischen Erbe der sowjetischen Periode im Baltikum – wie dem luxuriösen Bade-Hotel Auska in Palangen/Palanga, dem Vilnius Airport oder dem Gebäude der Akademie der Wissenschaften in Riga – ausdrücklich touristisches Potential zugesprochen.

---

48 Eine exzellente Darstellung der Geschichte der Papierfabrik Grigiškės findet sich auf der Internet-Seite der KPIP (Cultural Heritage Salvage Group CSHG) http://www.heritage.lt/kpip/grigiskes_en.htm

49 Siehe auch http://www.heritage.lt/kpip/ihp.htm

50 Vgl. Anm. 2.

Ausblick

Betrachtet man die dargestellten Bemühungen um die Industriekultur zusammenfassend, muß man mit Hochachtung vor den engagierten Akteuren in einem schwierigen wirtschaftlichen Umfeld feststellen, daß das Baltikum nicht nur in politischer Hinsicht den Anschluß an Europa gefunden hat. Aktivitäten der Denkmalpflege und anderer Initiativen profitieren von einem tiefverwurzelten historischen Bewußtsein der baltischen Bevölkerung. Die zu Beginn der 1990er Jahre zu beobachtende „Bewältigung" der Sowjet-Ära durch Beseitigung ihrer Spuren[51] macht inzwischen einer differenzierteren Betrachtungsweise Platz. Größere Akzeptanz finden aber nach wie vor die Geschichtszeugnisse mit skandinavischem oder deutsch-baltischem Bezug.

Nicht zu übersehen ist ein erheblicher Restaurierungsbedarf[52], der bei großvolumigen industriekulturellen Denkmalen im Westen aber nicht weniger dringlich ist. Vielversprechende Ansätze in der Dokumentation, Erforschung, materiellen Bewahrung, Popularisierung, Revitalisierung und Nutzung des industriekulturellen Erbes gilt es in grenzüberschreitender Zusammenarbeit zwischen Personen und Institutionen weiter zu verfolgen. Nach dem erfolgreichen skandinavisch-baltischen Projekt „Industrial Heritage Platform" sollten künftig auch die beiden anderen großen Anrainer des „Mare Balticum", Deutschland und Polen, ihre reichhaltigen Erfahrungen im Umgang mit dem industriellen Kulturgut in gemeinsame Projektarbeiten einbringen.

Ab Sommer 2006 wird es auf besonders angenehme Art möglich sein, einen Überblick über die Sehenswürdigkeiten des Baltikums zu bekommen. Ein *Talgo*-Hotelzug mit einer speziellen Umspurtechnik soll zwischen Berlin und St. Petersburg sowohl die europäische Normalspur als auch die russischen Breitspurgleise befahren. Man knüpft damit an die Tradition des legendären Luxuszuges *Nord-Expreß* an, der schon 1896 innerhalb von 48 Stunden Paris über Berlin mit St. Petersburg verband. Künftig werden neben Königsberg auch die Hauptstädte der baltischen Republiken besucht – ein ambitioniertes touristisches Projekt, dem man im Sinne des vielzitierten gemeinsamen europäischen Hauses nur Erfolg wünschen kann.

---

51 Die einst weitverbreitete zweisprachige Beschriftung von Straßenschildern, Bahnhöfen und Nahverkehrshaltestellen in Landessprache und kyrillisch ist leider verschwunden, obwohl große Teile der Bevölkerung Russisch als Muttersprache haben (Estland und Lettland ca. 30 %, Litauen ca. 13 % russischer Bevölkerungsanteil).

52 Die in Anm. 2 erwähnte Studie geht davon aus, daß nur etwa 20 % des materiellen kulturellen Erbes im Baltikum in gutem Zustand sind.

Abbildungen

1. Historische Ansicht der Ölschieferwerke von Kohtla-Järve (Sammlung Estnisches Architekturmuseum, Tallinn)

2. Rotermanns Salzspeicher in Reval/Tallinn, 1908 als monumentales Natursteingebäude von dem baltendeutschen Ingenieur Ernst Boustedt entworfen, beherbergt heute das Estnische Architekturmuseum (Sammlung Estnisches Architekturmuseum, Tallinn)

3. Die von Ludwig Knoop begründete Kreenholm-Textilmanufaktur wurde zur Ausnutzung der Wasserkräfte auf einer Insel im estnisch-russischen Grenzfluß Narwa errichtet. Noch heute wird diese Fabrik zur Textilproduktion genutzt (Foto Markus Krause, 2004)

4. Schiffbauhalle des um 1900 von der zaristischen Marine in Libau/Liepaja errichteten Werft- und Werkstättenkomplexes. Das Areal wird heute vom „Tosmare Shipyard" genutzt, das weitere Schicksal der Halle ist ungewiß (Foto Andris Biedrins)

5. Innenansicht der imposanten Schiffbauhalle in Libau/Liepaja (Foto Andris Biedrins)

6. In trutziger Festungsarchitektur präsentiert sich der Wasserturm der städtischen Wasserversorgung von Libau/Liepaja (Foto Andris Biedrins)

7. In der 100 Jahre alten Pumpstation im Wasserwerk „Baltezers“ am Stadtrand von Riga gibt es eine dampfgetriebene Wasserpumpe , die als einzige erhaltene Maschine des Riga’er Maschinenbauunternehmens „Felser & Co.“ gilt (Foto Andris Biedrins)

8. Dampfgetriebene Mühle des Schlossgutes Raudone („Rotes Schloß“) bei Jurbakas an der Memel von 1877 (Centre of Cultural Heritage, Vilnius, Foto Ona Stasiukaitiene)

9. Das 1932 unter polnischer Ägide erbaute Observatorium der Universität Wilna/Vilnius orientiert sich am Klassizismus (Centre of Cultural Heritage, Vilnius, Foto Ona Stasiukaitiene)

10. Die moderne Zentralmolkerei „Pienocentras" (Baujahr 1936) in der damaligen litauischen Hauptstadt Kaunas (Centre of Cultural Heritage, Vilnius, Foto Marija Dremaite)

Alexander Kierdorf

Zeugen deutschen Unternehmertums in Moskau, ihre Geschichte und Zukunft

Historische Industrieanlagen sind nicht unbedingt das, was einem zuerst einfällt, wenn man an Moskau denkt. Der Kreml mit seinen Kirchen und Palästen, die alten Klöster und Herrensitze und die großflächige historische Innenstadt in ihrer starken sowjetischen Überformung prägen das Bild der Stadt. Dennoch gibt es, nicht selten bereits in Sicht- und Laufweite des Kreml, zahlreiche interessante „Denkmale der Industrie und Technik", von denen nicht wenige auf Aktivitäten deutscher Unternehmer in Moskau zurückgehen.

Die Industrialisierung setzte in Moskau eher spät ein: Im 19. Jahrhundert nahm die Stadt hinter der Hauptstadt St. Petersburg nur den zweiten Rang in Rußland ein. Nachdem 1851 die Eisenbahnverbindung zwischen den Städten fertiggestellt worden war, entwickelte sich Moskau in den folgenden Jahrzehnten zum Eisenbahnknotenpunkt, der wichtigsten Grundlage für die spätere wirtschaftliche Bedeutung der Stadt. Während in St. Petersburg, seiner Lage und politischen Funktion entsprechend, schon früh eine bedeutende Werft- und Rüstungsindustrie mit großen Maschinenbaubetrieben heranwuchs, wurde Moskau zum Mittelpunkt einer durch die Wolga nach Osten und Norden begrenzten Textilindustrie-Region, in der zahlreiche Fabrikstädte entstanden. Gründer und Betreiber dieser Fabriken waren überwiegend altgläubige Moskauer Händler- und Unternehmerfamilien. Bau und Ausstattung ihrer Fabriken organisierte der aus Bremen stammende, mit guten Kontakten nach England ausgestattete Kaufmann Ludwig Knoop, der an vielen Unternehmen beteiligt war.[1] Doch auch zahlreiche Mitglieder der Moskauer „Deutschen Kolonie", der nach Petersburg größten in Rußland, gründeten und betrieben Fabriken verschiedenster Art.[2] Unter ihnen waren auch zahlreiche Deutschbalten, die als Untertanen des Zaren wichtige Mittler zwischen der russischen und der deutschen Kultur bildeten.

---

1 Karl Schlögel: Moskau lesen. Die Stadt als Buch. Berlin 2000, S. 292f.; Colin Chant, Davis Goodman (Hg.): European Cities and Technology: Industrial to Post-Industrial Cities. London 1999; T l. 3: Urban Technology Transfer, Ch. 9: Cities in Russia, S. 301–327.

2 Dittmar Dahlmann, Carmen Scheide (Hg.): „...das einzige Land in Europa, das eine große Zukunft vor sich hat." Deutsche Unternehmen und Unternehmer im Russi-

Deutsche waren in Moskau schon seit Jahrhunderten ansässig gewesen, teilweise als angeworbene Spezialisten am Zarenhof, teilweise als Flüchtlinge und Kaufleute. Sie führten ein religiös, schulisch und kulturell eigenständiges Leben, das seinerseits wieder auf die russische Kultur einwirkte und im Laufe des 19. Jahrhunderts zu einem nicht unbedeutenden Element in der Moskauer Gesellschaft wurde. Doch Leben und Wirken der „Moskauer Deutschen" wurden im Ersten Weltkrieg abrupt unter- bzw. abgebrochen: Als Kriegsgegner verloren zunächst die deutschen Untertanen ihren Besitz an den russischen Staat; dann wurden die Deutschstämmigen durch das Pogrom vom Mai 1915 auch massiv bedroht und geschädigt, so daß die überwiegende Zahl das Land verließ. [3] Mit der Oktoberrevolution von 1917 und der bolschewistisch-kommunistischen Machtergreifung wurde im Rahmen der allgemeinen Nationalisierung auch das noch verbliebene Eigentum der Deutschen (wie alles Privateigentum) beschlagnahmt und endgültig in Staats- bzw. Volkseigentum umgewandelt.

Für die städtebauliche Entwicklung Moskaus ist charakteristisch, daß sich die Fabrikanlagen vor allem am Ufer des Moskwa-Flusses ansiedelten, der trotz der monatelangen winterlichen Vereisung als Verkehrsweg intensiv genutzt wurde. Erst am Ende des 19. Jahrhunderts spielte der Eisenbahnanschluß für bestimmte Industriezweige, etwa den Maschinenbau, eine wichtigere Rolle. Abseits des traditionellen Weberviertels „Chamowniki" entstand um Moskaus älteste Textilmanufaktur *Trjochgornaja* (Familie Prochorow, um 1800), das Stadtviertel Presnja (später „Rotes Presnja") westlich des Zentrums, in dem sich auch zahlreiche andere Betriebe ansiedelten. Weitere Industrieschwerpunkte waren die langgezogene Moskwa-Insel, deren sumpfige Gärten schrittweise durch Aufschüttung und Regulierung des Flußlaufes zur dauerhaften Bebauung hergerichtet wurden, sowie die Gebiete bei den neuen Bahnhöfen, vor allem beim flußnah gelegenen Paweljezker und beim Brjansker (heute Kiewer) Bahnhof. Werkswohnungsbau

schen Reich im 19. und frühen 20. Jahrhundert. Essen 1998; Juri A. Petrow u. a. (Hg.): Nemezkie predprinimateli w Moskwe: sbornik statej [Deutsche Unternehmer in Moskau: Aufsätze] (Obschestwennaja Akad. Nauk Rossiskich Nemzew). Moskwa 1999; Dittmar Dahlmann u. a. (Hg.): „Eine große Zukunft". Deutsche in Rußlands Wirtschaft. Moskwa 2000.

3 Victor Dönninghaus: Die Deutschen in der Moskauer Gesellschaft. Symbiose und Konflikte (1494–1941) (Schriften des Bundesinstituts für Kultur und Geschichte der Deutschen im östlichen Europa 18). München 2002; zum sogen. Pogrom S. 371–467.

war gesetzlich vorgeschrieben, und so entstanden neben Wohnheimen auch mietskasernenartige Großwohnhäuser bei den Fabriken. Sie dienten vor allem der Aufnahme von Saisonarbeitern, die nur im Winterhalbjahr als Fabrikarbeiter in die Stadt kamen, dagegen im Sommer mit ihrer Familie Landwirtschaft betrieben. Nach der Aufhebung der Leibeigenschaft 1861 und vor allem der Umwandlung des dörflichen Gemeinschafts-Landbesitzes in privates Grundeigentum um 1910 siedelten viele Arbeiter mit ihren Familien dauerhaft in die Städte um, wo sie in den normalen Stadtvierteln unterkamen.

Zur Entwicklung der Industriearchitektur in Moskau gibt es, im Gegensatz zu St. Petersburg, bisher keine allgemeine Studie.[4] In der Literatur zur Architekturgeschichte werden gelegentlich einzelne architektonisch herausragende Bauten erwähnt. In den Veröffentlichungen zu bekannten Architekten spielen deren Industriebauten – wie bereits zu ihrer Entstehungszeit – meist nur eine untergeordnete Rolle. Am Lehrstuhl für Industriebau des Moskauer Architekturinstituts sammelt man gezielt Material zur Industriearchitektur und führt Entwurfsprojekte zur Umnutzung von historischen Industriebauten durch.[5] In der städtischen Denkmalbehörde werden diese Bauten ausschließlich aus architekturgeschichtlich-ästhetischer Perspektive behandelt. Eine vorhandene Liste von schützenswerten Industriebauten ist unveröffentlicht; auch sollen zahlreiche baugeschichtliche Dokumentationen auf Grundlage der erhaltenen Bauakten vorliegen. Informationen über technische Ausstattungen und Infrastruktursysteme fehlen dagegen völlig. Die staatlichen Zentralmuseen für Technikgeschichte und Architektur, über die Moskau im Unterschied zu St. Petersburg verfügt, scheinen in diesem Bereich nicht aktiv zu sein.

Die Entwicklung des Industriebaus in Moskau vollzog sich überwiegend im Rahmen der international gängigen Fabrikarchitektur, insbesondere im Bereich der Textilindustrie. Sie begann mit eher schlichten, großvolumigen Bauten mit sparsamem Dekor, (nach damaliger Vorstellung) feuerfesten Konstruktionen

---

4 Margarita S. Stiglitz: Promyschlennaja architektura Peterburga w sfere „industrialnoj archeologij“ [Petersburger Industriearchitektur im Bereich der „Industriearchäologie“]. St. Peterburg 2003.

5 Beiträge von Grigorij Tscherkassow in: XII. Int. TICCIH Congress „The Transformation of Old Industrial Centers and the Role of Industrial Heritage“, Moskwa-Jekaterinburg-Nishnij Tagil [im Druck].

aus Backsteinmauern und mit zwischen Eisenträgern auf Gußeisenstützen mit Backstein eingewölbten Decken. Große Fenster zur natürlichen Belichtung der Arbeitsplätze, hohe Tragfähigkeit der Decken und Treppen sind Kennzeichen dieser Bauten. Später erhielten die Fassaden der Backsteinbauten dann Gliederungen und Dekor, die im gleichen Material ausgeführt wurden und sich an seinen Möglichkeiten orientierten; für diese Gestaltungsstufe gibt es den speziellen russischen Begriff der „ziegelroten" (krassno-kirpitschnaja) Architektur. Manchmal wurden dabei zudem von russischen Ziegelbauten des 16. und 17. Jahrhunderts abgeleitete Stilformen angewandt, die eine eigene Spielart des Historismus in Russland prägten. Um 1900 wurden dann auch für Industriebauten Putz- und gelegentlich Werksteinfassaden und dadurch individuellere Stilwahl üblicher; gleichzeitig bildete sich mit dem Aufkommen des Betonskelettbaus eine zum Teil durch weitgehende Öffnung der Fassaden gekennzeichnete neue Fabrikarchitektur heraus, bei der Gliederung und Proportion sowie die Nutzung des Betons für neue Decken- und Dachformen eine wesentliche Rolle spielten. In dieser Zeit, etwa zwischen 1905 und 1915, befand sich die russische Industriearchitektur technisch und künstlerisch auf internationalem Niveau, und es kam zu durchaus eigenständigen Entwicklungen. Deutsche Unternehmer (als Auftraggeber wie als Bauindustrielle) und Architekten sowie künstlerische Anregungen aus Deutschland hatten an diesen Entwicklungen erheblichen Anteil.[6]

Eine klare und differenzierte Haltung der Denkmalpflege in Moskau im Umgang mit Fabrikarchitektur wird bisher kaum deutlich. Weil die gesamte gründerzeitliche Architektur bis 1917 mit Ausnahme weniger bekannter Architekten und prominenter Bauten lange Zeit nicht zuletzt aus ideologischen Gründen kaum beachtet wurde – ihre Erforschung und Bewahrung begann erst um 1980 – wurden auch Fabrikbauten aus dieser Zeit nur dann wahrgenommen und gepflegt, wenn sie architektonisch geprägt waren und städtebaulich wichtige Positionen einnahmen. Ein ideologisch bzw. sozialgeschichtlich begründetes besonderes Interesse an Stätten der Sozial- und Industriegeschichte, der vor allem in Skandinavien und Deutschland in den 1970er und 80er Jahren wichtiger Auslöser der

6 Zum führenden Betonbauingenieur Artur Loleit zuletzt: Elena M. Schuchowa: „Ryzar Shelesobetona" [Ritter Eisenbeton]. In: Architektura i stroitelstwo Moskwu, 1995, Nr. 2, S. 28–33; zum Industriebauspezialisten Alexander Kusnetzow: Grigorij N. Tscherkassow: Energija litschnosti – proryw w twortschestwe [Energie der Persönlichkeit – schöpferischer Durchbruch]. In: Architektura i stroitelstwo Moskwu, 1995, Nr. 6, S. 11–17.

„Industriedenkmalpflege" wurde, ist nicht zu beobachten.[7] Andererseits hat sich im Moskauer Stadtzentrum eine außergewöhnlich große Zahl von Betrieben über die kommunistische Ära hinweg gehalten, bedingt durch geringeren ökonomischen Druck, andere städtebauliche Gewichtungen, das weitgehende Fehlen von Kriegszerstörungen, die Verlangsamung von Umstrukturierungsprozessen und die der Planwirtschaft eigene Gewohnheit, alte Bausubstanz nicht zu beseitigen und auszutauschen, sondern mit abnehmender Intensität um- und weiterzunutzen. Zwar versucht die Moskauer Stadtregierung bereits seit Jahrzehnten, diese Betriebe als „Schandflecke" und Quellen von Emissionen und Belastungen aller Art zur Umsiedlung in spezielle Gewerbegebiete an der Peripherie der Stadt zu veranlassen. Bequemlichkeit, Mangel an Baukapazität und der Vorrang von neuen Industriegründungen ließen diese Umsiedlungspläne jedoch lange weitgehend wirkungslos bleiben. Manche Bauten, wie das erste Moskauer Elektrizitätswerk am Georgiewskij Pereulok, die heutige „Neue Manege", überlebten nach eher kurzer Tätigkeit viele Jahrzehnte in einfacher Verwendung.

Erst die gewandelten Verhältnisse und Möglichkeiten der nachsowjetischen Zeit – ein Boom des Bau- und Immobilienmarktes in Moskau einerseits, der ökonomische Zusammenbruch vieler nicht mehr lebensfähiger Betriebe andererseits – brachten Bewegung in diese Frage. Für viele Betriebe blieb die Vermarktung ihrer Bauten die letzte Einnahmequelle. Bald wurden Unternehmen, meist über den Erwerb der an die Mitarbeiter oder andere Teilhaber ausgegebenen Anteile, von Investoren aufgekauft, die noch arbeitende Betriebe liquidierten oder umsiedelten und an ihrer Stelle überwiegend Neubauten errichten. Brutalste Variante dieses Verfahrens ist die feindliche Übernahme durch Ausschlachter („corporate raiders" = Firmenplünderer), die mit allen legalen rechtlichen Mitteln und Kniffen, besten Verbindungen und handfesten Drohungen günstig gelegene Firmen in den Bankrott treiben, ihre Anteile aufkaufen und den Standort gewinnbringend vermarkten.[8] Von der Stadtregierung, die Miteigentümer vieler betroffener Betriebe ist, werden diese Vorgänge derzeit geduldet, wenn nicht gar begünstigt; sie möchte dieses Verfahren aber möglichst bald durch die geregelte Aussiedlung der Unternehmen in neue Industriezonen ablösen. In diesem Fall bezahlt der Investor

---

7 Alexander Kierdorf, Uta Hassler: Denkmale des Industriezeitalters. Über die Geschichte des Umgangs mit Industriekultur. Tübingen/Berlin 2000.

8 Yevgenia Borisova: Corporate Raiders Divvy Up Moscow. In: The Moscow Times, 7. 3. 2003.

den neuen Standort, Umsiedlung und Modernisierung des Unternehmens und erhält dafür die Altimmobilie. Ob so lebensfähige Unternehmen erhalten oder neu gebildet werden, bleibt allerdings zweifelhaft. Im zentralen Innenstadtbereich sind hiervon wichtige Fabrik- und Infrastrukturanlagen potentiell betroffen, etwa die Kraftwerke auf der Moskwa-Insel und die Fabrik *Roter Oktober* (Beispiel 1). Insgesamt spricht man von 2000 von feindlicher Übernahme bedrohten Unternehmen und einer Gesamtfläche von 6–7000 ha im Stadtzentrum.

Pilotprojekt für die Umwandlung historischer Industrieareale und -bauten nach den Vorstellungen der Stadt ist der Bürokomplex *Golutwinskij Dwor*, bei dem große Teile der ehemaligen Textilfabrik *Krasnij Textilschik* schrittweise saniert, um Neubauten ergänzt und in einen hochwertigen Bürostandort umgewandelt wurden (Abb. 1).[9] In ähnlicher, allerdings architektonisch befriedigenderer Weise wurde auch die Fabrik *Krasnaja Rosa* im alten Weberviertel Chamowniki in Büros umgebaut (Abb. 2). Für größere Areale mit interessanten alten Fabriken gibt es städtebauliche Entwicklungspläne, die zumindest einen teilweisen Erhalt der Bauten vorsehen. Dabei drohen die geplanten Neubauten die Denkmale aber oft baulich zu erdrücken, wie etwa bei dem Umnutzungsprojekt *Trjochgornaja-Brauerei* (Abb. 3). Der historische Fabrikkomplex, an dessen Entstehung der Architekt Roman Klein und der Bauingenieur Artur Loleit beteiligt waren, liegt unweit der geplanten Wolkenkratzer-Bürostadt „Moskwa-City".[10]

Ohne Anspruch auf systematische oder vollständige Darstellung sollen nun einige typische Beispiele für die Entwicklung von Industrieanlagen in Moskau und die Probleme ihrer Erhaltung vorgestellt werden; zugleich illustrieren diese Betriebe das Wirken deutscher Unternehmer in der Stadt.

Schokoladenfabrik *Einem*

Die heute vielleicht bekannteste Moskauer Fabrikanlage liegt am südwestlichen Ende der Moskwa-Insel; die heutige *Schokoladenfabrik Roter Oktober* (Krasnyj Oktjabr) ging aus einer 1851 von Theodor von Einem (1822–76) gegründeten Konditorei hervor.

Nachdem in der Sowjetzeit die vorrevolutionäre Firmengeschichte kaum interessierte, wurde anläßlich des Jubiläums 2001 erstmals der genaue Werdegang des

9 Andrej Ogirenko: Conversion Project „Golutvinskaya Sloboda". In: XII. TICCIH Congress Papers (wie Anm. 5); vgl. auch: Moja Moskwa 2001, H. 2/70. S. 28.

10 Z.M. Zevina, I.I. Krolenko, A.V. Javoronkov , D.E.Jakovlev : Trechgornoe Brewing Company. In: XII. TICCIH Congress Papers (wie Anm. 5).

Unternehmens aufgrund der amtlichen russischen Quellen dargelegt und damit der aus autobiographischen Quellen teilweise bekannte Hergang der Firmenentwicklung bestätigt.[11] Im Jahre 1867 erwarb von Einem ein Anwesen am Sophienufer, unmittelbar gegenüber dem Kreml, und errichtete dort bald mit Unterstützung von Julius Heuss eine erste Fabrik. 1870 bzw. 1878 wurden hier weitere Fabrikgebäude errichtet. Sie wurden erst vor kurzem weitgehend abgebrochen (Abb. 4). 1870 trat Heuss als Teilhaber in das Unternehmen ein und übernahm es 1875/76 vollständig unter Beibehaltung des Markennamens „Einem" von dem kranken und kinderlosen Gründer.

Julius Heuss (1832–1907) entstammte einer weitverzweigten schwäbischen Familie und war nach einer kaufmännischen Lehre 1854 nach Rußland gekommen, wo er zunächst in Odessa tätig war, sich aber 1856 in Moskau niederließ.[12] Er betätigte sich bald als Unternehmer in verschiedenen Bereichen, bis er im Jahre 1868 von dem sechs Jahre älteren Theodor von Einem – zunächst als Leiter des Großhandels – in dessen Firma geholt wurde. Heuss heiratete zweimal und hatte insgesamt 12 Kinder; seine Söhne übernahmen später Funktionen in verschiedenen Bereichen des wachsenden Unternehmens. Über seine Tochter Luise, die in die Druckerfamilie Kirsten/Mehnert einheiratete, wurde Heuss Großvater des deutschen Publizisten Klaus Mehnert.[13] Heuss war angesehenes Mitglied der Evangelisch-Lutherischen Petri-Pauli-Gemeinde, Moskaus bedeutendster deutscher Kirchengemeinde und Zentrum des deutschen Lebens in Moskau. Als Schatzmeister des Evangelischen Hilfsvereins (dessen 1898 errichtetes neues Heim ebenfalls Fabrikarchitekt Theodor Rhode entwarf) und des Krankenhauskomitees sorgte er für die erfolgreiche Entwicklung dieser Einrichtungen, deren Bauten noch heute an die karitativen Aktivitäten der Moskauer Deutschen erinnern.[14] Zehn Jahre nach der Übernahme der Fabrik kam es zur Gründung einer

---

11 W. S. Prochorow, M. F. Solowjew u. a.: Konditerskoi Fabrikje „Krasnyj Oktjabr" 100 Let 1867–1967 [Die Konditorenfabrik „Roter Oktober". 100 Jahre 1867–1967]. Moskwa 1966; Ossnownye wechi istorij fabriki" [Marksteine der Werksgeschichte]. In: Moja Moskwa. Shurnal stolitschnoj shisn. Sept./Okt. 2001, Nr. 7–8 (75–76) (Themennummer „150 Jahre Roter Oktober"), S. 8–15.

12 Dönninghaus 2002 (wie Anm. 3), S. 249f.

13 Klaus Mehnert: Ein Deutscher in der Welt. Erinnerungen 1906–1980. Stuttgart 1981, S. 11–38.

14 Dönninghaus 2002 (wie Anm. 3), S. 235–265; Deutsche Spuren in Moskau. Moskwa 2003, Nr. 42 (S. 85) u. Nr. 82 (S. 139).

Familien-Aktiengesellschaft, an der zunächst Sohn Julius jr. und Schwager Karl Prowe, später auch weitere von Heuss‘ Kindern, als leitende Angestellte und Teilhaber beteiligt waren. Der volle Name des Unternehmens lautete in dieser Zeit: *Gesellschaft dampfbetriebener Fabriken für Schokolade, Konfekt und Teegebäck „Einem“.*

Julius Heuss und seine Familie bauten die „Gesellschaft Einem“ zum führenden Süßwarenkonzern Rußlands aus, dessen Marketing (Sammelbilder, Plakatwerbung) im internationalen Vergleich auf der Höhe der Zeit stand. Ein Zweigbetrieb auf der Krim (für kandiertes Obst) sowie mehrere Fabrikläden in der Moskauer Innenstadt gehörten ebenfalls zum Unternehmen. Von der älteren Fabrikanlage am Sophienufer mit dem Wohn- und Verwaltungsgebäude von Einem und Heuss, später Wohnsitz der Familie Heuss, ist nach umfangreichen Abbrüchen in den letzten Jahren nur ein vorgelagerter Seitenflügel erhalten.

Wohl seit etwa 1895 entwickelte sich am Bersenewski-Ufer, in Sichtweite der Erlöserkathedrale, ein neuer, umfangreicher Fabrikkomplex, der bislang weitgehend erhalten ist (Farbabb. 14). Als Architekt fungierte wohl zunächst Theodor Rhode, „preußischer Untertan“, der im Kreise der evangelischen Deutschen in Moskau aktiv war. Das dominierende Gebäude allerdings entstand um 1905 als Biscuit-/Teegebäckfabrik nach Plänen Alexander Kalmykows. Das viergeschossige, reichgegliederte Backstein-Fabrikgebäude besitzt an der zum Fluß gerichteten Schmalseite zwei turmartige Eckaufbauten (ein Teil der Dachaufsätze ging im Laufe der Zeit verloren); das niedrigere Dachgeschoß wurde später zum Vollgeschoß ausgebaut. Daneben errichteten wahrscheinlich Kalmykow und Artur Loleit um 1910 einen weiteren, nur zweieinhalbgeschossigen Fabrikbau mit polygonalem Turmaufsatz, einer nach Norden abgerundeten Hausecke und einem zentralen Lichthof. Ihm wurden vermutlich in den 1970er Jahren drei weitere, architektonisch angeglichene Etagen aufgesetzt.[15] Weitere, teilweise aufwendig gestaltete, das Ensemble ergänzende Bauten entstanden bis 1914 südlich und westlich des Hauptgebäudes. Hervorzuheben sind die in ihrer Ausstattung von ca. 1905 original

15 ZS „Zement, jego proiswodstwo...“ Jg. 1909: Bericht über den 12. Zementtag, Exkursionsprogramm; zu Kalmykow vgl.: Sodtschie Moskwy. Wremeni eklektiki, moderna i neoklassizisma (1830–1917) [Moskauer Baumeister. Zeit des Eklektizismus, der Moderne und des Neoklassizismus (1830–1917)]. Moskwa 1998, S. 124, sowie Marija Naschtschokina: Sto architektorow Moskowskogo Moderna. Twortscheskie portrety [100 Architekten der Moskauer Moderne. Schöpferische Portraits]. Moskwa 2000, S. 132f.

erhaltenen Räume für Geschäftsleitung und Verwaltung im Inneren des Bauteils westlich der Gebäckfabrik, dem heute der Anfang der 1980er Jahre erstellte Haupteingang mit darüberliegendem Firmenmuseum seitlich vorgelagert ist.

Die ungeheure Beliebtheit der Einem-Schokolade „mit reiner Butter" und der anderen Erzeugnisse des Unternehmens ließ die Fabrik auch die schweren Zeiten des Ersten Weltkriegs und kurzzeitige Pläne zur totalen Aufgabe überleben. In Sowjetzeiten ein Musterbetrieb, ging der „Rote Oktober" aus dem Untergang der kommunistischen Planwirtschaft als eines der wenigen profitablen Unternehmen hervor, konnte diese Stellung halten und knüpfte energisch und erfolgreich an die Firmentraditionen an. Im Rahmen des städtischen Programms zur Umsiedlung von Industrieunternehmen aus der Innenstadt soll auch die Schokoladenfabrik verlegt und mit ihrem Schwesterbetrieb *Rotfront* vereinigt werden, was logistisch sicher zu begrüßen, im Sinne historischer Kontinuität aber bedauerlich ist. Der Komplex in exklusiver Lage wurde von einer der größten russischen Privatbanken erworben.[16]Architektonische Entwürfe für die Umgestaltung des Komplexes, über die noch nichts Näheres bekannt ist, soll Michail Posochin jr. erarbeitet haben, der als Leiter des ehemals staatlichen Großbüros Mosprojekt-2 an zahlreichen innerstädtischen Neubauprojekten beteiligt und auch für das Pilotprojekt *Golutwinskij Dwor* unweit des *Roten Oktober* verantwortlich ist (s. o.).[17] Wieviel und in welcher Weise historische Bausubstanz in die Neugestaltung einbezogen werden kann und soll, ist noch unklar; im Falle einer Wohnnutzung dürfte dies wegen der ungeeigneten Volumen, Grundrisse und Abstände nur bei einem geringen Teil der bestehenden Gebäude möglich sein.

Baumwolldruckerei Emile Zündel

Das Unternehmen ging ebenfalls aus einer kleinen Werkstatt hervor, die im Jahre 1823 der Schweizer Bucher in Moskau eröffnet hatte.[18] Später zog man den Farbenchemiker Hermann Steinbach hinzu, der 1847 seinen Schwiegersohn, den Elsässer Emile Zündel, als Zeichner in die Werkstatt holte. Nach dem Tod Zündels

16 Meldung des Pressedienstes „russland.ru" vom 17. 9. 2003 nach russischen Quellen.

17 XII. TICCIH Congress Papers (wie Anm. 5).

18 25-letie towarischestwo sitzenabiwnoi manufaktury „Emil Zündel" w Moskwe [25 Jahre Gesellschaft für Kattundruck-Manufaktur „Emil Zündel in Moskau]. Moskwa 1899; P.M. Schestakow: Rabotschie na Manufakturo T-wo „Emil Zündel" w Moskwe [Die Arbeiter der Manufaktur Gesellschaft „Emil Zündel"]. Moskwa 1900; Towarischestwo Manufaktury „Emile Zündel" w Moskwe (1874–1914) [Die Manufaktur-

im Jahre 1874 wurde das Unternehmen von den wesentlich beteiligten Industriellenfamilien Knoop und Prowe durchgreifend modernisiert; später gliederte man der Stoffdruckerei eine Spinnerei und Weberei in Naro-Forminsk südwestlich von Moskau an, so daß das Unternehmen den gesamten Weg vom Rohstoff bis zum Kunden abdeckte.

Die Firmenleitung unter Baron Andreas Knoop, einem Sohn von Ludwig Knoop, residierte in der Tscherkasski-Gasse im Handelsviertel Kitai Gorod, zuletzt im Scheremetjewo-Haus an der innerstädtischen Sadowo-Kudrinskaja-Straße. Der Betrieb nahm inzwischen ein umfangreiches Areal zwischen der Moskwa und der Derbenjewskaja-Straße im „industriellen Hinterland" des 1864 angelegten Paweljezker Bahnhofes ein. Entlang der Derbenjewskaja-Straße entstanden neben Fabrik- auch Verwaltungs- und Sozialbauten sowie Beamten- und Arbeiterwohnhäuser des Betriebes. 1884 wurde von der Fabrik ein Wohltätigkeitsfonds gestiftet, aus dessen Mitteln ein Betriebskrankenhaus, eine Kinderkrippe, eine Grundschule, eine Bibliothek und ein Theater- und Konzerthaus errichtet wurden. Um die Jahrhundertwende war das Unternehmen das führende seiner Art in Rußland, hatte über 1.100 Arbeiter und besaß mehr als 90 Dampfmaschinen; 1914 beschäftigte es einschließlich der Spinnerei und der Weberei in Naro-Fominsk über 10.000 Menschen. Schon im Jahre 1889 war die Firma zur Gründung eigener „Niederlagen" übergegangen, durch die – unter Ausschaltung der Großhändler – die Einzelhändler und Direktkunden versorgt wurden. In der Moskauer Innenstadt besaß *Emile Zündel* mehrere aufwendige Läden, u. a in den Oberen Handelsreihen (GUM) und auf dem Kusnezkij Most. Sie wurden bei dem deutschenfeindlichen Pogrom im Mai 1915 verwüstet. Am 27. Mai 1915 holte eine aufgebrachte Menge den vermeintlich deutsch-elsässischen, in Wirklichkeit aus Schweden stammenden Geschäftsführer Carlsen aus seinem Büro, mißhandelte ihn und warf ihn in die Moskwa, wo er ertrank.[19] Die 1918 in „Erste Baumwollstoffabrik" umbenannte Firma erhielt noch kurz vor Zusammenbruch der Sowjetunion einen großen Fabrikneubau am Rande des alten Geländes.

Gesellschaft „Emile Zündel" in Moskau]. Moskwa 1914 (vgl. dazu: Rigasche Industrie-Zeitung 40 [1914], H. 14, S. 285f.); W. Kurachtanow: Perwaja Sitzenabiwnaja [Erste Kattundruckfabrik]. Moskwa 1960; Sitzewyi Potok. Stranizy istorij Perwoi Mosk. Sitz. Fabriki [Kattunfluß. Seiten aus der Geschichte der Ersten Moskauer Kattundruckfabrik]. Moskwa 1973.

19 Dönninghaus 2002 (wie Anm. 3), Kap. 4.2, bes. S. 398–400 u. 406f.; vgl: Sergej A. Rjabitschenko: Pogromy 1915 g [Die Pogrome des Jahres 1915]. Moskwa 2000, 2. Aufl. 2002.

Ein Vergleich des 1914 veröffentlichten detaillierten Grundrißplanes des Unternehmens mit dem Bestand zeigt, daß die wesentlichen Bauten über die Sowjetzeit erhalten blieben. Ältester Teil sind die langgestreckten, mehrstöckigen Gebäudekörper rechtwinkelig zur Straße; zum Fluß hin schlossen sich niedrigere Lager- und Werkstattrakte an. Jüngster vorrevolutionärer Bauteil ist wohl der auch architektonisch herausgearbeitete zweistöckige, später um eine Etage ergänzte Großbau, der das Gelände zur Derbenjewskaja-Straße hin abschließt (Abb. 5). Sein Autor ist nicht bekannt, dürfte aber im Umkreis des Moskauer Architekten Franz Schechtel und seines Schülers Alexander Kusnetzow zu suchen sein. Von großer Bedeutung ist auch das Ensemble der zahlreichen erhaltenen, zugehörigen Wohn- und Sozialbauten (Abb. 6).

Nach dem Ende der sowjetischen Planwirtschaft stellte der Betrieb seine Tätigkeit wegen Unrentabilität bald ein. Unter den neuen Bedingungen konnte ein Großteil der sowjetischen Textilindustrie – wie Jahrzehnte zuvor diejenige Westeuropas – der asiatischen Konkurrenz nicht mehr standhalten, zumal auch die ehemals eigenen Rohstoffquellen nunmehr in unabhängigen Staaten lagen. Ähnlich wie bei zahlreichen anderen Textilindustriekomplexen in der Stadt wurden Teile neu vermietet, andere stehen leer oder dienen „Restbetrieben". An der Derbenjewska-Straße zog ein Glashandel ein, während an der Flußseite ein Autohandel mit Werkstatt einen Trakt renovierte. Die Neugestaltungspläne der Stadtverwaltung für das Industrieviertel am Paweljezker Bahnhof sehen neben einer Verbesserung der Infrastruktur den weitgehenden Abbruch der Fabrikgebäude von *Emile Zündel* wie anderer Unternehmen vor; erhalten bleiben sollen von ersterer nur der Großbau entlang der Derbenjewskaja-Straße mit einem Nachbargebäude und die beiden niedrigen Trakte mit dem bereits als Autohandel genutzten Gebäude, dazu der Fabrikneubau.[20] Ebenfalls weitgehend bestehen bleiben soll das Ensemble der zugehörigen Wohn- und Sozialbauten, das überwiegend erhalten ist. Da diese allerdings meist umgenutzt wurden und sich in teilweise verwahrlostem Zustand befinden, ist der Zusammenhang oft nicht mehr erkennbar.

Friedrich Bayer AG

Bei diesem Werk handelt es sich um eine Filiale des Leverkusener „Chemiegiganten" und nicht (bzw. nur rechtlich) um ein eigenständiges Moskauer (bzw.

20 Dokumentiert in der Ständigen Ausstellung zur Moskauer Stadtplanung, Brestskaja Ul.

russisches) Unternehmen.[21] Da die aufblühende Textilindustrie in und um Moskau guten Absatz für Farben und andere Chemieprodukte bot, andererseits aber die hohen russischen Zölle die Einfuhr von Fertigprodukten erschwerten, hatte man bei Bayer schon seit 1876 auch Halbfertigprodukte weiterverarbeitet; gleiches taten die Konkurrenten BASF und Hoechst ab 1877. Im Jahre 1883 gründete Bayer in Moskau einen eigenen Produktionsbetrieb, für den im südlichen Teil der Lushniki-Halbinsel ein älteres Fabrikgelände zunächst gemietet, bald darauf erworben wurde. Formell wurde der Tochterbetrieb als eigenständiges Unternehmen in Verantwortung des russischen Vertreters der Firma Bayer geführt. Mit aus Deutschland bezogenen Rohmaterialien wurden in Eigenregie Endprodukte, insbesondere Farbstoffe für die Textilindustrie, erzeugt. Der Standort befand sich für damalige Verhältnisse weit außerhalb der Stadt, allerdings flußaufwärts und inmitten bis heute beliebter Erholungsgebiete. Wohl auch deshalb drängten die Behörden schon damals auf eine Begrenzung der Umweltbelastungen.

Man war in Deutschland mit Arbeit und Ertrag des Betriebes über Jahre hinweg so unzufrieden, daß 1890 eine Neuorganisation vorgenommen wurde und ein deutscher Chemiker die Leitung übernahm, die er bis zum Kriegsausbruch behielt. Obwohl Bayer seit 1881 als Aktiengesellschaft organisiert war, kümmerte sich Firmenchef Böttinger sehr intensiv um die Moskauer Tochter, deren Reorganisation, durch einen im Jahre 1892 ausgebrochenen Brand gefördert, 1893 abgeschlossen wurde. Inzwischen durften auch Ausländer in Rußland Grund erwerben; so wurde das bisherige Gelände durch Zukäufe erweitert; Neubauten wurden erstellt, schließlich auch das lange ungelöste Abwasserproblem durch den Anschluß an das städtische Kanalnetz behoben. Von 1892 bis 1896 wurde die Produktion

---

21 Walther Kirchner: Die deutsche Industrie und die Industrialisierung Rußlands 1815–1914. St. Katharinen 1986, S. 104–123; ders.: Die Bayer-Werke in Russland, 1883–1914. Ein deutscher Beitrag zur Industrialisierung Russlands. In: Hans Lemberg, Peter Nitsche, Erwin Oberländer (Hg.): Osteuropa in Geschichte und Gegenwart. Festschrift für Günther Stökl zum 60. Geburtstag. Köln/Wien 1977, S. 153–170; ders.: Farben und Aspirin: Die Friedrich Bayer AG in Russland. In: Dahlmann 2000 (wie Anm. 2), S. 246–251; Alexander Kierdorf: Deutsche Industriekultur in Rußland. In: Industrie-Kultur, H. 2, 2001, S. 26f. Bayer-Archiv Leverkusen, Unterlagen des Bestandes 009 E, Fotobestände, sowie A. Blank, W. Löw: Geschichte der Fabrik der Farbenfabriken vorm. Friedrich Bayer & Co. in Moskau. In: Geschichte der Entwicklung der Farbenfabriken vorm. Friedr. Bayer & Co. Elberfeld in den ersten 50 Jahren („Böttinger-Festschrift"). München 1918, S. 263–289; Guenther Buchloh: Das russische Verkaufsgeschäft. In: Ebenda, S. 379–385.

vervierfacht. Nachdem man trotz hoher Kosten für Arbeitskräfte und Lebenshaltung in Moskau und Mangel an Ausgangsstoffen, vor allem Steinkohlenteer, eine Verlagerung der Fabrik ausgeschlossen hatte, entstanden um 1898 erneut große Neubauten unter Leitung des jungen russischen Architekten Anatolij Ostrogradskij. Als Vertreter der „Moskauer Moderne" entwickelte sich Ostrogradskij zum erfolgreichen Privatarchitekten, blieb aber weiterhin als Vertragsarchitekt dem Unternehmen Bayer verbunden, für das er eine wertvolle Mittlerfunktion zu den städtischen Behörden einnahm.[22] Die Produktion von weiteren neuen Farbstoffen und pharmazeutischen Produkten wurde aufgenommen; mit letzteren trat man in Konkurrenz zu den Unternehmen der deutschstämmigen Apotheker Ferrein und Köhler in Moskau, die zu den führenden in Rußland gehörten.

Als in unmittelbarer Nähe die neue Moskauer Ringeisenbahn mit aufwendigen Brücken über den Fluß geführt wurde (Bauzeit 1904–07), mußte das Unternehmen Land abtreten; allerdings stieg der Grundstückswert erheblich. Der damals angelegte Schienenanschluß des Unternehmens, der den Bahndamm direkt mit dem Obergeschoß eines neuerrichteten Lagerhauses verband, existiert heute nicht mehr. Die Fabrikanlagen wurden kontinuierlich modernisiert und ausgebaut; Werkstätten, Dienstwohnungen und verschiedene technische Einrichtungen entstanden. Schon 1905 war auf Diesel- und Elektromotoren umgestellt worden. 1912 wurde das Werk in eine eigenständige russische Aktiengesellschaft „AG der Chemischen Fabrik Friedrich Bayer & Co, Moskau" umgewandelt.

Im Ersten Weltkrieg wurde das Unternehmen schrittweise beschlagnahmt; zahlreiche Anlagenteile verbrachte man im Rahmen der Kriegswirtschaft in andere Moskauer Betriebe. Im Jahre 1918 wurde bei der Verlegung der Hauptstadt die staatliche Banknotendruckerei (Gossnak) hierher verlagert. Als 1924 der frühere Direktor neben anderen Chemiewerken in Rußland das ehemalige Bayer-Unternehmen besuchen wollte, wurde ihm deshalb der Zutritt verweigert. In den 1950er Jahren wurde auf dem noch weitgehend leeren, durch die Ringeisenbahn abgetrennten Südwestende der Halbinsel der Lushniki-Sportkomplex errichtet, der 1980 einer der Austragungsorte der Olympiade war. Neben dem ehemaligen Bayer-Gelände entstand deshalb das neue Verwaltungsgebäude des Olympischen Komitees mit Olympia-Museum, auch mit der Funktion der optischen Abschirmung. Zuvor bereits wurde das Unternehmen unter dem Namen „Sojus" durch ergänzende Neubauten zur Entwicklung und Herstellung von Flugzeugmotoren umgestaltet. In

---

22 Stichwort „A. A. Ostrogradskij". In: Sodtschie Moskwy (wie Anm. 15), S. 192f.; Naschtschokina (wie Anm. 15), S. 217–219.

den späten 1990er Jahren wurde zwischen Firmengelände und Ringeisenbahn die neue Stadtautobahn (der „Dritte Ring“) durchgeführt, deren Auffahrt vom Komsomolskij-Prospekt aus unmittelbar an die alten Bauten des Bayer-Werkes grenzt. Heute ist auch die neue Produktion offensichtlich weitgehend eingestellt; einzelne Gebäude sind vermietet, die „Tapetenfabrik“ wurde Ende 2003 durch einen neuen Innenausbau und Austausch der Fenster zu Büros umgestaltet.

Vom gegenüberliegenden Flußufer aus erhält man einen guten Überblick über den heutigen Baubestand, der die historische Entwicklung der Fabrik verdeutlicht (Abb. 7). Ältester Teil der Anlage ist heute der zwei- bis dreigeschossige Gebäudezug entlang des Flußufers auf der linken Seite, der mit seinem überhöhten, durch Rundbogenfester betonten Mittelteil und den symmetrisch anschließenden Flügeln aus massiven, verputzten Backsteinmauern fast an ein Stadtpalais erinnerte, fehlte nicht jeglicher Bauschmuck und ragten bis heute nicht zahlreiche Abzugsrohre aus den Dächern. Es handelt sich allerdings um eine erst 1898 übernommene und umgerüstete Tapetenfabrik. Die Keimzelle des Werks ist dagegen der vordere Teil des mittleren Baukörpers, der nach dem Brand 1892 anstelle des erworbenen Altbaus entstand. In heute gelb gestrichenem Sichtbackstein mit den im Industriebau üblichen Gliederungen aus Normalsteinen erinnern die im folgenden Jahrzehnt entstandenen zahlreichen Bauteile am meisten an die in den Stammwerken, insbesondere in Leverkusen, verwendete Architektur. Durch Staffelung und Gruppierung entsteht ein interessanter, auch durch spätere Ergänzungen kaum gestörter funktionaler Baukomplex, der nur wenige Spielereien wie die Eckaufsätze am rechten Vorbau aufweist. Weitere Bauten dieser Epoche schließen sich nach Nordosten an, darunter die ehemalige Arbeiterkaserne, die heute der Stadtautobahn ihre Rückseite zuwendet. Der diese Seite abschließende viergeschossige Großbau ist das 1908 nach Plänen Ostrogradskijs errichtete Lagerhaus; seine großen Fensterflächen liegen im Lichtbedarf bei Verpackung und Versand begründet (Abb. 8). Noch jünger erscheint ein zweigeschossiger Bau unmittelbar an der Straße, über den allerdings Unterlagen fehlen. Die Bauten der sowjetischen Zeit in gelbem und rotem Backstein, vor allem die neue Eingangsanlage, gehören wohl überwiegend den 1960er Jahren an. Die prominente Lage am Flußufer unweit des renommierten Sportkomplexes und des Akademiepräsidiums führte dazu, daß der Bau äußerlich gepflegt wurde. Über den tatsächlichen Zustand der Bauten und Art und Alter möglicherweise erhaltener Ausstattung kann mangels Zugänglichkeit nur spekuliert werden. Nicht erhalten sind die hölzernen Wohnhäuser für die leitenden Mitarbeiter und zahlreiche Kleinbauten. Aus städtebaulichen Planungen ist zu entnehmen, daß zumindest die Hauptbauten als erhaltenswert betrachtet werden.

Emil Liphardt & Co

Emil Liphardt (1837–1907) war ein deutschbaltischer Unternehmer, der gemeinsam mit seinem Bruder Hermann und dem Teilhaber Georg Ringel 1874 die *Mechanische Werkstatt* der Brüder Butenop in der Moskauer Mjasnizkaja-Straße 43 erwarb. Hier hatten die aus Schleswig-Holstein stammenden gelernten Uhrmacher seit 1831 eine Werkstatt mit Laden für Uhren, landwirtschaftliche und Feuerlösch-Geräte sowie Waagen betrieben. Im Laufe der Zeit wuchs um das ehemals herrschaftliche Anwesen aus dem 18. Jahrhundert ein umfangreicher Gebäudekomplex, der neben Werkstätten und Lagern auch Wohnhäuser für die Mitarbeiter umfasste. Der Großteil davon wurde spätestens beim Bau des heutigen Sacharow-Prospektes um 1980 abgebrochen; einige der Gebäude sind, wenn auch ohne erkennbaren Zusammenhang, bis heute erhalten (Abb. 9).[23] Die Liphardts setzten die Bautätigkeit fort, indem sie eine mehretagige Schule und einen Ausstellungssaal einrichteten. Hier verkauften sie auch die Baustoffe, die Emil Liphardt bereits seit 1870 in der von ihm 1867 in Schtschurowo bei Kolomna, etwa 100 km südlich von Moskau, gegründeten Zementfabrik produzierte – neben Portlandzement auch Kalk und Alabaster.[24] Das Werk lag verkehrsgünstig an der 1864 gebauten Eisenbahnstrecke von Moskau nach Rjasan und an der Mündung der Moskwa in die Oka. Rohstoffbasis des Werkes bildete der lokale Kalkmergel, der in einem großflächigen Tagebau gewonnen wurde. Die ersten Zementwerke im Russischen Reich waren im Baltikum von deutschbaltischen Unternehmern und Technikern mit Hilfe von aus Deutschland stammenden Fachleuten aufgebaut worden; zuvor war englischer und deutscher Zement nach Rußland importiert worden.[25] Liphardt stützte sich, als er die erste Zementfabrik in Zentralrußland anlegte, sicherlich auf „baltische" Erfahrungen und beschäftigte fast ausschließlich ausländische Fachkräfte. Sein stärkster Konkurrent wurde die 1875

---

23 A. Dudarew: Schtschurowskij Zementnyi. Stranizy is biografii rabotschego kollektiva [Schtschurowoer Zementler. Seiten aus der Biographie des Arbeitskollektivs]. Moskwa 1976; 1870–1995. 125 ljet akzionernomy obschestwu Schtschurowskij Zement [125 Jahre AG Schtschurowoer Zement]. Kolomna 1995 (Broschüre).

24 Diplomarbeit von Ju. A. Sschodzewa bei Prof. Fissenko am MARChI (Moskowskij Architekturnij Institut/Moskauer Architekturinstitut), Herbst 2003.

25 Igor L. Snatschki-Jaworskij: K istorii raswitija otschestwennoj zementnoj promyschlennosti [Zur Entwicklungsgeschichte der nationalen Zementindustrie]. In: Trudi po istorij techniki [Studien zur Technikgeschichte], Bd. 8. Moskwa 1954, S. 106–138. Maximilian von Glasenapp: Die Thonwaaren- und Cement-Industrie auf der allrus-

gegründete (und bis heute tätige) Fabrik der *AG für Zement und Baumaterialien* in Podolsk, etwa 40 km südlich von Moskau. Von deren historischen Bauten sind heute ebenfalls noch bedeutende Teile erhalten. In Schtschurowo ließ Liphardt auch eine große Arbeitersiedlung errichten. 1899 wurden Zementwerk und Maschinenfabrik zur *Gesellschaft Emil Liphardt & Co* vereinigt, 1902 erhielt der Gründer die Würde eines Kommerzienrates; vermutlich standen beide Vorgänge im Zusammenhang der Übergabe der Geschäfte an seine Nachfolger. Kurz vor der Revolution projektierten diese mit dem Petersburger Zivilingenieur und Stahlbetonspezialisten Lew Serk ein neues Landmaschinenwerk in Saratow, mit dem offensichtlich der erhebliche Maschinenimport aus dem Ausland verringert werden sollte.[26] Im Jahre 1912 erhielt die Zementfabrik in Schtschurowo die ersten beiden Drehrohröfen, die seit der Jahrhundertwende, aus den USA kommend, überall die Zementherstellung rationalisierten und damit der stark gestiegenen Nachfrage nach Zement für den Betonhochbau entgegenkamen. Wie alle Unternehmen von Deutschen in Rußland wurde auch Schtschurowo 1914 vom Staat beschlagnahmt und 1917 enteignet. Nach der Stillegung während des Ersten Weltkrieges wurde der Betrieb von dem früheren Direktor und späteren Verwalter Jung schon bald wieder in Gang gebracht, indem man von Stein- auf heimische Braunkohle als Brennstoff umrüstete. Lenin selbst schickte ein Glückwunschtelegramm aus dem Kreml. Später nahm das Werk die bis heute fortgesetzte Herstellung von weißem Zement auf, der vor allem für den Bau der Moskauer Untergrundbahn von großer Bedeutung war.

Von der Fabrik in Schtschurowo haben sich das Verwaltungsgebäude (mit Jahreszahl; Abb. 10) sowie das um die Wende zum 20. Jahrhundert errichtete Kraftwerk erhalten. Ebenfalls um diese Zeit, nämlich 1903, ließ Liphardt in einem großen Parkgelände unweit der Fabrik eine Villa in Jugendstilformen errichten. Architekt des massiven, künstlerisch den aktuellen Tendenzen seiner Zeit folgenden Baues war vermutlich der frühere Schechtel-Mitarbeiter Alexander Kusnetzow, der später durch ungewöhnliche Industrie- und Schulbauten auf sich auf-

---

sischen Kunst- und Industrie-Ausstellung zu Nishny-Nowgorod 1896. T. l. II: Die Cement-Industrie. In: Rigasche Industrie-Zeitung Jg. 1897, S. 174–176, 185–188, 202–204; zu Liphardt: S. 185.

26 Lew Serk: Promyschlennaja Architektura [Industriearchitektur]. Leningrad/Moskwa 1927, S. 24 u. 40–42.

27 Siehe Anm. 6.

merksam machte.[27] Nachdem sie nach der Verstaatlichung zuletzt als Kulturhaus diente, brannte die Liphardt-Villa um das Jahr 2000 aus und ist seither Ruine.

Mechanische Fabrik Gustav List

Der erste bedeutende Standort des Unternehmens befand sich am Sophienufer 12/14, zwischen dem heute als Residenz des Britischen Botschafters genutzten Charitonow-Palais und dem Anwesen von Julius Heuss, das Teile der Schokoladenfabrik von Einem aufnahm (s. Beispiel 1). 1872 erwarb der Kaufmann Erster Gilde Gustav List (1835–1913) das Gelände und brachte hier seine 1863 gegründete Maschinenfabrik unter, deren Werkstätten sich um einen langgestreckten Hof bis an die gegenüberliegende Straße (Repin-Platz Nr. 14) erstreckten.[28] Nach der Revolution produzierte der Betrieb unter dem Namen *Rote Fackel* weiter.

Zugunsten einer Neubebauung wurden die historischen Fabrikgebäude in den letzten Jahren weitgehend abgetragen. Erhalten blieb vor allem der Eingangsbereich des Betriebes: Auf zwei Pfeilern stehen lebensgroße Figuren von Metallhandwerkern; dazwischen überspannt ein eisernes Tragwerk, wie es für Brücken, aber auch für Dach- und Balkonkonstruktionen gebraucht wurde, die Toreinfahrt (Abb. 11). In den zweistöckigen Gebäuden beiderseits der Einfahrt waren die Wohnräume der Unternehmerfamilie sowie die Verwaltung untergebracht. Die Firma List entwickelte sich schnell zu einer der bedeutendsten Maschinenfabriken der Stadt und beschäftigte 1874 (?) 550 Mitarbeiter. Sie stellte Pumpen, insbesondere für Feuerlöschgeräte, Ventilatoren, vor allem aber Dampfmaschinen her. Um 1890 war sie maßgeblich an der Ausrüstung der neuen Moskauer Wasserversorgung beteiligt. Im Jahre 1897, möglicherweise beflügelt durch den großen Erfolg auf der Industrieausstellung in Nishnij Nowgorod im Jahr zuvor, gründete List ein weiteres, nun als Aktiengesellschaft organisiertes Werk im Norden der Stadt, die *Butyrsker Maschinenbaufabrik „Gustav List"*. In Butyrki (ul. Skladotschnaja 6) wurde Anfang 1897 ein neues Gelände erworben, und eine intensive Bautätigkeit begann. Bereits im Oktober waren die wichtigsten Werkhallen, die teilweise heute noch existieren, vollendet; am 7. November wurde das

---

28 L. Muratow: Mechanitscheskij sawod G. I. Lista w Moskwe [Der mechanische Betrieb G. I. List in Moskau]. Moskwa 1874; Moskwa. Enziklopedija [Moskau. Eine Enzyklopädie]. Moskwa 1980, S. 149 (Stichwort „Borez"), S. 339 (Stichwort „Kr. Fackel"); O Moskowskom kompressornom sawodje „Borez" [Über das Moskauer Kompressorenwerk „Borez"]. Moskwa 1972; vgl. auch: Deutsche Spuren (wie Anm. 14), Nr. 78, S. 134, u. Nr. 79, S. 136.

Werk eingeweiht (Architekt Nikolai Strukow; spätere Bauten Zivilingenieur Nikolai Polikarpow). 1899 wurde die *Genossenschaft des Butyrsker Eisengußwerks mit Mechanischer Fabrik* gegründet. Noch in demselben Jahr erhielt die Firma das Recht, alle Erzeugnisse mit dem russischen Staatswappen zu kennzeichnen. Neben Dampfmaschinen aller Typen wurden auch hier verschiedene Pumpenarten, besonders für Feuerlöschwagen, aber auch Kompressoren und Gußrahmen für Waggons aller Art erzeugt. Bei Kriegsausbruch 1914 wurde der Betrieb zur Herstellung von Artilleriegeschossen verpflichtet. Seit der Sowjetzeit heißt die heutige Kompressoren- und Kühlaggregatfabrik *Borez* („Kämpfer").

Der alte Fabrikkomplex am Sophienufer belegt die bescheidenen Anfänge dieses wichtigen Unternehmens ebenso wie die enge Nachbarschaft von Produktionsbetrieben und herrschaftlichen Wohnhäusern im Moskauer Stadtkern.

Resümee

Die hier beispielhaft aufgeführten ehemals deutschen Firmen in Moskau, denen weitere hinzugefügt werden könnten, dokumentieren nicht nur sichtbar den bedeutenden Anteil deutschstämmiger Unternehmer an der wirtschaftlichen Entwicklung Rußlands, sondern sie belegen mit ihrer Erscheinung und Geschichte auch ganz allgemein den außerordentlich großen dokumentarischen Wert historischer Industrieanlagen im Zusammenhang mit der wechselvollen politischen und wirtschaftlichen Geschichte des Landes.

Es scheint kaum vermeidbar, daß heute wiederum von den Eigentümern und Nutzern bei historischen Darstellungen bestimmte Aspekte der Vergangenheit hervorgehoben werden. Aus diesem Grunde wird eine von Unternehmen betriebene Selbstdarstellung durch historische Bauten nicht zwangsläufig mit fachlich-historischen Einschätzungen übereinstimmen. Auf eine unabhängige Erforschung und Bewertung der Unternehmensgeschichte wie des überlieferten Bau- und Ausstattungsbestandes kann deshalb nicht verzichtet werden.

Zwei eng miteinander verknüpfte Gründe behindern jedoch, abgesehen von fehlenden Quellen, derzeit die Erforschung und Einordnung historischer Fabrikarchitektur: Zum einen die im russisch-slawischen Nationalismus ankernde, in der Sowjetunion übernommene und vertiefte Vorstellung von der weitgehend eigenständigen Entwicklung der Baukunst in Rußland, zum anderen und darauf beruhend, die Leugnung von äußeren Einflüssen auf die eigene Geschichte und die Ablehnung einer Beschäftigung damit. Nach jahrzehntelanger Isolierung fehlt russischen Wissenschaftlern deshalb oft die gerade im Bereich Industriebau notwendige Kenntnis internationaler Entwicklungen und der Denkmalbestände in anderen Ländern.

Auch eine ideologiefreie Beschäftigung mit historischen wirtschaftlichen Zusammenhängen ist erst seit wenigen Jahren möglich und wird durch fehlende Grundlagen sowohl methodischer wie materieller Art erschwert. Die von Maxim Gorki angestoßene Fabrikgeschichtsforschung „von unten"[29], die an die westliche Industriekultur-Bewegung der 1970er Jahre erinnert, schlug um in eine formalisierte, schematische und inhaltslose Form der „proletarischen" Werksgeschichte, die offensichtlich auch den Kontakt mit der ihrerseits starkem Druck ausgesetzten Wirtschafts- und Technikgeschichte verlor.

Gerade aufgrund der Verdrängung bzw. einseitigen Darstellung vorrevolutionärer Unternehmensgeschichte und des Anteils von Ausländern an diesem Prozeß in der sowjetischen Firmen- und allgemeinen Wirtschaftshistoriographie sind die erhaltenen Bauten wichtige Zeugen der tatsächlichen Zusammenhänge. Angesichts abgebrochener Überlieferung, fehlender Dokumente und spärlicher Forschung sind sie bedeutendere Geschichtsdenkmale, als sie dies in vergleichbaren westlichen Ländern wären.

Die heutige wirtschaftliche und kulturelle Entwicklung in Rußland läßt die Gefahr einer endgültigen Vernichtung der im Vergleich zur westlichen Situation oft noch vergleichsweise gut erhaltenen Denkmale der Industriegeschichte fast unausweichlich erscheinen. In kurzer Zeit könnte hier aus den geschilderten Gründen nachgeholt werden, was über Jahrzehnte ausgesetzt war.

Das Verhältnis der Denkmalpflege zu den noch erhaltenen Bauten und Ensembles läßt ebenfalls eine Entwicklung befürchten, die den unter Fachleuten favorisierten Erhaltungszielen keineswegs entspricht. Geschichtsspuren und Zusammenhänge werden willkürlich zerrissen, bedeutende Einzelbauten zu architektonisch-ästhetischen Ikonen stilisiert, wie in anderen Bereichen des Umgangs mit Baudenkmalen ebenfalls zu beobachten ist. Bei Abrissen und Veränderungen, die gerade auch bei Industriedenkmalen in größerem Umfang kaum zu vermeiden sein werden, bleiben die notwendigen Dokumentationen unangefertigt.

Nur eine Handvoll von Spezialisten und Enthusiasten bemüht sich um internationale Kontakte im Bereich der Industrie- und Technikdenkmalpflege und um eine angemessene Erfassung und Bewertung der Denkmale. Die noch immer bürokratisch reglementierten Reisemöglichkeiten, das geringe Ansehen auch bedeutender industrieller und technischer Sehenswürdigkeiten in der Öffentlichkeit

---

29 Vgl.: A. M. Gorki und die Geschichte der Fabriken und Werke. Sammelband zur Unterstützung der Arbeit an der Betriebsgeschichte. Berlin (Ost) 1964 (russ. 1959).

sowie der meist nur sehr eingeschränkt öffentliche Charakter und die touristische Unterschätzung der teilweise hervorragend bestückten Firmenmuseen führen dazu, daß industriegeschichtliche Themen im kulturellen Angebot Rußlands stark unterrepräsentiert sind. Ansätze zu einer Pflege, Darstellung und Vermittlung des industriegeschichtlichen Erbes gibt es fast nur im mittleren Ural, wo die moderne Besiedelung des Landes untrennbar verknüpft ist mit der Industriegeschichte.

Derzeit werden in Rußland selbst die industrielle Vergangenheit und ihre Zeugen überwiegend mit negativen Aspekten verbunden: mit Umweltverschmutzung, mißglückter sowjetischer Planwirtschaft, Verfall und Abnutzung von Industrieanlagen, sowjetischer Technikgigantomanie, gescheiterten Groß- und Modernisierungsprojekten und befohlener, kurzsichtiger Technikbegeisterung. Angesichts von Enttäuschung und Verzweiflung ob des Zusammenbruchs der eigenen Wirtschaft, von kriminellen Machenschaften oder Inkompetenz der alten und neuen Eliten bei Umbau und Privatisierung und schließlich Massenarmut und Hoffnungslosigkeit liegt die Einschätzung von industriegeschichtlichen Relikten als erhaltenswertem kulturellem Erbe jenseits der Vorstellungswelt und des Wertehorizonts des Großteils der russischen Bevölkerung, aber auch der gebeutelten intellektuellen Elite.

Um so wichtiger wäre es aus neutraler Perspektive Überblick und Klarheit zu gewinnen über den Bestand und seine Bedeutung. Was unter besonderen Bedingungen erhalten blieb, weil in Gebrauch oder noch irgendwie zu nutzen, muß jetzt historisch bewertet und geschützt werden im Rahmen eines Konzeptes, das die gesamte russisch-sowjetische Industriegeschichte mit ihren oft widersprüchlichen Facetten im Auge behält.

Im Falle der historischen Fabrikanlagen in Moskau droht hier neben dem Abbruch auch die Gefahr der falschverstandenen Denkmal„pflege", der Zerstörung durch Modernisierung und Umnutzung, wie er auch in anderen Bereichen der russischer Denkmalpflege zu beobachten ist und in krassem Gegensatz zu den weltweit anerkannten Grundsätzen der Denkmalpflege steht, wie sie in der „Charta von Venedig" 1964 formuliert wurden.[30] Historische Spuren werden beseitigt, Zusammenhänge zerstört oder verändert, durch ungeeignete architektonische oder organisatorische Entscheidungen wird ästhetisch und historisch Unerträg-

30 Charta von Venedig (1964): Internationale Charta über die Erhaltung und Restaurierung von Kunstdenkmälern und Denkmalgebieten, verabschiedet vom II. Internationalen Kongreß der Architekten und Techniker der Denkmalpflege, anerkannt von der UNESCO und von ICOMOS (International Council of Monuments and Sites).

liches geschaffen. Daß im derzeitigen Moskauer Klima zwischen Bauboom und Abrisswelle die wertvollsten Industriedenkmale verbraucht und zerrieben werden, ist zu befürchten. Auch in westlichen Ländern war und ist es schwierig, zwischen Totalerneuerung und ästhetisch-architektonischer Spielerei mit dem Verfallscharme begehbare Grate zu finden. Umnutzungen (an Industriemuseen wie im Westen wagt man in Rußland gar nicht zu denken) sind immer Einzelfälle, und überzeugendere Beispiele als in der Innenstadt findet man in Moskau derzeit eher in den mit geringen Mitteln neu genutzten Brachen im weiteren Umfeld der City, wo stabile Bausubstanz und knappe, rationell eingesetzte private Mittel aufeinandertreffen. Vom Denkmalschutz ist hier gar nicht die Rede, sondern der Erhalt ergibt sich aus dem erkannten Nutzwert.

Es ist nicht ganz undenkbar, daß diese Entwicklung, unabhängig von städtischen Programmen und Firmenspekulanten, ihren Weg in die Innenstadt findet. In der explodierenden, mit hohen Renditen arbeitenden Moskauer Immobilienwirtschaft und Bauindustrie könnten die gründerzeitlichen bzw. vorrevolutionären Industriebauten in Moskau als großer Bestand an schnell verwendbarem, hochbelastbarem und flexiblem Nutzraum einen entscheidenden ökonomischen Vorteil gegenüber Neubauten bieten. In St. Petersburg scheint diese Entwicklung in Gang zu kommen – nicht zuletzt aufgrund fundierter Kenntnisse des vorhandenen Baubestandes und einer klaren Vorgehensweise der Denkmalbehörden.[31] So scheint es immerhin auch in Moskau möglich, daß trotz Machtlosigkeit und Desinteresse der Denkmalbehörden der Erhalt eines bedeutenden, aber bis heute weitgehend unbeachteten und ungeliebten Teils des städtebaulich-architektonischen und historischen Erbes in eben jenem privatwirtschaftlichen Rahmen zu verwirklichen ist, der einst seine Entstehung ermöglichte und einen wichtigen Teil der russischen Geschichte ausmacht.

---

31 Komitet po gossudarstwennomy kontrolju, ispolsowaniju i ochranje pamjatnikow istorii i kultury [Staatliches Komitee für Kontrolle, Nutzung und Schutz von Geschichts- und Kulturdenkmalen] (Hg.): Prawitelstwo Sankt-Peterburga [Stadtverwaltung St. Petersburg]; M. S. Stieglitz, W. I. Lelina, M. A. Gordejewa, B. M. Kirikow: Pamjatniki Promyschlennoj architektury Sankt-Peterburga [Denkmale der Industriearchitektur in St. Petersburg]. St. Peterburg 2003.

Abbildungen

1. Die Golutwin-Textilfabrik in Samoskworetschie wird von der Moskauer Bauverwaltung als Modell der Umnutzung alter Industriekomplexe gefördert (Foto Alexander Kierdorf)

2. Ein Schweizer Immobilienunternehmen organisierte die Umwandlung der Textilfabrik „Krasnaja Rosa" im Chamowniki-Viertel zum Bürostandort (Foto Alexander Kierdorf)

3. Die Brauerei „Trjochgornaja“ unweit des Hotel Ukraina soll in eine massive Neubebauung des Areals integriert werden (Foto Alexander Kierdorf)

4. Die letzten Bauten am ersten, 1869 übernommenen Standort der Firma „Theodor von Einem“ wurden in den letzten Jahren schrittweise abgebrochen, um dem Freizeitzentrum „Goldene Insel“ Platz zu machen (Foto Alexander Kierdorf)

5. Die Textilfabrik „Emile Zündel“ in dem ausgedehnten Industriegebiet zwischen Moskwa und Paweljezker Bahnhof ist seit längerem stillgelegt; einige kleinere Betriebe haben sich in dem dichtbebauten Areal eingenistet (Foto Alexander Kierdorf)

6. Arbeiterkasernen der Textilfabrik „Emile Zündel“ (Foto Alexander Kierdorf)

7. Obwohl bereits seit dem Ersten Weltkrieg nicht mehr in ursprünglicher Form genutzt, haben sich auf dem Gelände der ehemaligen Bayer-Tochterfabrik große Teile der historischen Bauten erhalten (Foto Alexander Kierdorf)

8. Das 1908 errichtete Lagerhaus der Bayer-Filiale Moskau (Foto Alexander Kierdorf)

9. Durch Übernahme der mechanischen Fabrik der Gebrüder Butenop, deren baulichen Kern das Moskauer Stadtpalais Lobanow-Rostowskij bildete, begann Liphardts Engagement im Landmaschinenbau (Foto Alexander Kierdorf)

10. Die 1870 gegründete Zementfabrik von Emil Liphardt in Schtschurowo bei Kolomna, ca. 100 km südlich von Moskau, ist heute der älteste russische Zementproduzent (Foto Alexander Kierdorf)

11. In unmittelbarer Nähe der ersten Einem-Fabrik lag auf der Moskwa-Insel auch die Maschinenbaufabrik von Gustav List, deren Werkseingang zwischen Verwaltung und Fabrikantenwohnhaus besonders hervorgehoben wurde (Foto Alexander Kierdorf)

Kurt Dröge

Bauernhaus, Freilichtmuseum und Denkmalpflege
Zur transnationalen Dokumentation und Erhaltung ländlicher Profanbauten

Den Rahmen dieses Beitrags bildet die Frage, ob und inwieweit Denkmalpflege im ländlichen Raum – gemeint ist damit im wesentlichen die Erhaltung von agrarisch dominierten Profanbauten – sinnvoll und möglich ist. Diese Frage nach dem Umgang mit den „alten Bauten im neuen Dorf" hat in den letzten Jahrzehnten die mit einem erweiterten Kultur- und Denkmalbegriff arbeitende und weitgehend regional organisierte Denkmalpflege in der Bundesrepublik Deutschland, aber auch etwa den Deutschen Kultur-Bund der ehemaligen DDR beschäftigt. Dieser Beitrag sieht sich nicht der in Mode gekommenen „transnationalen Geschichtswissenschaft" verpflichtet, sondern versucht im Rahmen von bereits länger laufenden Forschungsprogrammen, sich der Frage mit Hilfe von Beispielen zu nähern vor dem Hintergrund des Umgangs mit dem „kulturellen Erbe" in ehemals deutschen und heute polnischen Gebieten. Dabei schwingt immer begleitend als Problem mit, daß der ländliche Profanbau, in welcher Form und welchen Ausformungen auch immer, durchaus nicht selbstverständlich als Teil des „kulturellen Erbes" einer Gesellschaft, im vorliegenden Fall mindestens zweier unterschiedlicher Gesellschaften, betrachtet wird – ganz unabhängig von der Diskussion darüber, wie dieses „kulturelle Erbe" in seiner abschließende Konstanz präjudizierenden Begrifflichkeit zu definieren ist.

Es geht in schlagwortartiger Formulierung, die auch als Titel dieses Beitrags gewählt wurde, um drei zentrale Begriffe: *Bauernhaus*, *Freilichtmuseum* und *Denkmalpflege*, genauer gesagt um den Umgang mit diesen Begriffen und mit den Inhalten, für die sie stehen, sowie um ihre Verbindung, seit es eine solche gibt, also seit etwa 100 Jahren. Im Mittelpunkt steht das Bild, das sie im öffentlichen Sprachgebrauch, in der Wissenschaftsgeschichte, mehr noch aber im kollektiven Gedächtnis in Deutschland und Polen vermitteln. Dieses Bild ist, pauschal formuliert, klischeehaft, undifferenziert und zum Teil von Unwissenheit geprägt.

Der moderne Denkmal- und Denkmalpflege-Begriff hat sich im 19. Jahrhundert entwickelt und war bereits um 1900 voll ausgebildet, unter Einschluß von als erhaltenswert erachteten Bauten nicht nur aus dem städtischen, sondern auch aus dem ländlich-agrarischen Bereich. Unter dem Einfluß von Heimatschutzbewegung und Freilichtmuseumsidee erlangten auch Zeugnisse der ländlichen Kultur wie

Bauernhäuser, zumindest einzelne, herausgehobene, eine gewisse „vaterländische Bedeutung“, ohne deshalb gleich zu Nationaldenkmälern zu avancieren, wiewohl sie als Typus durchaus auch nationale Aufladung als Ikonen ländlicher Kultur erfahren konnten. Seitdem bilden sowohl das Konservieren solcher Einzelbauten in Freilichtmuseen als auch das Wohnen in und mit historischer Bausubstanz in Deutschland, in jüngerer Zeit auch in Polen, ein schwieriges Thema.

Die Betrachtung des ländlichen historischen Baubestandes wird an dieser Stelle zielgerichtet reduziert auf agrarisch konnotierte Profanbauten breiter Bevölkerungsschichten, indem nicht nur alle Kirchen, sondern auch Burgen und Schlösser sowie weiterhin Guts- und Pfarrhäuser beiseite gelassen werden – alle letztgenannten haben in der Vergangenheit deutlich mehr Aufmerksamkeit von Seiten der Kunstwissenschaft und Architekturgeschichte erfahren. Wenn nun allerdings das *Bauernhaus* so plakativ in den Titel hineinformuliert wurde, so soll damit von vornherein ein Problembewußtsein geweckt werden. Denn gerade die Gleichsetzung der Begriffe *Bauernhaus* und *ländliche Baukultur*, die über Jahrzehnte in der Volkskunde, Kunstgeschichte und Denkmalpflege dominant war und wohl immer noch bildprägend ist, verkennt die soziale Schichtung auf dem Lande, zu deren Bauzeugen eben auch Wohnungen unterbäuerlicher Schichten, Schnitterkasernen, Scheunen, Ställe und viele weitere Nebengebäude gehören.

Man wird davon ausgehen dürfen, daß von den Begriffen *Bauernhaus* und *Freilichtmuseum* ziemlich klare, eindeutig-schlichte Bilder existieren, die sich über Jahrzehnte und inzwischen vielleicht sogar Jahrhunderte im gesellschaftlichen Bewußtsein festgesetzt haben. Im gesamten historisch-niederdeutschen Raum, der über Mecklenburg und Pommern bis ins frühere Ostpreußen zu denken ist, steht das niederdeutsche Hallenhaus wohl im Zentrum dieses Bauernhaus-Bild-Spektrums, im ehemaligen Nordostdeutschland in signifikante Holzbauformen übergehend und in Nordwestdeutschland flankiert vom Gulfhaus, das sich noch im 19. Jahrhundert als modernere Bauernhausform deutlich über Ostfriesland hinaus ausgebreitet hat, zuungunsten des Hallenhauses.

Ein regelrechtes Prachtbeispiel dieses Haustyps, der früher als Niedersachsenhaus bezeichnet worden ist, das aus dem legendären vorgeschichtlichen *Einhaus* erwuchs, und dessen ethnisierende Befüllung, nahezu allumfassende ikonographische Instrumentalisierung und Legendenbildung noch nicht umfassend beschrieben wurden, steht im Niedersächsischen Freilichtmuseum Cloppenburg. Es handelt sich um den Quatmannshof aus Elsten im Cloppenburger Land (Abb. 1, 2), und es darf vermutet werden, daß dieser Hof und seine Darstellung im Museum durchaus auch dem Bild entsprechen, das man sich gemeinhin von einem Freilichtmuseum macht: schöne alte Bauernhäuser, solide, urtümlich, standfest, vom hart erarbeiteten Wohlstand und kulturellen Erbe der Altvorderen kündend, umgeben von ungestörter, gesunder Natur- und Kulturlandschaft, belebt durch alte Haustierrassen und museumspädagogische Aktivitäten in der alten Dorfschule, in den Kornmühlen, Backhäusern und Töpfereien. Der Quatmannshof ist in Elsten in den Jahren 1803 bis 1806 gebaut worden. Im Jahre 1935 wurde er in das erste große deutsche Freilichtmuseum nach Cloppenburg transloziert als erste Hofanlage des Museums. Damit ist er, so könnte man meinen, ein wichtiges ländliches Denkmalpflege-Objekt, das – wenn auch nicht am Originalstandort – erhalten werden konnte im Gegensatz zu Tausenden anderen Bauernhäusern, die sich an den wirtschaftlichen Wandel und an neue Bedürfnisse nicht mehr anpassen konnten und abgerissen wurden.

Die Sache ist aber schwieriger. Denn der 1935 verpflanzte historische Quatmannshof wurde am 13. April 1945 durch Kriegseinwirkung in seiner Substanz vollkommen zerstört. Da er bereits eine gewisse symbolische Bedeutung als Monument einer identifikationsheischenden Regional-, wenn nicht Landeskultur erhalten hatte, wurde er nach Kriegsende komplett, originalgetreu bis ins kleinste Detail, wiederaufgebaut, als Rekonstruktion. Nach historischen Unterlagen bekam er auch seine ehemaligen Nebengebäude wieder, nicht nur einen Pferdegöpel, sondern auch Scheune, Wagenschauer und Schafstall. So steht die Anlage bis heute im Museum. Dies mag an dieser Stelle ein positiv verstandener Anlaß sein, um auf einer zu Unrecht vernachlässigten alltagskulturellen Ebene Fragen aufzuwerfen, die sonst wohl eher für Bauten wie das Berliner Schloß gestellt werden: Ist der Quatmannshof noch ein Baudenkmal? Inwieweit ist er schützenswert? Stellt die Translozierung von Bauten etwa in Freilichtmuseen eine denkmalschützerische Aufgabe mit oder ohne Alternativen dar? Und wie ist diese Frage zu beantworten, wenn es sich nicht um versetzte, sondern um nachgebildete Bauten handelt? Oder, noch allgemeiner: Geht es bei der Erhaltung ländlicher Bauten, seien es einzeln herausgehobene oder viele, eigentlich um deren materielle Substanz oder um eine „sprechende", bedeutungshafte Formgestalt oder um ihren noch weiter vom Objekt abgelösten ideellen Wert, um die symbolische Füllung und Aufladung also weitgehend unabhängig von der Originalität oder der auch nur modellhaft veranschaulichenden Dreidimensionalität der Fachwerkhölzer und Mauersteine?

Um sich solchen Fragen beispielhaft zu nähern, bietet sich ein Museum an, dessen Titulierung als *Freilichtmuseum* über Jahrzehnte hinweg als Problem gesehen worden ist. „Das Freilichtmuseum in Königsberg würden wir heute kaum noch als solches ernst nehmen."[1] Die Geschichte dieses Museums hat Erhard Riemann detailliert, erkenntnisoffen und einfühlsam in einem Beitrag im Jahr 1975[2] beschrieben, auf den hier teilweise Bezug genommen wird. Der auch im „Handbuch der europäischen Freilichtmuseen" abgedruckte erste Lageplan dieses „Ostpreußischen Heimatmuseums zu Königsberg" (später: Freiluftmuseum der Provinz Ostpreußen) dürfte aus dem Jahre 1913 stammen (Abb. 3). Das als „Freiluftmuseum" konzipierte Unternehmen wurde 1909 bis 1913 auf intensives Betreiben des ostpreußischen Provinzialkonservators Richard Dethlefsen aufgebaut, der bei Fertigstellung der wesentlichsten Teile einen Führer durch das Museum[3] als Broschüre veröffentlichte. Von Dethlefsen stammen mehrere weitere Schriften zur Volkskunst und Denkmalpflege, deren programmatische Inhalte aussagekräftig für den Umgang vor allem mit der ländlichen Baukultur in der ersten Hälfte des 20. Jahrhunderts sind. So veröffentlichte Dethlefsen 1927 in Königsberg ein „Merkbuch für die Denkmalpflege" mit 160 Leitsätzen. Statt eines Frontispizes enthält das Büchlein die fettgedruckte Anweisung: „Dieses Merkbuch ist für den Schreibtisch bestimmt zum täglichen Gebrauch. In eine Bücherei oder eine Registratur vergraben verfehlt es seinen Zweck." Und so ist auch sein Inhalt aufgebaut, als konkrete Handlungsanweisung für alle Materialbereiche und Gewerke, die mit dem Erhalt historischer Bauten, ihrer Instandsetzung und Weiternutzung zu tun haben.

Interessant sind zwei Leitsätze gleich zu Beginn. „Denkmalpflege bedeutet", so Dethlefsen, „Pflege, Schonung und Erhaltung, nicht Umarbeitung, Erweiterung, Veränderung" (S. 7). Das zielt direkt auf den Erhalt materieller Substanz. Der nächste Satz heißt aber: „Die äußere Gestalt, die Oberfläche bis in ihre letzten Feinheiten, nicht der Werkstoff ist der wesentliche Träger des geschichtlichen und des Kunstwertes." Damit stehen in fast salomonischer Addition die beiden Pole baupflegerischer Tätigkeit vor Augen, die zu mehreren graduell unterschiedlichen Konzepten geführt haben. Denn wenn das äußere Bild, die Fassade, das Wichtigste ist, kann es im Inneren – und letztlich auch im sichtbaren Außenbereich – Veränderungen auch der historischen Substanz geben, die auch fast jede

1 Adelhart Zippelius: Handbuch der europäischen Freilichtmuseen. Verband europäischer Freilichtmuseen. Köln 1974, S. 61.

2 Erhard Riemann: Das Freilichtmuseum in Hohenstein/Olsztynek. In: Jahrbuch für ostdeutsche Volkskunde 18 (1975), S. 7–41.

3 Richard Dethlefsen: Führer durch das Ostpreußische Heimatmuseum. Königsberg 1913. Vgl. auch ders.: Ein ostpreußisches Heimatmuseum in Königsberg. In: Die Denkmalpflege 12 (1910), S. 101–104.

veränderte Weiternutzung zulassen. Wenn aber die historische Substanz mehr oder minder puristisch im Zentrum steht, sind Funktionsänderungen weitgehend oder zumindest häufig ausgeschlossen. Hier bieten sich vielfältige und sicher immer diskutable Kompromißmöglichkeiten, die von der im ländlichen Raum tätigen Denkmalpflege bereits zur Zeit Dethlefsens, vor allem aber später in der Tat ausgiebig genutzt worden sind.

Dieses bildet auch den Hintergrund für das Freilichtmuseum Königsberg. Das anfangs aus 19 Gebäuden (in anderer, falscher Lesart: 19 *Bauernhäuser*, womit wieder die gleichsam internalisierte Gleichsetzung der Begriffe *ländliches Gebäude* und *Bauernhaus* dokumentiert ist) bestehende Museum befand sich am Tiergarten, einem der großen citynahen Erholungsgebiete und Grünanlagen Königsbergs. „Es war", mit den Worten der Königsberger Lokalgeschichtsschreibung, „eine Gemeinschaftsleistung von Provinz, Stadt, Tiergartengesellschaft und Universität"[4], und ihm wurde von interessierter Seite rasch der Status des „ersten Freilichtmuseums Deutschlands" zugesprochen.

Der Lageplan zeigt in der Tat eine Art ganzheitliches Konzept, welches die typologische Einordnung als Freilichtmuseum zweifellos erleichtert hat: Nicht nur Bauernhäuser, die für die Kulturlandschaften Ostpreußens und Litauens als „volkstümlicher Wohnbau"[5] einer Großlandschaft als bodenständig und typisch erachtet wurden, fanden Aufnahme, sondern auch landwirtschaftliche und handwerkliche Nebengebäude, Wegekapelle, Brunnen, Wind- und Wassermühle, Kirche mit Kirchhof bis hin zum Hügelgrab und zur germanischen Fliehburg – hier wird die konstituierende Verbindung der Freilichtmuseumsidee mit Altertum und Vorzeit deutlich.

Frühe Fotos aus dem Königsberger Freilichtmuseum zeigen, daß im Museum von Beginn an vielfältige Aktivitäten stattfanden, von der in Betrieb befindlichen Schmiede (Abb. 4) und weiteren Demonstrationen von Handwerksbetrieben bis zu pädagogischen und kommerziellen Aktionen. Das „verlebendigte" Museum bildete offensichtlich ein Ziel. Eines dieser Fotos vom *Litauischen Fischergehöft* im Museum zeigt sorgsam strategisch ins Bild gesetzte Personen, einen Mann im Kahn auf dem Teich, ein Paar an der Haustür, zwei Personen auf einem Weg (Abb. 5). Eine inszenierende Ausstellung „so wie im wirklichen Leben" war wohl

---

4 Fritz Gause: Die Geschichte der Stadt Königsberg in Preußen. Bd. 2. Köln/Graz 1968, S. 653.

5 Wilhelm Peßler: Das Heimat-Museum im deutschen Sprachgebiet als Spiegel deutscher Kultur. München 1927, S. 48.

die zentrale Aussageabsicht, die damit in dem großen Feld zwischen konservierender Denkmalpräsentation und alltagsoffener Museumspädagogik anzusiedeln ist.

Nun aber zum eigentlichen Problem: Die Gebäude im Königsberger Museum wurden nämlich zur Gänze nicht aus der Landschaft geholt, sondern rekonstruiert nach „regionaltypischen" Vorbildern mit Hilfe historischer Handwerkstechniken. Dabei dienten vorhandene Bauten als konkrete Vorbilder und wurden detailliert nachgebaut, fanden aber immer wieder, dies hat Erhard Riemann mit Recht betonend herausgearbeitet, „idealtypische" Ergänzungen und Veränderungen, indem die der jeweiligen „Landschaft eigentümlichen Techniken und besten Formen" zu „vollkommenen Abbildern"[6] im Sinne von „echten Typen" vereinigt wurden. Aus heutiger Sicht bilden diese Typen stark stilisierte, starre (und kaum bau- und einrichtungsgeschichtlich hinterfragbare) Typen mit Konstruktcharakter und ohne historische Substanz. Damit enthielt die Anlage aber von vornherein ein Manko, das die Geschichtsschreibung der europäischen Freilichtmuseen später unisono als solches verfestigt hat. Man einigte sich darauf, Königsberg als den ersten deutschen Versuch zur Gründung eines größeren Freilichtmuseums zu betrachten; der erste gelungene Versuch war dann erst das Museumsdorf Cloppenburg, eröffnet 1936.

Daraus folgt, daß die Idee des Freilichtmuseums nach der bis heute vorherrschenden Auffassung originale Gebäude voraussetzt, die aus Denkmalgründen *und* zu museologischen Zwecken erhalten und in aller Regel auch historisch eingerichtet werden. Sie müssen allerdings nicht zwingend transloziert werden, sondern können auch in situ erhalten bleiben, ein Idealfall, der im Hinblick auf ein ganzes Ensemble von Gebäuden bisher kaum erreicht worden ist.

Das Vorbild für nahezu alle europäischen Freilichtmuseen ist Skansen bei Stockholm gewesen, das 1891 als zentrales Freilichtmuseum Schwedens gegründet worden war. *Skansen* hat sich in Polen seitdem als Gattungsbegriff anstelle von *Freilichtmuseum* für diese Art von parkähnlichen Museen eingebürgert. Weitere Gründungen nationaler Freilichtmuseen folgten um 1900 von Norden nach Süden. In Deutschland machte sich insbesondere Otto Lauffer für ein zentrales Freilichtmuseum bei Berlin stark – bei ihm hieß es ebenfalls noch *Freiluftmuseum* – , ohne die notwendige politische Unterstützung zu erhalten, trotz aller Appelle an den vaterländischen Geist auch und gerade in der Kultur-, Museums- und Heimatarbeit. Statt eines zentralen nationalen Freilichtmuseums in Deutschland,

6 Riemann (wie Anm. 2), S. 11.

das nie ernsthaft angegangen worden ist, wurden zunächst die bestehenden regionalen und lokalen Einrichtungen weitergeführt, Bauernhausmuseen, die zumeist aus einer einzigen Hofanlage bestanden, oder auch einzelne Gebäude. Die Vielzahl der heutigen regionalen Freilichtmuseen entstand dann erst nach dem Zweiten Weltkrieg. Auch die Vorgängereinrichtungen jedoch wurden und werden weitergeführt.

Im Hinblick auf die frühe, vom Standpunkt des Deutschen Reiches gesehen geographisch eher abseitige, jedoch fachlich sicher nicht als peripher zu bezeichnende Museumseinrichtung in Königsberg hat Erhard Riemann den „ethnischen Aspekt“[7] bedauert, nach welchem Dethlefsen sein Freilichtmuseum konzeptionell gliederte, indem er die Baugruppen auf Formenkreise gründete, die in recht einsinniger Form voneinander klar abgegrenzten Volksgruppen zugewiesen wurden, der oberländisch-ermländischen, litauischen und masurischen. Dethlefsen befand sich damit im Einklang mit der fachlichen Sehweise seiner Zeit, die heute, nicht zuletzt aufgrund der Fortschritte der volkskundlichen Hausforschung, als „überholter Standpunkt erscheint“[8]. Da auch die jüngeren Freilichtmuseen in Mitteleuropa von einer konstitutiven Verbindung von Baugruppen und Einzelgebäuden mit Kultur- und Hauslandschaften (statt ethnischer Gruppierungen) ausgehen, wird dieses Thema zwangsläufig immer wieder neu in die Diskussion zurückkehren (müssen) einschließlich der Frage, ob es nicht vollkommen andere Konzeptionen geben könnte, die sich bewußt gegen die identitätsstiftende – und nicht selten Regional- und Nationalkultur konstruierende – Wirkung solcher Anlagen wenden müßten.

Zu dieser Wirkung haben, auch bereits in den stilisierten, „neuen“ Bauten in Königsberg, die historisierenden Einrichtungen der Gebäude, insbesondere der Wohngebäude, beigetragen. Dies waren die *Museumsstuben*, museal konstruierte Wohneinrichtungen oder „wohnraumähnliche Sammlungsarrangements“[9], die zuvor (in einigen großen Museen) und später (in zahlreichen volkskundlichen Regionalmuseen) als Mikro-Ensembles in vorhandene Museumsgebäude eingebaut wurden und – recht verkürzt formuliert – auf die Präsentationsweisen der Weltausstellungen des 19. Jahrhunderts zurückgingen. Ihnen fehlte also die auch auf den Baukörper bezogene Ganzheitlichkeit, die als Konstituens des Freilicht-

7 Ebenda, S. 12.

8 Ebenda, S. 13.

9 Walter Grasskamp: Die weiße Ausstellungswand. Zur Vorgeschichte des „white cube“. In: Wolfgang Ullrich und Juliane Vogel (Hg.): Weiß. Frankfurt/M. 2003, S. 33.

museums gesehen wird, und sie waren und sind in der Tat Surrogate, noch kritischer Attrappen oder Scheingebilde, deren Präsentationsform allerdings bis heute museums- und ausstellungsgeschichtlich hochinteressant erscheint. Bekannt sind diese möglichst oder vermeintlich realitätsnahen Präsentationsformen des Einrichtungsensembles auch in vielen anderen Beispielen, die kulturelle Eigenarten oft simplifizierend-kategorisch und schlagwortartig-klischeehaft zuweisen: das immer gleiche biedermeierliche Stilzimmer etwa für das Bürgertum, das Himmelbett mit Schrank und Truhe oder auch die Küche mit offener Herdstelle für das Bauerntum, der gründerzeitlich-wuchtige Industriellensalon als „überladenes Epochenzimmer“[10] oder die – zumeist seltsam nackte, weißgelackte – Arbeiterküche, mit immer gleichen, dem Betrachter inzwischen „gewohnten“ Accessoires, stilreinen Tapeten etwa oder Wandpaneelen, eingebaut in alle mögliche (und nicht selten unmögliche) Museumszusammenhänge.

Das Freilichtmuseum Königsberg muß hinsichtlich dieses Teilthemas der Präsentation „volkstümlicher Kulturformen“ anders verortet werden. Im Handbuch der europäischen Freilichtmuseen wurde von Adelhart Zippelius bezüglich der Gebäude die Frage offen gelassen, „warum man sich 3 Jahrzehnte [es waren in Wirklichkeit nur 2] nach der Eröffnung von Skansen hier in Ostpreußen noch mit Rekonstruktionen im Stil der Welt- und Landesausstellungen begnügte“.[11] Die Frage ist nach den programmatischen Äußerungen, welche Dethlefsen dazu gemacht hat, einmal mit der relativ geringen Wertigkeit, die er der Originalsubstanz zusprach, indem er es oft als ausreichend empfand, „Gebäude vor Entstellung zu schützen“, dann mit Schwierigkeiten, die gewünschten Gebäude aus der Landschaft zu bekommen, letztlich aber sicher auch schlicht mit Geldmangel zu beantworten: Ein Haus fachgerecht abzutragen, alle Teile zu konservieren und bei Bedarf zu restaurieren, und danach alles wiederaufzubauen, ist deutlich teurer als eine Kopie mit vielen Freiheiten zu fertigen. Die Besucher in Königsberg jedenfalls wird dies in den zwanzig Jahren zwischen den Weltkriegen wohl kaum gestört haben. Und, um der weiteren Entwicklung vorzugreifen, bereits 1975 konnte Riemann konstatieren: „Heute jedenfalls stehen diese Häuser rund 65 Jahre unter freiem Himmel, und man sieht es ihnen kaum mehr an, daß sie einmal als Kopien errichtet wurden.“[12] Aus diesen 65 Jahren sind nunmehr fast 100 geworden, und die Frage nach dem Wissen um die Entstehungsgeschichte und

10 Ebenda.

11 Zippelius (wie Anm. 1), S. 61.

12 Riemann (wie Anm. 2), S. 12, vgl. auch Zippelius (wie Anm. 1), S. 212.

der Bedeutung dieses Wissens um fehlende „Aura" für die Rezeption wird immer wieder neu gestellt werden können.

Zu Beginn des Jahres 1937 faßten die ostpreußischen Provinzial- und Kommunalbehörden den Entschluß, das Königsberger Museum komplett zu verlegen. Dies geschah in der Tat in den Folgejahren 1938 bis 1940. Die beengte Situation in Königsberg war ausschlaggebend für diese bemerkenswerte Entscheidung, da auf dem stadtnahen Terrain keine Erweiterungsmöglichkeiten bestanden. Vorausgegangen waren mehrjährige Diskussionen, über welche Dethlefsen bereits 1936 andeutungshaft berichtete: Das Freilichtmuseum brauche „eine Erweiterung. Wenn die auch nicht leicht zu erreichen ist, so wird man doch nicht um sie herumkommen. Vorschläge auch für einen ersten derartigen Schritt sind schon gemacht."[13]

Bis 1940 wurden die Bauten und historischen Einrichtungen des Museums vollständig abgetragen und gleichsam in Form einer Sekundär-Translozierung von Rekonstruktionen, die im allgemeinen und öffentlichen Bewußtsein bereits immer stärker den Charakter von Original-Bauten angenommen hatten, nach Hohenstein in Ostpreußen gebracht, südlich von Allenstein (Abb. 6). Das Museum ist dort sofort wiederaufgebaut worden, war jedoch im weiteren Verlauf des Zweiten Weltkriegs nicht mehr öffentlich zugänglich. (Interessant für andere Zusammenhänge ist, daß in einem Haus eine Webschule[14] eingerichtet wurde.)

In Hohenstein befand sich seit 1927 das national und danach nationalsozialistisch er- und überhöhte Tannenberg-Denkmal, das ständig erweitert und ausgebaut wurde und einen riesigen Besucherzustrom zu verzeichnen hatte, im Jahre 1938 etwa 300.000 Besucher. Ab 1936 fand eine großflächige Umgestaltung der Umgebung des Denkmals statt, in deren Zusammenhang auch die Verlegung des Freilichtmuseums an eine Stelle nördlich von Hohenstein zu sehen ist. Einerseits konnte das Museum die Bedeutung des Denkmalstandortes noch erhöhen im Sinne eines „volkstümlich-kulturtouristischen Beiprogramms", andererseits partizipierte das Freilichtmuseum selbst letztlich auch symbolisch von der na-

13 Richard Dethlefsen: Bericht des Konservators der Kunstdenkmäler der Provinz Ostpreußen über seine Tätigkeit im Jahre 1935. Königsberg 1936, S. 5, vgl. auch Riemann (wie Anm. 2), S. 23.

14 Vgl. Gilgenburg, Hohenstein, Liebemühl im Kreis Osterode Ostpr. in alten Ansichtskarten. Osterode am Harz 1997, S. 72: Es soll sich um eine Nebenstelle der Webschule Lyck gehandelt haben, in welcher die Webmeisterin Christel von Wnorowski tätig war. Vgl. auch Riemann (wie Anm. 2), S. 27: „Ihre Erzeugnisse wurden in der Verkaufsstelle am Tannenberg-Nationaldenkmal verkauft und fanden guten Absatz."

tionalen Bedeutung des Tannenberg-Monuments, was durchaus im Sinne seiner Schöpfer war und bei Fertigstellung 1940, zwischen dem Überfall auf Polen und dem Feldzug gegen Rußland, hervorragend in die ideologische Kampflinie Hitlers im Osten gepaßt haben dürfte. Jürgen Tietz hat in diesem konkreten Zusammenhang von einer „Germanisierung von Landschaftserfahrung“[15] gesprochen. Die spezifisch gestaltete Landschaft der Umgebung des Denkmals beinhaltete damit auch das ostpreußisch-deutsche volkskulturelle Erbe, eingebunden in den immer aggressiver werdenden „Volkstumskampf im Osten“, und wurde als Kulturlandschaft selbst zum Bedeutungsträger und zum symbolischen Ort mit Tendenz zur mythischen Erhöhung und Überhöhung.

Im Gegensatz zum Tannenberg-Denkmal, das 1945 teilweise von deutschen Truppen gesprengt wurde, überstanden die Bauten des Freilichtmuseums den Zweiten Weltkrieg. Ihre historische Inneneinrichtung wurde in der letzten Kriegs- und ersten Nachkriegsphase allerdings stark geplündert und zerstreut. Einige Jahre stand die Anlage weitgehend ohne Aufsicht. Gegen Ende der 1940er Jahre fanden von polnischer Seite die ersten Erhaltungs- und Renovierungsarbeiten statt, eine Vorentscheidung, die Anlage zu erhalten, war wohl relativ früh gefallen.

1958 begann man in Hohenstein, im nunmehr polnischen Olsztynek, mit Restaurierungsarbeiten und einigen Erweiterungsbauten. Das Museum wurde als „Park Etnograficzny“ 1962 zunächst dem Muzeum Mazurskie (Masurisches Museum) in Olsztyn/Allenstein angegliedert und 1970 zu einem selbstständigen Freilichtmuseum gemacht, das den Namen „Museum der Volksbaukunst“ (Muzeum Budownictwa Ludowego w Olsztynku) trägt. Da die seitdem ständig und in mehr oder weniger systematischer Form vorgenommenen Erweiterungen zumeist originale Baudenkmale beinhalten, stellt sich für die Fachszene die Klassifizierung als Freilichtmuseum seit einiger Zeit nicht mehr, ungeachtet des nachgebildeten baulichen Grundbestandes aus Königsberg.

Das Freilichtmuseum Olsztynek liegt heute auf einer 34 ha großen Fläche und umfaßt in seinem erweiterten Baubestand im Wesentlichen vielfältige Gebäude und Haustypen aus dem Gebiet der ehemaligen Wojewodschaft Olsztyn/Allenstein. Der Bestand ist, nicht unähnlich der ursprünglichen Konzeption, in drei Baugruppen gegliedert, die hier mit Ausnahme eines Hauses nicht weiter behandelt werden sollen. Zum heutigen Bestand gehört auch ein geräumiges, bildprägendes Gebäude, welches als Oberländisch-ermländisches Vorlaubenhaus im

---

15 Jürgen Tietz: Das Tannenberg-Nationaldenkmal. Architektur. Geschichte. Kontext. Berlin 1999, S. 147.

Jahre 1911 beim erstmaligen Aufbau in Königsberg „originalgetreu"-stilisierend rekonstruiert worden war (Abb. 7). Als Vorbild soll ein Gebäude in Bordehnen, Kreis Pr. Holland (heute Burdajny, pow. Pasłęk) gedient haben, von welchem es bisher jedoch keine Quellenüberlieferung gibt. Die museale Geschichte des Baus läßt sich anhand der verschiedenen deutschen und polnischen Museumsführer und Kurzbeiträge[16] durch 100 Jahre verfolgen (hier soll sich auch die genannte Webschule während des Zweiten Weltkriegs befunden haben). Interessant ist dabei die rezipierende Perpetuierung von Informationen, die sich zum Teil als falsch herausstellen (das Haus wurde zum Beispiel aufgrund kleiner sprachlicher Mißverständnisse phasenweise als historische Gastwirtschaft – „Dorfschenke" – qualifiziert und firmiert in der deutschen Ausgabe des aktuellen Museumsführers als „Bauernkate") und eine Art eigener, gleichsam museumsinterner Legendenbildung hervorbringen. So interessant diese museale Geschichte des Gebäudes auch ist, das schon von Riemann als „Schmuckstück" angesprochen wurde, so sollte dennoch versucht werden, seinen Entstehungsumständen und Vorbildern noch näher auf die Spur zu kommen, nicht nur, aber auch um dem insbesondere durch volkskundlich-populäre Rezeption in Überblicksveröffentlichungen immer stärker simplifizierten Klischee *des* landschafts- und ortsbildprägenden „Vorlaubenhauses" für *ganz* Ostpreußen entgegenzuwirken.

Damit darf man schlagwortartig von folgendem Sachverhalt ausgehen: erstens Museumsgebäude ohne historisch-materielle Substanz, aber mit dem ganzen Flair des volkstümlichen Erbes, und zweitens ein durchaus transnationaler, ja transethnischer Umgang mit Volkskultur oder zumindest mit einem Bild von Volkskultur. Die Gebäude sind von der polnischen Kultusbürokratie zuerst stehengelassen worden, als wohl eher unwillkommenes fremdes Bauerbe, dann in einem ersten, wichtigen Akt der Aneignung geradezu eingehüllt worden in einen erweiterten Baubestand, der zum Teil zwar ebenfalls deutscher Herkunft ist, jedoch in die regionalspezifisch aneignende Kulturarbeit der neuen Bewohner eingebunden wurde. Die Gebäude sind (heute wie früher als Zeugnisse einer als „heimisch" qualifizierten Regionalkultur) erhalten worden und haben einen neuen, repräsen-

16 Vgl. etwa Hieronim Skurpski: Muzeum „skansenowskie" w Olsztynku [Das „Skansen"-Museum in Hohenstein]. In: Lud 37 (1947), S. 412–415, und Teresa Wąsowicz: Skanseny etnograficzne w Olsztynku, woj. olsztyńskie i Sanoku, woj. Rzeszowskie [Die ethnographischen Freilichtmuseen in Hohenstein, Wojewodschaft Allenstein, und Sanok, Wojewodschaft Rzeszów]. In: Kwartalnik Historii Kultury Materialnej 16 (1968), Nr. 3, S. 598–600.

tativen Stellenwert in einem polnischen Freilichtmuseum bekommen, von denen es mehr als 30 in allen Teilen Polens gibt, darunter etliche – wie dieses – in ehemaligen Ostgebieten Deutschlands.[17]

Nur: Ist das Denkmalpflege? Noch oder schon, oder schon wieder? Denkmalpflege von Bauernhäusern oder ideelle Denkmalpflege von Erinnerungssymbolen, deren Gehalt in der Konstanz der Grundaussage des „volkstümlichen Kulturerbes“ kaum wandlungsfähig ist, jedoch gleichsam von Volk zu Volk übertragbar erscheint? Damit erwiese sich das Freilichtmuseum Königsberg – Olsztynek als fortdauernder Kulturträger und zwischen Polen und Deutschen offener Erinnerungsort und nicht als die vielapostrophierte Fallgrube nationaler Identität.

Mit einem zweiten, etwas anderen Zugriff mag abrißartig von einem Projekt berichtet werden, das entgegen der ursprünglichen fachwissenschaftlichen Planung nicht in wenigen Jahren abgeschlossen wurde, sondern im Verlauf der mehrjährigen Beobachtung und Beschäftigung so viele neue Aspekte und sogar eine gewisse Eigendynamik entwickelt hat, daß es sinnvoll erscheint, die begleitende Analyse – in diesem Fall: einer Dorfentwicklung – noch fortzusetzen. Gerade diese Eigendynamik vor der Folie des ethnographischen Interesses selbst erscheint geeignet, auch auf theoretischer Ebene Erkenntnisgewinn zu bringen.

Gemeint ist das pommersche Dorf Dadow im Kreis Greifenberg, je nach historischer oder kulturwissenschaftlicher Sehweise in Hinterpommern oder Mittelpommern. Das Dorf Dadow heißt seit 1945 Dziadowo, der benachbarte Mittelpunktsort und Verwaltungssitz ist Gryfice, das frühere Greifenberg. Dadow ist außerordentlich klein und hat nie mehr als etwa 100 Einwohner gehabt. Historisch faßbar wird es in Urkunden des Spätmittelalters; es gehörte als Bauerndorf eigenbehörig zum Magistrat der Stadt Greifenberg. Es hat also nie einen Gutsbetrieb gegeben.

Siedlungsgeschichtlich darf man von einer bemerkenswerten Kontinuität ausgehen. Bis heute ist der Ort ein sogenanntes Sackdorf, mit nur einer Zufahrt, mit

---

17 Vgl. Open-Air Museums in Poland. Poznań 1981, weiterhin Longin Malicki: Ethnographische Freilichtmuseen in Polen. In: Deutsches Jahrbuch für Volkskunde 13 (1967), Teil 1, S. 117–122; Franciszek Midura: Der augenblickliche Zustand und die Entwicklungsperspektiven der Museen dörflicher Bauweise in Polen. In: Internationale Skansen-Konferenz Sanok. Sanok 1978, S. 3–11; Jerzy Czajkowski: Kopien in polnischen Freilichtmuseen und der Brand von Sanok. In: Stefan Baumeier (Hg.): Konservierung von Holzbauten. Kopien historischer Gebäude in Freilichtmuseen. Tagungsbericht. Detmold 1995, S. 22–26.

einem Eingang, aber keinem Ausgang sozusagen. Der müßte am anderen Ende liegen, aber dort fließt die Rega, und es gibt nur eine Fußgängerbrücke hinüber. Mit dieser Lage hängt sicher auch die Siedlungsform selbst zusammen, es handelt sich um einen Rundling, der typologisch in sehr alte Zeit zurückverweist, mit slawischen Vorbesiedlungsspuren. Früh belegt sind acht Hofanlagen. Legt man die überlieferten Karten und Pläne zusammen und nimmt auch die schriftliche Überlieferung von Bevölkerungs- und Hofentwicklung hinzu, so drängt sich das Bild auf, daß der Ort sich seit etwa 1300 bis um 1900 überhaupt nicht verändert hat. Kurz nach 1900 brannte eine der acht Hofanlagen ab und wurde nicht wiederaufgebaut. Einzig an dieser Stelle, in diesem Segment des Siedlungsbildes, sind danach bis 1945 kleine Veränderungen zu sehen. Etwa in dieser Form, auf den ersten Blick völlig unverändert und unberührt, stellte sich das Dorf auch bis um 1990 dar.

Diese Situation unterscheidet sich von derjenigen in zahlreichen anderen Dörfern, die spätestens im 19. Jahrhundert stärkeren Veränderungen unterworfen waren. Und diese Situation hat, dies liegt auch nahe, dazu geführt, daß Dadow in der Denkmalpflege und in der Volkskunde schon recht früh zu einem Thema wurde. Beeinflußt von den Fachwissenschaften bereits der 1920er und 30er Jahre entstand ein festes Bild für das allgemeine Bewußtsein: Dadow ist ein Museumsdorf. Und so hat es auch ein polnisch-deutsches Ethnographie-Projekt kennengelernt, Anfang der 1990er Jahre: als ungestörtes Relikt aus alten Tagen, bei dessen Besichtigung dem Denkmalpfleger und Museologen gleichsam das Herz hüpft und welches er am liebsten unter die berühmte Käseglocke stecken würde, um es als Ganzes zum – sakralisierenden? – Freilichtmuseum zu erklären.

So oder so ähnlich dürfte auch die Entwicklung an verschiedenen anderen Stellen verlaufen sein, indem eine besondere, als besonders alt und urtümlich empfundene Situation musealisiert wurde, bevor – und manchmal: lange bevor – eine fachwissenschaftliche Beurteilung der Wertigkeit, der Historizität, des Vergleichs mit anderen Situationen stattfand. Diese forschungsorientierte Begleitung versucht eine ethnographische Forschergruppe seit fast 10 Jahren in Zusammenarbeit zwischen dem Nationalmuseum Stettin/Szczecin und dem Bundesinstitut für Kultur und Geschichte im östlichen Europa (Oldenburg).[18] Innerhalb des Gesamt-

18 Vgl. Iwona Karwowska: Kilka uwag na temat procesów adaptacyjnych ludności napływowej na Pomorzu Zachodnim – na podstawie badań etnograficznych we wsi Dziadowo, gm. Gryfice [Einige Überlegungen zu Adaptionsprozessen der nach 1945 nach Hinterpommern gelangten Bevölkerung – am Beispiel der ethnographischen

projektes kommen sehr verschiedene Bereiche kulturellen Lebens in historischer Perspektive über die Zäsur 1945 hinweg und bis in die unmittelbare Gegenwart hinein in den Blick, im vorliegenden Zusammenhang soll aber ausschließlich auf die Bauten und ihre Problematik fokussiert werden.

Es ist wahrscheinlich, daß die generelle Lage der Höfe des Rundlings rings um den Dorfanger sich über Jahrhunderte nicht oder kaum verändert hat. Ein näherer Blick auf den Baubestand offenbart jedoch sogleich Einschränkungen. Denn die einheitliche Form der überkommenen Höfe als halbgeschlossene Vierseitanlagen ist eine jüngere, frühestens für das 18. Jahrhundert faßbare Erscheinung. Der so genannte Vierkant besteht aus dem straßenparallelen Torzimmer, einer spezifischen Form von Durchfahrtsscheune, seitlich angebauten Ställen und Wirtschaftsgebäuden und einem den Hofraum nach hinten abschließenden Wohnhaus. Der Vierkant kam als zwar jüngere, aber auch schon klassische, bildprägende Hofform großflächig bis nach Ostpreußen vor und hat überall ältere Hofformen abgelöst. Über diese älteren Formen ist schon vor 100 Jahren in der in Entstehung begriffenen volkskundlichen Hausforschung viel spekuliert worden.

Denn das niederdeutsche Hallenhaus fand sich bereits um 1900 nur noch vereinzelt, reliktlagig in einem immer schmaler werdenden Streifen entlang der Ostseeküste in Richtung Nordosten. Daraus wurde rasch ein Verbreitungsgebiet entwickelt und mit der mittelalterlichen Besiedlung korreliert, woraus dann ein nicht unproblematisches Bild – oder besser: Kartenstereotyp – erwuchs. An dieser Stelle ist festzuhalten, daß sich das Hallenhaus mit dem Vierkant nicht verträgt und beide Formen historisch streng unterschieden werden müssen.

Die Wohnhäuser in Dadow, die immer den hinteren Abschluß des Hofraums bilden, stehen durchweg traufständig zum Hof, sind, anders als das übliche Hallenhaus, quer aufgeschlossen und weisen einen vollkommen anderen Grundriß auf. Man könnte also vermuten, daß unter bestimmten Einflüssen, nicht zuletzt der preußischen Baugesetzgebung, die Dadower Bauern im späten 18. Jahrhundert ihre Hofanlagen rasch und nachhaltig verändert haben, sicher nicht nur, um staatliche Vorgaben umzusetzen, sondern auch zum eigenen wirtschaftlichen Nutzen. Nach allem, was wir wissen, könnte das im Prinzip auch stimmen, nach dem Motto: Bauen nach obrigkeitlicher Vorschrift. Nur erweist der nähere architek-

---

Forschungen zum Dorf Dadow, Gemeinde Greifenberg]. In: Materiały Zachodniopomorskie 43 (1997), S. 283–298; Kurt Dröge: Dadow/Dziadowo – Kontinuitäten und Brüche in einer Dorfkultur in Pommern. Eine ethnographische Projektskizze. In: Berichte und Forschungen 6 (1998), S. 75–85.

turgeschichtliche Blick auf die Anlagen, sowohl auf die Wohnhäuser als auch auf die Vielzahl von Nebengebäuden, daß nur ein kleiner Rest aus dieser Zeit, um oder kurz vor 1800, stammen kann, und daß alle übrigen im 19. oder, numerisch fast gleichwertig, in der ersten Hälfte des 20. Jahrhunderts hinzugekommen sind, allerdings unter relativ konservativer Beibehaltung des lokalen Siedlungsbildes.

Damit relativiert sich aber das Bild des urtümlichen, unberührten Rundlings deutlich. Die Mehrzahl der immer wieder erneuerten, durchaus modern und innovativ geprägten Einzelbauten ist, als Typ wie auch in der Ausgestaltung und Ausstattung, durchaus nicht singulär, weder besonders alt noch in der Hofstruktur besonders selten. Was bleibt, ist der Siedlungseindruck, die relativ ungestörte Geschlossenheit, wie sich denkmalpflegerisch vielleicht formulieren läßt. Aber auch diese Geschlossenheit verweist bei genauerem Hinschauen nicht unbedingt auf historische Realitäten, sondern wohl mehr auf ein eher nostalgisches Bild, welches vom alten Dorf existiert: in sich ruhend und konstant, agrarisch, aber ohne Technik, wohlhabend, gesund und sauber, aber ohne moderne Hygiene, naturverbunden, gleichsam zeitlos dem Rhythmus der Jahreszeiten angepaßt.

Es ist wohl dieses Bild, welches die Denkmalpflege erhalten würde, wenn sie Dadow als Ganzes, als Ensemble, unter Schutz stellen würde oder gestellt hätte. Anstöße und Ansätze dazu hat es seitens der polnischen Denkmalerhaltung und Kulturpflege bis in jüngste Zeit gegeben, ohne in realistische Möglichkeiten einzumünden. Dabei zeigen etwa deutsche Vergleichsbeispiele, in denen wie in Unewatt in Schleswig-Holstein versucht worden ist, einen Ort unter historischen, kulturlandschaftlichen und ökologischen Gesichtspunkten zu konservieren und zu musealisieren, daß es solche realistischen Möglichkeiten auf Dauer nicht gibt und nicht geben kann.

Eine Aufnahme der Jahre um 1930 schmückt die vielleicht einzige Postkarte, die es von Dadow gibt. Sie zeigt den Anger mit dem Dorfteich und einer älteren Torscheune dahinter; es handelt sich vielleicht um die überhaupt früheste Aufnahme von diesem Torhaus. Seine letzte Aufnahme datiert von 1995 und zeigt, wie baufällig und nutzlos das Wirtschaftsgebäude geworden war (Abb. 8). Es wurde im selben Jahr abgerissen. An seine Stelle trat wenig später der erste Neubau im Dorf, der das Siedlungsbild maßgeblich verändert hat und es „stört" in seiner üblicherweise so empfundenen Geschlossenheit (Abb. 9). Nun wird, vor allem von deutscher Seite, von empfindlicher Beeinträchtigung der überlieferten historischen Bausubstanz gesprochen, in Verkennung der Tatsache, daß in allen Phasen der Geschichte Dadows immer gebaut, umgebaut und neu gebaut worden ist. Nun, nach Jahrzehnten der unfreiwilligen Stagnation in Gestalt von Unsicherheit und wirtschaftlicher Chancenlosigkeit, hat auch in Dziadowo eine Neubautätigkeit eingesetzt, die sich um denkmalpflegerische Aspekte nicht schert, sondern geradezu verzweifelt versucht, dem Ort überhaupt eine ökonomisch tragfähige Perspektive zu verschaffen. Bereits seit Jahren steht fest, daß nur ein oder höchstens zwei landwirtschaftliche Betriebe Bestand haben werden und dies auch nur dann, wenn sie mit hohem Risiko ihre Anlagen modernisieren.

Die Alternative der Denkmalpflege, nicht den ganzen Ort als Typus eines Siedlungsbildes, sondern einzelne Bauten unter Schutz zu stellen und wirklich mit öffentlichen Mitteln zu erhalten, macht angesichts der als eher durchschnittlich zu bezeichnenden Bausubstanz in Dziadowo/Dadow keinen Sinn, gerade an diesem Ort nicht. Also bleibt nur eins: die weitere Entwicklung so gut es geht zu dokumentieren, aber auch zu versuchen, ein Bewußtsein bei den verbliebenen und vielleicht bald neu hinzuziehenden Dorfbewohnern zu wecken, daß es Alternativen beim Neu- und Umbauen gibt, Alternativen, die historische Zustände wenn nicht systematisch konservieren, so doch auch nicht unnötig zerstören. Diesen Weg geht die Baudenkmalpflege des ländlichen Raumes in Polen wie in Deutschland, eigentlich seit den Zeiten Richard Dethlefsens, natürlich mit unterschiedlichem Erfolg.

Das kurz geschilderte Projekt hat vor zehn Jahren damit begonnen, die gesamte stehende Bausubstanz von Dadow systematisch zu erfassen, und begleitet ihre Entwicklung seitdem kontinuierlich. Das ist denkmalpflegerisch vielleicht wenig, aber angesichts der weitgehend undokumentierten Situation in zahlreichen anderen Orten vielleicht auch schon eine ganze Menge. Der Zusammenhang und das immerhin mögliche Zusammenspiel von Denkmalpflege, Dorfentwicklung, Fachwissenschaft und Museum lassen sich über solche Beispiele hinaus auch theoretisch beschreiben, auch modellhaft. In dem Moment allerdings, in dem die Ökonomie, also die wirtschaftliche Situation der Gesamtgesellschaft sowie der betroffenen Gruppe, und die Ausstattung der öffentlichen Hand, also die zur Verfügung stehenden Mittel der Kulturpolitik und Kulturpflege, in das Modell hinein genommen werden, führt das in aller Regel dazu, daß es Theorie bleibt. Warum, so sollte gefragt werden, gibt es aber auch im vorliegenden Bereich ländlicher Kulturentwicklung nicht Modelle, die den Umsetzungsaspekt miteinbeziehen, die wenigstens Umsetzungsaspekte enthalten, und die nicht die Niederungen der Alltagsschwierigkeiten und des permanenten Geldmangels als viel zu pragmatisch und theoriefeindlich verdammen, mit dem Ergebnis, daß doch wieder nur Kirchen und Schlösser erhalten bleiben und Bauzeugen des „durchschnittlichen" Alltagslebens eben nicht, es sei denn, als „Typen" in einem Freilichtmuseum.

Denn eines könnte und müßte die Gesamtgesellschaft und als ihr Hauptwerkzeug die Kulturforschung und Kulturpflege der öffentlichen Hand leisten: eine

Bestandsaufnahme dessen, was als historisches, regionales oder gar nationales ländliches Baudenkmal überhaupt in Frage kommt, nach fachwissenschaftlichen Gesichtspunkten und Methoden. Diese Forderung ist auf dem Gebiet der alten Bundesrepublik mehr oder weniger erfüllt worden, davon künden Denkmalinventare. Daß dies auch in deutschen Siedlungsgebieten im östlichen Europa möglich ist, zeigen die „Denkmaltopographien Siebenbürgen“ (nicht nur die Bauten der „Sachsen“) in Rumänien, die methodisch wohl als vorbildlich gelten dürfen, wenngleich auch sie – mal wieder, ist man aus volkskundlicher Perspektive versucht hinzuzufügen – in den Minuten von fünf vor bis fünf nach zwölf erhoben und gefertigt worden sind, als viele Siebenbürger ihre Heimat endgültig verließen.[19]

Bei einer Erfüllung dieser Forderung auch in den ehemaligen preußischen Ostprovinzen Pommern, Schlesien und darüber hinaus wären Grundlagendokumentationen vorhanden, die von keiner wirtschaftlichen Entwicklung mehr zerstört werden könnten. Und darauf aufbauend sollte der Mut vorhanden sein, für den konkreten Erhalt Prioritätenlisten aufzustellen, nicht aufgrund örtlicher entweder günstiger oder ungünstiger Situationen und Bedingungen, sondern als Ergebnis eines vergleichenden kulturgeschichtlichen Analysezugriffs. Wie viele in der alten Bundesrepublik mit öffentlichen Geldern erhaltene Bauten sind eindeutig als nachrangig zu bewerten gegenüber wie vielen in der ehemaligen DDR, in Pommern, Schlesien und Ostpreußen befindlichen älteren, wichtigeren, bau- und kulturhistorisch bedeutsameren. Nur kann sich dieses Wissen nicht auf den realen Erhalt von Hunderten von Gebäuden beziehen, doch aber auf die Bewahrung einzelner sowie auf das Wissen um alle diese Gebäude, zeichnerisch, fotografisch und quellenmäßig abgesichert.

Wenn Denkmalpflege im ländlichen Raum sich auf für den Raum, seine gesellschaftliche Entwicklung und historische Wirtschafts- und Sozialstruktur charakteristische Bauten beziehen soll, ohne einer verqueren ethnischen Typik zu erliegen, dann müßten etwa für das nördliche Pommern, um das Fallbeispiel Dziadowo/Dadow zu beenden, zumindest aussagekräftige Exemplare des niederdeutschen Hallenhauses erhalten bleiben und solche der vielschichtigen maritimen Baukultur, als ältere Schicht, und weitere, sozialdifferenzierte Beispiele für den neuzeitlichen, agrarisch-ökonomisch weiterentwickelten Hof, etwa in der Anlage des Vierkant. Aus fachwissenschaftlicher Sicht aber noch wichtiger und

19 Zum deutsch-rumänischen Gemeinschaftsprojekt „Denkmaltopographie Siebenbürgen“ vgl. den Beitrag von Hanna Derer im vorliegenden Band.

interessanter wären Bauten, die etwa den historischen Übergang und den Wandel zwischen beiden Formen erweisen könnten.

Ein solches Beispiel einschließlich seines denkmalpflegerisch bemerkenswerten Schicksals mag abschließend noch vorgestellt werden. Das konkrete kleinbäuerliche Wohnhaus stand in Groß Justin, heute Gostyń, im Kreis Cammin/Kamien Pomorze (Abb. 10). Es ist ausweislich zweier Inschriften 1777 erbaut worden und repräsentierte bauhistorisch und gefügekundlich einen Übergangstypus, der wohl sehr selten anzutreffen gewesen ist und jedenfalls nur singulär dokumentiert werden konnte. Das Haus stand mit dem Giebel zum Hofraum wie das alte Hallenhaus, verfügte wie dieses in seiner typologisch älteren Ausformung noch über ein Zweiständergerüst und war doch kein Hallenhaus mehr. Denn es besaß einen von mitteldeutschen Hofformen beeinflußten Grundriß und wurde aufgeschlossen durch eine seitliche Eingangstür, die sich in einer Art Rücksprung in der linken Traufwand befand, mit anschließendem Dielenbereich und Schwarzer Küche.

Die Hofform zeigt, für den Zustand des 19. Jahrhunderts, die sich allgemein verbreitende Vierseitanlage, aber bemerkenswerter Weise mit dem „falsch“ stehenden, nämlich giebelständigen Wohnhaus. Seine Erbauung fiel ganz offenbar in eine Phase obrigkeitlicher Einflußnahme auf das ländliche Bauwesen, eine Phase, die von zentraldirigistischen Einwirkungen, aber auch von unterschiedlichen Alternativen und einem Suchen nach der besten neuen Form gekennzeichnet war. Daß dieses Wohnhaus nicht im 19. Jahrhundert bereits komplett wieder erneuert worden ist, sondern mit vielphasigen Umbauten weiter bestand, war wohl mehr oder weniger Zufall.

Bereits zu Beginn des 20. Jahrhunderts wurde seine besondere Aussagekraft, zumindest ansatzweise, von der pommerschen Denkmalpflege entdeckt. Das Haus wurde von außen fotografisch dokumentiert und es wurde ein zeichnerischer Rekonstruktionsversuch der Fassade vorgenommen. Es überstand auch den Zweiten Weltkrieg. Seitens der einsetzenden denkmalpflegerischen Aktivitäten in Polen wurden ab den 1950er Jahren mehrere Dokumentationen des Gebäudes angefertigt. Das Haus konnte formell bereits 1955 vom Denkmalkonservator der Wojewodschaft Stettin unter Schutz gestellt und zum Denkmal erhoben werden.

Dann passierte etwas, das in den letzten Jahrzehnten zahllosen ländlichen Baudenkmälern wohl in ganz Mitteleuropa widerfahren ist. Der Besitzer des Hauses wollte das in Verfall befindliche Objekt sanieren, wandte sich an die Denkmalpflege um Unterstützung und erlangte nichts außer guten Worten. Nachdem er ein paarmal ohne Erfolg nachgehakt hatte und sich außerstande sah, das Haus nach denkmalpflegerischen Vorgaben mit eigenen Mitteln zu erhalten, selbst aber weiter ein Wohnhaus auf seinem Grund und Boden benötigte, geschah das Unglück: Das Haus brannte eines Tages aus ungeklärter Ursache ab. Man kann mit Bitterkeit oder Zynismus anfügen: Wenn es einige Jahre später vollständig zusammengefallen wäre, hätte das zum gleichen Ergebnis geführt.

Die Geschichte dieses verlustigen Baudenkmals ist damit aber nicht zu Ende. Denn eingedenk der Bedeutung des Objektes wurde es 1978 von den polnischen staatlichen Werkstätten für Denkmalpflege (PKZ) unter Einbeziehung aller vorherigen Bestandsaufnahmen nach besten Kräften bauhistorisch dokumentiert. Der Stettiner Ethnologe Tadeusz Kubiak führte diese Dokumentation durch und publizierte seine Ergebnisse[20] auch für die deutsche Fachöffentlichkeit, die von den dahinterstehenden ethnographisch-bauhistorischen Bemühungen der Nachkriegsjahrzehnte in Polen bisher kaum Notiz genommen hat. Mit der durchgeführten Dokumentation und der Publizierung als Fallbeispiel ist das zweifellos bauhistorisch sehr wichtige Einzelgebäude selbst zwar nicht erhalten geblieben, aber doch so viele Kenntnisse wie möglich über seine Besonderheiten. Falls irgendwann einmal seine Bedeutung des typologischen Übergangs so angestiegen sein wird, daß man an eine Rekonstruktion in einem Freilichtmuseum denkt, so wird diese sicher ohne große Schwierigkeiten zu realisieren sein.

Nun wird wohl niemand der polnischen Denkmalpflege des Jahres 1955 den Vorwurf machen, für den Erhalt eines verfallenden deutschen Bauernhauses keine finanziellen Mittel zur Verfügung gestellt zu haben. So einzigartig schien das Objekt zu jenem Zeitpunkt dann ja auch (noch) nicht, und an öffentliche Mittel zur Erhaltung von historischer Bausubstanz in Privatbesitz war zu diesem Zeitpunkt überhaupt noch nicht zu denken. Ziemlich einzigartig ist aber die dokumentarische Tätigkeit, die sich nicht nur in Gostyń in den folgenden Jahrzehnten anschloß. Von einer Unterabteilung der Werkstätten für Denkmalpflege wurden nämlich praktisch flächendeckend in größeren Teilen Pommerns alle Fachwerkgebäude fotografisch, zeichnerisch und schriftlich nach ganzheitlicher bauhistorischer Methodik dokumentiert. Das Ergebnis sind mehr als 4000 Baudokumentationen. Zwei Drittel dieser Gebäude sind inzwischen in der Landschaft nicht mehr vorhanden und das weitestgehend unpublizierte Dokumentations- und Analysematerial[21] darf für ethnographische und bauhistorische Auswertungen als höchst wertvoll angesehen werden.

20 Tadeusz Kubiak: Zur volkskundlichen Dokumentation ländlicher Baukultur in Pommern. Der Hof Köpsell in Gostyń/Groß Justin. In: Berichte und Forschungen. Jahrbuch des Bundesinstituts für Kultur und Geschichte der Deutschen im östlichen Europa 10 (2002), S. 59–97.

Vor dem Hintergrund, daß die in Deutschland *und* Polen vorherrschende klischeehafte Auffassung von *typischen Bauweisen* weniger sozial differenzierende Aspekte als vielmehr regionale bis ethnisch-nationale Konnotationen beinhaltet und daß dementsprechend Fachwerk *deutsch* ist – die Fachwerkwand heißt in Polen expressis verbis *preußische Mauer* – und die Holzbauweise generell als *polnisch* angesehen wird, erscheint der auf Fachwerk konzentrierte dokumentarische Zugriff der polnischen Ethnographen um so bemerkenswerter. Dahinter stehen keine Überlegungen in Richtung eines nationalen oder ethnisch eingeschränkten kulturellen Erbes, sondern schlicht der alte Rettungsgedanke der Volkskunde, das Wissen, daß die Fachwerk-Baukultur in Pommern älter ist als die überall hinzugekommene Massivbauweise, und daß die Erfassung aller älteren Bauten schlicht nicht zu leisten gewesen wäre. Von einem modernen volkskundlichen Standpunkt aus ist dieser Forschungszugriff als konservativ, ja traditionell zu bezeichnen (nämlich immer nur die älteste noch vorhandene Schicht zu erfassen und zu erhalten), aber im Ergebnis gleichzeitig als nahezu optimal, denn die später erbauten massiven Gebäude stehen heute noch sehr viel häufiger als die Fachwerkhäuser, sind also – auch heute noch – leichter erfaßbar. Daß diese Erfassung im Sinne einer flächendeckenden Aufnahme allerdings bis jetzt nicht angegangen worden ist, muß als sehr schade bezeichnet werden. Modelle einer „Schnellinventarisation", wie sie in deutschen Bundesländern nicht ohne Erfolg durchgeführt worden ist, könnten auch noch stärker als bisher in ostmitteleuropäischen Kultur- und Baulandschaften Anwendung finden.

Die westdeutsche Öffentlichkeit hat jahrzehntelange Diskussionen über die denkmalschutzverträgliche „Verpflichtung zur Altbausanierung" hinter sich, mit wohl insgesamt eher geringem Erfolg. Auch konzeptionell teilweise unterschiedlich angelegte Dorfentwicklungspläne haben zu differenten, manchmal ziemlich zweifelhaften Berücksichtigungen der historischen Bausubstanz geführt, etwa im Gefolge der Kampagnen „Unser Dorf soll schöner werden", sicher mit regionalen Unterschieden, wohl je nach der Intensität der touristischen Infrastruktur. Und die Frage: „Wie restauriere ich mein Fachwerkhaus?" ist für betuchte Mitbürger hierzulande sicher von Bedeutung. Übertragbar auf die weiträumigen Kulturlandschaften etwa im heutigen nördlichen Polen sind diese Zugänge nicht.

---

21 Es handelt sich im Wesentlichen um das Material der Werkstatt für Ethnographische Dokumentation (PDE) in Szczecin/Stettin. Vgl. Staatliches Unternehmen Werkstätten für Denkmalpflege PP PKZ (Hg.): Katalog der PKZ-Dokumentationen der Denkmäler West- und Nordpolens 1951–1993. Warszawa 1995.

Hier kann es auch weiterhin nur darum gehen, einzelne Bauzeugen selektiv zu erhalten, in situ oder im Freilichtmuseum oder, in einzelnen Regionen in Osteuropa relativ häufig versucht, in einem so genannten Reservat, also in einer denkmalgeschützten Zone innerhalb eines Dorfes oder, im Idealfall, in einem ganzen musealisierten Dorf. Dieses Modell wird aber ganz sicher aufgrund von pragmatischen *und* methodischen Überlegungen eine absolute Ausnahme bleiben. Die Notwendigkeit, generell an einen behutsamen Umgang mit dem Vorgefundenen im Rahmen der Möglichkeiten zu appellieren, bleibt davon unberührt. Ein Wissen um die unterschiedliche Wertigkeit vorgefundener Bausubstanz herzustellen, das sich durchaus nicht nur oder immer auf die ältesten Relikte beziehen muß, sondern auf Umbauten, Veränderungen oder andere Lebensspuren, bleibt generell ein Desiderat.

Dabei gilt es, sich der ständigen Nähe bewußt zu sein, in der sich die ländliche Denkmalpflege und volkskundliche Baudokumentation zu älteren Phasen einer ideologisch aufgeladenen und nationalistisch überhöhten Bauernhof-Ideologie und volkskundlichen Bauforschung befinden. Die NS-„Stammrolle denkmalswürdiger Bauernhöfe“ sollte Ende der 1930er Jahre als eine Art Sofortmaßnahme bei der Erhaltung von als „hervorragend“ erachteten Zeugen ländlicher Baukultur dienen. Gemeint war die Bewertung des ausgewählten Bauernhofes als „erstrangiges völkisches Denkmal“. Damit befindet man sich rasch wieder in der Problematik jener symbolisch aufgeladenen Gebäude, die sich leicht als Fallgruben nationaler Identität entpuppen, als „urtümliches deutsches Kulturerbe“, welches sich „die Polen“ unrechtmäßig angeeignet hätten. Daß dieser aneignende Umgang letztlich – endlich – kulturerhaltend wirkt und immer noch von außerordentlich schwierigen Voraussetzungen sowohl in den beteiligten Fachwissenschaften als auch im öffentlichen Leben ausgehen muß, bedarf besonderer Betonung. Daß die genannten Fallgruben nicht zuletzt damit auch vorsichtig zugeschüttet werden können, sollte mit den knapp skizzierten Beispielen aufgezeigt werden.

„Es gibt keine effektiven Methoden, um die ländlichen Baudenkmäler zu schützen“. Diesem kategorisch-abschließenden Satz polnischer Denkmalschützer muß leider grundsätzlich beigepflichtet werden, allerdings mit Einschränkungen. Denn die fachwissenschaftlich-dokumentarische Begleitung über längere Zeiträume kann gerade in jenen Regionen, deren materielle Kultur durch den Bevölkerungswechsel lange Phasen der massiven Unsicherheit zu überstehen gehabt hat, durchaus eine Teilfunktion von Denkmalpflege ersetzen helfen. In wohl allen historischen Großlandschaften sind, wie in Ostpreußen[22], unterstützenswerte Ansätze hierfür vorhanden. Um materielle Substanz kann es langfristig betrachtet dabei eigentlich nur selten gehen, um kulturhistorisches Wissen über Bauformen aber doch eigentlich immer. Und wer sich dieses Wissen aneignet und es pflegt, zur Selbstfindung, zur Bewußtwerdung, zur Identitätsbildung, zum Erhalt eines wie auch immer bestimmten kulturellen Erbes, der nimmt mit Sicherheit damit niemand anderem etwas weg.

22 Vgl. Magdalena Bartoś, Barbara Zalewska: Architektura w Krajobrazie Wiejskim Warmii i Mazur [Architektur im ländlichen Raum des Ermlandes und Masurens]. Olsztyn 2003.

Abbildungen

1. Das Haupthaus des Quatmannshofes nach dem rekonstruierenden Wiederaufbau im Niedersächsischen Freilichtmuseum Cloppenburg (Museumsführer Museumsdorf Cloppenburg. Cloppenburg 1988, S. 27)

2. Der Quatmannshof als transloziertes Baudenkmal im Museumsdorf Cloppenburg 1935 (Museumsführer Museumsdorf Cloppenburg. Cloppenburg 1988, S. 27)

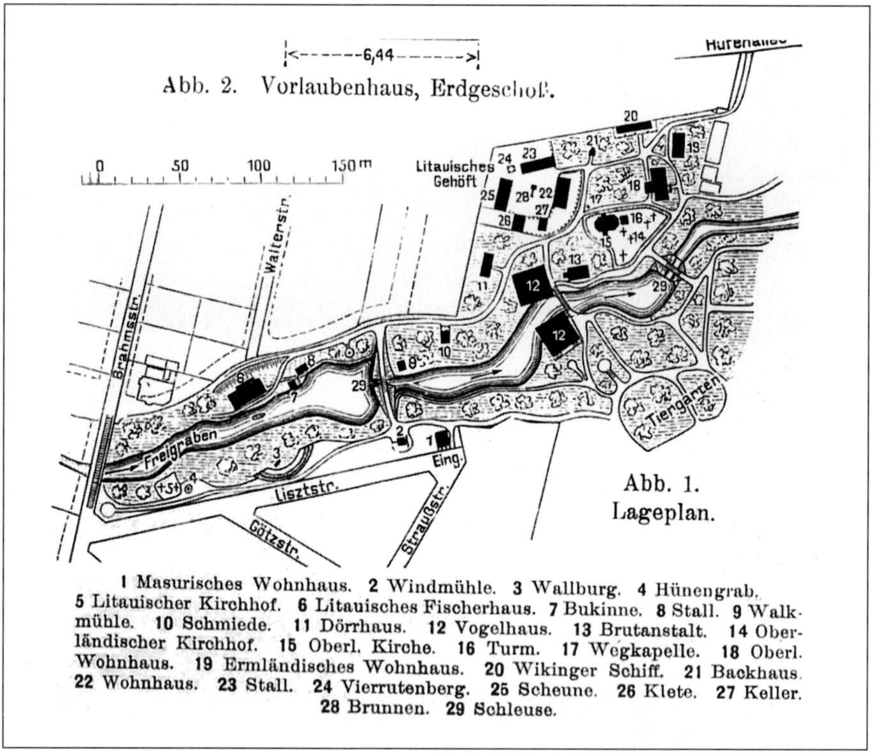
6,44
Abb. 2. Vorlaubenhaus, Erdgeschoß.
0 50 100 150 m
Litauisches Gehöft
Waiterstr.
Brahmsstr.
Freigraben
Lisztstr.
Götzstr.
Straußstr.
Eing.
Tiergarten
Abb. 1.
Lageplan.
1 Masurisches Wohnhaus. 2 Windmühle. 3 Wallburg. 4 Hünengrab. 5 Litauischer Kirchhof. 6 Litauisches Fischerhaus. 7 Bukinne. 8 Stall. 9 Walkmühle. 10 Schmiede. 11 Dörrhaus. 12 Vogelhaus. 13 Brutanstalt. 14 Oberländischer Kirchhof. 15 Oberl. Kirche. 16 Turm. 17 Wegkapelle. 18 Oberl. Wohnhaus. 19 Ermländisches Wohnhaus. 20 Wikinger Schiff. 21 Backhaus. 22 Wohnhaus. 23 Stall. 24 Vierrutenberg. 25 Scheune. 26 Klete. 27 Keller. 28 Brunnen. 29 Schleuse.

3. Lageplan des Freilichtmuseums Königsberg, um 1911 (Handbuch der europäischen Freilichtmuseen. Köln 1974, S. 21)

4. Die historische Schmiede in Betrieb im Freilichtmuseum Königsberg, vor 1914 (Richard Dethlefsen: Führer durch das Ostpreußische Heimatmuseum. Königsberg 1913, Anhang)

5. Litauisches Fischergehöft im Freilichtmuseum Königsberg mit gestellter Szenerie (Richard Dethlefsen: Führer durch das Ostpreußische Heimatmuseum. Königsberg 1913, Anhang)

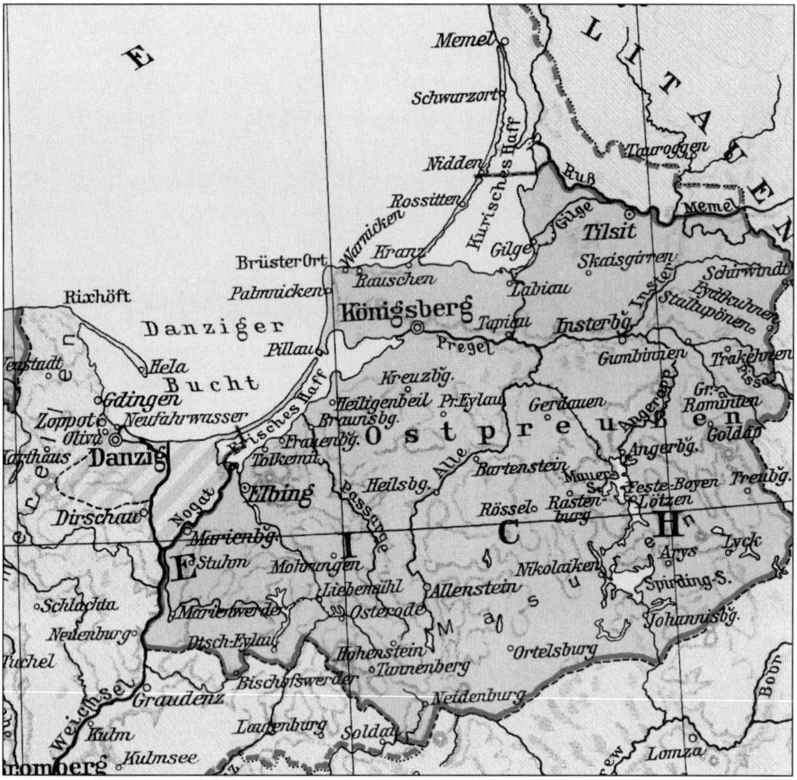

6. Ostpreußen um 1936, im Süden Hohenstein als ins Auge gefasster neuer Museumsstandort (Karl E. Thalheim, A. Hillen Ziegfeld (Hg.): Der deutsche Osten. Berlin 1936, Karte nach S. 602)

7. Sog. Oberländisch-ermländisches Vorlaubenhaus nach dem rekonstruierenden Aufbau im Freilichtmuseum Königsberg, 1911 (Richard Dethlefsen: Führer durch das Ostpreußische Heimatmuseum. Königsberg 1913, Anhang)

8. Torscheune des 19. Jahrhunderts in Dziadowo/Dadow (Pommern) im Verfallszustand (Foto Kurt Dröge, 1999/2000)

9. Neubautätigkeit in Dziadowo/Dadow nach dem Abriss der Torscheune (Foto Kurt Dröge, 1999/2000)

10. Wohnhaus von 1777 in Gostyn/Groß Justin (Pommern) im Zustand der Nachkriegszeit, 1972 (Foto Grzegorz Solecki/Tadeusz Kubiak, 1972)

Anhang

Die Verfasser(innen) der Beiträge

DR. DUŠAN BURAN, Slovenská národná galéria Bratislava (Slowakische Nationalgalerie Preßburg), Riečna 1, SK-81513 Bratislava; e-mail: buran@sng.sk
Arbeitsschwerpunkte: Gotische Malerei und Skulptur, Ikonographie der mittelalterlichen Kunst, moderne und zeitgenössische Architektur.

DR. ARCH. HANNAANCA DERER, Universitatea de Arhitectura si Urbanism „Ion Mincu" (Universität für Architektur und Städtebau), str. Academiei nr. 18-20, RO-70 109 Bucuresti; e-mail: hanna@iaim.ro
Arbeitsschwerpunkte: Bauforschung und Denkmalpflege.

PROF. DR. KURT DRÖGE, Bundesinstitut für Kultur und Geschichte der Deutschen im östlichen Europa, Fachbereich Volkskunde, Johann-Justus-Weg 147a, D-26127 Oldenburg; e-mail: kdroege@uni-oldenburg.de
Arbeitsschwerpunkte: Historische Sachkulturforschung, Volkskunde in Pommern.

LORENZ FRANK M.A., Büro für Historische Bauforschung (Pracownia badań historyczno-architektonicznych), An der Hechtsheimer Höhe 12, D-55130 Mainz; e-mail: l.frank@historischebauforschung.de
Arbeitsschwerpunkte: Burgenbau und Profanarchitektur des Mittelalters und der Neuzeit, Wiederaufbau historischer Städte nach dem Zweiten Weltkrieg.

DR. ALEXANDER KIERDORF, Von Quadt-Straße 157, D-51069 Köln; e-mail: abkierdorf@vr-web.de
Arbeitsschwerpunkte: Geschichte der Bautechnik und Industriearchitektur, deutsch-russische Kultur- und Wirtschaftsbeziehungen.

DR. MILOS KRUML, Magistrat der Stadt Wien, MA 19, Architektur und Stadtgestaltung, Niederhofstraße 23, A-1050 Wien; e-mail: kru@m19.magwien.gv.at
Arbeitsschwerpunkte: Architektur- und Städtebaugeschichte, Denkmalpflege.

DR. H.C. IMANTS LANCMANIS, Direktor des Schlossmuseums Rundāle/Ruhenthal, Pilsrundāle, Bauskas rajons, LV 3921; e-mail: Lancmanis.rpm@eila.lv
Arbeitsschwerpunkte: Kunst- und Kulturgeschichte des Baltikums, Denkmalpflege.

DR. ULRICH SCHAAF, Gesellschaft zur Erhaltung des kulturellen Erbes e.V., Propstei Johannesberg, D-36041 Fulda; e-mail: schaaf.geke@denkmalservice.de
Arbeitsschwerpunkte: Bauforschung, Denkmalpflege.

DR. BEATE STÖRTKUHL, Bundesinstitut für Kultur und Geschichte der Deutschen im östlichen Europa, Johann-Justus-Weg 147 a, D-26127 Oldenburg;
e-mail: stoertk@uni-oldenburg.de
Arbeitsschwerpunkte: Architektur des 20. Jahrhunderts, Kunstgeschichte Schlesiens, Wissenschaftsgeschichte.

DIPL.-ING. NORBERT TEMPEL, C/o Westfälisches Industriemuseum, Grubenweg 5, D-44388 Dortmund; e-mail: Norbert.Tempel@lwl.org
Arbeitsschwerpunkte: Technikgeschichte, Industriearchäologie, Denkmalpflege.

DR. MICHAŁ WOŹNIAK, Instytut Zabytkoznawstwa i Konserwatorstwa, Uniwersytet Mikołaja Kopernika (Institut für Denkmalkunde und Denkmalpflege, Nikolaus-Kopernikus-Universität), ul. Sienkiewicza 30, 87-100 Toruń; Muzeum Zamkowe w Malborku (Schloßmuseum auf der Marienburg), ul. Starościńska 1, PL-82-200 Malbork;
e-mail: m.wozniak@zamek.malbork.pl
Arbeitsschwerpunkte: Goldschmiedekunst des Spätmittelalters und der Frühen Neuzeit in Mitteleuropa, Kunst im Gebiet des historischen Preußen.

Verzeichnis und Konkordanzen der Ortsnamen und geographischen Bezeichnungen

Vidzeme → Livland
Vilkaviškis 264
Vilnius → Wilna
Virbalis → Wirballen
Vítkovice → Witkowitz

W
Warschau (Warszawa) 19, 32f., 36f., 46f., 81–93, 95, 101–105, 118, 253, 263
Warszawa → Warschau
Weißenstein (Paide) 252
Wien 60, 219–228, 238
Wilna (lit. Vilnius, pl. Wilno) 119, 240, 245, 253, 262–269, 276
Wilno → Wilna
Windau (Ventspils) 243, 253, 255, 259, 261
Windenburg (Ventė) 264f.
Wirballen (Virbalis) 253, 263
Witkowitz (Vítkovice) 223f., 233–235
Wohlau (Wołów) 143f.
Wołów → Wohlau
Wrocław → Breslau
Würzburg 43, 83

Z
Zarasai 263
Zemgale → Demmen
Ziębice (Münsterberg)
Zlín 225, 236
Znaim (Znojmo) 191, 226, 229
Znojmo → Znaim
Żagan → Sagan

Verzeichnis der Personen- und Familiennamen

Mitteleuropa – Osteuropa
Oldenburger Beiträge zur Kultur und Geschichte Ostmitteleuropas

Herausgegeben von Michael Garleff, Hans Henning Hahn
und Matthias Weber
für das Bundesinstitut für Kultur und Geschichte der Deutschen
im östlichen Europa (Oldenburg)
und das Institut für Geschichte der Carl von Ossietzky Universität Oldenburg

Band 1 Hans Henning Hahn / Jens Stüben (Hrsg.): Jüdische Autoren Ostmitteleuropas im 20. Jahrhundert. 2000. 2., überarbeitete Auflage 2002.

Band 2 Matthias Weber (Hrsg.): Deutschlands Osten – Polens Westen. Vergleichende Studien zur geschichtlichen Landeskunde. 2001.

Band 3 Berit Pleitner: Die ‚vernünftige Nation'. Zur Funktion von Stereotypen über Polen und Franzosen im deutschen nationalen Diskurs 1850 bis 1871. 2001.

Band 4 Kurt Dröge (Hrsg.): Alltagskulturen in Grenzräumen. 2002.

Band 5 Hans Henning Hahn (Hrsg.), unter Mitarbeit von Stephan Scholz: Stereotyp, Identität und Geschichte. Die Funktion von Stereotypen in gesellschaftlichen Diskursen. 2002.

Band 6 Rüdiger Ritter: Musik für die Nation. Der Komponist Stanisław Moniuszko (1819–1872) in der polnischen Nationalbewegung des 19. Jahrhunderts. 2005.

Band 7 Martin David Brown: Dealing with Democrats. The British Foreign Office and the Czechoslovak Émigrés in Great Britain, 1939 to 1945. 2006.

Band 8 Beate Störtkuhl (Hrsg.): Architekturgeschichte und kulturelles Erbe – Aspekte der Baudenkmalpflege in Ostmitteleuropa. 2006.

www.peterlang.de

Brigitte Hartel / Bernfried Lichtnau (Hrsg.)

Architektur in Pommern und Mecklenburg von 1850 bis 1900

Frankfurt am Main, Berlin, Bern, Bruxelles, New York, Oxford, Wien, 2004.
204 S., zahlr. Abb.
Kunst im Ostseeraum. Greifswalder kunsthistorische Studien.
Herausgegeben von Brigitte Hartel und Bernfried Lichtnau. Bd. 4
ISBN 3-631-52099-9 · br. € 39.–*

Es wird in diesem Buch der Versuch unternommen, die verstreuten, sehr individuellen Forschungsaktivitäten zur Architekturgeschichte in zwei Regionen des Ostseeraumes – Pommern und Mecklenburg – in der Zeit von 1850 bis 1900 zu sammeln und der Öffentlichkeit vorzustellen. Fünfzehn Autoren aus Polen und Deutschland widmen sich Themen des Bauens von öffentlichen Gebäuden, des Städtebaus, der Denkmalpflege, des Kirchenbaus, der Schloß- und Bäderarchitektur. Es wird deutlich, daß hier eher historisierend, in starker Anlehnung an Stilepochen der Renaissance, Gotik und Romanik mit einer Vermischung der Stile untereinander sowie mit einem großen Repräsentationsbedürfnis gebaut wurde. Avantgardistische Neuerungen wie z.B. der Jugendstil oder die Anfänge des Funktionalismus wurden nur teilweise für Dekorationen verwendet. Das Architekturgeschehen entsprach in vielen Teilen den politischen Gegebenheiten in diesen Regionen.

Aus dem Inhalt: Aspekte des Bauens von öffentlichen Gebäuden · Städtebau · Denkmalpflege und Restaurierung · Kirchenbau · Schloß- und Bäderarchitektur

Frankfurt am Main · Berlin · Bern · Bruxelles · New York · Oxford · Wien
Auslieferung: Verlag Peter Lang AG
Moosstr. 1, CH-2542 Pieterlen
Telefax 00 41 (0) 32 / 376 17 27